高等学校交通运输与工程类专业教材建设委员会规划教材

桥梁工程概论

（第4版）

罗　娜　主编
石雪飞　主审

人民交通出版社股份有限公司
北京

内 容 提 要

本教材重点介绍了常用的中小型桥梁的组成、构造、设计理论和施工方法。内容包括钢筋混凝土及预应力钢筋混凝土板桥、梁桥、圬工和钢筋混凝土拱桥、墩台及基础。同时本教材也简要介绍了大跨度桥梁的构造。

本书可作为高等学校道路桥梁与渡河工程专业、交通工程专业、工程管理专业、土木工程专业用教材,也可供从事路桥工程建设的有关人员参考使用。

图书在版编目(CIP)数据

桥梁工程概论/罗娜主编. — 4版. — 北京:人民交通出版社股份有限公司,2021.7

ISBN 978-7-114-17424-7

Ⅰ.①桥… Ⅱ.①罗… Ⅲ.①桥梁工程—高等学校—教材 Ⅳ.①U44

中国版本图书馆 CIP 数据核字(2021)第 125071 号

高等学校交通运输与工程类专业教材建设委员会规划教材

Qiaoliang Gongcheng Gailun

书　　名:	桥梁工程概论(第4版)
著 作 者:	罗　娜
责任编辑:	岑　瑜
责任校对:	孙国靖　宋佳时
责任印制:	张　凯
出版发行:	人民交通出版社股份有限公司
地　　址:	(100011)北京市朝阳区安定门外外馆斜街3号
网　　址:	http://www.ccpcl.com.cn
销售电话:	(010)59757973
总 经 销:	人民交通出版社股份有限公司发行部
经　　销:	各地新华书店
印　　刷:	北京市密东印刷有限公司
开　　本:	787×1092　1/16
印　　张:	17.25
字　　数:	442千
版　　次:	1998年10月　第1版
	2005年5月　第2版
	2013年8月　第3版
	2021年7月　第4版
印　　次:	2021年7月　第1次印刷　累计共14次印刷
书　　号:	ISBN 978-7-114-17424-7
定　　价:	48.00元

(有印刷、装订质量问题的图书由本公司负责调换)

第 4 版前言

本教材是根据教育部高等学校道路运输与工程教学分委员会审定的《桥梁工程概论》编写大纲编写的。本书第 1 版于 1998 年 10 月出版,第 2 版于 2005 年 5 月出版,第 3 版于 2013 年 8 月出版。为了使教材的内容能反映本学科的最新成果,使之更适应桥梁技术的发展,在参考《公路工程技术标准》(JTG B01—2014)、《公路桥涵设计通用规范》(JTG D60—2015)和《公路钢筋混凝土及预应力混凝土桥涵设计规范》(JTG 3362—2018)的基础上,本版对第三版进行了修改补充。

本书共有三篇。第一篇为桥梁上部,分四章。第一章主要介绍了国内外桥梁建筑的发展概况、桥梁的组成与分类、桥梁的各种结构体系、设计作用;简述了桥梁的造型与美学。第二章从截面形式、静力体系上,介绍了各类梁式桥的特点及其适用条件,较详细地阐述了公路上最常用中、小跨径简支梁桥的设计、构造。第三章介绍了拱桥的组成部分及其构造、设计。第四章重点阐明了支座的作用,各类支座的构造及其适用场合。

第二篇为桥梁下部,分四章。第一章阐述了墩台的组成、作用、类型及构造。第二、三、四章重点介绍了中、小跨径桥梁常用的浅基础、桩基础的作用、类型、构造和适用条件。

第三篇为桥梁施工,分三章。分别介绍了桥梁上、下部结构的常用施工方法。

本书第一篇由长安大学罗娜编写,第二篇由长安大学王晓明编写,第三篇由长安大学侯炜编写。全书由长安大学罗娜主编,由同济大学石雪飞教授主审。

由于编者水平有限,编写时间也较紧迫,谬误之处一定不少,敬请读者批评指正,并将意见寄长安大学公路学院桥梁系。

编 者
2020 年 3 月

目 录

第一篇 桥梁上部

第一章 总论 ······ 3
- 第一节 概述 ······ 3
- 第二节 桥梁的总体规划和设计要点 ······ 23
- 第三节 桥梁设计的作用 ······ 30
- 第四节 桥面布置与构造 ······ 41

第二章 混凝土简支梁桥 ······ 57
- 第一节 概述 ······ 57
- 第二节 板桥的设计与构造 ······ 61
- 第三节 装配式简支梁桥的设计与构造 ······ 67

第三章 圬工和钢筋混凝土拱桥 ······ 88
- 第一节 概述 ······ 88
- 第二节 拱桥的构造 ······ 94
- 第三节 拱桥的设计 ······ 112
- 第四节 其他类型拱桥的构造 ······ 119

第四章 桥梁的支座 ······ 136
- 第一节 概述 ······ 136
- 第二节 支座的类型和构造 ······ 137

第二篇 桥梁下部

第一章 桥梁的墩台 ······ 151
- 第一节 概述 ······ 151
- 第二节 桥墩 ······ 153
- 第三节 桥台 ······ 161

第二章 基础工程概述 ······ 168
- 第一节 地基与基础的概念 ······ 168
- 第二节 基础工程设计、施工所需资料及计算作用的确定 ······ 169
- 第三节 基础工程学科发展概况 ······ 172

第三章 天然地基上的浅基础 ······ 177
- 第一节 天然地基上浅基础的类型、构造及适用条件 ······ 177
- 第二节 基础埋置深度的确定及刚性扩大基础尺寸的拟定 ······ 180
- 第三节 地基容许承载力的确定 ······ 184

第四章　桩基础 ································ 188
  第一节　桩基础的组成、作用及适用条件 ············ 188
  第二节　桩与桩基础的类型 ···················· 189
  第三节　桩与桩基础的构造 ···················· 194

第三篇　桥 梁 施 工

第一章　桥梁施工基本作业 ························ 201
  第一节　钢筋的加工与安装 ···················· 201
  第二节　混凝土的生产与浇筑 ··················· 204

第二章　桥梁上部施工 ···························· 209
  第一节　梁桥的施工 ······················· 209
  第二节　拱桥的施工 ······················· 233

第三章　桥梁下部施工 ···························· 247
  第一节　浅基础施工 ······················· 247
  第二节　桩基础的施工 ······················ 255

参考文献 ································ 268

桥梁上部

第一章 总 论

第一节 概 述

一、桥梁在交通事业中的地位和国内外桥梁的发展概况

(一)桥梁在交通事业中的地位

建立四通八达的现代化交通网,大力发展交通运输事业,对发展国民经济,促进各地经济发展,促进文化交流和巩固国防,都具有非常重要的意义。在公路、铁路等建设中,为了跨越各种障碍(如河流、沟谷或其他线路等),必须修建各种类型的桥梁与涵洞,因此桥涵是交通线中的重要组成部分。在经济上,一般桥梁和涵洞的造价平均占公路总造价的20%~30%,随着公路等级的提高,其所占比例将会增大。在国防上,桥梁是交通运输的咽喉,具有非常重要的地位。

由于科技的进步,工业水平的提高,社会生产力的高速发展,人们对桥梁建筑提出了更高的要求。高速公路的立交桥、几十公里长的跨海大桥、城郊高速铁路桥与轻轨运输高架桥等,不但是规模巨大的工程实体,而且是现代交通靓丽的景观。纵观世界各国的大城市,常以工程雄伟的大桥作为城市的标志与骄傲。

(二)我国桥梁建设发展与成就

我国文化悠久,是世界四大文明古国之一。我们的祖先在世界桥梁建筑史上写下了不少光辉灿烂的篇章。根据史料记载,在距今约3000年的商周时期,我国就已在宽阔的渭河上架过大型浮桥。由于浮桥的架具有简便快速的特点,常被用于军事活动。汉唐以后,浮桥的运用日趋普遍。现代桥梁中广为修建的多孔桩柱式桥梁,在我国战国时期(公元前332年)就已普遍在黄河流域和其他地区采用,不同的只是古桥多以木桩为墩桩,上置木梁、石梁,而今则用钢筋混凝土结构代之。

近代的大跨径悬索桥和斜拉桥也是由古代的藤、竹吊桥发展而来的,在各国有关桥梁的历史书上,大都承认我国是最早建造悬索桥的国家。据记载,至迟在唐朝中期,我国就从藤索、竹索发展到用铁链建造吊桥,而西方在16世纪才开始建造铁链吊桥,比我国晚了近千年。古代吊桥有四川泸定县的大渡河铁索桥(建成于1706年),以及灌县的安澜竹索桥(1803年)等。泸定铁索桥跨长约100m,宽约2.8m,由13条锚固于两岸的铁链组成。安澜桥是世界上最著名的竹索桥,全长340余米,分8孔,最大跨径约61m,全桥由用细竹篾编成粗五寸的24根竹索组成,其中桥面索和扶栏索各半,后因毁于战火,改用钢索重建。

在秦汉时期,我国已广泛修建石梁桥。世界上现在尚保存着的最长、工程最艰巨的石梁桥,就是我国于1053—1059年在福建泉州建造的万安桥,也称为洛阳桥。此桥长达800m,共47孔,位于"波涛汹涌,水深不可址"的海口江面上。此桥以磐石铺遍桥位江底,是近代筏形基础的开端,并且独具匠心地用养殖海生牡蛎的方法胶固桥基,使之成为整体,此亦是世界上绝

无仅有的造桥方法。近千年前就能在这种艰难复杂的水文条件下建成如此的长桥,实为中外桥梁史上一个奇迹。

1240年建造的福建漳州虎渡桥,也是最令人惊奇的一座梁式石桥。此桥总长约335m,某些石梁长达23.7m,沿宽度用三根石梁组成,每根宽1.7m,高1.9m,重达200t,该桥一直保存至今。历史记载,这些巨大石梁是利用潮水涨落浮运架设的。

举世闻名的河北省赵县的赵州桥(又称为安济桥),是我国古代石拱桥的杰出代表(图1-1-1)。该桥在隋大业初年(公元605年左右)为李春所建造,是一座空腹式的圆弧形石拱桥,净跨37.02m,宽9m,拱矢高度7.23m。在拱圈两肩各设有两个跨度不等的腹拱,这样既能减轻自重,节省材料,又便于排洪,增加美观。赵州桥的设计构思和工艺的精巧,不仅在我国古代桥梁中首屈一指,据对世界桥梁的考证,像这样的敞肩拱桥,欧洲到19世纪中叶才出现,比我国晚了1200多年。赵州桥的雕刻艺术,包括栏板、望柱和锁口石等,其上狮象龙兽形态逼真,琢工精致秀丽,不愧为文物宝库中的艺术珍品。

图1-1-1　河北赵县赵州桥

除赵州桥外,还有其他著名的石拱桥,如北京永定河上的卢沟桥,颐和园内的玉带桥和十七孔桥,苏州的枫桥等。我国石拱桥的建造技术在明朝时曾流传到日本等国,促进了与世界各国人民的文化交流,并增进了友谊。

在我国古桥建筑中,尚值得一提的是广东潮安区横跨韩江的湘子桥(又名广济桥)。此桥始建于公元1169年,全桥长517.95m,总共20个墩台19孔,上部结构有石拱、木梁、石梁等多种形式,还有用18条梭船组成的长达97.30m的开合式浮桥(1958年加固维修拆除了18梭船)。设置浮桥的目的,一方面适应大型商船和上游木排的通过;另一方面避免了过多的桥墩阻塞河道,以致加剧桥基冲刷而造成水害。这座世界上最早的开合式桥,无论石桥之长、石墩之大、桥型之多及施工条件之难、工程历时之久,都是古代建桥史上所罕见的。

新中国成立后,在政治上取得了独立和解放的中国人民,以大无畏的英雄气概,迅速地医治了战争的创伤,恢复了经济。桥梁建设同其他各条战线一样,也出现了突飞猛进的局面。

1957年,第一座长江大桥——武汉长江大桥的胜利建成,结束了我国万里长江无桥的状况,从此,"一桥飞架南北,天堑变通途"。大桥正桥为三联3×128m的连续钢桁梁,下层为双线铁路,上层为公路桥,桥面宽18m,两侧各设2.25m人行道,包括引桥在内全桥总长1670.4m。大型钢梁的制造和架设、深水管柱基础的施工等,为发展我国现代桥梁技术开创了新路。

1969年我国又建成了举世瞩目的南京长江大桥(图1-1-2),这是我国自行设计、制造、施工,并使用国产高强钢材的现代化大型桥梁。正桥除北岸第一孔为128m简支钢桁梁外,其余为9孔3联,每联为3×160m的连续钢桁架。上层为公路桥面,下层为双线铁路。包括引桥在内,铁路桥部分全长6772m,公路桥部分为4589m。桥址处水深流急,河床地质极为复杂,大桥桥墩基础的施工非常困难。南京长江大桥的建成,显示出我国的建桥事业达到了世界先进水平,也是我国桥梁史上又一个重要标志。

图1-1-2 南京长江大桥

我国还创造和推广了不少新颖的拱桥结构,如1964年创建的双曲拱桥,它具有用料省、造价低、施工简便和外形美观等优点,很快在全国公路上得到应用和推广,对加快我国公路桥梁的建设速度,曾起到很大作用。此外,全国各地还因地制宜创建了其他一些各具特色的拱式桥型,其中推广较快的有江浙一带建的钢筋混凝土桁架拱桥和刚架拱桥,其特点是上部结构自重小,适合于软土地基上建造拱桥。山东的两铰平板拱、河南的双曲扁拱、山西与甘肃的扁壳拱、广东的悬砌拱、广西的薄壳石拱、湖南的圬工箱形拱和石砌肋板拱等,这些新桥型在结构或施工上各具特色。

在拱桥的施工技术方面,除了有支架施工外,对于大跨拱桥,目前已广泛采用无支架施工、转体施工、刚性骨架施工法等。图1-1-3所示是于1997年建成通车的国道318线上的万州长江公路大桥。此桥全长856.12m,主跨为420m的劲性骨架钢筋混凝土拱桥,跨度居当时世界同类型桥梁之冠。矢跨比1/5,拱上结构为14孔30m预应力简支T形梁,引桥为13孔30m预应力简支T形梁(南5孔,北8孔)。桥面连续,宽24m,设2×7.5m行车道和2×3.0m人行道。

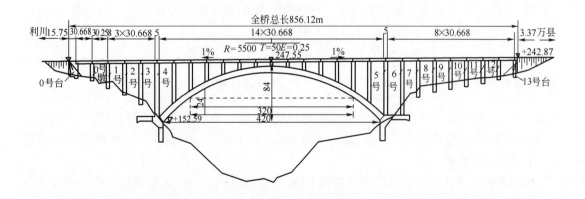

图1-1-3 万州长江公路大桥(尺寸单位:m;高程单位:m)

2003年建成通车的上海卢浦大桥(图1-1-4)为中承式拱梁组合体系钢拱桥,主跨跨径达550m,矢跨比为1/5.5,拱肋为全焊钢结构。

图 1-1-4　上海卢浦大桥

2013 年建成通车的波司登大桥(图 1-1-5)跨径达 530m,是世界上跨径最大的钢管混凝土拱桥。该桥以钢管混凝土作为劲性骨架,再外包混凝土形成箱形拱,是修建大跨径拱桥非常好的构思,除了施工方便外,避免了钢管防护问题,另外,这种分期形成的截面由于钢管混凝土最先受力,从而充分利用了钢管混凝土承载潜力大的优势,从理论上说,在荷载作用下,这种结构的后期徐变变形相对较小。

图 1-1-5　波司登长江大桥

可以说,我国的拱桥施工技术已跃居世界先进行列。

钢筋混凝土与预应力混凝土的梁式桥,在我国也获得了很大的发展。对于中小跨径的梁桥,已广泛采用装配式的钢筋混凝土及预应力混凝土板式或 T 形梁桥的定型设计,它不但经济适用,并且施工方便,能加快建桥速度。1976 年建成的洛阳黄河公路大桥,共 69 孔,采用跨径为 50m 的预应力混凝土简支梁,全长达 3.4km。

除简支梁桥以外,我国还修建了现代化的大跨径预应力混凝土 T 形刚构桥、连续梁桥和悬臂梁桥。

近年来在世界桥梁建筑中蓬勃兴起的斜拉桥,是结构合理、跨越能力大、用材指标低且外形美观的先进桥型。1975 年我国开始建造斜拉桥,从重庆市云阳汤溪河桥(1975 年建成,主跨 76m)到 2004 年建成的南京长江二桥(主跨 628m,图 1-1-6),表明我国的斜拉桥技术已迅速赶上了世界先进水平。

1997 年建成通车的广东虎门大桥由东引桥、主航道桥、中引桥、辅航道桥及西引桥五部分组成。大桥全长 4588m,桥宽 32m。辅航道桥为主跨 270m 的连续刚构桥,为当时同类型桥梁的世界最大跨径;主航道桥为单跨简支钢加劲梁悬索桥,跨径 888m(图 1-1-7),主缆跨径 302.0m + 888m + 348.5m。它标志着我国预应力混凝土桥梁的设计、施工工艺与技术水平均已跨入世界先进行列。

图 1-1-6 南京长江二桥

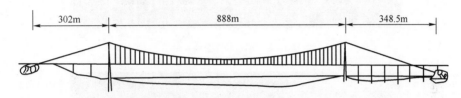

图 1-1-7 广东虎门大桥(1997年)

南沙大桥(虎门二桥)工程是连接广州和东莞的重要东西向通道,是粤港澳大湾区核心区新的重要过江通道。建设规模宏大、技术复杂、意义深远,建成后将成为世界上跨径最大的钢箱梁悬索桥。

南沙大桥由坭洲水道桥、大沙水道桥和引桥及东涌、海鸥岛、沙田三座互通立交组成。坭洲水道桥采用658+1688m双跨吊悬索桥,大沙水道桥采用主跨1200m单跨吊悬索桥。2018年5月25日,被誉为"世界第一跨度钢箱梁悬索桥"跨径达1688m的南沙大桥坭洲水道桥全线合龙,2019年4月,虎门二桥正式建成通车。

舟山西堠门大桥(图1-1-8),是连接舟山本岛与宁波的舟山连岛工程五座跨海大桥中技术要求最高的特大型跨海桥梁。它连接册子岛和金塘岛,主桥为两跨连续钢箱梁悬索桥,主跨1650m;建成时位居悬索桥世界第二、中国第一,其中钢箱梁全长在悬索桥中居世界第一;使用年限100年。2009年12月25日,舟山西堠门大桥正式通车。它是我国应用自己的技术、自己的材料、自己的专家建成的世界级桥梁。

图 1-1-8 舟山西堠门大桥

苏通长江公路大桥(图1-1-9),工程于2003年6月27日开工,于2008年6月30日建成通车。它位于江苏省东部的南通市和苏州(常熟)市之间,主要由跨江大桥和南、北岸接线三

7

部分组成,跨江大桥由主跨1088m双塔斜拉桥及辅桥和引桥组成。苏通长江公路大桥在通车的那一刻,就成为世界最大跨径斜拉桥,创造了最深桥梁桩基础、最高索塔、最大跨径、最长斜拉索等4项斜拉桥世界纪录,在世界上首次实现斜拉桥跨径由百米向千米的突破。此外,最近建成的沪通长江大桥(图1-1-10)跨径达到1092m。

图1-1-9 苏通长江公路大桥

图1-1-10 沪通长江大桥

泰州长江大桥(图1-1-11)2007年12月26日开工建设,2012年11月25日正式通车。工程长62.088km,全线采用双向六车道高速公路标准,其中跨江主桥及夹江桥全长9.726km,桥面宽33m。跨江主桥采用了主跨2×1080m的三塔双跨钢箱梁悬索桥,系世界首创。中塔采用纵向人字形、横向门式框架型钢塔,其大节段制造和安装技术的使用在国内尚属首次。

图1-1-11 泰州长江大桥

马鞍山长江公路大桥位于安徽省东部,连接马鞍山和巢湖两市,为两主跨三塔悬索桥,跨径布置为360m+1080m+1080m+360m(图1-1-12)。

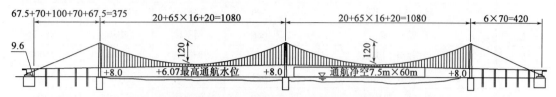

图1-1-12　马鞍山长江公路大桥(尺寸单位:m;高程单位:m)

斜拉-悬吊协作体系桥(简称协作体系桥)是在传统悬索桥和斜拉桥基础上发展起来的一种新型的组合结构形式桥梁,它克服了单一悬索桥和斜拉桥在力学性能、施工及抗风稳定性等方面的不足,具有较强的跨越能力。因此,斜拉-悬吊协作体系桥为这些跨海工程的实施提供了一种比较合理的解决方案。目前协作体系桥主要停留在方案的设计阶段。金州海湾大桥方案设计为132m+400m+132m的自锚式斜拉-悬吊协作体系桥,斜拉部分主梁采用钢筋混凝土材料,悬索部分主梁为钢结构。主塔为H形双独柱索塔,斜拉索采用扇形索面,设有零号索。全桥采用漂浮体系,如图1-1-13所示。

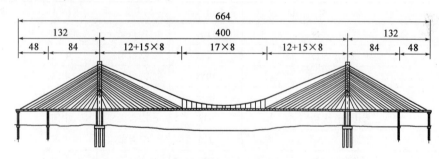

图1-1-13　金州海湾大桥方案设计布置图(尺寸单位:m)

在桥梁基础方面,除了广泛采用的明挖基础、桩基、沉井等之外,对于深水中的大桥建设,目前在大型管柱的施工技术方面积累了丰富的经验。在深沉井施工方面,由于成功采用了先进的触变泥浆套下沉技术,大幅度减少了基础圬工数量,并使下沉速度加快。此外,我国还广泛采用和推广了钻孔灌注桩基础。与国外的同类型基础相比,其所要求的施工机械少,动力设备简易,操作方便迅速,易于掌握,且能钻入很深的土层。

随着国民经济的飞速发展,全国高速公路、高速铁路、城市交通网络的建设方兴未艾,作为枢纽工程的桥梁建设迎来了一个新的高峰期。至21世纪初,我国已建成多座在世界桥梁跨径排名上均位列前茅的现代化桥梁(表1-1-1～表1-1-4)。它从一个侧面反映了我国生产、经济与科学技术的发展高度。2009年12月15日,港珠澳大桥工程开工建设;2017年7月7日,主体工程全线贯通。港珠澳大桥在设计理念、建造技术、施工组织、管理模式等方面进行的一系列创新,标志着我国隧岛桥设计、施工、管理水平走在了世界前列。港珠澳大桥已于2018年10月正式通车运营。

悬索桥　　　　　　　　　　　　　　表1-1-1

序号	桥　名	主跨(m)	主梁	桥址	建成年份
1	恰纳卡莱1915大桥	2023	钢箱梁	土耳其	在建
2	明石海峡大桥	1991	钢桁梁	日本	1998

续上表

序号	桥名	主跨(m)	主梁	桥址	建成年份
3	杨泗港长江大桥	1700	钢桁梁	中国	在建
4	虎门二桥	1688	钢箱梁	中国	在建
5	舟山西堠门大桥	1650	钢箱梁	中国	2009
6	大贝尔特东桥	1624	钢箱梁	丹麦	1998
7	奥斯曼一世大桥	1550	钢箱梁	土耳其	2016
8	李舜臣大桥	1545	钢箱梁	韩国	2012
9	润扬长江公路大桥	1490	钢箱梁	中国	2005
10	杭瑞高速公路洞庭湖大桥	1480	钢桁梁	中国	2018
11	南京长江大桥	1418	钢箱梁	中国	2012
12	亨伯尔桥	1410	钢箱梁	英国	1981
13	博斯普鲁斯海峡三桥	1408	钢箱梁	土耳其	2016

斜 拉 桥　　　　表 1-1-2

序号	桥名	主跨(m)	主梁	桥址	建成年份
1	俄罗斯岛大桥	1104	钢箱梁	俄罗斯	2012
2	沪通长江大桥	1092	钢桁梁	中国	在建
3	苏通大桥	1088	混合梁	中国	2008
4	香港昂船洲大桥	1018	混合梁	中国香港	2009
5	青山长江大桥	938	混合梁	中国	在建
6	鄂东长江大桥	926	混合梁	中国	2010
7	嘉鱼长江大桥	920	混合梁	中国	在建
8	多多罗桥	890	钢箱梁	日本	1999
9	诺曼底大桥	856	钢箱梁	法国	1995
10	池州长江公路大桥	828	混合梁	中国	在建
11	九江长江大桥	818	混合梁	中国	2013
12	荆岳长江大桥	816	钢箱梁	中国	2010
13	芜湖长江公路二桥	806	钢箱梁	中国	2017

拱 桥　　　　表 1-1-3

序号	桥名	主跨(m)	主梁	桥址	建成年份
1	朝天门大桥	552	钢桁架拱	中国	2009
2	卢浦大桥	550	钢箱拱	中国	2003
3	波司登大桥	530	钢管混凝土拱	中国	2013
4	新河峡谷大桥	518	钢桁架拱	美国	1977
5	合江长江大桥	507	钢管混凝土拱	中国	在建
6	贝永桥	504	钢桁架拱	美国	1931
7	悉尼港湾桥	503	钢桁架拱	澳大利亚	1932
8	香溪长江大桥	498	钢箱桁架拱	中国	在建

续上表

序号	桥　　名	主跨(m)	主梁	桥址	建成年份
9	巫山长江大桥	492	钢管混凝土拱	中国	2005
10	大瑞铁路怒江大桥	490	钢桁架	中国	在建
11	明州大桥	450	钢箱拱	中国	2011
12	南广铁路西江大桥	450	钢箱拱	中国	2014

预应力混凝土梁桥　　　　　　　　　　　　　表1-1-4

序号	桥　　名	主跨(m)	主梁	桥址	建成年份
1	石板坡长江大桥复线桥	330	连续刚构	中国	2006
2	斯托尔马桥	301	连续刚构	挪威	1998
3	拉脱圣德桥	298	连续刚构	挪威	1998
4	贵州北盘江大桥	290	连续刚构	中国	2013
5	亚松森桥	270	三跨T构	巴拉圭	1979
6	虎门大桥辅航道桥	270	连续刚构	中国	1997
7	苏通大桥辅航道桥	268	连续刚构	中国	2008
8	云南元江大桥	265	连续刚构	中国	2003
9	澳大利亚门道桥	260	连续刚构	澳大利亚	1985
10	伐罗德2号桥	260	连续梁	挪威	1994
11	宁德下白石大桥	260	连续刚构	中国	2003
12	泸州长江二桥	252	连续刚构	中国	2001

（三）国外桥梁建设简述和发展趋向

纵观国外桥梁建设发展的历史，对于促进和发展我国现代桥梁具有深远影响。继意大利文艺复兴后18世纪在英国、法国和其他西欧国家兴起的工业革命，推动了工业的发展，从而也促进了桥梁建筑技术方面空前的发展。

1855年起，法国建造了第一批应用水泥砂浆砌筑的石拱桥。法国谢儒奈教授在拱架结构、拱圈砌筑方法及减少圬工裂缝等方面的研究和改进，对现代石拱桥的发展起了重要作用。大约在1870年，德国建造了第一批采用硅酸盐水泥作为胶结材料的混凝土拱桥。之后在20世纪初，法国建成的戴拉卡混凝土箱形拱桥跨度达139.80m。目前最大跨度的石拱桥是1946年瑞典建成的绥依纳松特桥，跨度为155m。

钢筋混凝土桥的崛起，要追溯到1873年法国的约瑟夫莫尼尔创建成的一座拱式人行桥。由于有石拱桥的技术和建筑艺术为基础，加之钢筋混凝土突出的受压性能，所以钢筋混凝土拱桥的兴起，一开始就十分引人注目。从19世纪末到20世纪50年代间，钢筋混凝土拱桥无论在跨越能力、结构体系和主拱圈的截面形式上均有很大的发展。法国弗莱西奈教授设计，于1930年建成三孔186m的博浪加斯脱拱桥（图1-1-14）和1940年瑞典建造的跨径264m的桑独桥，均达到了很高的水平。后者作为此种拱桥的跨度纪录，一直保持到1964年澳大利亚悉尼港柏拉马塔河桥的问世。鉴于修建钢筋混凝土拱桥时支架、模板的复杂性，加之耗费大量劳动力，故在以后10多年中，国外较少采用。直至1980年，南斯拉夫用无支架悬臂施工方法建成了跨度达390m的克尔克（KRK-Ⅱ）桥（图1-1-15），突破了跨度305m的前世界纪录。

国外在发展钢筋混凝土拱桥的同时，也修建了一些钢筋混凝土梁式桥，但限于材料本身所固有的力学特性,梁式桥的跨径远逊色于拱桥。1928年法国著名工程师弗莱西奈经过20年研究使预应力混凝土技术付诸实践后,新颖的预应力混凝土桥梁首先在法国和德国以异乎寻常的速度发展起来。德国最早用全悬臂法建造预应力混凝土桥梁,特别是在1952年成功建成了莱茵河上的沃伦姆斯桥(跨度为101.65m + 114.20m + 104.20m,具有跨中剪力铰的连续刚架桥)后,这个方法就传播到全世界。10年后莱茵河上另一座本道尔夫桥的问世,将预应力混凝土桥的跨度推进到208m,悬臂施工技术也日臻完善。日本于1976年建成了当时世界上跨度最大的连续刚架桥——浜名大桥,主桥跨径为55m + 140m + 240m + 140m + 55m(图1-1-16)。

图1-1-14　法国博浪加斯脱桥(1930年)

图1-1-15　南斯拉夫克尔克桥

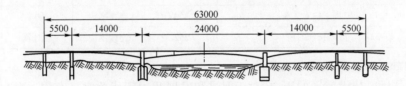

图1-1-16　日本浜名大桥(1976年)(尺寸单位:cm)

世界上第一座具有钢筋混凝土主梁的斜拉桥,是1925年在西班牙修建跨越坦波尔河的水道桥(主跨60.35m)。1962年委内瑞拉成功建成宏伟的马拉开波湖公路桥后,为现代大跨度预应力混凝土斜拉桥的蓬勃兴起开辟了道路。该桥的主桥跨径为160m + 5×235m + 160m,总长达9km(图1-1-17)。

图1-1-17　马拉开波湖公路桥

法国的诺曼底大桥,全长2141.25m,跨越塞纳河,大桥从南至北布孔:27.75m + 32.5m + 9 × 43.5m + 96m + 856m + 96m + 14 × 43.5m + 32.5m(图1-1-18)。

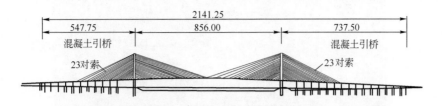

图1-1-18 诺曼底大桥(尺寸单位:m)

2012年完工的俄罗斯岛跨海大桥(图1-1-19),全长3150m,跨径布置为:60m + 72m + 3 × 84m + 1104m + 3 × 84m + 72m + 60m,是目前世界上最大跨径的斜拉桥。

图1-1-19 俄罗斯岛跨海大桥

悬索桥是能够充分发挥钢材优越性能的一种桥型。美国在19世纪50年代从法国引进了近代悬索桥技术以后,于19世纪70年代就发明了"空中架线法"编纺桥缆。1937年建成的旧金山金门大桥,主跨1280.2m,曾保持了27年桥梁最大跨径的世界纪录(图1-1-20)。桥跨布置为342.9m + 1280.2m + 342.9m = 1966m,桥面宽27.43m。

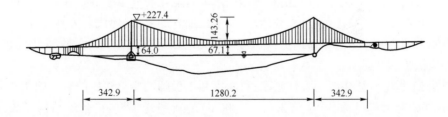

图1-1-20 金门大桥总体布置(1937年)(尺寸单位:m;高程单位:m)

丹麦1998年建成的大贝尔特东桥,主跨1624m。日本明石海峡大桥,全长3911m,主跨1991m,桥跨布置960m + 1991m + 960m(图1-1-21),桥宽35.5m,于1988年开始施工,1998年完成,工期长达10年。此桥规模之巨大是创纪录的,是目前世界上最大跨径的桥梁。

13

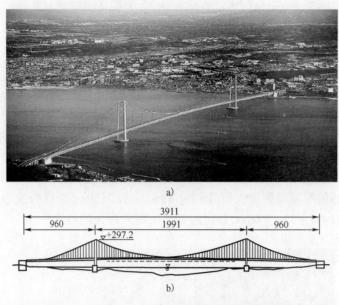

图 1-1-21 明石海峡大桥(尺寸单位:m;高程单位:m)

为了适应社会生产力发展所提出的越来越高的要求,需要建造大量的承受更大荷载,跨越海湾、大江大河等跨径和总长更长的桥梁,这就推动了桥梁结构向高强、轻型、大跨度的方向发展。在结构理论上研究更符合实际状态的力学分析方法与新的设计理论;充分发挥结构潜在的承载力,充分利用建筑材料的强度,力求工程结构的安全度更为科学和可靠。在大跨度桥梁的设计中,越来越重视空气动力学、振动、稳定、疲劳、非线性等研究成果的应用,并广泛应用计算机辅助设计;在施工上,力求高度机械化、工厂化、自动化;在工程管理上,力争高度科学化、自动化。

(四)展望 21 世纪的桥梁工程

21 世纪将会实现桥梁界沟通全球交通的梦想。在 20 世纪末已经开展了几项大的海峡工程,但桥梁最大跨径没有超过 2000m,深水基础深度也在 50m 左右。人们已经在规划的几项大的海峡工程,其设想方案的桥梁最大跨径要超过 2000m,达到 3000~5000m,深水基础深度可能在 100m 以上。

21 世纪面临伟大的海峡工程建设,先进国家国内的交通运输网络发展到组成各洲际、各国间主要连线网络,以适应 21 世纪信息革命而形成智能化与高效率的工农业生产的需要。海峡桥梁工程必然要满足高速运输、重载运输、海上高通航的要求,建成全天候服务、有较高抵抗自然灾害能力和舒畅安全的交通通道;另一方面,无论在海峡或在洲际建设现代化桥梁,还必须注意环境保护。

为描绘 21 世纪桥梁建设的宏伟蓝图,科学家和工程师们要对建桥的有关课题和关键技术进行探讨:探索超大跨径桥梁(主跨 3000~5000m)的新型建筑材料,合理结构形式,抗风、抗震、抗海浪的技术措施;结合海洋工程的经验,探索 100~500m 的深水基础形式与施工方法;探索结构材料防腐的措施与方法;探索智能化结构的设计理论。21 世纪除面临新建大工程外,还担负着对 20 世纪上半叶建造的桥梁加固、改建与修复的重任,其约占 20 世纪总建造桥梁数的 50%。由此不但引发科学家与工程师们研究有效的维修、加固措施,而且提出安全耐久性和可靠性研究的新课题,这包括结构的施工控制与质量保证体系、桥梁生命期的监测系统、桥梁损伤判断与评估、桥梁生命保护的管理系统,等等。人们要控制结构,而且期望赋予结构智能。

从20世纪末至今,中国现代化桥梁建设犹如龙驹奔驰在祖国大地上,遍地掀起层层热浪。我国桥梁工程在规模和发展速度上已取得令全世界瞩目的伟大成就。

中国在建筑材料、结构设计理论与软件工程(包括CAD技术)、研究分析与科学实验、预应力混凝土技术、钢桥制造拼装技术、深水基础工程、施工技术与方法、施工机具与管理等方面,基本上已经接近或达到国际先进水平。

我国桥梁工程建设虽已迅速起飞,但还要在与国外同行的竞争中寻找差距,继续努力奋斗。中国工程师将以自己的智慧,为21世纪桥梁工程再创辉煌贡献自己的创造力。

二、桥梁的组成和分类

道路路线遇到江河湖泊、山谷深沟及其他障碍(如公路或铁路)等,为了保持道路的连续性,充分发挥其正常的运输能力,就需要建造专门的人工构造物——桥梁来跨越障碍。桥梁既要保证桥上的交通运行,通常也要保证桥下水流的宣泄、船只的通航或车辆的通行。

(一)桥梁的基本组成部分

图1-1-22表示一座桥梁的概貌。从图中可见,桥梁一般由以下几部分组成:

(1)桥跨结构(或称为桥孔结构、上部结构),是在通行路线遇到障碍(如河流、山谷或其他线路等)而中断时,跨越这类障碍的结构物。

(2)桥墩、桥台(统称为下部结构),是支承桥跨结构并将恒载和车辆活载传至地基的建筑物。桥台设在桥梁两端,桥墩则在两桥台之间。桥墩的作用是支承桥跨结构;而桥台除了起支承桥跨结构的作用外,还要与路堤衔接,并防止路堤滑塌。为保护桥台和路堤填土,桥台两侧常施作一些防护和导流工程。

(3)墩台基础,是使桥上全部作用传至地基的底部奠基的结构部分。基础工程在整个桥梁工程施工中是比较困难的部位,而且是常常需要在水中施工,因而遇到的问题也很复杂。

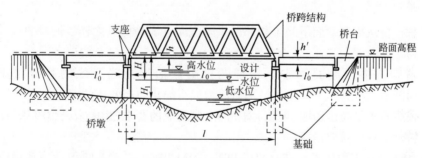

图1-1-22 梁式桥概貌

在桥跨结构与桥墩、桥台的支承处所设置的传力装置,称为支座,它不仅要传递很大的荷载,并且要保证桥跨结构能产生一定的变位。

河流中的水位是变动的,在枯水季节的最低水位称为低水位;洪峰季节河流中的最高水位称为高水位。桥梁设计中按规定的设计洪水频率计算所得的高水位,称为设计洪水位。

下面介绍一些与桥梁布置和结构有关的主要尺寸和名称术语。

净跨径用l_0表示,梁式桥的净跨径是设计洪水位上相邻两个桥墩(或桥台)之间的水平净距(图1-1-22);拱式桥净跨径是每孔拱跨两个拱脚截面最低点之间的水平距离(图1-1-23)。

总跨径是多孔桥梁中各孔净跨径的总和,也称为桥梁孔径($\sum l_0$),它反映了桥下宣泄洪水的能力。

计算跨径用 l 表示。对于具有支座的桥梁,其是指桥跨结构相邻两个支座中心之间的距离;对于图1-1-23所示的拱式桥,是两相邻拱脚截面形心点之间的水平距离。因为拱圈(或拱肋)各截面形心点的连线称为拱轴线,故也就是拱轴线两端点之间的水平距离。

桥梁全长简称桥长,是桥梁两端两个桥台的侧墙或八字墙尾端间的距离,以 L 表示,对于无桥台的桥梁,桥长为桥面系长度(图1-1-24)。在一条线路中,桥梁和涵洞占总长的比重反映它们在整段线路建设中的重要程度。

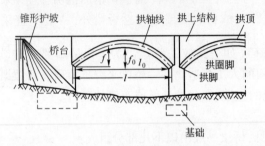

图1-1-23 拱桥概貌　　　　　　　图1-1-24 带悬臂的桥梁

桥梁高度简称桥高,是指桥面与低水位之间的高差,如图1-1-22中的 H_1,或为桥面与桥下路线路面之间的距离(图1-1-24)。桥高在某种程度上反映了桥梁施工的难易性。

桥下净空高度是设计洪水位或计算通航水位至桥跨结构最下缘之间的距离,用 H 表示(图1-1-22)。它应保证能完全排洪,并不得小于对该河流通航所规定的净空高度。

建筑高度是桥上行车路面(或轨顶)高程至桥跨结构最下缘之间的距离(图1-1-22中 h),它不仅与桥梁结构的体系和跨径的大小有关,而且还随行车部分在桥上布置的高度位置而异。公路(或铁路)定线中所确定的桥面(或轨顶)高程与通航净空顶部高程之差,又称为容许建筑高度。显然,桥梁的建筑高度不得大于其容许建筑高度,否则就不能保证桥下的通航要求。

净矢高是拱桥从拱顶截面下缘至相邻两拱脚截面下缘最低点之连线的垂直距离,以 f_0 表示(图1-1-23)。

计算矢高是从拱顶截面形心至相邻两拱脚截面形心之连线的垂直距离,以 f 表示(图1-1-23)。

矢跨比是拱桥中拱圈(或拱肋)的计算矢高 f 与计算跨径 l 之比(f/l),也称拱矢度,它是反映拱桥受力特性的一个重要指标。

此外,我国《公路工程技术标准》(JTG B01—2014)中规定,当标准设计或新建桥涵跨径在50m及以下时,宜采用标准化跨径(l_k)。对于梁式桥、板式桥,标准化跨径是指相邻两桥墩中线间距离或墩中线与台背前缘间的距离;对于拱桥、涵洞则是指净跨径。我国规定的公路桥涵标准化跨径从0.75m起至50m,共分为21种。

涵洞是用来宣泄路堤下水流的构造物,通常在建造涵洞处路堤不中断。为了区别于桥梁,《公路工程技术标准》(JTG B01—2014)中规定,单孔跨径不到5m的泄水结构物,称为涵洞。管涵及箱涵无论管径或跨径大小、孔数多少,均称为涵洞。

(二)桥梁的主要类型

1. 桥梁的基本体系

工程结构上的受力构件,总离不开拉、压和弯曲三种基本受力方式。由基本构件所组成的各种结构物,在力学上也可归结为梁式、拱式、刚架、悬吊式等基本体系及它们之间的各种组合。现代的桥梁结构也一样,不过其内容更丰富,形式更多样。

(1)梁式桥

梁式体系是古老的结构体系。梁式桥是一种在竖向作用的作用下无水平反力的结构[图1-1-25a)、b)]。由于作用的作用方向与承重结构的轴线接近垂直,故与同样跨径的其他结构体系相比,梁内产生的弯矩最大,通常需用抗弯能力强的材料(钢、木、钢筋混凝土等)来建造。为了节约钢材和木料(木桥使用寿命不长,除战备需要或临时性桥梁外,一般不宜采用),目前在公路上应用最广泛的是预制装配式的钢筋混凝土和预应力混凝土简支梁桥。这种梁桥的结构简单、施工方便,对地基承载力的要求也不高,其常用跨径在50m以下。当跨度较大时,为了达到经济省料的目的,可根据地质条件等修建悬臂式或连续式的梁桥[图1-1-25c)]。对于很大的跨径,以及承受很大作用的特大桥梁可建造钢桥[图1-1-25d)]。

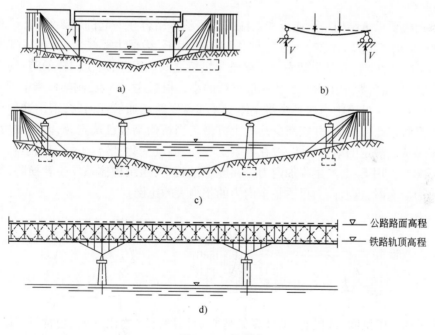

图1-1-25 梁式桥

(2)拱式桥

拱式桥的主要承重结构是拱圈或拱肋。这种结构在竖向作用的作用下,桥墩或桥台将承受水平推力(图1-1-26)。同时,这种水平推力将显著抵消作用所引起在拱圈(或拱肋)内的弯矩。因此,与同跨径的梁相比,拱的弯矩和变形要小得多。鉴于拱桥的承重结构以受压为主,通常可用抗压能力强的圬工材料(如砖、石、混凝土)和钢筋混凝土等来建造。

拱桥的跨越能力大,外形也较美观,在条件许可的情况下,修建圬工拱桥往往是经济合理的。但为了确保拱桥能安全使用,下部结构和地基必须能经受住很大水平推力的不利作用。

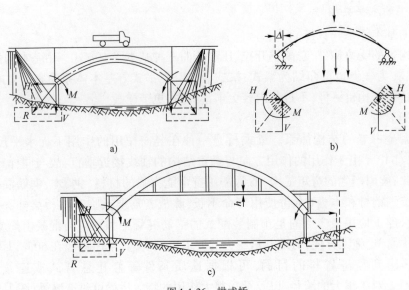

图 1-1-26　拱式桥

(3)刚架桥

刚架桥的主要承重结构是梁或板和立柱或竖墙整体结合在一起的刚架结构,梁和柱的连接处具有很大的刚性(图 1-1-27)。在竖向作用的作用下,梁部主要受弯,而在柱脚处也具有水平反力[图 1-1-27b)],其受力状态介于梁桥与拱桥之间。因此,对于同样的跨径,在相同作用的作用下,刚架桥的跨中正弯矩要比一般梁桥的小。根据这一特点,刚架桥跨中的建筑高度就可以做得较小。在城市中当遇到线路立体交叉或需要跨越通航江河时,采用这种桥型能尽量降低线路高程以改善纵坡,并能减少路堤土方量。当桥面高程已确定时,能增加桥下净空。刚架桥大多做成超静定的结构形式,故在混凝土收缩、温度变化、墩台不均匀沉陷和预施应力等因素的影响和作用下,会产生附加内力。在施工过程中,当结构体系发生转换时,徐变也会引起附加内力。有时,这些内力可占整个内力的相当大的比例。

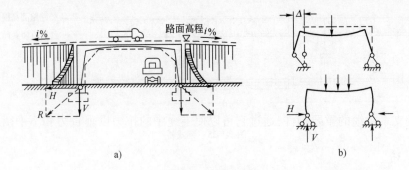

图 1-1-27　刚架桥

(4)悬索桥

传统的悬索桥均用悬挂在两边塔架上的强大缆索作为主要承重结构(图 1-1-28)。在竖向作用的作用下,通过吊杆使缆索承受很大的拉力,通常就需要在两岸桥台的后方修筑非常巨大的锚碇结构。悬索桥也是具有水平反力(拉力)的结构。现代的悬索桥上,广泛采用高强度钢丝编制的钢缆,以充分发挥其优异的抗拉性能,因此结构自重较轻,能以较小的建筑高度跨越其他任何桥型不可企及的特大跨度。其经济跨径在 500m 以上。悬索桥的另一特点是:成卷的钢缆易于运输,结构的组成构件较轻,便于无支架悬吊拼装。

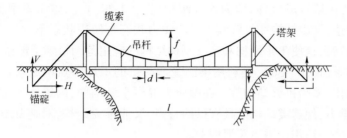

图 1-1-28 悬索桥

现代悬索桥通常由桥塔、锚碇、缆索、吊杆、加劲梁及索鞍等主要部分组成,如图 1-1-28 所示。

桥塔:承受缆索通过索鞍传来的垂直作用和水平作用以及加劲梁支承在塔身上的反力,并将各种作用传递到下部的塔墩和基础。桥塔同时还受到风力与地震的作用。桥塔的高度主要由垂跨比确定。已建成的大跨度悬索桥中大多数桥塔采用钢结构,随着预应力混凝土和爬模技术的发展,造价经济的钢筋混凝土桥塔的应用日益广泛。

锚碇是主缆的锚固体。锚碇将主缆中的拉力传递给地基基础。通常采用的有重力式锚碇和隧洞式锚碇。重力式锚碇依靠巨大的自重来抵抗主缆的垂直分力,水平分力则由锚碇与地基之间的摩阻力或嵌固阻力来抵抗。隧洞式锚碇则是将主缆中的拉力直接传递给周围的基岩。

主缆(又称为缆索)是悬索桥的主要承重构件,除承受永久作用外,主缆本身又通过索夹和吊索承受活载和加劲梁(包括桥面)的作用。除此之外,主缆还承担一部分横向风载,并将它直接传递到桥塔顶部。主缆有钢丝绳钢缆和平行线钢缆等,由于平行线钢缆弹性模量高,空隙率低,抗锈性能好,因此大跨度悬索桥的主缆都采用这种形式。现代悬索桥的主缆多采用直径 5mm 的高强度镀锌钢丝制成。设计中一般将主缆设计成二次抛物线的形状。

吊索(又称为吊杆)是将可变作用和加劲梁的永久作用传递到主缆的构件。吊索的布置形式有垂直式和倾斜式等,其上端与索夹相连,下端与加劲梁连接。吊索宜用有绳芯的钢丝绳制作,其组成可以是 1 根、2 根或 4 根一组,也可采用平行钢丝。

加劲梁的主要功能是提供桥面和防止桥面发生过大的挠曲变形和扭曲变形。加劲梁在横向风力等作用下也要承担部分作用。长大悬索桥的加劲梁均为钢结构,一般采用桁架形式或箱梁形式。

鞍座是支承主缆的重要构件,通过它可以使主缆中的拉力以垂直力和不平衡水平力的方式均匀地传到塔顶或锚碇的支架处。鞍座可以分为塔顶鞍座和锚固鞍座。塔顶鞍座设置在桥塔顶部,将主缆荷载传到塔上;锚固鞍座(亦称为扩展鞍座),设置在锚碇的支架处,主要目的是改变主缆索的方向,把主缆的钢丝绳股在水平及竖直方向分散开来,并把它们引入各自的锚固位置。

(5)组合体系桥

根据结构的受力特点,由几个不同受力体系的结构组合而成的桥梁称为组合体系桥。

T 形刚构、连续刚构(图 1-1-29)都是由梁和刚架相结合的体系。它们是预应力混凝土结构采用悬臂施工法而发展起来的一种新体系。结构的上部梁在墩上向两边采用平衡悬臂施工,首先形成一个 T 字形的悬臂结构。相邻的两个 T 形悬臂在跨中可用剪力铰或跨径较小的挂梁连成一体,即称为带铰或带挂梁的T形刚构[图1-1-29a)、b)]。如结构在跨中采用预应力筋和现浇混凝土区段连成整体,即为连续刚构[图1-1-29c)]。由于采用悬臂施工法,施工机具简便,施工快速,又因结构在悬臂施工时的受力状态与使用状态下的受力状态基本一致,所以省料、省工、省时,这使T形刚构和连续刚构结构的应用范围得到了迅猛发展。

梁、拱组合体系(图1-1-30),是利用梁的受弯与拱的承压特点组成联合结构。这类体系中有系杆拱、桁架拱、多跨拱梁结构等。在预应力混凝土结构中,因梁体内可储备巨大的压力来承受拱的水平推力,使这类结构既具有拱的特点,又非推力结构,对地基要求不高。但这种结构施工比较复杂,一般用于城市跨河桥上。

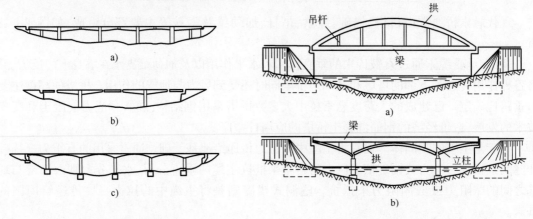

图1-1-29 T形刚构、连续刚构　　　　　　图1-1-30 梁、拱组合体系

斜拉桥(图1-1-31)是由承压的塔、受拉的索与承弯的梁体组合起来的一种结构体系。由于斜拉索将主要承重的主梁吊住,使主梁变成多点弹性支承连续梁工作,由此减少主梁截面增加桥跨跨径。斜拉桥构想起源于19世纪,限于材料水平,建成不久即被淘汰。20世纪中叶,随着高强钢丝、正交异性钢板梁、计算机的出现,斜拉桥这种形式又蓬勃发展起来。其刚度大,造价低,很快在世界上推广,且跨度越来越大:我国于2008年建成的苏通长江大桥跨径达1088m,2020年建成的沪通长江大桥,跨径1092m;2012年俄罗斯建成的俄罗斯岛大桥跨径达1104m。从经济上看,可以作悬索桥也可作斜拉桥时,斜拉桥总是经济的。因斜拉桥与悬索桥相比:它是一种自锚体系,不需昂贵的地锚基础;防腐技术要求比悬索桥低,从而降低索防腐费用;刚度比悬索桥好,抗风能力也比悬索桥好;可用悬臂施工工艺,施工不妨碍通航;钢束用量比悬索桥少。

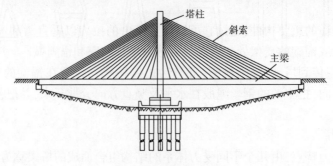

图1-1-31 斜拉桥概貌

预应力混凝土斜拉桥的斜索布置、塔柱形式和主梁截面是多种多样的,现重点介绍它们的构造类型。

斜索是斜拉桥的承重结构之一,宜用抗拉强度高、疲劳强度好和弹性模量较大的钢材做成。斜索的造价约占全桥造价的25%~30%。目前常用形式有:平行钢筋索、平行(半平行)钢丝索、平行(半平行)钢绞线索、螺旋形钢绞线索、单股钢绞缆、封闭式钢缆。斜索的立面布置形状有:辐射式、竖琴式、扇式、星式(图1-1-32)。

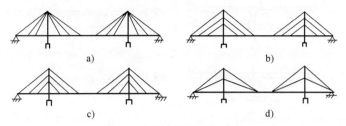

图1-1-32 斜索的立面布置形状
a)辐射式;b)竖琴式;c)扇式;d)星式

斜索在横截面上的常用布置形式如图1-1-33所示。

塔柱。主要承受轴力,除柱底铰支的辐射式斜索布置外,也要承受弯矩。此外,制动力、温度变化、混凝土徐变与收缩等还会增加柱内弯矩。在采用悬臂法施工时,塔柱会受到相当大的不平衡弯矩。从桥梁立面来看,塔柱主要有独柱形、A形和倒Y形三种,如图1-1-34所示。

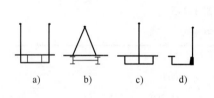
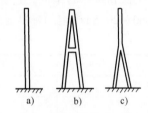

图1-1-33 斜索的横截面布置形式　　图1-1-34 塔柱立面视图

从桥梁行车方向来看,塔柱又可做成独柱式、双柱式、门式、斜腿门式、倒V式、宝石式和倒Y式等多种形式,如图1-1-35所示。主塔结构形式、高度、截面尺寸大小、塔底支承形式,应根据桥位处的地质、环境条件、斜拉桥的跨径、桥面宽度、拉索布置,以及建筑造型等因素决定。

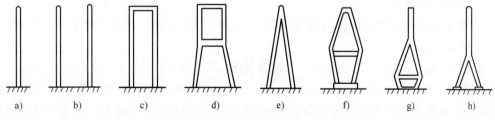

图1-1-35 塔柱横向视图

主梁:常用的主梁形式,按支承体系有连续梁、悬臂梁和悬臂刚构等。与其他体系桥梁相比,斜拉桥主梁具有如下特点:跨越能力大,因主梁在斜拉索支承下,像多点弹性支承连续梁那样,使跨度显著减小;梁的建筑高度小;主梁要把斜拉索索力的水平分力作为轴力传递;借助斜拉索的预拉力,可以对主梁进行内力调整;用于大跨度桥梁的传统施工方法,如悬臂施工法等,不仅仍可采用,而且还能借助斜拉索的联合作用来减轻施工机具对结构的影响。混凝土主梁的常用截面形式如图1-1-36所示。

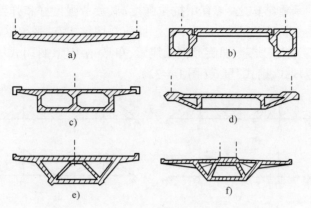

图 1-1-36 主梁横截面

2. 桥梁的其他分类简述

除了上述按受力特点分成不同的结构体系外,桥梁还可以按用途、大小规模和建桥材料等进行分类:

(1)按用途来划分,有公路桥、铁路桥、公路铁路两用桥、农桥、人行桥、运水桥(渡槽)及其他专用桥梁(如通过管路、电缆等)。

(2)按桥梁全长和跨径的不同,分为特大桥、大桥、中桥、小桥及涵洞。《公路桥涵设计通用规范》(JTG D60—2015)规定的标准见表1-1-5。

桥涵划分标准　　　　　　　　　　　　　表 1-1-5

桥 涵 分 类	多孔跨径总长 $L(\mathrm{m})$	单孔跨径 $l_k(\mathrm{m})$
特大桥	$L > 1000$	$l_k > 150$
大桥	$100 \leqslant L \leqslant 1000$	$40 \leqslant l_k \leqslant 150$
中桥	$30 < L < 100$	$20 \leqslant l_k < 40$
小桥	$8 \leqslant L \leqslant 30$	$5 \leqslant l_k < 20$
涵洞	—	$l_k < 5$

注:1.单孔跨径指标准跨径。
　2.梁式桥、板式桥的多孔跨径总长为多孔标准跨径的总长;拱上桥为两端桥台内起拱线间的距离;其他形式桥梁为桥面系行车道长度。

(3)按主要承重结构所用材料划分,有圬工桥、钢筋混凝土桥、预应力混凝土桥、钢管混凝土桥、钢桥和木桥等。

(4)按跨越障碍的性质,可分为跨河桥、跨海桥、跨线桥(立体交叉)、高架桥和栈桥。

(5)按上部结构的行车道位置分为上承式桥、下承式桥和中承式桥。桥面布置在主要承重结构之上者称为上承式桥。桥面布置在承重结构之下的称为下承式桥。桥面布置在桥跨结构高度中间的称为中承式桥。

三、桥梁造型与美学

一座桥梁就满足功能要求而言,是工程结构物;就观赏要求而言,应是一件建筑艺术品。尤其是大桥,往往成为一个国家、一个地区或一个城市的标志。近年来,我国桥梁建设发展异常迅猛,取得了建造现代各种不同桥梁结构体系的设计、施工经验,并已形成一支强大的设计与施工力量。我们已有能力从桥型选择、合理布局、材料和色彩的运用、体、面、线的配合和环境协调等方面来考虑桥梁的美学要求。

世界著名的桥梁专家、学者,德国的莱昂哈特(F. Leonhardt)教授曾在他的《桥—美学和设计》专著中提出了下列美学思想,可供借鉴与进一步探索。

(1)在满足功能要求的前提下,要选用最佳的结构形式——纯正、清爽、稳定。质量统一于美,美从属质量。

(2)美,主要表现在结构选型和谐与良好的比例,并具有秩序感和韵律感。过多的重复会导致单调。

(3)重视与环境协调。材料的选择,表面的质感,特别色彩的运用起着重要作用,模型检试有助于实感判断,审视阴影效果。

(4)造型优美的桥梁应以其个性对人们产生积极的影响。美和伦理本是相通的,和谐美丽环境将直接陶冶人们的情操,人为环境的美同大自然的美一样,对人们身心健康是必需的。

今日的桥梁工作者,应该学习工程美学知识,在保证结构稳固的基础上,设计与建造更多主客体和谐与造型雅致的桥梁,为我们壮丽的山川和繁华的城镇锦上添花。

第二节 桥梁的总体规划和设计要点

桥梁是公路或城市道路的重要组成部分,特别是大、中桥梁对当地的政治、经济、国防等都具有重要意义。

一、桥梁总体规划原则和基本设计资料

公路桥涵应根据所在公路的使用任务、性质和将来的发展需要,按照安全、耐久、适用、环保、经济和美观的原则进行设计。桥型的选择应考虑因地制宜、就地选材、便于施工和养护等因素。大、中桥梁应进行必要的方案比较,选择最佳的桥型方案。公路桥涵应适当考虑农田排灌的需要。靠近村镇、城市、铁路及水利设施的桥梁,应结合各有关方面的要求适当考虑综合利用。特殊大桥宜进行景观设计,上跨高速公路、一级公路的桥梁,应与自然环境和景观相协调。设计人员在工作中必须广泛吸取建桥实践中创造的先进经验,推广各种经济效益好的技术成果,积极采用新结构、新技术、新设备、新工艺、新材料。

(一)桥梁设计的基本要点

与设计其他工程结构物一样,在桥梁设计中必须考虑下述各项要求。

1.使用上的要求

桥上的行车道和人行道宽度应保证车辆和人群的安全畅通,并应满足将来交通量增长的需要。公路桥涵结构的设计基准期为100年,应按承载能力极限状态和正常使用极限状态进行设计,且同时满足构造和工艺方面的要求。桥型、跨度大小和桥下净空应满足泄洪、安全通航或通车等要求,并便于检查和维修。

2.经济上的要求

桥梁设计应体现经济上的合理性,在设计中必须进行详细周密的技术经济比较,使桥梁的总造价和材料等的消耗为最少。应注意的是,要全面而精确地计及所有的经济因素往往是困难的,在技术经济比较中,应充分考虑桥梁在使用期间的营运条件以及养护和维修等方面的问题。此外,能满足快速施工要求以达到缩短工期的桥梁设计,不仅能降低造价,而且提早通车在运输上将带来很大的经济效益。

3.结构尺寸和构造上的要求

整个桥梁结构及其各部分构件,在制造、运输、安装和使用过程中应具有足够的强度、刚度、稳定性和耐久性。桥梁结构的强度应使全部构件及其连接构造的材料抗力或承载能力具有足够的安全储备。对于刚度的要求,应使桥梁在荷载作用下的变形不超过规定的容许值,过大的变形会使结构的连接松弛,而且挠度过大会导致高速行车困难,引起桥梁剧烈的振动,使行人不适,严重者会危及桥梁结构的安全。结构的稳定性,是要使桥梁结构在各种外力作用下,具有能保持原来的形状和位置的能力。例如,桥跨结构和墩台的整体不致倾倒或滑移,受压构件不致引起纵向屈曲变形等。在地震区修建桥梁时,在结构上还要满足抵御地震破坏力的要求。

4.施工上的要求

桥梁结构应便于制造和架设。应尽量采用先进的工艺技术和施工机械,以利于加快施工速度,保证工程质量和施工安全。

5.美观上的要求

一座桥梁应具有优美的外形,应与周围的景致相协调。城市桥梁和游览地区的桥梁,可较多地考虑建筑艺术上的要求。合理的结构布局和轮廓是美观的主要因素,但不应把美观片面地理解为豪华的细部装饰。

6.环境保护和可持续发展

桥梁设计必须考虑保护和可持续发展的要求,包括生态、水、空气、噪声等几方面,应从桥位选择、桥跨布置、规模大小、基础方案、墩身外形、上部结构施工方法、施工组织设计等多方面全面考虑环境要求,采取必要的工程控制措施,并建立环境监测保护体系,将不利影响降至最低程度。尽量采用绿色环保、可回收利用的建设材料,减少资源消耗和避免污染问题的发生。

桥梁施工完成后,恢复桥梁两端植被或进一步美化桥梁周边的景观,也属于环境保护的内容。

(二)设计资料调查

桥梁应根据公路功能、等级、通行能力及抗洪防灾要求,结合水文、地质、通航、环境等条件进行综合设计。

一般桥梁设计中需要进行的资料调查工作包括以下几个方面:

(1)调查桥梁的使用任务。即调查桥上的交通种类和行车、行人的往来密度,以确定桥梁的作用等级和行车道、人行道宽度等。调查桥上有否需要通过的各类管线(如电力、通信线和水管、煤气管等),为此需设置专门的构造装置。

(2)测量桥位附近的地形,绘制地形图,供设计和施工应用。

(3)探测桥位的地质情况,包括土壤的分层高程、物理力学性能、地下水等,并将钻探所得资料绘制地质剖面图。对于所遇到的地质不良现象,如滑坡、断层、溶洞、裂隙等,应详加注明。为使地质资料更接近实际,可根据初步拟定的桥梁分孔方案将钻孔布置在墩台附近。

(4)调查和测量河流的水文情况,为确定桥梁的桥面高程、跨径和基础埋置深度提供依据。其内容包括:

①河道性质:了解河道是静水河还是流水河,有无潮水,河床及两岸的冲刷和淤积,以及河道的自然变迁和人工规划的情况。

②测量桥位处河床断面。

③调查了解洪水位的多年历史资料,通过分析推算设计洪水位。

④测量河床比降,调查河槽各部分的形态高程和粗糙率等,计算流速、流量等有关的资料,通过计算确定设计水位下的平均流速和流量,结合河道性质可以确定桥梁所需要的最小总跨径,选择通航孔的位置和墩台基础形式及埋置深度。

⑤向航运部门了解和协调确定设计通航水位和通航净空,根据通航要求与设计洪水位,确定桥梁的分孔跨径与桥跨底缘设计高程。

(5)调查当地建筑材料(砂、石料等)的来源,水泥钢材的供应情况,水陆交通的运输情况及施工现场的动力设备和电力供应情况。

(6)调查和收集有关气象资料,包括气温、雨量及风速(或台风影响)等情况。

(7)调查新建桥位上、下游有无老桥,其桥型布置和使用情况等。

(8)对于跨线桥,则需要调查被交叉道路交通要求、线路等级、宽度、净空要求、规划路网等情况。

(三)设计程序

一座桥梁的规划设计所涉及的因素很多,特别对于工程比较复杂的大、中桥梁的设计,为了从错综复杂的客观情况中得出合理的设计,就需要进行各种不同设计方案的分析比较。方案比较内容可以包括不同的桥位、不同的材料、不同的结构体系和构造、不同的跨径和分孔、不同的墩台和基础形式等,从中选定最合理的方案,并编制成推荐上报的初步设计,这是设计的第一阶段。

初步设计中除了着重解决桥梁总体规划问题(如桥位选定、分孔、桥型、纵横断面布置等)以外,尚需初步拟定桥梁结构的主要尺寸,估算工程数量,提供主要材料的用量和全桥造价的概算指标,报请上级单位审批。初步设计的概算应作为控制建设项目投资和以后编制施工预算的依据。

桥梁设计的第二阶段是编制施工图,它是根据批准的初步设计中所核定的修建原则、技术方案、技术决定和总投资额等进一步加以具体化的技术文件。在这一阶段设计中,必须对桥梁各部分构件进行详细的设计计算,绘制施工详图,编制施工组织设计和施工预算。

目前,我国对独立公路大桥的勘测设计工作一般均采用上述两阶段的设计程序。但对于技术简单的中、小桥,也可采用一阶段设计,即以扩大的初步设计来包含两阶段设计的主要内容。

二、桥梁纵、横断面设计和平面布置

(一)桥梁纵断面设计

桥梁纵断面设计包括确定桥梁的总跨径、桥梁的分孔、桥道的高程与桥下净空、桥上和桥头引道的纵坡及基础的埋置深度等。

1.桥梁总跨径的确定

桥涵孔径的设计必须保证设计洪水以内的各级洪水及流冰、泥石流、漂流物等安全通过,并应考虑壅水、水流冲刷对上下游的影响,确保桥涵附近路堤的稳定。

对于一般跨河桥梁,总跨径可根据水文计算来确定。由于桥梁墩台和桥头路堤压缩了河床,使桥下过水断面减小,流速加大,引起河床冲刷。因此桥梁总跨径必须保证桥下有足够的排洪面积,使河床不产生过大的冲刷。但为了使总跨径不过大而增加桥梁的总长度,同时又要允许有一定的冲刷,因此桥梁的总跨径不能机械地根据计算和规定冲刷系数来确定,而必须按具体情况分别对待。如当桥梁墩台基础埋置较浅时,桥梁的总跨径应大一些,可接近于洪水泛滥宽度,以避免河床过多的冲刷而引起桥梁破坏;对于深基础,允许较大冲刷,可适当压缩桥下排洪面积,以减小桥梁总跨径。山区河流一般河床流速本来已经很大,则应尽可能少压缩或不压缩河床,因为当桥头路堤和锥体护坡伸入河床时,就难以承受高速流水的冲刷。平原宽滩河流虽然可允许较大的压缩,但必须注意壅水对河滩路堤以及附近农田和建筑物可能发生的危害。

桥涵孔径设计尚应注意河床地形,不宜过分压缩河道、改变水流的天然状态。

2. 桥梁的分孔

对于一座较长的桥梁,应当分成几孔,各孔的跨径应当多大,这不仅影响使用效果、施工难易等,并且在很大程度上关系到桥梁的总造价。跨径越大,孔数越少,上部结构的造价就越高,墩台的造价就减少;反之,则上部结构的造价降低,而墩台造价将提高。这与桥墩的高度及基础工程的难易程度有密切关系。最经济的分孔方式就是使桥梁上、下部结构的总造价趋于最低。

对于通航河流,在分孔时首先应考虑桥下通航的要求。桥梁的通航孔应布置在航行最方便的河域。对于变迁性河流,鉴于航道位置可能发生变化,就需要多设几个通航孔。

在山区的深谷上,在水深流急的江河上或需在水库上建桥时,为了减少中间桥墩,应加大跨径。条件允许,可采用特大跨径单孔跨越。在布置桥孔时,有时为了避开不利的地质段(如岩石破碎带、裂隙、溶洞等),也要将桥墩位置移开,或适当加大跨径。

在有些结构体系中,为了结构受力合理和用材经济,分跨布置时要考虑合理的跨径比例。

跨径的选择还与施工能力有关,有时选用较大跨径虽然在经济上是合理的,但限于当时的施工技术能力和设备条件,也不得不将跨径减小。对于大桥施工,基础工程往往对工期起控制作用,在此情况下,从缩短工期出发,就应减少基础数量而修建较大跨径的桥梁。

总之,对于大、中桥梁的分孔是一个相当复杂的问题,必须根据桥梁用途、桥位处的地形和环境、河床地质、水文等具体情况,通过技术经济等方面的分析比较,才能做出比较完美的设计方案。

3. 桥道高程的确定

对于跨河桥梁,桥道的高程应保证桥下排洪和通航的需要;对于跨线桥,则应确保桥下安全行车。在平原区建桥时,桥道高程的抬高往往伴随着桥头引道路堤土方量的显著增加。在修建城市桥梁时,桥高了使两端引道的延伸会影响市容,或者需要设置立体交叉或高架栈桥,这导致提高造价。因此必须根据设计洪水位、桥下通航(或通车)净空等需要,结合桥型、跨径等一起考虑,以确定合理的桥道高程。

(1)在不通航或无流放木筏河流上及通航河流的不通航桥孔内,为了保证桥下流水净空,桥下净空不应小于表1-1-6的规定。

非通航河流桥下最小净空(m)　　　　表1-1-6

桥梁的部位		高出计算水位	高出最高流冰面
梁底	洪水期无大漂流物	0.50	0.75
	洪水期有大漂流物	1.50	—
	有泥石流	1.00	—
支承垫石顶面		0.25	0.50
有铰拱拱脚		0.25	0.25

注:无铰拱的拱脚允许被设计洪水位淹没,但不宜超过拱圈高度的2/3,且拱顶底面至计算水位的净高不得小于1.0m。
在不通航和无流筏的水库区域内,梁底面或拱顶底面离开水面的高度不应小于计算浪高的0.75倍加上0.25m。

当河流有形成流冰阻塞的危险或有漂浮物通过时,应按实际调查的数据,在计算水位的基础上,结合当地具体情况酌留一定富余量,作为确定桥下净空的依据。对于有淤积的河流,桥下净空应适当增加。

(2)在通航及通行木筏的河流上,必须设置保证桥下安全通航的通航孔。在此情况下,桥跨结构下缘的高程,应高出自设计通航水位算起的通航净空高度。所谓通航净空,就是在桥孔中垂直于流水方向所规定的空间界限(图1-1-37),任何结构构件或航运设施均不得伸入其内。

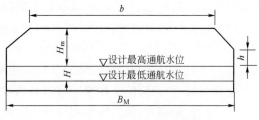

图1-1-37 水上过河建筑物通航净空

我国对于通航净空的尺寸规定见表1-1-7。

天然和渠化河流水上过河建筑物通航净空尺度(m) 表1-1-7

航道等级	净高 H_m	单向通航孔			双向通航孔		
		净宽 B_M	上底宽 b	侧高 h	净宽 B_M	上底宽 b	侧高 h
Ⅰ(1)	24.0	200	150	7.0	400	350	7.0
Ⅰ(2)	18.0	160	120	7.0	320	280	7.0
Ⅰ(3)		110	82	8.0	220	192	8.0
Ⅱ(1)	18.0	145	108	6.0	290	253	6.0
Ⅱ(2)		105	78	8.0	210	183	8.0
Ⅱ(3)	10.0	75	56	6.0	150	131	6.0
Ⅲ(1)	18.0☆ / 10.0	100	75	6.0	200	175	6.0
Ⅲ(2)	10.0	75	56	6.0	150	131	6.0
Ⅲ(3)		55	41	6.0	110	96	6.0
Ⅳ(1)	8.0	75	61	4.0	150	136	4.0
Ⅳ(2)		60	49	4.0	120	109	4.0
Ⅳ(3)		45	36	5.0	90	81	5.0
Ⅳ(4)							
Ⅴ(1)	8.0	55	44	4.5	110	99	4.5
Ⅴ(2)	8.0 或 5.0▲	40	32	5.5 或 3.5▲	80	72	5.5 或 3.5▲
Ⅴ(3)							
Ⅵ(1)	4.5	25	18	3.4	40	33	3.4
Ⅵ(2)	6.0			4.0			4.0
Ⅶ(1)	3.5	20	15	2.8	32	27	2.8
Ⅶ(2)	4.0						

注:1. ☆表示尺寸仅适用于长江。
2. ▲表示尺寸仅适用于通航拖带船队的河流。

此外,在《内河通航标准》(GB 50139—2014)中,对水上过河建筑物的布置还有以下规定:

①水上过河建筑物的布置不得影响和限制航道的通过能力。通航孔的布置应满足过河建

筑物所在河段双向通航的要求。在水运繁忙的宽阔河流上,通航孔的布置应满足多线通航的要求;在限制性航道上,应采取一孔跨过通航水域。

②水上过河建筑物的墩柱不应过于缩小河道的过水面积,墩柱纵轴线宜与水流流向平行,墩柱承台不得影响通航,不得造成危害船舶航行的不良水流。

③水上过河建筑物轴线的法线方向与水流流向的交角不宜超过5°。

(3)公路与铁路立体交叉的跨线桥桥下净空为:当公路从铁路桥下穿行时,净空及路肩或人行道的净高与公路和公路立体交叉的规定相同;行车道部分的净高一般为5m;当铁路从公路桥下穿行时,跨线桥桥下净空应符合铁路净空限界的要求。

桥道高程确定后,就可根据两端桥头的地形和线路要求来设计桥梁的纵断面线形。一般小桥,通常做成平坡桥。对于大、中桥梁,为了利于桥面排水和降低引道路堤高度,往往设置从中间向两端倾斜的双向纵坡。桥上纵坡不大于4%;桥头引道纵坡不宜大于5%。对位于市镇混合交通繁忙处的桥梁,桥上纵坡和桥头引道纵坡均不得大于3%。对易结冰、积雪的桥梁,桥上纵坡不宜大于3%。桥上或引道处纵坡发生变化的地方均应按规定设置竖曲线。

(二)桥梁横断面设计

桥梁的宽度决定于桥上交通需要。《公路工程技术标准》(JTG B01—2014)规定了各公路桥桥面行车道净宽标准(表1-1-8)。

车道宽度 表1-1-8

设计速度(km/h)	120	100	80	60	40	30	20
车道宽度(m)	3.75	3.75	3.75	3.50	3.50	3.25	3.00

注:高速公路为八车道,当设置左侧硬路肩时,内侧车道宽度可采用3.50m。

高速公路和一级公路整体断面必须设置中间带。中间带由中央分隔带和两条左侧路缘带组成。

高速公路和作为干线的一级公路,中央分隔带宽度应根据公路项目中央分隔带功能确定。作为集散的一级公路,中央分隔带宽度应根据设施的宽度确定。

左侧路缘带宽度不应小于表1-1-9的规定。设计速度为120km/h、100km/h,受地形、地物限制的路段或多车道公路内侧车道仅限小型车辆通告的路段,左侧路缘带可论证采用0.5m。

左侧路缘带宽度 表1-1-9

设计速度(km/h)	120	100	80	60
左侧路缘带宽度(m)	0.75	0.75	0.50	0.50

路肩宽度应符合表1-1-10的规定。

路肩宽度 表1-1-10

公路等级(功能)	高速公路			一级公路(干线功能)		一级公路(集散功能)和二级公路		三级公路、四级公路		
设计速度(km/h)	120	100	80	100	80	80	60	40	30	20
右侧硬路肩宽度(m) 一般值	3.00(2.50)	3.00(2.50)	3.00(2.50)	3.00(2.50)	3.00(2.50)	1.50	0.75	—	—	—
右侧硬路肩宽度(m) 最小值	1.50	1.50	1.50	1.50	1.50	0.75	0.25			

续上表

公路等级（功能）		高速公路			一级公路（干线功能）		一级公路(集散功能)和二级公路		三级公路、四级公路	
土路肩宽度(m)	一般值	0.75	0.75	0.75	0.75	0.75	0.75	0.75	0.75	0.2(双车道)0.5(单车道)
	最小值	0.75	0.75	0.75	0.75	0.75	0.50	0.50		0.5

注：1. 正常情况下，应采用"一般值"；在设爬坡车道、变速车道及超车道路段，受地形、地物等条件限制及多车道公路特大桥，可论证采用"最小值"。
2. 高速公路和作为干线的一级公路及通行小客车为主时，右侧硬路肩宽度可采用括号内数值。

高速公路和一级公路应在右侧硬路肩宽度内设右侧路缘带，其宽度为0.5m。

高速公路和一级公路采用分离式断面时，应设置左侧硬路肩，其宽度不应小于表1-1-11的规定值。左侧硬路肩宽度包含左侧路缘带宽度。

采用分离式断面的高速公路和一级公路左侧路肩宽度　　表1-1-11

设计速度(km/h)	120	100	80	60
左侧硬路肩带宽度(m)	1.25	1.00	0.75	0.75

八车道及以上高速公路宜设置左侧硬路肩，其宽度不应小于2.5m。左侧硬路肩宽度包含左侧路缘带宽度。

公路桥面净空限界图式如图1-1-38所示。

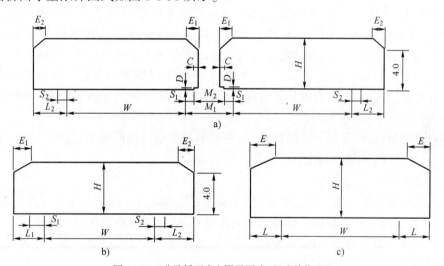

图1-1-38　公路桥面净空限界图式(尺寸单位：m)

a)高速公路、一级公路(整体式)；b)高速公路、一级公路(分离式)；c)二、三、四级公路

注：1. 当桥梁设置人行道时，建筑界限应包括所增加的宽度；
    2. 人行道、自行车道与行车道分开设置时，其净高一般为2.5m。

图中：W——行车道宽度(m)，为车道数乘以车道宽度，并计入所设置的加(减)速车道、紧急停车道、爬坡车道、慢车道或错车道的宽度，车道宽度规定见表1-1-8；

C——当设计速度大于100km/h时为0.5m；当设计速度小于或等于100km/h时为0.25m；

S_1——行车道左侧路缘带宽度(m)，见表1-1-9；

S_2——行车道右侧路缘带宽度(m)，应为0.5m；

M_1——中间带宽度(m);

M_2——中央分隔带宽度(m);

E——建筑限界顶角宽度(m),当 $L \leqslant 1\mathrm{m}$ 时,$E=L$;当 $L>1\mathrm{m}$ 时,$E=1\mathrm{m}$;

E_1——建筑限界顶角宽度(m),当 $L_1<1\mathrm{m}$ 时,$E_1=L_1$,或 $S_1+C<1\mathrm{m}$,$E_1=S_1+C$;当 $L_1 \geqslant 1\mathrm{m}$ 或 $S_1+C \geqslant 1\mathrm{m}$ 时,$E_1=1\mathrm{m}$;

E_2——建筑限界顶角宽度(m),$E_2=1\mathrm{m}$;

H——净空高度(m),高速公路和一、二级公路上的桥梁应为5.0m,三、四级公路为4.5m;

L_2——右侧路肩宽度(m);

L_1——左侧路肩宽度(m);

L——侧向宽度。高速公路、一级公路上桥梁的侧向宽度为硬路肩宽度(L_1、L_2);其他各级公路上的侧向宽度为路肩宽度减去0.25m。

在可能条件下,在高速公路、一级公路上,一般以建上、下行两座独立桥梁为宜、各级公路上的涵洞和二、三、四级公路上跨径小于8m 的单孔小桥的桥面宽度,应与路基同宽。临时性桥梁的桥面行车道宽度不受表1-1-8~表1-1-10 的限制,但如下部结构为永久性时,其墩台的宽度应符合表1-1-8~表1-1-10 的规定。城市桥梁或城市交通的公路桥的桥面宽度,应考虑城市交通工程的规定要求予以适当加宽。

在弯道上的桥梁,应按路线要求予以加宽和设置超高。

高速公路上的桥梁不宜设人行道。其他等级公路上桥梁的桥上人行道和自行车道的设置,应根据实际需要而定,并应与前后路线布置协调。人行道、自行车道与行车道之间,应设护栏或路缘石等分隔设施。人行道的宽度宜为1.0m,大于1.0m 时按0.5m 的级差增加。一条自行车道的宽度为1.0m,当单独设置自行车道时,一般不应少于两条自行车道的宽度。不设人行道和自行车道的桥梁,可根据具体情况,设置栏杆和安全带。与路基同宽的小桥和涵洞可仅设缘石或栏杆。

公路和城市桥梁,为了利于桥面排水,应根据不同类型的桥面铺装,设置从桥面中央倾向两侧的1.5%~3.0%的横向坡度。

(三)平面布置

桥梁的线形及桥头引道要保持平顺,使车辆能平稳地通过。高速公路和一级公路上的大、中桥,以及各级公路上的小桥的线形及其与公路的衔接,应符合路线布设的规定。

二、三、四级公路上的大、中桥平面线形,一般为直线;如必须设成曲线时,其各项指标应符合路线布设规定。

从桥梁本身的经济性和施工方便来说,应尽可能避免桥梁与河流或与桥下路线斜交。但对于一般小桥,为了改善路线线形,或城市桥梁受原有街道的制约时,有时也修建斜交桥,斜度通常不宜大于45°,在通航河流上则不宜大于5°(桥墩沿水流方向的轴线与通航水位主流方向的交角)。当斜交角大于5°时,宜增加通航孔净宽。

第三节 桥梁设计的作用

确定结构计算模式、选定作用和结构分析计算是桥梁计算工作中的三个主要部分,其中作用的种类、形式和大小选择是否恰当,关系到桥梁结构在它的有限寿命期限内的安全,也关系到桥梁建设费用的合理投资。实际上,作用分析是比结构分析更为重要的问题。

一、规范中有关作用的规定

根据使用任务,桥梁结构除了承受本身自重和各种附加恒载以外,主要承受桥上各种交通作用,鉴于桥梁结构处在自然环境中,还要经受气候、水文等种种复杂因素的影响,《公路桥涵设计通用规范》(JTG D60—2015)把施加在桥涵上的各种作用按照随时间的变化情况归纳为永久作用、可变作用、偶然作用和地震作用四类,各类作用列于表1-1-12。

作用分类　　　　　　表1-1-12

编号	作用分类	作用名称
1	永久作用	结构重力(包括结构附加重力)
2		预加力
3		土的重力
4		土侧压力
5		混凝土收缩、徐变作用
6		水浮力
7		基础变位作用
8	可变作用	汽车荷载
9		汽车冲击力
10		汽车离心力
11		汽车引起的土侧压力
12		汽车制动力
13		人群荷载
14		疲劳荷载
15		风荷载
16		流水压力
17		冰压力
18		波浪力
19		温度(均匀温度和梯度温度)作用
20		支座摩阻力
21	偶然作用	船舶的撞击作用
22		漂流物的撞击作用
23		汽车撞击作用
24	地震作用	地震作用

(一)永久作用

永久作用是指在设计基准期内始终存在且其量值变化与平均值相比可以忽略不计的作用,或其变化是单调的并趋于某个限值的作用。永久作用共7种,包括结构重力(含结构附加重力)、预加力、土的重力、土侧压力、混凝土收缩与徐变作用、水浮力及基础变位作用。

永久作用的代表值为其标准值。永久作用标准值可根据统计、计算,并结合工程经验综合分析确定。

结构重力包括结构自重及桥面铺装、附属设备等附加重力。可按照结构物的实际体积或设计时所假设的体积及其材料的重度计算。

$$G_k = \gamma V$$

式中：G_k——结构重力标准值(kN)；
γ——材料的重度(kN/m³)；
V——体积(m³)。

各种材料的重度可按《公路桥涵设计通用规范》(JTG D60—2015)中的表4-2-1的数值采用。

《公路桥涵设计通用规范》(JTG D60—2015)规定预应力混凝土桥梁结构,预加力在结构进行正常使用极限状态设计和使用阶段构件应力计算时,应作为永久作用计算其主效应和次效应,并计入相应阶段的预应力损失,但不计由于预加力偏心距增大引起的附加效应。在结构进行承载能力极限状态设计时,预加力不作为作用,而将预应力钢筋作为结构抗力的一部分。但在连续梁等超静定结构中,仍需考虑预加力引起的次效应。

作用于墩台上的土重力及土侧压力可按《公路桥涵设计通用规范》(JTG D60—2015)中的4.2.3款规定取用。

水的浮力可按下列规定采用：

(1)基础底面位于透水性地基上的桥梁墩台,当验算稳定时,应考虑设计水位的浮力;当验算地基承载力时,可仅考虑低水位的浮力,或不考虑水的浮力。

(2)基础嵌入不透水性地基的桥梁墩台可不考虑水的浮力。

(3)作用在桩基承台底面的浮力,应考虑全部底面积。对桩嵌入不透水地基并灌注混凝土封闭者,不应考虑桩的浮力,在计算承台底面浮力时应扣除桩的截面面积。

(4)当不能确定地基是否透水时,应以透水或不透水两种情况与其他作用组合,取其最不利者。

水的浮力：

$$F = \gamma V_w$$

式中：F——水的浮力标准值(kN)；
γ——水的重度(kN/m³)；
V_w——结构排开水的体积(m³)。

混凝土收缩及徐变作用可按下述规定取用：

(1)外部超静定的混凝土结构、钢和混凝土的组合结构等应考虑混凝土收缩及徐变的作用。

(2)混凝土的收缩应变终极值可按《公路钢筋混凝土及预应力混凝土桥涵设计规范》(JTG 3362—2018)的规定计算。

(3)混凝土徐变的计算,可假定徐变与混凝土应力呈线性关系。

(4)计算混凝土圬工拱圈的收缩作用效应时,如考虑徐变影响,作用效应可乘以0.45的折减系数。

超静定结构当考虑由于地基压密等引起的长期变形影响时,应根据最终位移量计算构件的效应。

(二)可变作用

可变作用是指在设计基准期内其量值随时间变化,且变化与平均值相比不可忽略不计的作用。

可变作用的代表值包括标准值、组合值、频遇值和准永久值。组合值、频遇值和准永久值可通过可变作用的标准值分别乘以组合值系数ψ_c、频遇值系数ψ_f和准永久值系数ψ_q来确定。

《公路桥涵设计通用规范》(JTG D60—2015)中规定：

1. 汽车荷载

公路桥涵设计时，汽车荷载的计算图式、荷载等级及其标准值、加载方法和纵横向折减等应符合下列规定：

(1)汽车荷载分为公路—Ⅰ级和公路—Ⅱ级两个等级。

(2)汽车荷载由车道荷载和车辆荷载组成。车道荷载由均布荷载和集中荷载组成。桥梁结构的整体计算采用车道荷载；桥梁结构的局部加载、涵洞、桥台和挡土墙土压力等的计算采用车辆荷载。车辆荷载与车道荷载的作用不得叠加。

(3)各级公路桥涵设计的汽车荷载等级应符合表1-1-13的规定。

各级公路桥涵设计的汽车荷载等级 表1-1-13

公路等级	高速公路	一级公路	二级公路	三级公路	四级公路
汽车荷载等级	公路—Ⅰ级	公路—Ⅰ级	公路—Ⅰ级	公路—Ⅱ级	公路—Ⅱ级

二级公路作为集散公路且交通量小、重型车辆少时，其桥涵的设计可采用公路—Ⅱ级汽车荷载。

对交通组成中重载交通比重较大的公路桥涵，宜采用与该公路交通组成相适应的汽车荷载模式进行结构整体和局部验算。

(4)车道荷载的计算图式见图1-1-39。

①公路—Ⅰ级车道荷载的均布荷载标准值为$q_k=10.5kN/m$；集中荷载标准值P_k按以下规定选取：桥梁计算跨径L_0小于或等于5m时，$P_k=270kN$；桥梁计算跨径L_0大于或等于50m时，$P_k=360kN$；桥梁计算跨径L_0在5~50m之间时，P_k值采用$2(L_0+130)$求得。计算剪力效应时，上述集中荷载标准值P_k应乘以1.2的系数。

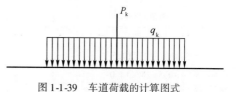

图1-1-39 车道荷载的计算图式

②公路—Ⅱ级车道荷载的均布荷载标准值q_k和集中荷载标准值P_k按公路—Ⅰ级车道荷载的0.75倍采用。

③车道荷载的均布荷载标准值应满布于使结构产生最不利效应的同号影响线上；集中荷载标准值只作用于相应影响线中一个影响线峰值处。

(5)车辆荷载的立面、平面尺寸见图1-1-40，主要技术指标规定见表1-1-14。

公路—Ⅰ级和公路—Ⅱ级汽车荷载采用相同的车辆荷载标准值。

车辆荷载的主要技术指标 表1-1-14

项 目	单位	技术指标	项 目	单位	技术指标
车辆重力标准值	kN	550	轮距	m	1.8
前轴重力标准值	kN	30	前轮着地宽度及长度	m	0.3×0.2
中轴重力标准值	kN	2×120	中、后轮着地宽度及长度	m	0.6×0.2
后轴重力标准值	kN	2×140	车辆外形尺寸(长×宽)	m	15×2.5
轴距	m	3+1.4+7+1.4			

(6)车道荷载横向分布系数应按设计车道数如图1-1-41所示布置车辆荷载进行计算。

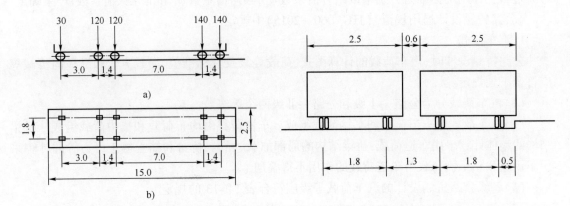

图1-1-40 车辆荷载的立面、平面尺寸(图中尺寸单位:m;荷载单位:kN)
a)立面布置;b)平面尺寸

图1-1-41 车辆荷载横向布置(尺寸单位:m)

(7)桥涵设计车道数应符合表1-1-15的规定。横桥向布置多车道汽车荷载时,应考虑汽车荷载的折减;布置一条车道汽车荷载时,应考虑汽车荷载的提高。横向车道布载系数应符合表1-1-16的规定。多车道布载的荷载效应不得小于两条车道布载的荷载效应。

桥涵设计车道数 表1-1-15

桥面宽度 W(m)		桥涵设计车道数
车辆单向行驶时	车辆双向行驶时	
$W < 7.0$		1
$7.0 \leq W < 10.5$	$6.0 \leq W < 14.0$	2
$10.5 \leq W < 14.0$		3
$14.0 \leq W < 17.5$	$14.0 \leq W < 21.0$	4
$17.5 \leq W < 21.0$		5
$21.0 \leq W < 24.5$	$21.0 \leq W < 28.0$	6
$24.5 \leq W < 28.0$		7
$28.0 \leq W < 31.5$	$28.0 \leq W < 35.0$	8

横向车道布载系数 表1-1-16

横向布载车道数(条)	1	2	3	4	5	6	7	8
横向车道布载系数	1.20	1.00	0.78	0.67	0.60	0.55	0.52	0.50

(8)大跨径桥梁上的汽车荷载应考虑纵向折减。当桥梁计算跨径大于150m时,应按表1-1-17规定的纵向折减系数进行折减。当为多跨连续结构时,整个结构应按最大的计算跨径考虑汽车荷载效应的纵向折减。

纵向折减系数 表1-1-17

计算跨径 L_0(m)	纵向折减系数	计算跨径 L_0(m)	纵向折减系数
$150 < L_0 < 400$	0.97	$800 \leq L_0 < 1000$	0.94
$400 \leq L_0 < 600$	0.96	$L_0 \geq 1000$	0.93
$600 \leq L_0 < 800$	0.95		

2.汽车荷载的影响力

(1)汽车荷载冲击力

车辆以较高速度驶过桥梁时,由于桥面的不平整、车轮不圆及发动机抖动等原因,会使桥梁结构引起振动,这种动力效应通常称为冲击作用。在这种情况下,汽车荷载(动荷载)对桥梁结构所引起的应力和变形,要比同样大小的静荷载所引起的大。《公路桥涵设计通用规范》(JTG D60—2015)规定:

钢桥、钢筋混凝土及预应力混凝土桥、圬工拱桥等上部结构和钢支座、板式橡胶支座、盆式橡胶支座及钢筋混凝土柱式墩台,应计算汽车的冲击作用。

填料厚度(包括路面厚度)大于或等于0.5m的拱桥、涵洞以及重力式墩台不计冲击力。

汽车荷载的冲击力标准值为汽车荷载标准值乘以冲击系数μ。

冲击系数μ可按下式计算:

当$f<1.5$Hz时,$\mu=0.05$;

当1.5Hz$\leqslant f\leqslant 14$Hz时,$\mu=0.1767\ln f-0.0157$;

当$f>14$Hz时,$\mu=0.45$。

其中,f为结构基频(Hz)。

汽车荷载的局部加载及在T形梁、箱梁悬臂板上的冲击系数采用0.3。

(2)离心力

曲线桥应计算汽车荷载引起的离心力。汽车荷载离心力标准值为车辆荷载(不计冲击力)标准值乘以离心力系数C计算。离心力系数按下式计算:

$$C = \frac{v^2}{127R}$$

式中:v——设计速度(km/h),应按桥梁所在路线设计速度采用;

R——曲线半径(m)。

计算多车道桥梁的汽车荷载离心力时,车辆荷载标准值应乘以表1-1-16规定的横向车道布载系数。

离心力的着力点在桥面以上1.2m处;为计算简便也可移至桥面上,不计由此引起的作用效应。

(3)车辆荷载引起的土侧压力

汽车荷载在桥台或挡土墙后填土的破坏棱体上引起的土侧压力,可按下式换算成等代均布土层厚度h(m)计算:

$$h = \frac{\sum G}{Bl_0\gamma}$$

式中:γ——土的重度(kN/m³);

$\sum G$——布置在$B \times l_0$面积内的车轮的总重力(kN);

l_0——桥台或挡土墙后填土的破坏棱体长度(m);

B——桥台横向全宽或挡土墙的计算长度(m)。

挡土墙的计算长度B(m)可按下列公式计算,但不应超过挡土墙分段长度:

$$B = 13 + H\tan 30°$$

式中:H——挡土墙高度(m),对墙顶以上有填土的挡土墙,为2倍墙顶填土厚度加墙高。

当挡土墙分段长度小于13m时,B取分段长度,并应在该长度内按不利情况布置轮重。

计算涵洞顶上车辆荷载引起的竖向土压力时,车轮按其着地面积的边缘向下作30°角分布。当几个车轮的压力扩散线相重叠时,扩散面积以最外边的扩散线为准。

(4)汽车荷载的制动力

制动力是汽车在桥上制动时,为克服其惯性力而在车轮与路面之间发生的滑动摩擦力。汽车荷载制动力按同向行驶的汽车荷载(不计冲击力)计算,并按表1-1-17的规定,以使桥梁墩台产生最不利纵向力的加载长度进行纵向折减。

一个设计车道上由汽车荷载产生的制动力标准值按《公路桥涵设计通用规范》(JTG D60—2015)规定的车道荷载标准值在加载长度上计算的总重力的10%计算,但公路—Ⅰ级汽车荷载的制动力标准值不得小于165kN;公路—Ⅱ级汽车荷载的制动力标准值不得小于90kN。同向行驶双车道的汽车荷载制动力标准值为一个设计车道制动力标准值的2倍;同向行驶三车道为一个设计车道的2.34倍;同向行驶四车道为一个设计车道的2.68倍。

制动力的着力点在桥面以上1.2m处,计算墩台时,可移至支座铰中心或支座底座面上。计算刚构桥、拱桥时,制动力的着力点可移至桥面上,但不计因此而产生的竖向力和力矩。

设有板式橡胶支座的简支梁,连续桥面简支梁或连续排架式柔性墩台,应根据支座与墩台的抗推刚度的刚度集成情况分配和传递制动力。设有板式橡胶支座的简支梁刚性墩台,应按单跨两端的板式橡胶支座的抗推刚度分配制动力。

设有固定支座、活动支座(滚动或摆动支座、聚四氟乙烯板支座)的刚性墩台传递的制动力,按《公路桥涵设计通用规范》(JTG D60—2015)规定采用。每个活动支座传递的制动力,其值不应大于其摩阻力;当大于摩阻力时,按摩阻力计算。

3. 人群荷载

设有人行道的桥梁,以汽车荷载计算内力时,应同时考虑人行道上人群荷载所产生的内力。

人群荷载标准值应按下列规定采用:

(1)当桥梁计算跨径小于或等于50m时,人群荷载标准值为$3.0kN/m^2$;当桥梁计算跨径等于或大于150m时,人群荷载标准值为$2.5kN/m^2$;当桥梁计算跨径在50~150m之间时,可由线性内插得到人群荷载标准值。对跨径不等的连续结构,以最大计算跨径为准。

非机动车、行人密集地区的公路桥梁,人群荷载标准值取上述规定值的1.15倍。

专用人行桥梁,人群荷载标准值为$3.5kN/m^2$。

(2)人群荷载在横向应布置在人行道的净宽度内,在纵向施加于使结构产生最不利荷载效应的区段内。

(3)人行道板(局部构件)可以一块板为单元,按标准值$4.0kN/m^2$的均布荷载计算。

(4)计算人行道栏杆时,作用在栏杆立柱顶上的水平推力标准值取0.75kN/m;作用在栏杆扶手上的竖向力标准值取1.0kN/m。

4. 疲劳荷载

疲劳荷载的计算模型应符合下列规定:

(1)疲劳荷载计算模型Ⅰ采用等效的车道荷载,集中荷载为$0.7P_k$,均布荷载为$0.3q_k$。P_k和q_k按《公路桥涵设计通用规范》(JTG D60—2015)的4.3.1规定取值;应考虑多车道的影响。

(2)疲劳荷载计算模型Ⅱ采用双车模型,两辆模型车轴距与轴重相同,其单车的轴重与轴距布置如图1-1-42所示。计算加载时,两模型车的中心距不得小于40m。

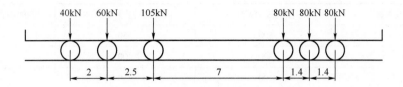

图 1-1-42　疲劳荷载计算模型Ⅱ(尺寸单位:m)

(3)疲劳荷载计算模型Ⅲ采用单车模型,模型车轴距及荷载分布规定如图 1-1-43 所示。

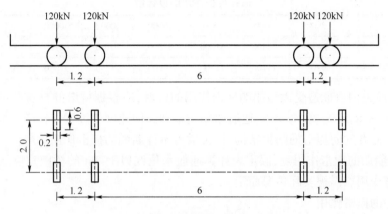

图 1-1-43　疲劳荷载计算模型Ⅲ(尺寸单位:m)

(4)当构件和连接不满足疲劳荷载模型计算模型Ⅰ验算要求时,应按模型Ⅱ验算。

(5)桥面系构件的疲劳验算应采用疲劳荷载计算模型Ⅲ。

5.波浪力

位于外海、海湾、海峡的桥梁结构,下部结构设计必要时应考虑波浪力的作用影响。宜开展专题研究,确定波浪力的大小。

6.其他作用力

(1)风荷载:对于大跨径桥梁,特别是斜拉桥和悬索桥,风荷载是极为重要的设计荷载,有时甚至起着决定性的作用,即对结构的强度、刚度和稳定性起控制作用。对于风荷载标准值应按《公路桥梁抗风设计规范》(JTG/T 3360-01—2018)的规定计算。

(2)对于支座摩阻力、流水压力、冰压力、温度作用的规定和计算,详见《公路桥涵设计通用规范》(JTG D60—2015)。

(三)偶然作用

偶然作用包括船舶的撞击作用、漂流物的撞击作用和汽车撞击作用。这种作用,在设计基准期内不一定出现,而一旦出现其量值很大,且持续时间很短的作用。

偶然作用取其设计值作为代表值。

1.船舶的撞击作用

通航水域中的桥梁墩台,设计时应考虑船舶的撞击作用,其撞击作用设计值可按下列规定采用:

(1)船舶的撞击作用设计值宜按专题研究确定。

(2)四至七级内河航道当缺乏实际调查资料时,船舶撞击作用的设计值可按表 1-1-18 取值;航道内的钢筋混凝土桩墩,顺桥向撞击作用可按表 1-1-18 所列数值的 50% 考虑。

内河船舶撞击作用设计值　　　　　表1-1-18

内河航道等级	船舶吨级 DWT(t)	横桥向撞击作用(kN)	顺桥向撞击作用(kN)
四	500	550	450
五	300	400	350
六	100	250	200
七	50	150	125

(3)当缺乏实际调查资料时,海轮撞击作用的设计值可按表1-1-19取值。

海轮撞击作用的设计值　　　　　表1-1-19

船舶吨级 DWT(t)	3000	5000	7500	10000	20000	30000	40000	50000
横桥向撞击作用(kN)	19600	25400	31000	35800	50700	62100	71700	80200
顺桥向撞击作用(kN)	9800	12700	15500	17900	25350	31050	35850	40100

(4)规划航道内可能遭受大型船舶撞击作用的桥墩,应根据桥墩的自身抗撞击能力、桥墩的位置和外形、水流流速、水位变化、通航船舶类型和碰撞速度等因素作桥墩防撞设施的设计。当设有与墩台分开的防撞击的防护结构时,桥墩可不计船舶的撞击作用。

(5)内河船舶的撞击作用点,假定为计算通航水位线以上2m的桥墩宽度或长度的中点。海轮船舶撞击作用点需视实际情况而定。

2.漂流物的撞击作用

有漂流物的水域中的桥梁墩台,设计时应考虑漂流物的撞击作用,其横桥向撞击力设计值可按下式计算,漂流物的撞击作用点假定在计算通航水位线上桥墩宽度的中点:

$$F = \frac{Wv}{gT}$$

式中:W——漂流物重力(kN),应根据河流中漂流物情况,按实际调查确定;

　　　v——水流速度(m/s);

　　　T——撞击时间(s),应根据实际资料估计,在无实际资料时,可用1s;

　　　g——重力加速度(m/s^2),g=9.81m/s^2。

3.汽车撞击作用

桥梁结构必要时可考虑汽车的撞击作用。汽车撞击力设计值在车辆行驶方向取1000kN,在车辆行驶垂直方向取500kN,两个方向的撞击力不同时考虑,撞击力作用于行车道以上1.2m处,直接分布于撞击涉及的构件上。

对于设有防撞设施的结构构件,可视防撞设施的防撞能力,对汽车撞击力标准值予以折减,但折减后的汽车撞击力设计值不应低于上述规定值的1/6。

(四)地震作用

地震力是指地震时强烈的地面运动引起的结构惯性力,因而它不是静力作用,而是动力作用;不是固定值,而是随机变值;不完全决定地震时地面运动的强烈程度,而决定结构的动力特性(频率与振型)。

地震动峰值加速度等于0.10g、0.15g、0.20g、0.30g地区的公路桥涵,应进行抗震设计。地震动峰值加速度大于或等于0.40g地区的公路桥涵,应进行专门的抗震研究和设计。地震动峰值加速度小于或等于0.05g地区的公路桥涵,除有特殊要求者外,可采用简易设防。公路桥梁的抗震设防起点,一般为设计地震烈度7度。

地震作用的代表值为其标准值。

公路桥梁地震作用的标准值应根据《公路工程抗震规范》(JTG B02—2013)和《公路桥梁抗震设计细则》(JTG/T B02-01—2008)的规定确定。

二、作用组合

以上简述了各种可能出现的作用,显然这些作用并非都同时作用于桥梁上。因此根据各种作用重要性的不同和同时作用的可能性,《公路桥涵设计通用规范》(JTG D60—2015)规定：

公路桥涵结构设计应考虑结构上可能同时出现的作用,按承载能力极限状态和正常使用极限状态进行作用组合,均应按下列原则取其最不利组合效应进行设计：

(1)只有在结构上可能同时出现的作用,才进行组合。当结构或结构构件需做不同受力方向的验算时,则应以不同方向的最不利的作用组合效应进行计算。

(2)当可变作用的出现对结构或结构构件产生有利影响时,该作用不应参与组合。实际不可能同时出现的作用或同时参与组合概率很小的作用,按表1-1-20规定不考虑其参与组合。

可变作用不同时组合表　　　　表1-1-20

作用名称	不与该作用同时参与组合的作用
汽车制动力	流水压力、冰压力、波浪力、支座摩阻力
流水压力	汽车制动力、冰压力、波浪力
波浪力	汽车制动力、流水压力、冰压力
冰压力	汽车制动力、流水压力、波浪力
支座摩阻力	汽车制动力

(3)施工阶段的作用组合,应按计算需要及结构所处条件而定,结构上的施工人员和施工机具设备均应作为可变作用加以考虑。组合式桥梁,当把底梁作为施工支撑时,作用组合效应宜分两个阶段计算,底梁受荷作为第一阶段,组合梁受荷作为第二阶段。

(4)多个偶然作用不同时参与组合。

(5)地震作用不与偶然作用同时参与组合。

(一)按承载能力极限状态设计时的作用效应组合

公路桥涵结构按承载能力极限状态设计时,对持久设计状况和短暂设计状况应采用作用的基本组合,对偶然设计状况应采用作用的偶然组合,对地震设计状况应采用作用的地震组合,并应符合下列规定：

1. 基本组合

永久作用的设计值与可变作用设计值相组合。作用基本组合的效应设计值可按下式计算：

$$S_{ud} = \gamma_0 S\left(\sum_{i=1}^{m}\gamma_{G_i}G_{ik}, \gamma_{L1}\gamma_{Q1}Q_{1k}, \psi_c\sum_{j=2}^{n}\gamma_{Lj}\gamma_{Qj}Q_{jk}\right)$$

或

$$S_{ud} = \gamma_0 S\left(\sum_{i=1}^{m}G_{id}, Q_{1d}, \sum_{j=2}^{n}Q_{jd}\right)$$

式中：S_{ud}——承载能力极限状态下作用基本组合的效应设计值；

$S(\ )$——作用组合的效应函数；

γ_0——结构重要性系数,按《公路桥涵设计通用规范》(JTG D60—2015)规定的结构设计安全等级采用,按持久状况和短暂状况承载力极限状态设计时,公路桥涵结构设计安全等级应不低于《公路桥涵设计通用规范》(JTG D60—2015)规定,对应于设计安全等级一级、二级和三级分别取1.1、1.0和0.9;

γ_{Gi}——第 i 个永久作用的分项系数;

G_{ik},G_{id}——第 i 个永久作用的标准值和设计值;

γ_{Q1}——汽车荷载(含汽车冲击力、离心力)的分项系数。采用车道荷载计算时取 γ_{Q1} = 1.4。采用车辆荷载计算时,其分项系数取 γ_{Q1} = 1.8。当某个可变作用在组合中其效应值超过汽车荷载效应时,则该作用取代汽车荷载,其分项系数取 γ_{Q1} = 1.4;对专为承受某作用而设置的结构或装置,设计时该作用的分项系数取 γ_{Q1} = 1.4;计算人行道板和人行道栏杆的局部荷载,其分项系数也取 γ_{Q1} = 1.4;

Q_{1k}、Q_{1d}——汽车荷载(含汽车冲击力、离心力)的标准值和设计值;

γ_{Qj}——在作用组合中除汽车荷载(含汽车冲击力、离心力)、风荷载外的其他第 j 个可变作用的分项系数,取 γ_{Qj} = 1.4,但风荷载的分项系数取 γ_{Qj} = 1.1;

Q_{jk}、Q_{jd}——在作用组合中除汽车荷载(含汽车冲击力、离心力)外的其他第 j 个可变作用的标准值和设计值;

ψ_c——在作用组合中除汽车荷载(含汽车冲击力、离心力)外的其他可变作用的组合值系数,取 ψ_c = 0.75;

$\psi_c Q_{jk}$——在作用组合中除汽车荷载(含汽车冲击力、离心力)外的第 j 个可变作用的组合值;

γ_{Lj}——第 j 个可变作用的结构设计使用年限荷载调整系数。公路桥涵结构的设计使用年限按《公路工程技术标准》(JTG B01—2014)取值时,可变作用的设计使用年限荷载调整系数取 γ_{Lj} = 1.0;否则,γ_{Lj} 取值应按专题研究确定。

设计弯桥时,当离心力与制动力同时参与组合时,制动力标准值或设计值按70%取用。

2. 偶然组合

永久作用标准值与可变作用某种代表值、一种偶然作用设计值相组合;与偶然作用同时出现的可变作用,可根据观测资料和工程经验取用频遇值或准永久值。

(1)作用偶然组合的效应设计值可按下式计算:

$$S_{ad} = S\left(\sum_{i=1}^{m} G_{ik}, A_d, (\psi_{f1} \text{ 或 } \psi_{q1})Q_{1k}, \sum_{j=2}^{n} \psi_{qj}Q_{jk}\right)$$

式中:S_{ad}——承载能力极限状态下作用偶然组合的效应设计值;

A_d——偶然作用的设计值;

ψ_{f1}——汽车荷载(含汽车冲击力、离心力)的频遇值系数,取 ψ_{f1} = 0.7;当某个可变作用在组合中其效应值超过汽车荷载效应时,则该作用取代汽车荷载,人群荷载 ψ_f = 1.0,风荷载 ψ_f = 0.75,温度梯度作用 ψ_f = 0.8,其他作用 ψ_f = 1.0;

$\psi_{f1}Q_{1k}$——汽车荷载的频遇值;

ψ_{q1}、ψ_{qj}——第1个和第 j 个可变作用的准永久值系数,汽车荷载(含汽车冲击力、离心力)ψ_q = 0.4,人群荷载 ψ_q = 0.4,风荷载 ψ_q = 0.75,温度梯度作用 ψ_q = 0.8,其他作用 ψ_q = 1.0;

$\psi_{q1}Q_{1k}$、$\psi_{qj}Q_{jk}$——第1个和第 j 个可变作用的准永久值。

(2)当作用与作用效应可按线性关系考虑时,作用偶然组合的效应设计值 S_{ad} 可通过作用效应代数相加计算。

3. 地震组合

作用地震组合的效应设计值应按现行《公路工程抗震规范》(JTG B02—2013)的有关规定计算。

(二)按正常使用极限状态设计时的效应组合

公路桥涵结构按正常使用极限状态设计时,应根据不同的设计要求,采用作用的频遇组合或准永久组合,并应符合下列规定:

1. 频遇组合

永久作用标准值与汽车荷载频遇值、其他可变作用准永久值相组合。

(1)作用频遇组合的效应设计值可按下式计算:

$$S_{fd} = S\left(\sum_{i=1}^{m}G_{ik}, \psi_{f1}Q_{1k}, \sum_{j=2}^{n}\psi_{qj}Q_{jk}\right)$$

式中:S_{fd}——作用频遇组合的效应设计值;

ψ_{f1}——汽车荷载(不计汽车冲击力)频遇值系数,取 $\psi_{f1}=0.7$;当某个可变作用在组合中其效应值超过汽车荷载效应时,则该作用取代汽车荷载,人群荷载 $\psi_f=1.0$,风荷载 $\psi_f=0.75$,温度梯度作用 $\psi_f=0.8$,其他作用 $\psi_f=1.0$。

(2)当作用与作用效应可按线性关系考虑时,作用频遇组合的效应设计值可通过作用效应代数相加计算。

2. 准永久组合

永久作用标准值与可变作用准永久值相组合。

(1)作用准永久组合的效应设计值可按下式计算:

$$S_{qd} = S\left(\sum_{i=1}^{m}G_{ik}, \sum_{j=1}^{n}\psi_{qj}Q_{jk}\right)$$

式中:S_{qd}——作用准永久组合的效应设计值;

ψ_{qj}——第 j 个可变作用效应的准永久值系数,汽车荷载(不计汽车冲击力)$\psi_q=0.4$,人群荷载 $\psi_q=0.4$,风荷载 $\psi_q=0.75$,温度梯度作用 $\psi_q=0.8$,其他作用 $\psi_q=1.0$。

(2)当作用与作用效应可按线性关系考虑时,作用准永久组合的效应设计值 S_{qd} 可通过作用效应代数相加计算。

验算结构的抗倾覆、滑动稳定时,稳定系数、各作用的分项系数及摩擦系数,应根据不同结构按各有关桥涵设计规范的规定确定。

构件在吊装、运输时,构件重力应乘以动力系数1.2(对结构不利时)或0.85(对结构有利时),并可视构件具体情况作适当增减。

第四节 桥面布置与构造

一、桥面组成与布置

钢筋混凝土和预应力混凝土桥的桥面部分通常包括桥面铺装、防水和排水设备、伸缩缝、人行道(或安全带)、缘石、栏杆和灯柱等构造(图1-1-44)。

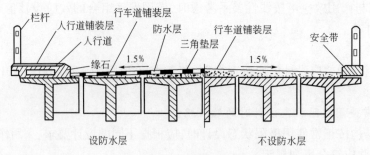

图1-1-44 桥面的一般构造

桥面直接与车辆、行人接触,它对桥梁的主要结构起保护作用,使桥梁能够正常使用。同时,桥面构造多属外露部位,其选择是否合理,布置是否恰当直接影响桥梁的使用功能、布局和美观。由于桥面构造工程量小,项目繁杂,在施工中又多在主体工程结束之后进行,往往在设计和施工中得不到应有的重视,从而造成桥梁使用中的弊病或过早地进行维修、养护,甚至会中断交通。因此,必须了解桥面构造各部件的工作性能,合理选择,认真设计,精心施工。

桥面的布置应在桥梁的总体设计中考虑,根据道路等级、桥梁宽度、行车要求等条件确定。对于混凝土梁式桥的桥面布置有双向车道布置、分车道布置和双层桥面布置等。

(一) 双向车道布置

双向车道布置是指行车道的上下行交通布置在同一桥面上,如图1-1-44所示。在桥面上,上下行交通由画线分隔,因此,没有明显的界线。桥梁上也可允许机动车与非机动车同时通过,同样采用画线分隔。由于在桥梁上同时存在上下行车辆和机动车与非机动车,因此,车辆在桥梁上行驶的速度只能是中速或低速,对交通量较大的道路,桥梁往往会形成交通滞流状态。

(二) 分车道布置

行车道的上下行交通,在桥梁上按分隔设置式进行桥面布置,因而上下行交通互不干扰,可提高行车速度,便于交通管理。但是在桥面布置上要增加一些附属设施,桥面的宽度相应地要加宽些。

分车道布置可在桥面上设置分隔带,用以分隔上下行车辆,如图1-1-45a)所示。也可以采用分离式主梁布置,在主梁间设置分隔带,见图1-1-45b)。有的桥梁采用分离式主梁,在两主梁间的桥面上不加联系,各自通行单向交通,见图1-1-45c)。分车道布置除对上下行交通分隔外,也可将机动车道与非机动车道分隔、行车道与人行道分隔布置。

分隔带可以采用混凝土制作的护栏,可用盖板分隔,也可采用钢杆或钢索(链)分隔。对于高速公路,分隔设施除起到分道行驶的作用外,还要有效保护高速车辆在意外事故中不致损坏桥梁,避免车辆和人员发生安全事故。美国新泽西州公路局推广一种用混凝土制作的"新泽西式护栏",其形状如图1-1-46a)所示。在一般情况下,当受到车辆碰撞时,只让轮胎

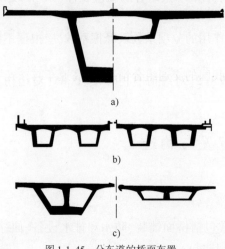

图1-1-45 分车道的桥面布置

和护栏接触,而车身不会接触到护栏,可以减少车辆的损坏。护栏可采用预制或现浇制作,预制的护栏由钢链相连,放在桥面上,并不需要特殊的基础或锚固,目前国内使用较多。

钢制护栏的构造见图1-1-46b),护栏的立柱用盘状锚筋和垫板、螺栓锚固在梁的翼缘板上,以防止上拔。立柱的下方具有预定的断裂部位,这样,桥梁和翼缘板不会在意外事故中损坏。钢制护栏可设置在人行道上或分隔带上,采用间隔布置,从而起到保护作用。

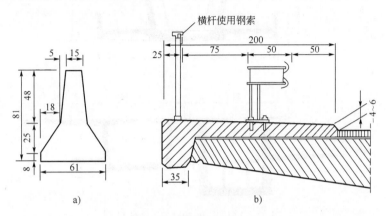

图1-1-46 护栏的构造(尺寸单位:cm)
a)混凝土制作的护栏;b)钢制护栏

(三)双层桥面布置

双层桥面布置是桥梁结构在空间上可以提供两个不在同一平面上的桥面构造。钢桥采用双层桥面布置已被普遍使用,因为钢桥受力明确,构造上也较易处理。混凝土梁桥采用双层桥面布置始于20世纪60年代,1965年建造的委内瑞拉卡罗尼河桥是一座$4 \times 96m + 2 \times 48m$的预应力混凝土连续梁桥,它的上层为10.3m宽的公路行车道,下层人行道宽3m,设在箱梁底板挑出的悬臂板上,见图1-1-47a)。1980年建成的奥地利维也纳帝国桥是一座多功能的预应力混凝土双层梁桥,见图1-1-47b),该桥全长864.5m,为10孔连续梁桥,梁高5.5~8.8m。它的上层桥面为公路六车道,箱梁内通行地下铁路,箱梁外悬臂板设有$2 \times 3.5m$人行道。并在位于新运河上的3孔设有地铁车站。在箱梁的腹板上开有5个椭圆空洞,人行道悬臂拓宽到8m多。帝国桥的建成为混凝土箱梁桥的桥面布置开拓了新的思路。

双层桥面布置,可以使不同的交通严格分道行驶,提高了车辆和行人的通行能力,并便于交通管理。同时,可以充分利用桥梁净空,在满足同样交通要求之下,减小桥梁宽度,缩短引桥长度,达到较好的经济效益。

我国也对双层桥进行了设计和研究工作,结合我国的交通组合情况,使高速车与中速车分隔,机动车与非机动车分道,行车道与人行道分离,特别是在城市桥和立交桥中,双层桥面布置更显其优越性。

二、桥面铺装

桥面铺装即行车道铺装,亦称桥面保护层,它是车轮直接作用的部分。桥面铺装的功用是保护属于主梁整体部分的行车道板不受车辆轮胎直接磨耗,防止主梁遭受雨水的侵蚀,并能使车辆轮重的集中荷载起一定的分布作用。因此,行车道铺装要求具有一定强度、刚度,防止开裂、抗车辙、行车舒适、抗滑、不透水等性能。

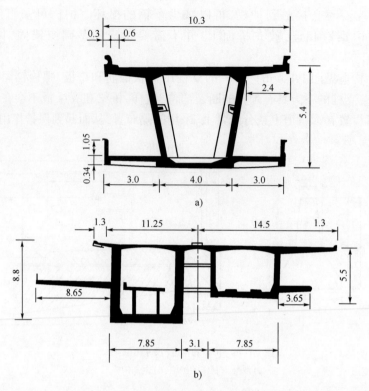

图 1-1-47 双层桥面布置实例(尺寸单位:m)

桥面铺装部分在桥梁恒载中占有相当的比重,特别对于小跨径桥梁尤为显著,故应尽量设法减轻铺装的质量。桥面铺装宜与公路路面相协调,应有完善的桥面防水、排水系统。高速公路和一级公路上特大桥、大桥的桥面铺装宜采用沥青混凝土桥面铺装。桥面铺装应设防水层。圬工桥台背面及拱桥拱圈与填料间应设置防水层,并设盲沟排水。

高速公路和一、二级公路上桥梁的沥青混凝土桥面铺装厚度不宜小于70mm;二级及以下公路桥梁的沥青混凝土桥面铺装厚度不宜小于50mm。沥青混凝土桥面铺装尚应符合《公路沥青路面设计规范》(JTG D50—2017)的有关规定。水泥混凝土桥面铺装层(不含整平层和垫层)的厚度不宜小于80mm,混凝土强度不应低于C40,铺装层内应配置钢筋网,钢筋直径不应小于8mm,间距不宜大于100mm。水泥混凝土桥面铺装尚应符合《公路水泥混凝土路面设计规范》(JTG D40—2011)的规定。

(一)桥面纵横坡的设置

桥面设置纵横坡,以利雨水迅速排除,防止或减少雨水对铺装层的渗透,从而保护了行车道板,延长桥梁使用寿命。

桥面上设置纵坡,首先有利于排水,同时,在平原区,还可以在满足桥下通航净空要求的前提下,降低墩台高程,减少桥头引道土方量,从而节省工程费用。桥面的纵坡,一般宜做成双向纵坡,在桥中心设置竖曲线,桥上纵坡不宜大于4%,桥头引道纵坡不宜大于5%,桥头两端引道的线形应与桥梁的线形相匹配。位于市镇混合交通繁忙处,桥上和桥头引道纵坡均不得大于3%。对易结冰、积雪的桥梁,桥上纵坡不宜大于3%。

对于沥青混凝土或水泥混凝土铺装,横坡一般采用1.5%~2.0%。行车道路面普遍采用抛物线形横坡,人行道则用直线形。常用的设置形式有以下几种。

(1)对于板桥(矩形板或空心板)或就地浇筑的肋梁桥,为了节省铺装材料并减轻恒载,可以将横坡直接设在墩台顶部,而使桥梁上部构造做成双向倾斜,此时,铺装层在整个桥宽上做成等厚的,如图1-1-48a)所示。

(2)在装配式肋板式梁桥中,为使主梁构造简单、架设与拼装方便,通常横坡不设在墩台顶部,而直接设在行车道板上。先铺设一层厚度变化的混凝土三角形垫层,形成双向倾斜,再铺设等厚的混凝土铺装层,如图1-1-48b)所示。

(3)在装配式肋板式梁桥中,也有通过支座垫石高度变化来形成横坡,而免去做三角垫层的工序,使得施工简便,横坡大小易控制,如图1-1-48c)所示。

(4)在比较宽的桥梁(或城市桥梁)中,用三角垫层设置横坡,使混凝土用量或恒载增加太多。为此,可将行车道板做成倾斜面而形成横坡,如图1-1-48d)所示。它的缺点是主梁构造复杂,制作麻烦。

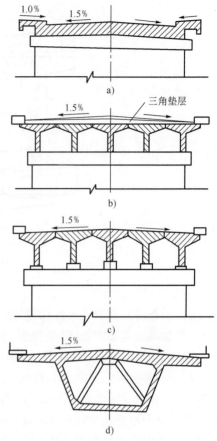

图1-1-48 桥面横坡的设置

(二)桥面铺装的类型

1. 普通水泥混凝土或沥青混凝土铺装

在非严寒地区的小跨径桥上,通常桥面内可不做专门的防水层,而直接在桥面上铺筑普通水泥混凝土或沥青混凝土铺装层。铺装层的混凝土在铺筑时要求有较好的密实度。为了防滑和减弱光线的反射,最好将混凝土做成粗糙表面。混凝土铺装的造价低,耐磨性能好,适合于重载交通,但其养生期比沥青系的铺装长,日后修补也较麻烦。沥青混凝土铺装的重量较轻,维修养护也较方便,在铺筑后只需几小时就能通车运营。桥上的沥青混凝土铺装可以做成单层式的(5cm中粒式沥青混凝土)、双层式的(上面层3~4cm细粒式或中粒式沥青混凝土;下面层4~7cm中粒式沥青混凝土)、三层式的(上面层3~4cm细粒式或中粒式沥青混凝土、中面层4~5cm中粒式沥青混凝土,下面层5~7cm粗粒式沥青碎石)。

2. 防水混凝土铺装

对位于非冰冻地区的桥梁需作适当的防水时,可在桥面板上铺筑8cm~10cm厚的防水混凝土作为铺装层[图1-1-49a)]。防水混凝土的强度等级一般不低于桥面板混凝土的强度等级,其上一般可不另设面层,但为延长桥面的使用年限,宜在上面铺装2cm厚的沥青表面处治作为可修补的磨耗层。

3. 设置防水层的沥青混凝土或水泥混凝土铺装

在防水程度要求高,或在桥面板位于结构受拉区而可能出现裂纹的桥梁上,需设防水层[图1-1-49b)]。

按《公路沥青路面设计规范》(JTG D50—2017)的有关条文,沥青铺装由表面层、防水层及下面层组成。防水层和下面层共同组成防水体系,应重视下面层的密实性和高稳性。应根据桥梁类型、设计安全等级,并考虑工程环境等因素(如冻土地区、海洋地区,有工业酸雾、雨影响等)确定设防水层和下面层。而且对于大桥、特大桥,宜在混凝土桥面板顶面设下面层。

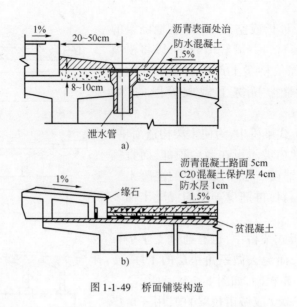

图 1-1-49 桥面铺装构造

防水层有三种类型：
(1) 洒布薄层沥青或改性沥青，其上撒布一层砂，经碾压形成沥青涂胶下封层；
(2) 涂刷聚氨酯胶泥、环氧树脂、阳离子乳化沥青、氯丁胶乳等高分子聚合物涂料；
(3) 铺装沥青或改性沥青防水卷材，以及浸渍沥青的无纺土工布等。

高分子聚合物沥青防水涂料是以石油沥青为主要原料，并配以各种表面活性剂及多种化学助剂为辅助原料，再掺加大剂量的高分子聚合物进行改性而成的复合防水涂料。该涂料不但具有高分子聚合物的优异弹塑性、耐热性和黏结性，又具有与石油沥青制品良好的亲和性，以适应沥青混凝土在高温条件下施工。因操作方便安全，无环境污染，已成为各类大型桥梁及高架桥桥面防水施工专用涂料。

沥青防水卷材为结构材料的防水层，造价高，施工麻烦费时。它虽有防水作用，但因把行车道与铺装层分开，如施工处理不当，将使行车道铺装层似有一弹性垫层，在车轮荷载作用下，铺装层容易起壳开裂。

当下面层采用浇筑式沥青混凝土时可视为防水层，但在动荷载作用下可能出现负弯矩的位置宜采取一定防裂措施。

三、桥面排水设施

钢筋混凝土结构不宜经受时而湿润时而干晒的交替作用。湿润混凝土中的水分如果接着因严寒而结冰，则更有害，因为渗入混凝土微细发纹和大孔隙内的水分，在结冰时会导致混凝土发生冻胀破坏。而且，水分侵袭钢筋也会使它锈蚀。因此，为防止雨水滞积于桥面并渗入梁体而影响桥梁的耐久性，除在桥面铺装内设置防水层外，应使桥上的雨水迅速引导排出桥外。

通常当桥面纵坡大于2%而桥长小于50m时，一般能保证从桥头引道上排水，桥上就不必设置专门的泄水孔道。为防止雨水冲刷引道路基，应在桥头引道的两侧设置流水槽。

当纵坡大于2%，但桥长超过50m时，宜在桥上每隔12～15m设置一个泄水管。如桥面纵坡小于2%则宜每隔6～8m设置一个泄水管。泄水管的过水面积通常使每平方米桥面上不少于2～3cm²，泄水管可以沿行车道两侧左右对称排列，也可交错排列，其离缘石的距离为20～50cm[图1-1-49a)]。

对于跨线桥和城市桥梁最好像建筑物那样设置完善的落水管道,将雨水排至地面阴沟或下水道内。

泄水管也可布置在人行道下面(图1-1-50),为此需要在人行道块件(或缘石部分)上留出横向进入孔,并在泄水孔的三个周边设置相应的聚水槽,起到聚水、导流和拦截作用。为防止大块垃圾进入堵塞泄水道,在进水的入口处设置金属栅门。

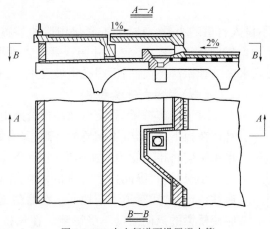

图1-1-50 在人行道下设置泄水管

混凝土梁式桥上的常用泄水管道有下列几种形式:

(一)金属泄水管

图1-1-51a)所示为一种构造比较完备的铸铁泄水管,适用于具有防水层的铺装结构。泄水管的内径一般为10~15cm(高速公路和一级公路,一般采用直径为15cm的排水管、间距在4~5m之间)。管子下端应伸出行车道板底面以下至少15~20cm,以防止渗湿主梁梁肋表面。安放泄水管时,与防水层的接合处要做得特别仔细,防水层的边缘要紧夹在管子顶缘与泄水漏斗之间,以便防水层的渗水能通过漏斗上的过水孔流入管内。这种铸铁泄水管,使用效果好,但结构较为复杂。根据具体情况,可以作简化改进,例如采用钢管和钢板的焊接构造等。

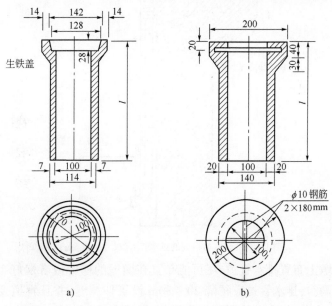

图1-1-51 金属与钢筋混凝土泄水管(尺寸单位:mm)

(二)钢筋混凝土泄水管

图 1-1-51b)所示为钢筋混凝土的泄水管构造,它适用于不设防水层而采用防水混凝土的铺装构造,布置细节可见图 1-1-49a)。在制作时,可将金属栅板直接作为钢筋混凝土管的端模板,并在栅板上焊上短钢筋锚固于混凝土中。这种预制的泄水管构造比较简单,可以节省钢材。

(三)横向排水孔道

对于一些跨径不大,不设人行道的小桥,有时为了简化构造和节省材料,可以直接在行车道两侧的安全带或缘石上预留横向孔道(图 1-1-52),并用铁管或竹管等将水排出桥外。管口要伸出构件 2~3cm,以便滴水。这种做法虽简便,但因孔道坡度平缓,易于淤塞。

(四)封闭式排水系统

对于城市桥梁、立交桥及高速公路上的桥梁,应该避免泄水管挂在板下,这样既影响桥的外观,又有碍公共卫生。完整的排水系统应将排水管道直接引向地面(图 1-1-53)。

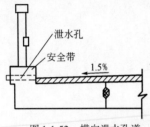

图 1-1-52 横向泄水孔道

小跨径桥,纵向排水管中的水在箱梁中或在主梁腹板内侧通往桥台,并用管道引向地面。在活动支座处,竖向管道的连接应使桥梁的纵向活动不受影响。在长桥中,纵向排水管可通向一个设在台帽上的大漏斗中排水。

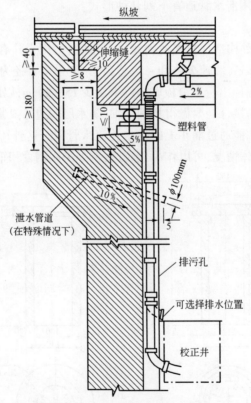

图 1-1-53 设在桥台处的排水管道(尺寸单位:cm)

如果需要在桥墩上布置排水管道,尽可能布置在墩壁的槽中或者最好布置在桥墩内部的箱室中。当桥墩很高时,排水管道应每隔 20~30m 设置伸缩缝,并且管道要有良好的固定装置,在墩脚处要有一个盆,作为消除下落的能量装置。

排水管道原则上不许现浇在混凝土内,因为在冬天水管堵塞可能冻裂混凝土,而应采用在混凝土中预留孔道或埋入直径较大的套管,然后再设置排水管道。一旦有损可以及时更换。当管道通过行车道悬臂板而截面高度较小时,管道可做成扁平形状。

在箱梁或箱墩中设置的排水管道系统,要在箱孔的深处预先考虑 2~3 个排水线路,以免一路受阻或爆裂而影响排水功能。

四、桥面伸缩缝

为了保证桥跨结构在气温变化、活载作用、混凝土收缩与徐变等影响下变形的需要,并保证车辆通过桥面时平稳,就需要使桥面在两梁端之间以及在梁端与桥台背墙之间设置伸缩装置。这种伸缩装置称为桥面伸缩缝。

伸缩缝的构造应满足下列要求:

(1)能够适应桥梁温度变化所引起的伸缩;
(2)牢固可靠;
(3)桥面平坦,车辆驶过时应平顺,无突跳与噪声;
(4)具有能够安全排水和防水的构造,要防止雨水和垃圾泥土渗入阻塞;
(5)安装、维修、养护、清除污物、更换等都要简易方便;
(6)经济价廉。

在设置伸缩缝处,栏杆与桥面铺装都要断开。伸缩缝必须与桥面牢固连接,如结构埋置太浅,在车辆不断冲击下会使伸缩缝附近的桥面铺装崩碎破坏。伸缩缝是桥梁的薄弱位置,因为很微小的不平整就会使它承受很大的冲击作用,因此常常遭到损坏而需要养护、更换。对于伸缩缝的设计和构造处理绝不能简单从事,而要选用最有抵抗能力的伸缩缝,牢固锚定它并且精确地装入车道的平面中。伸缩缝的类型选择,主要取决于桥梁的伸缩量和车辆荷载、交通量。它的大小由计算确定,并考虑留有一定的附加量。桥梁伸缩装置的材料及其成品的技术要求应符合现行《公路桥梁伸缩装置通用技术条件》(JT/T 327)的有关规定。采用定型生产的各类伸缩装置时,可根据桥梁所在地区的气候条件和施工季节,选择伸缩装置安装温度,计算桥梁接缝处梁体的伸长量和缩短量,据此选用伸缩装置的类型和型号。以下就目前国内外最常用的橡胶伸缩缝作一介绍。

(一)橡胶带(板)伸缩缝

橡胶带伸缩缝如图 1-1-54 所示,它以橡胶带作为跨缝材料。图 1-1-54a)表示一种特制的三节型橡胶带,带的中节是空心的,它对于变形与防水都有很好的效果。图 1-1-54b)是用氯丁橡胶制作的具有 2 个圆孔的伸缩缝嵌条。当梁架好后,在梁端面预埋件上焊上角钢(角钢之间的净距可比橡胶嵌条的宽度小 1cm),涂上胶后,再将橡胶条强行嵌入。橡胶伸缩缝可随着人行道弯折,嵌条接头处用胶黏结。橡胶带富有弹性,又易于胶粘,因此它能满足变形与防水的要求,它又是厂制成品,使用起来很方便。

在安装这种伸缩缝结构时,要使嵌住橡胶带的角钢面保持垂直,不然在桥面伸长压缩橡胶带时会产生向上的分力挤出橡胶带。试验证明:将橡胶板锚固在梁与梁(台)之间,改善了橡胶带易于挤出、下落的缺陷,它在小变形量的桥上使用,寿命长,行车平稳,效果良好。

橡胶带伸缩缝防水性能和隔音性能良好,定型后平整度高,行车平稳,同时重量轻,施工和维修都较方便,但耐久性差,伸缩量较小。为了发挥橡胶材料的特性,提高橡胶伸缩缝的使用范围,工程上已经采用橡胶板与钢板(或型钢)加劲的伸缩缝。

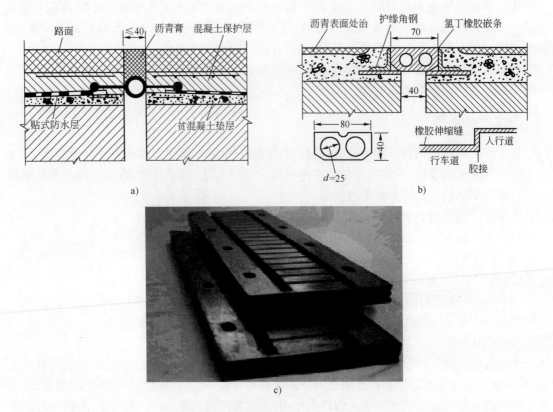

图 1-1-54 橡胶带伸缩缝(尺寸单位:mm)
a)三节型橡胶带;b)伸缩缝嵌条;c)板式橡胶伸缩缝

(二)组合伸缩缝(又称为模数式伸缩缝)

由 V 型橡胶型材与型钢组成的伸缩缝是可以根据变形量的要求组合成单联和多联的承载伸缩缝。V 型橡胶型材的边缘凸起部分用一块夹板,借助竖向的滚花销子压入型钢的槽中。橡胶使用邵氏硬度 50°~60°的氯丁橡胶或聚氯丁二烯橡胶,每个组合构件的空隙在 10~70mm 变化,则可以提供 60mm 的变形量。图 1-1-55 是一个四联伸缩缝,它的最大变形量为 240mm。在型钢下面设有可变的缀板结构,用以支承型钢,并使它保持等高度和相同的间距,缀板结构用耐候钢 WTst52-3 做成,销子采用不锈钢加塑料套筒。

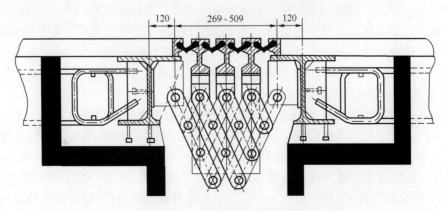

图 1-1-55 四联 V 型橡胶型材与型钢组合伸缩缝(尺寸单位:mm)

另一种组合伸缩缝由圆环状的橡胶与钢板组成的伸缩缝,钢板与橡胶部件间隔排列,可以直接承担车辆荷载的作用。在钢板与橡胶部件的接触面上刨有沟槽,用于嵌固橡胶部件,并在结合面上用黏结剂结合。图 1-1-56 示出支承在横梁上的双联组合伸缩缝,它的伸缩量达 160mm。

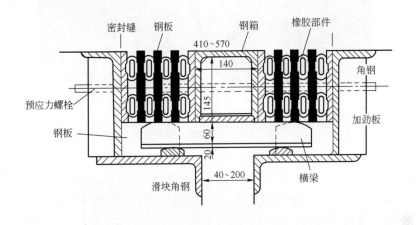

图 1-1-56 双联橡胶、钢板组合伸缩缝(尺寸单位:mm)

在设计时,要求在最不利的收缩组合的情况下,橡胶部件仍然要有相当于 1cm 左右变形的预压应力,即在任何情况下,橡胶部件与钢板之间不出现拉应力。

随着我国高等级公路和城市高架桥建设事业的迅速发展,桥梁的长大化得到突破性进展,这就要求有结构合理、大位移量的桥梁伸缩装置来适应这一发展需要。因此,出现了利用吸震缓冲性能好又容易做到密封的橡胶材料,与强度高、性能好的异型钢材组合的,在大位移量情况下能承受车辆荷载的各种类型模数式桥梁伸缩装置系列(图 1-1-57)。其构造是:由橡胶密封条(带)嵌接于异型边钢梁和中钢梁内组成可伸缩的密封体,异型钢梁直接承受车辆荷载,且可根据要求的伸缩量,随意增加中钢梁和密封橡胶条(带)。

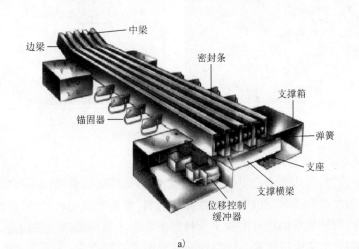

a)

图 1-1-57

51

b)

图 1-1-57 模数式桥梁伸缩装置

(三)梳齿板式伸缩装置

梳齿板式伸缩缝(图 1-1-58)是由分别连接在相邻两个梁端的梳齿型钢板交错咬合而成。它利用梳齿的张合来满足桥体的伸缩要求。它可以适应较大的伸缩量。其构造简单,伸缩自如,伸缩量大,最大可达 400mm,但是不防水,梁端转角会在齿端形成折角,路面不平,高速行车时引起车辆跳车。早期的梳齿板式伸缩缝多为悬臂式(代号为 SC),两块梳齿板均为固定板。当伸缩缝较宽时,悬臂的钢板在车辆冲击荷载作用下,焊缝与锚固的根部容易损坏。所以,又出现了简支梳齿板式伸缩装置。简支梳齿板式伸缩装置按活动梳齿板的齿板与伸缩缝的相对位置分为:活动梳齿板的齿板位于伸缩缝一侧(代号为 SSA)和活动梳齿板的齿板跨越伸缩缝(代号为 SSB)。跨越式的梳齿形伸缩缝。两块梳齿板中一块为固定板,另一块为活动板,活动板较宽,跨过桥体的伸缩缝而搭在另一侧的底板上,与滑动式钢板伸缩缝构造相似。

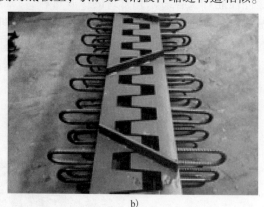

a)　　　　　　　　　　　　　　　　　　b)

图 1-1-58 梳齿板式伸缩装置

(四)无缝式(暗缝型)伸缩装置

无缝式伸缩装置,是接缝构造不伸出桥面时,在桥梁端部的伸缩间隙中填入弹性材料并铺上防水材料,然后在桥面铺装层铺筑黏弹性复合材料,使伸缩接缝处的桥面铺装与其他铺装部分形成一连续体,以连接缝的沥青混凝土等材料的变形承受伸缩的一种构造,如我国常用的桥面连续(图 1-1-59)、TST 弹塑体等。这类伸缩装置的主要特点为:①能适应桥梁上部构造的伸缩变形和小量转动变形;②将使桥面铺装形成连续体,行车时不致产生冲击、振动等,舒适性较好;③形成多重防水构造,防水性也较好;④在寒冷地区,易于机械化除雪养护,不致破坏接缝;

⑤施工简单,一般易于维修和更换。鉴于这类形式的结构特点(是在路面铺装完成后再用切割器切割路面,并在其槽口内注入嵌缝材料而成的构造),这种接缝仅适用于较小的接缝部位,适用范围有所限制。

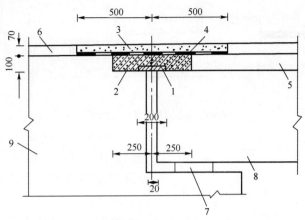

图 1-1-59　GP 型桥面连续构造(尺寸单位:mm)

1-钢板($A_3$200mm×500mm×12mm);2-Ⅰ型改性沥青混凝土;3-Ⅱ型改性沥青混凝土;4-编织布;5-桥面现浇混凝土层; 6-沥青混凝土铺装;7-板式橡胶支座;8-预制板;9-背墙

五、人行道、栏杆、灯柱

桥梁上的人行道由人行交通量决定,其宽度可选用 0.75m、1m,大于 1m 按 0.5m 倍数递增,行人稀少地区可不设人行道,为保障行车安全可改用安全带。

(一)安全带

不设人行道的桥上,两边应设宽度不少于 0.25m,高为 0.25~0.35m 的护轮安全带。近年来,不少桥梁设计中,为了保证行车安全,安全带的高度已经用到大于或等于 0.4m。安全带可以做成预制块件或与桥面铺装层一起现浇。预制的安全带有矩形截面和肋板式截面两种,见图 1-1-60,以矩形截面最为常用。现浇的安全带宜每隔 2.5~3m 做一断缝,以免参与主梁受力而被损坏。

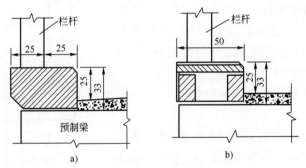

图 1-1-60　矩形和肋板式安全带(尺寸单位:cm)

(二)人行道

人行道一般高出行车道 0.25~0.35m。在跨径较小的装配式板桥中,可专设人行道板梁[图 1-1-61a)]。在人行道内边缘设有缘石,以对人行道起保护作用。缘石可用石料或预制混凝土块砌筑,也可在板上现浇。在跨径小而人行道又宽的桥上,可在其下用加高墩台盖梁来抬高人行道板梁,使它高出行车道的桥面[图 1-1-61b)]。在跨径较大的装配式板桥中,若专设人行道板梁就会不经济,此时常制成一些人行道块件搁于板上[图1-1-61c)]。

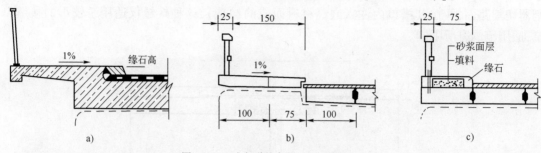

图1-1-61 人行道的布置(尺寸单位:cm)

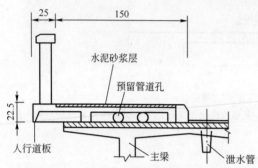

图1-1-62 搁置式人行道的构造(尺寸单位:cm)

在装配式肋梁桥上,人行道通常都是做成预制块件安装的。按预制块件分有整体式和分块式;按安装在桥上的形式分有悬臂式和搁置式两种。

图1-1-62是整体式预制人行道的构造形式,是一种搁置在主梁上的人行道。截面是肋板式,人行道下可放置过桥的管线。

图1-1-63是一种分块预制悬臂式人行道的构造形式。人行道由人行道板、人行道梁、支撑梁及缘石组成。人行道梁搁在行车道的主梁上,一端是悬臂挑出,另一端则通过预埋的钢板与主梁预留的锚固钢筋焊接。人行道梁分A、B两种形式。A式要安装栏杆柱,所以要做得宽一些。支撑梁用以固定人行道梁的位置,人行道板则铺装在人行道梁上。这种人行道的构造,预制块件小而轻,但施工较麻烦。在起重条件较好的地方,整体分段预制的人行道,使施工快而方便。

人行道顶面一般铺设20mm厚的水泥砂浆或沥青砂作为面层,并做成倾向桥面的1%~1.5%的排水横坡。桥面铺装中若设置贴式防水层,就要在人行道内侧设置缘石,以便把防水层伸过缘石底面,从人行道与缘石之间的砌缝里向上叠起。

人行道在桥面断缝处也必须做伸缩缝。

(三)栏杆、灯柱

栏杆是桥上的安全设施,要求坚固;栏杆又是桥梁的表面建筑,也要有一个美好的艺术造型。栏杆的高度不应小于110cm,栏杆的间距一般为160~270cm,标准设计为250cm。

公路与城市道路的栏杆常用混凝土、钢筋混凝土、钢、铸铁或钢与混凝土混合材料制作。从形式上可分为节间式与连续式。节间式(图1-1-64)由立柱、扶手及横档(或栏杆板)组成,扶手支承于立柱

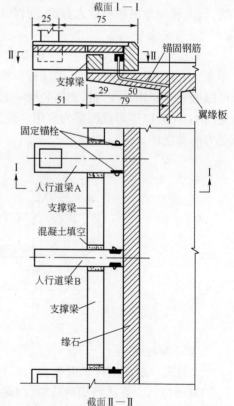

图1-1-63 分块预制悬臂式人行道的构造(尺寸单位:cm)

上。连续式(图1-1-65)具有连续的扶手,一般由扶手、栏杆板(柱)及底座组成。节间式栏杆便于预制安装,能配合灯柱设计,但对于不等跨分孔的桥梁,在划分上感到困难。连续式栏杆有规则的栏杆板,富有节奏感,简洁、明快,但一般自重比较大。

图1-1-64　节间式栏杆

图1-1-65　连续式栏杆

栏杆的设计首先要考虑结构安全可靠,选材合理,栏杆柱或栏杆底座要直接与浇在混凝土中的预埋件焊牢,以增强抗冲击能力。同时栏杆要经济适用,工序简单,互换方便。对于艺术处理则根据桥梁的类别而要求不同。公路桥的栏杆要求简捷明快,栏杆的材料和尺度与主体工程配合,常由简单的上扶手、下扶手和栏杆柱组成(图1-1-66),给驾乘人员有一个广阔的视野。栏杆虽然是桥梁的附属设施,但也是与行人最接近的部分,除了使用功能外,对桥梁景观也起到重要作用。城市桥梁的栏杆艺术造型应予以重视,以使栏杆与周围环境和桥梁本身相协调,这主要是指栏杆

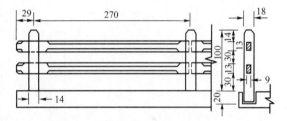

图1-1-66　简易栏杆(尺寸单位:cm)

在形式、色调、图案和轮廓层次上应富有美感,而不是过分追求华丽的装饰。

在城市及城郊行人和车辆较多的桥梁上,要有照明设备,一般采用灯柱在桥面上照明。灯柱可以利用栏杆柱,也可单独设在人行道内侧。照明用灯一般高出车道8～10m,灯柱的设计要经济合理,要确实能起到照明作用。同时也要符合在全桥的立面上具有统一的格调和形式。近年来,公路桥梁上也有采用低照明和发光建筑涂层标记的。

(四)护栏

一般桥梁上的栏杆,当设于人行道上时,主要作用是给行人以安全感,遮拦行人,防止其掉入桥下;当无人行道时,桥上的栏杆虽也有时起防止行人跌落桥下,但其主要作用与高填路堤或危险路段所设护栏相仿,用以诱导视线,起到一些轮廓标的作用,使车辆尽量在路幅之内行驶,并给驾驶员以安全感。用于高速公路、一级汽车专用公路、城市快速道路、主干道路、立交工程等的护栏是用以封闭沿线两侧,不使人畜与非机动车辆闯入公路的隔离设施,它同时具有吸收碰撞能量、迫使失控车辆改变方向,并使其恢复到原有行驶方向,防止其越出路外或跌落桥下的作用。

防撞护栏按防撞性能有刚性护栏、半刚性护栏和柔性护栏之分。

刚性护栏是一种基本不变形的护栏结构。混凝土护栏是刚性护栏的主要形式,它是一种以一定形状的混凝土块相互连接而组成的墙式结构,它利用失控车辆碰撞后爬高并转向来吸

收碰撞能量(图1-1-67、图1-1-68)。

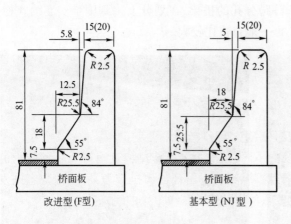

图1-1-67 钢筋混凝土墙式护栏(尺寸单位:cm)

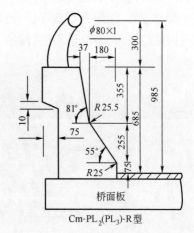

图1-1-68 组合式桥梁护栏(尺寸单位:mm)

半刚性护栏是一种连续的梁柱式护栏结构,具有一定的刚度和柔性。波形梁护栏是半刚性护栏的主要代表形式,它是一种以波纹状钢护栏板相互拼接,并由立柱支撑而组成的连续结构,它利用土基、立柱、波形梁的变形来吸收碰撞能量,并迫使失控车辆改变方向(图1-1-69)。

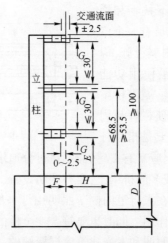

图1-1-69 金属制桥梁护栏($D \geq 25$cm)(尺寸单位:cm)

柔性护栏是一种具有较大缓冲能力的韧性护栏结构。缆索护栏是柔性护栏的主要代表形式,它是一种以数根施加初张力的缆索固定于立柱上而组成的结构,它主要依靠缆索的拉应力来抵抗车辆的碰撞,吸收碰撞能量(图1-1-70)。

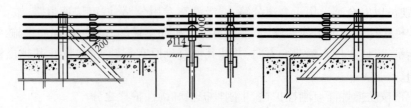

图1-1-70 缆索护栏(尺寸单位:mm)

第二章　混凝土简支梁桥

钢筋混凝土和预应力混凝土梁式桥都是采用抗压性能好的混凝土和抗拉能力强的钢筋结合在一起建成的。根据混凝土受预压程度的不同,预应力混凝土结构又可分为全预应力的和部分预应力的两种。前一种在最大使用荷载下混凝土不出现任何拉应力,后一种则容许发生不超过规定的拉应力值或裂缝宽度,以此改善使用性能并获得更好的经济效益。

第一节　概　　述

一、钢筋混凝土和预应力混凝土梁式桥的一般特点

(一)钢筋混凝土梁桥的一般特点

钢筋混凝土梁桥已经具有近百年的历史,经过长期的实践和理论研究,对钢筋混凝土结构设计理论的认识已经日渐成熟,钢筋混凝土结构施工技术的发展也已日趋完善。

钢筋混凝土梁桥是钢筋混凝土结构的一种结构类型,它具有钢筋混凝土结构的所有特点,即:混凝土集料可以就地取材,因而成本低;耐久性好,维修费用极少;材料可塑性强,可以按照设计意图做成各种形状的结构,例如适应道路线型的曲线桥;采用装配式结构,工业化程度高,既提高工程质量又加快施工进度;整体性好,结构刚度大,变形小;噪声小等。

钢筋混凝土桥梁,也有一些明显的不足之处。在钢筋混凝土梁桥中,在梁的受拉区布置有受力的钢筋,以承担外荷载产生的拉应力,钢筋和混凝土黏结在一起共同变形,由于受到混凝土裂缝宽度的限制,所以钢筋的拉应变或应力也将受到相应的制约。因为这一制约关系,使钢筋混凝土结构无法利用高强度材料减轻结构自重,增大跨越能力。任何一种建筑材料用于结构中,它的材料强度和材料重度是影响结构极限跨越能力的两大因素。钢筋混凝土梁桥,由于材料强度不高而重度较大,当结构跨径增大时,其自重也相应增大,所以承载能力大部分消耗于结构自重,因而限制了它的跨越能力。

就地浇筑的整体式钢筋混凝土梁桥,由于施工工期长,消耗的支架和模板多,而且施工受季节的影响很大,往往使施工费用增加。装配式钢筋混凝土简支梁桥,其经济合理的最常用跨径在20m以下。悬臂梁与连续梁桥采用的常用跨径为60~70m以下。

(二)预应力混凝土桥梁的一般特点

预应力混凝土可以看作是一种预先储存了压应力的新型混凝土材料。在钢筋混凝土梁桥的受拉区域虽然布置有受力钢筋,但仍不可避免地将出现一些裂缝,因此采用预加应力来改善结构的使用性能。通过张拉预应力筋,使受拉区预先储备一定数值的压应力;当外荷载作用时,混凝土可不出现拉应力或不出现超过某一限值的拉应力。对混凝土施加预压力的高强钢筋(或称为力筋),既是加力工具又是抵抗构件内力的受力钢筋。考虑到混凝土与时间相关的收缩和徐变作用会导致相当可观的预应力损失,故需采用高强材料才能使预应力混凝土获得

良好的使用效果。

预应力混凝土梁桥除了具有钢筋混凝土梁桥的所有优点外,还具有下述重要特点:

(1)能最有效利用现代化的高强材料(高强混凝土、高强钢材),减小构件截面,显著降低自重所占全部设计作用的比重,增大跨越能力,并扩大混凝土结构的适用范围。

(2)与钢筋混凝土梁桥相比,一般可以节省30%~40%钢材,跨径越大,节省越多。

(3)全预应力混凝土梁在使用荷载下不出现裂缝,即使是部分预应力混凝土梁在常遇荷载下也无裂缝,鉴于能全截面参与工作,梁的刚度就比通常开裂的钢筋混凝土梁要大。因此,预应力混凝土梁可显著减小建筑高度,使大跨径桥梁做得轻柔美观。由于能消除裂缝,这就扩大了对多种桥型的适应性,并提高了结构的耐久性。

(4)预应力技术的采用,为现代装配式结构提供了最有效的接头和拼装手段。根据需要,可在纵向、横向和竖向等施加预应力,使装配式结构集成为理想的整体,这就扩大了装配式桥梁的使用范围。

显然,要建造好一座预应力混凝土桥梁,首先要有作为预应力筋的优质高强钢材和保证高强混凝土的施工质量,同时需要有一整套专门的预应力张拉设备和材质好、制作精度高的锚具,并且要掌握较复杂的施工工艺。目前,预应力混凝土简支梁的跨径已达50~70m。最大跨径的连续刚构已达330m。

二、梁式桥的主要类型及其适用情况

钢筋混凝土与预应力混凝土的梁式桥(包括板桥)具有多种不同的构造类型。对其演变加以分析可以看出,除了从力学上考虑充分发挥材料特性而不断改进桥梁的截面形式外,构件的施工方便以及起重安装设备的能力,也是影响构造形式发生变化的重要因素。

下面从几个主要方面简述钢筋混凝土和预应力混凝土梁式桥上部结构的构造类型及其适用情况。

(一)按承重结构的截面形式划分

1.板桥

板桥的承重结构就是矩形截面的钢筋混凝土或预应力混凝土板(图1-2-1),其主要特点是形状简单,施工方便,而且建筑高度较小。从力学性能上分析,位于受拉区域的混凝土材料不但不能发挥作用,反而增大了结构的自重,当跨度稍大时就显得笨重而不经济。简支板桥的跨径只在20m以下。

图1-2-1a)为整体式矩形实心板,在车辆荷载作用下沿跨径和横向均发生挠曲变形,是双向受力的弹性薄板。施工时需现浇混凝土,受季节气候影响大。有时为了减轻自重,将截面受拉区稍加挖空成矮肋式板桥[图1-2-1b)]。图1-2-1c)所示为小跨径桥(不超过8m)最广泛使用的装配式实心式板桥。它由几块预制的实心板条利用板间企口缝填入混凝土拼连而成。由受力分析可知,每块窄板主要沿跨径方向承受弯曲与扭转。装配式板桥也可做成横截面被显著挖空的空心板桥[图1-2-1d)],以达到减轻自重和加大适用跨径的目的。图1-2-1e)是一种装配-整体组合式板桥,它利用一些小型预制构件安装就位后作为底模,在其上再浇筑混凝土结合成整体,在缺乏起重设备的情况下,这种板桥能收到好的效果。

2.肋板式梁桥

在横截面内形成明显肋形结构的梁桥称为肋板式梁桥,或简称肋梁桥。在此种桥上,梁肋(或称为腹板)与顶部的钢筋混凝土桥面板结合在一起作为承重结构(图1-2-2)。由于肋与肋之间处于受拉区域的混凝土得到很大程度的挖空,就显著减轻了结构自重。特别对于仅承受正弯矩作用的简支梁来说,既充分利用了扩展的混凝土桥面板的抗压能力,又有效发挥了集中布置在梁肋下部的受力钢筋的抗拉作用,从而使结构构造与受力性能达到理想的配合。与板桥相比,对于梁肋较高的肋梁桥来说,由于混凝土抗压和钢筋受拉所形成的力偶臂较大,因而肋梁桥也具有更大的抵抗荷载弯矩的能力。目前,中等跨径的梁桥,通常多采用肋梁桥。

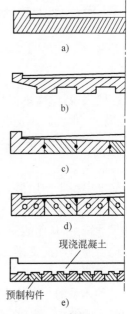

图1-2-1 板桥横截面

图1-2-2a)~c)所示为整体式肋梁桥的横截面形状。在设计整体式梁桥时,鉴于梁肋尺寸不受起重安装机具的限制,故可以根据钢筋混凝土体积最小的经济原则,来确定截面尺寸。

装配式肋梁桥,考虑到起重设备的能力,以及预制和安装的方便,一般采用主梁间距在2.2m以内的多梁式结构。图1-2-2d)是目前我国最常用的装配式肋梁桥(也称为装配式T形梁桥)的横截面。在每一预制T形梁上通常设置待安装就位后相互连结用的横隔梁,藉以保证全桥的整体性。在桥上车辆荷载作用下,通过横隔梁接缝处传递剪力和弯矩而使各T形梁共同受力。

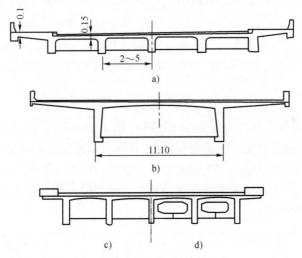

图1-2-2 肋板式梁桥横截面(尺寸单位:m)

3. 箱形梁桥

横截面呈一个或几个封闭箱形的梁桥简称为箱形梁桥。这种结构除了梁肋和上部翼缘板外,在底部尚有扩展的底板,因此它提供了能承受负弯矩的足够的混凝土受压区。箱形梁桥的另一重要特点,是在一定的截面面积下能获得较大的抗弯惯性矩,而且抗扭刚度也特别大,在偏心的活载作用下各梁肋的受力比较均匀。因此箱形截面能适用于较大跨径的悬臂梁桥和连续梁桥,也可用来修建全截面均参与受力的预应力混凝土简支梁桥。

图1-2-3a)和b)所示为单室和多室的整体式箱形梁桥的横截面。图1-2-3c)表示装配式的多室箱形截面,腹板和底板的一部分构成L形和倒T形的预制构件,在底板上留出纵向的现浇接头,顶板采用微弯板形式,以节省钢材。这类箱形截面主要适用于较大跨径的悬臂或连续结构。

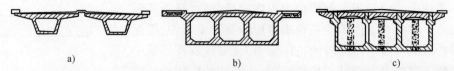

图1-2-3 箱形梁桥横截面

一般来说,整体现浇的梁桥具有整体性好、刚度大、易于做成复杂形状(如曲线桥、斜交桥)等优点,但其施工速度慢,且耗费大量支架模板材料。

(二)按承重结构的静力体系划分

1. 简支梁桥

简支梁桥是使用最广泛、构造最简单的梁式桥[图1-2-4a)]。简支梁属静定结构,且相邻桥孔各自单独受力,故最易设计成各种标准跨径的装配式构件。鉴于多孔简支梁桥各跨的构造和尺寸统一,从而能简化施工管理工作,并降低施工费用。目前国内外所采用的钢筋混凝土和预应力混凝土简支梁,绝大部分均采用装配式结构。

2. 连续梁桥

这种体系的主要特点是:承重结构(板、T形梁或箱梁)不间断地连续跨越几个桥孔而形成一超静定的结构[图1-2-4b)]。连续孔数一般不宜过多,连续过长会增大温度变化的附加影响,因此连续孔数一般很少超过五跨。当需要在宽阔的河流或旱谷上修建很多孔连续梁时,通常可按3~5孔为一联分联布置,联与联的衔接处,像简支梁桥一样,两个支座支承在一个桥墩上。连续梁由于荷载作用下支点截面产生负弯矩,从而显著减小了跨中的正弯矩,这样不但可减小跨中的建筑高度,而且能节省钢筋混凝土数量,跨径增大时,这种节省效果就越显著。连续梁通常适用于桥基十分良好的场合,否则,任一墩台基础发生不均匀沉陷时,桥跨结构内就会产生附加内力。

3. 悬臂梁桥

这种桥梁的主体是长度超出跨径的悬臂结构[图1-2-4c)]。仅一端悬出者称为单悬臂梁,两端均悬出者称为双悬臂梁。对于较长的桥,还可以借助简支的挂梁与悬臂梁一起组合成多孔桥。在力学性能上,悬臂根部产生的负弯矩,减小了跨中正弯矩,所以悬臂梁也与连续梁相仿,可以节省材料。但却增加了牛腿等复杂构造。悬臂梁桥属于静定结构,墩台的不均匀沉陷不会在梁内引起附加内力。

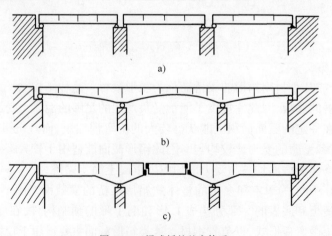

图1-2-4 梁式桥的基本体系

第二节　板桥的设计与构造

板桥是小跨径桥梁最常用的桥型之一。由于它建成以后外形像一块薄板,故习惯称之为板桥。

在所有的桥梁形式中,板桥以其建筑高度最小,外形最简单而久用不衰。对于高等级公路和城市立交工程,板桥又以极易满足斜、弯、坡及S形、喇叭形等特殊要求的特点而受到重视。板桥的特点如下:

(1)外形简单,制作方便。不但外部几何形状简单,而且内部一般不需要配置抗剪钢筋,或仅按构造弯起少量斜筋,因而,施工简单,模板及钢筋工作都较省,也利于工厂化成批生产。

(2)建筑高度小,适宜于桥下净空受到限制的桥梁使用。与其他桥型相比,既降低桥面高度,又可缩短引道长度。整体式连续板桥,跨中厚度已做到跨径的1/50,外形轻盈美观。

(3)整体式板桥,由于是双向受力结构,因而比一般梁有更高的承载能力和更大的刚度;本身构造简单,极易适应斜、弯、坡及S形、喇叭形或形状更复杂桥梁的要求。

(4)装配式板桥的预制构件,构件重量较轻,便于安装。

(5)整体式板桥,需要搭设施工支架,工期较长;一般为实心截面,其材料使用率也较低。

板桥跨径超过一定限度时,截面的增高使自重加大。因此,装配式钢筋混凝土简支板桥经济合理的跨径一般在13m以下,预应力混凝土简支板桥的跨径也多在25m以内,而钢筋混凝土连续板桥标准跨径不宜大于16m,预应力混凝土连续板桥也不宜超过30m。

近年来,计算机的应用解决了复杂外形板桥的内力分析问题;常备式钢支架、组合钢模板代替了昂贵的木材支架与模板;加之公路等级的提高,立交工程的出现,为板桥的发展创造了条件。在立交工程或高架板桥上,多孔连续板桥不仅纵向做成变截面形式,而且横向也可做成变截面形式;支承形式由线状搁置铰发展到点状局部刚接支承。随着技术的进步,板桥还会有更大的发展空间。

一、板桥的类型及其特点

板桥可按表1-2-1分类。

板桥分类　　　　　表1-2-1

分类方式	类型
按力学图式	简支板、悬臂板、连续板
按平面几何形状	矩形、平行四边形、曲线形、斜交曲线形、喇叭形、S形
按纵向线形	等厚度、变厚度
按横截面形式	实体矩形、空心矩形、低高度宽肋板、Ⅱ型板、单波式、双波式
按配筋方式	钢筋混凝土板、预应力混凝土板、部分预应力混凝土板
按施工方式	装配式、整体式、组合式

以上分类,也可以依据条件相互组合,一般应根据路线线形要求、水文、地质情况以及机具设备、技术力量、材料供应等条件来选择。

以下按结构静力体系分类来简述其特点。

(一)简支板桥

简支板桥分整体式板桥和装配式板桥。前者跨径一般为4~8m,后者当采用预应力混凝土时,其跨径可达25m。在缺乏起重设备,而有模板支架材料的情况下,宜采用就地浇筑的整体式钢筋混凝土板桥。这种结构的整体性能好,横向刚度较大,施工也较简单,不足的是,支架材料消耗量较多,施工期较长。一般宜采用装配式结构。

(二)悬臂板桥

悬臂板桥一般做成双悬臂式结构(图1-2-5),中间跨径为8～10m,两端伸出的悬臂长度约为中间跨径的0.3～0.4倍,板在跨中的厚度约为跨径的1/18～1/14,在支点处的板厚要比跨中的加大30%～40%。悬臂端可以直接伸到路堤上,不用设置桥台。为了使行车平稳顺畅,两悬臂端部应设置搭板与路堤相衔接。但在车速较高,荷载较重且交通量很大时,搭板容易损坏,从而导致车辆在从路堤上桥时对悬臂的冲击,故目前较少采用。

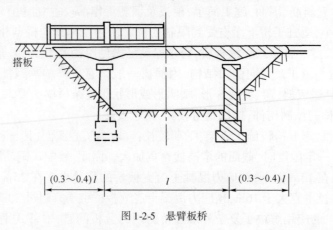

图1-2-5 悬臂板桥

(三)连续板桥

连续板桥的特点是板不间断地跨越几个桥孔而形成一个超静定结构体系。当桥梁全长较大时,可以几孔一联,做成多联式的连续板桥。连续板桥较简支板桥来说,具有伸缩缝少,车辆行驶平稳的优点。由于它在支点处产生负弯矩,对跨中弯矩起到卸载作用,故可以比简支板桥的跨径做得大一些,或者其厚度比同跨径的简支板做得薄一些,这一点和悬臂板桥是相同的。连续板桥的两端直接搁置在桥台上,避免了像悬臂板桥所出现的车辆上桥时对悬臂端部的冲击。

连续板桥一般是做成不等跨的,边跨与中跨之比为0.7～0.8,这样可以使各跨的跨中弯矩接近相等。连续板桥可以有整体式结构和装配式结构两种。

1.整体连续板桥

当采用就地浇筑混凝土时,连续板桥可以做成变厚度的,如图1-2-6a)所示。跨中板厚度一般为 $h = \left(\frac{1}{30} \sim \frac{1}{22}\right)l$($l$为中跨跨长),比简支板显著要小。支点截面的厚度较大,约为跨中截面板厚的1.2～1.5倍。这不但是为了使之能承受较大的负弯矩,而且也可进一步减小跨中的板厚。

2.装配式连续板桥

采用装配式结构的最大优点是可以节约模板支架,构件可以在岸边预先制作,然后安装就位。由于连续板的构件较长,为便于制作和安装,除了横向被划分成若干块以外,在纵向也被分成若干节段;在制作时预留接头钢筋,待安装就位后,连接接头筋,再浇筑混凝土接缝使之成整体。接头所在位置可以有两种方案。图1-2-6b)是对板的自重受力为简支与对活载受力为连续的装配方案,它既保持了简支板施工简便的优点,又吸取了连续结构可减小作用弯矩的长处,只是需要将跨中受力钢筋在靠近板端处弯起,并伸至接头处与相邻块件的同类钢筋相焊接。图1-2-6c)是对板的自重为悬臂受力体系与对活载受力为连续体系的另一种装配方案,在架设板段时,类似于两边孔为单悬臂,中孔带挂梁的悬臂体系。接头可以布置在连续梁的恒载弯矩接近为零或较小的位置处,不足的是需要在接头处搭设临时支架来浇灌接头混凝土。

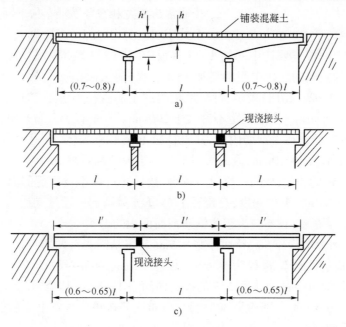

图 1-2-6 连续板桥图式

3. 柱体支承连续板桥

为了适应立交工程的需要,作到桥型轻盈、挺拔、少占地面,常将双柱式桥墩的帽梁省去,由墩柱直接支承板体,即为柱式支撑连续板桥,如图1-2-7所示。柱体端头局部扩大(但扩大角不宜大于45°),其作用主要使板柱的接触面扩大,以减轻对板的冲剪。柱头之上设托板,这相当于加厚了柱顶的板厚,以便承受柱顶较大的负弯矩和支承附近的斜拉力。托板厚一般取板厚之半。板一般采用等厚度,在人行道、栏杆下面适当减薄,以增加桥侧面的美感。柱体通过柱头、托板与板相互嵌固成整体,因而在纵向、横向都可以视为刚结,如同双向刚构,整体受力。通过实际桥和模型的试验得知:在柱顶四周形成了较大的负弯矩区,而跨中的正弯矩则比一般的同跨径连续板要小。这是因为支承面的减小和板柱的刚结使负弯矩(纵向及横向)急剧集中于柱顶附近,其值视柱顶的刚度而异,而跨中的正弯矩则相应减小。

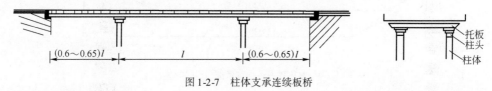

图 1-2-7 柱体支承连续板桥

二、简支板桥的构造

(一)整体式板桥的构造

整体式板桥的横截面一般都设计成等厚度的矩形截面,有时为了减轻自重也可将受拉区稍加挖空做成矮肋式板桥(图1-2-8)。对于修建在城市内的宽桥,为了防止因温度变化和混凝土收缩而引起的纵向裂纹,以及由于活载在板的上缘产生过大的横向负弯矩,也可以使板沿桥中线断开,将一桥化为并列的两桥。为了缩短墩台的长度,也有将人行道做成悬臂形式从板的两侧挑出,但这样会带来施工的不便。整体式板桥的跨径通常与板宽相差不大,故在车辆荷载作用下实际上处于双向受力状态。考虑到当车辆荷载在偏近板

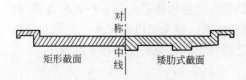

图1-2-8 板桥横断面

边行驶时,参与受力的板宽要比中间的小,除在板中间的2/3范围内按计算需要量进行配筋外,在两侧各1/6的范围内应比中间的增加15%。根据《公路钢筋混凝土及预应力混凝土桥涵设计规范》(JTG 3362—2018)规定,行车道板内的主筋直径不应小于10mm,人行道板内的主钢筋直径不应小于8mm。主筋间距不宜大于200mm。在垂直于主筋方向,还布置有一定数量的分布钢筋。分布筋设在主钢筋内侧,其直径应不小于8mm(人行道板内分布钢筋直径不应小于6mm),间距不大于200mm,截面面积不宜小于板的截面面积的0.1%,在主钢筋的弯折处,应布置分布钢筋。整体式板的主拉应力较小,按计算可以不设弯起的斜钢筋,但习惯上仍然将一部分主筋按30°或45°的角度,在跨径1/6～1/4处弯起。通过支点的不弯起的主钢筋,每米板宽内不应少于3根,且不应少于主钢筋截面面积的1/4。

图1-2-9所示为标准跨径6m,桥面净宽8.5m(与路基同宽),两边有0.25m的安全带的整体式简支板桥的构造。计算跨径为5.69m,板厚32cm,约为跨径的1/18。纵向主筋采用HRB400钢筋,直径为20mm,在中间2/3的板宽内间距12.5cm,其余两侧的间距为11cm。主筋在跨径两端的1/6～1/4范围内呈30°弯起,分布钢筋按单位板宽上主筋面积的15%配置;直径为10mm,间距为20cm。

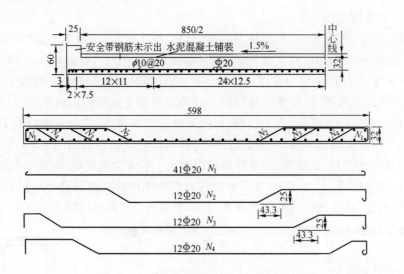

图1-2-9 整体式板桥构造示例(尺寸单位:cm)

整体式现浇钢筋混凝土简支板桥的跨径不大于10m,连续时跨径不大于16m。桥面净宽依路线标准而定,人行道可向外悬出。

(二)装配式板桥的构造

常用的装配式板桥,按其截面形式主要有实心板和空心板两种。

1. 矩形实心板桥

这种板桥是目前广泛采用的形式,其通常跨径不大于10m。《装配式钢筋混凝土实心矩形铰接板桥标准图》的跨径有1.5m、2.0m、2.5m、3.0m、4.0m、5.0m、6.0m和8.0m。实心矩形板具有形状简单、施工方便、建筑高度小等优点,因而容易推广使用。

2. 空心矩形板桥

无论是钢筋混凝土还是预应力混凝土装配式板桥,跨径增大,实心矩形截面就显得不合理。因而将截面中部部分地挖空,做成空心板,不仅能减轻自重,而且对材料的充分利用也是有利的。

钢筋混凝土空心板目前常用跨径范围为6～13m,预应力混凝土空心板桥为8～25m。空心板较同跨径的实心板重量轻,运输安装方便,而建筑高度又较同跨径的T形梁小,因此目前使用较多。相应于这些跨径的板厚,对于钢筋混凝土板为0.4～0.8m,对于预应力混凝土板为0.4～0.85m。根据《公路钢筋混凝土及预应力混凝土桥涵设计规范》(JTG 3362—2018)规定,空心板桥的顶板和底板厚度,均不应小于80mm。空心板的空洞端部应予填封。人行道板的厚度,就地浇筑的混凝土板不应小于80mm,预制混凝土板不应小于60mm。图1-2-10所示为几种常用的开孔形式。其中,a)形和b)形开成单个较宽的孔,挖空率最大,重量最轻,但顶板需配置横向受力钢筋以承担车轮荷载。a)形略呈微弯形,可以节省一些钢筋,但模板比b)形复杂。c)形挖空成两个圆孔,施工时用无缝钢管作芯模较方便,但挖空率较小,自重较大。d)形的芯模由两个半圆和两块侧模板组成。当板厚度改变时,只需更换两块侧模板,故比c)形好。目前采用高压充气胶囊作内模,它具有制作及脱模方便等优点,故应用较为广泛。空心板横截面的顶板和底板厚度均不应小于80mm,以保证施工质量和局部承载的需要。为了保证抗剪强度,应在截面内按计算需要配置弯起钢筋和箍筋。

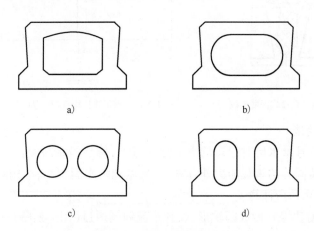

图1-2-10 空心板截面形式

3. 装配式板的横向连接

为了使装配式板块组成整体,共同承受车辆荷载,在板块之间必须具有横向连接的构造。常用的连接方法有企口混凝土铰连接和钢板焊接连接。

(1) 企口混凝土铰连接

企口式混凝土铰的形式有圆形、棱形等(图1-2-11)。在块件安装就位后,在铰缝内插入钢筋,填实细集料混凝土。实践证明,这种铰确能保证传递横向剪力使各块板共同受力。如果要使桥面铺装层也参与受力,也可以将预制板中的钢筋伸出与相邻板的同样钢筋互相绑扎,再浇筑在铺装层内[图1-2-11d]。

(2)钢板连接

由于企口混凝土铰需要现场浇筑混凝土,并需待混凝土达到设计强度后才能通车。为了加快工程进度,也可采用钢板连接(图1-2-12)。它的构造是:用一块钢盖板N_1焊在相邻两构件的预埋钢板N_2上。连接构造的纵向中距通常为80~150cm,在跨中部分布置较密,向两端支点处逐渐减疏。

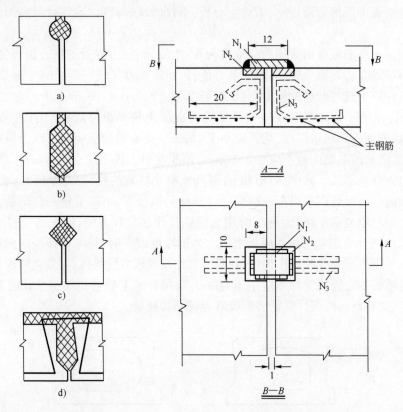

图1-2-11 企口式混凝土铰　　图1-2-12 钢板连接构造(尺寸单位:cm)

(三)漫水桥的构造

在河床宽阔水浅且洪水历时很短的季节性河流上,修建漫水桥是经济合理的。漫水桥除了要满足与高水位桥同等的承载能力外,还应尽量做到阻水面积小,结构的整体性和横向稳定性强。因此,设计漫水桥应注意:

(1)板的上、下游边缘宜做成圆端形,以利水流顺畅通过(图1-2-13)。

(2)必须设置与主钢筋同粗的栓钉与墩台锚固,以防水流冲毁。

漫水桥不设抬高的人行道和缘石,而在桥面净宽以外设置目标柱或活动栏杆。为增加行车宽度,也可将目标柱埋置在桥墩顶部。目标柱的间距一般取8~15m。

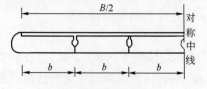

图1-2-13 漫水桥横截面形式

第三节　装配式简支梁桥的设计与构造

钢筋混凝土或预应力混凝土简支梁桥属于静定结构,它受力明确,构造简单,施工方便,是中小跨径桥梁中应用最广的桥形。简支梁桥的结构尺寸易于设计成系列化和标准化,这就有利于在工厂内或工地上广泛采用工业化施工,组织大规模预制生产,并用现代化的起重设备进行安装。采用装配式的施工方法,可以大量节约模板支架材料,降低劳动强度,缩短工期,显著加快建桥速度。因此,近年来在国内外对于中小跨径的桥梁,大量采用装配式的钢筋混凝土简支梁桥或预应力混凝土简支梁桥。

一、装配式简支梁桥的构造类型

考虑到起重设备的能力和预制安装的方便,装配式简支梁桥一般采用多梁式结构,主梁间距通常在2.2m以内。随着起重能力的提高,高强度材料的应用,轻型薄壁结构的推广,则加大主梁间距减少主梁片数,会使设计更加经济合理。

装配式简支梁桥,可视跨径大小、是否施加预应力、运输和施工条件等的不同,而采用各种构造类型。所谓构造类型就是涉及装配式主梁的横截面形式、沿纵截面上的横隔梁布置、块件的划分方式以及块件的连结集整等几方面的问题,而这些问题又是相辅相成互相影响的。

（一）装配式简支梁桥的截面形式

从主梁的横截面形式来区分,装配式简支梁桥可以分为三种基本类型:Π形梁桥、T形梁桥和箱形梁桥(图1-2-14)。

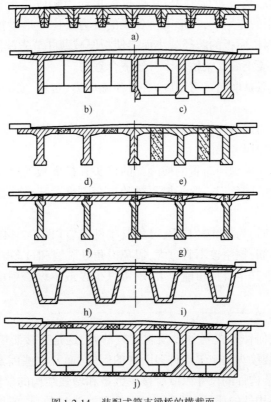

图1-2-14　装配式简支梁桥的横截面

图 1-2-14a)所示为简单的 π 形梁横截面,块件之间用穿过腹板的螺栓连接,以使施工简化。Π 形构件的特点是:截面形状稳定,横向抗弯刚度大,块件堆放、移运和安装都方便。但这种构造的制造较复杂;梁肋被分成二片薄的腹板,通常用钢筋网来配筋,难以做成刚度大的钢筋骨架。设计经验证明,跨度较大时 Π 形梁桥的混凝土和钢筋用量都比 T 形梁桥的大,而且构件也重。该桥型目前已较少使用。

目前我国用得最多的装配式简支梁是图 1-2-14b)所示的 T 形梁桥。装配式 T 形梁的优点是:制造简单,肋内配筋可做成刚劲的钢筋骨架,主梁之间借助间距为 4～10m 的横隔梁来连接,整体性好,接头也较方便。不足之处是:截面形状不稳定,运输和安装较复杂;构件正好在桥面板的跨中接头,对板的受力不利。

装配式钢筋混凝土 T 形梁的常用跨径为 10m、13m、16m(标准跨径不宜大于 16m),装配式预应力混凝土 T 形梁则为 25～50m(标准跨径不宜大于 50m)。国内已建成的装配式预应力混凝土 T 形梁桥的最大跨径已达 50m,国外有做到 76m 的。

在保证抗剪等条件下尽可能减小梁肋(或称腹板)的厚度,以期减轻构件自重,是目前钢筋混凝土和预应力混凝土桥梁的发展趋势。因此,为使受拉主筋或预应力筋在梁肋底部较集中地布置,或者为了满足预加应力的受压需要,就形成呈马蹄形的梁肋底部,如图 1-2-14c)、d)和 e)所示。但要注意,小于 150～160mm 的腹板厚度对于浇灌筑混凝土是有困难的。马蹄形的梁肋使模板结构和混凝土的灌筑稍趋复杂。

图 1-2-14h)、i)和 j)所示的箱形梁一般不适用于钢筋混凝土的简支梁桥,因为受拉区混凝土不参与工作,多余的箱梁底板陡然增加了自重。然而对于全截面参与受力的预应力混凝土梁来说,情况就完全不同。

箱形截面的最大优点是抗扭能力大,其抗扭惯矩约为相应 T 形梁截面的十几倍至几十倍,因此在横向偏心作用的作用下,箱形梁桥各梁的受力要比 T 形梁桥均匀得多。此外,箱梁可以做成薄壁结构,又因桥面板的跨径减小而能使板厚减薄并节省配筋,这特别对自重占重要部分的大跨径预应力混凝土简支梁桥是十分经济合理的。

箱形截面的另一优点是横向抗弯刚度大,对预施应力、运输、安装阶段单梁的稳定性要比 T 形梁的好得多。

然而箱梁薄壁构件的预制施工比较复杂,单根箱梁的安装质量通常比 T 形梁的大,这在确定梁桥类型时是必须加以考虑的。

装配式梁桥通常借助沿纵向布置的横隔梁的接头和桥面板的接缝连成整体,以使桥上车辆荷载能分配给各主梁共同负担。鉴于横隔梁的抗弯刚度远比桥面板的为大,故横隔梁对荷载分配起主要作用。

当横隔梁高度较大时,为了减轻自重,可将其中部挖空[图 1-2-14c)],但沿挖空部分的边缘应做成钝角并配置钢筋,挖空也不宜过大,以免内角处裂缝和过多削弱其刚度。

对于箱形梁桥,由于其本身抗扭能力大,就可以少设或不设跨中横隔梁,但端横隔梁通常是必要的。

(二)块件的划分方式

一座装配式梁桥按何种方式划分成预制拼装单元,这是直接影响到结构受力、构件的预制、运输和安装以及拼装接头的施工等许多因素的问题,而且这些因素往往又彼此影响、相互矛盾。例如,要加大安装构件的尺寸以减少接头数量和增强结构的整体性,就会要求很大的运输、起重能力;为了减小构件的质量,会增加构件和接头的数目,或增加现浇混凝土的工序,等等。同时,块件的划分方式也与所选用的横截面形式紧密相关。因此,在设计装配式桥梁时,必须综合考虑施工中的各种具体条件,通过经济技术上的仔细比较,才能获得完善的结果。

通常在装配式梁桥设计中,块件划分应遵循的原则是:

(1)根据建桥现场实际的预制、运输和起重等条件,确定拼装单元的最大尺寸和质量;

(2)块件的划分应满足受力要求,拼装接头应尽量设置在内力较小处;

(3)拼装接头的数量要少,接头形式要牢固可靠,施工要方便;

(4)构件要便于预制、运输和安装;

(5)构件的形状和尺寸应力求标准化,增强互换性,构件的种类应尽量减少。

目前,钢筋混凝土与预应力混凝土桥的常用块件划分方式有:

1. 纵向竖缝划分

图 1-2-14a)、b)和 c)和 h)所示均为用纵向竖缝划分块件的横截面图式。这种划分方式在简支梁桥中应用最为普遍。在这种结构中,作为主要承重构件的各根主梁,包括相应行车道板的π形梁和T形梁,都是整体预制的,接头和接缝仅布置在次要构件——横隔梁和行车道板内[图 1-2-14b)、h)],或者直接用螺栓连接[图 1-2-14a)]。而且结构部分全为预制拼装,不需要现浇混凝土或少量现浇混凝土。故这种划分方法使主梁受力可靠,施工也方便。

我国编制的装配式钢筋混凝土和预应力混凝土T形简支梁桥的标准设计,都采用这种块件划分方式。

2. 纵向水平缝划分

为了进一步减小拼装构件的起吊质量和尺寸,并使之便于集中预制和运输吊装,还可以采用纵向水平缝将桥梁的全部梁肋与板分割开来,再借助纵横向的竖缝将板划分成平面呈矩形的预制构件,施工时先架设梁肋,再安装预制板(有时采用微弯板以节省钢筋),最后在接缝内现浇一部分混凝土使结构连成整体,这样的装配式梁桥通常称为组合式梁桥,其横截面如图 1-2-14f)、g)和 i)所示。

目前国内外采用的组合式梁桥有两种形式:T形组合梁桥和箱形组合梁桥。前者适用于钢筋混凝土和预应力混凝土简支梁桥,后者只适用于预应力混凝土梁桥。工字形梁肋的下马蹄为配筋和架设时的稳定性所需要。上部带一点宽头,是为搁置预制板和现浇混凝土接缝所必需的。

这种工字形组合构件使拼装单元质量、尺寸减小,例如 16m 工字形构件的吊装质量约为9.75t,比装配式 T 形梁要轻 40% 左右。

3. 纵、横向竖缝划分

如果要使装配式梁的预制块件进一步减小质量、尺寸,尚可将用纵向竖缝划分的主梁再通过横向竖缝划分成较小的梁段。图 1-2-15 就表示这种横向分段装配式 T 形梁的纵、横截面图。显然,对于这样的预制梁段,由于没有钢筋穿过接缝,就必须在安装对位后串连,以预应力钢筋施加预压力才能保证所有接缝具有足够的连接强度,使梁整体受力。因此横向分段预制的装配式梁也称串连梁。

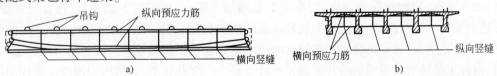

图 1-2-15 横向分段装配式梁

串连梁的主要优点是块件质量、尺寸小,可以工厂化成批预制后方便地运至远近工地。图1-2-16所示为各种横向分段的块件类型,在预制时均应按预应力筋设计位置留出孔道,图1-2-16b)的工字形块件显示出了为横向预应力筋留置的孔道。施工时,将梁段在工地组拼台上或在桥位脚手架上正确就位,并在梁段接触面上涂上薄层环氧树脂(厚度通常在1mm以下),这样逐段拼装完成后便穿入预应力筋进行张拉,使梁连成整体。

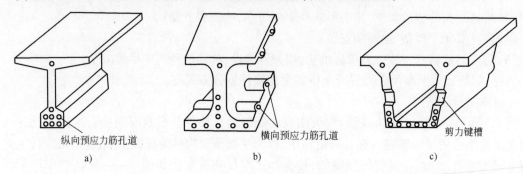

图1-2-16 横向分段块件形式

对于箱形和槽形梁段,为了简化预制工作,也可不在块件内预留孔道,而将预应力筋直接设置在底板上面,待张拉锚固后再在底板上灌筑混凝土覆盖层,以保护预应力筋。

这种装配方案的不足之处是块件的预制精度要求很高,若在桥位立支架拼装将会失掉装配梁的优点。用环氧树脂作黏结剂时,块件端面互接的间隙不应厚于环氧树脂涂层的厚度。为此,就要采用全梁预制的方法(在相邻梁段间隔以厚度为1.6mm的薄钢板),或采用间隔浇筑的方法(利用先浇好块件的端面涂以某种隔离剂后作为后浇梁段的端模)。有时为了简化预制工作,也可采用20~100mm厚的砂浆或无筋混凝土接缝,采用更宽的接缝时,应将相邻块件中伸出的钢筋搭接起来。显然,砂浆或混凝土缝的施工较麻烦,接头又要等待达到规定强度后才能穿束张拉。横向分段的简支梁桥目前在国内使用尚少。

二、装配式钢筋混凝土简支梁桥

国内外所建造的装配式钢筋混凝土简支梁桥,以T形梁桥最为普遍。

图1-2-17所示就是典型的装配式T形梁桥上部构造概貌,它由几片T形截面的主梁并列在一起装配连接而成。T形梁的顶部翼板构成行车道板,与主梁梁肋垂直相连的横隔梁的下部以及T梁翼板的边缘,均设焊接钢板连接构造将各主梁连成整体,这样就能使作用在行车道板上的局部荷载分布给各片主梁共同承受。

(一)构造布置

1. 主梁布置

对于设计给定的桥面宽度(包括行车道和人行道宽度),如何选定主梁的间距(或片数),这是构造布局中首先要解决的课题。它不仅与钢筋和混凝土的材料用量以及构件的吊装质量有关,而且还涉及翼板的刚度等因素。一般说来,对于跨径大一些的桥梁,如果建筑高度不受限制,增大梁高,只增加腹板高度,混凝土数量增加不多,可以节省钢筋用量,往往比较经济。还可适当加大主梁间距减少片数,钢筋和混凝土的材料用量会少些,这样也比较经济;但此时桥面板的跨径增大,悬臂翼缘板端部较大的挠度对引起桥面接缝处纵向裂缝的可能性也大些。同时,构件重量的增大也使运输和架设工作趋于复杂。近几年来,各地所采用的主梁间距做法不一,一般均在1.6~2.2m之间。

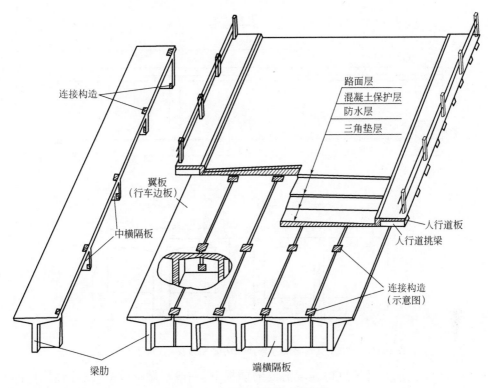

图 1-2-17 装配式 T 形简支梁桥概貌

2. 横隔梁布置

横隔梁在装配式 T 形梁桥中起着保证各根主梁相互连接成整体的作用,它的刚度越大,桥梁的整体性越好,在作用的作用下各主梁就能更好地共同工作。然而,设置横隔梁使主梁模板的制作工作稍趋复杂,横隔梁的焊接接头又往往要在设于桥下专门的工作架上进行施工,施工比较麻烦。

为了简化 T 形梁的预制施工,特别是为了便于利用土模预制,我国不少地区曾试建过一些无横隔梁的 T 形梁桥。但实践表明,这种梁桥较易出现翼板接缝处的纵向裂缝,而且主梁梁肋的裂缝也比有横隔梁 T 形梁的多。因此,通过调查分析,目前已比较一致地认为:T 形梁的端横隔梁是必须设置的,它不但有利于制造、运输和安装阶段构件的稳定性,而且能显著加强全桥的整体性;有中横隔梁的梁桥,荷载横向分布比较均匀,且可以减轻翼板接缝处的纵向开裂现象。故当 T 形梁的跨径稍大时(一般在 13m 以上时),宜根据跨度、作用、行车道板构造等情况,在跨径内增设横隔梁。

(二) 截面尺寸

图 1-2-18 中示出了墩中心距为 16m 的装配式 T 形梁桥纵、横截面主要尺寸。

1. 主梁梁肋、翼板尺寸

(1) 主梁梁高和肋宽

主梁的合理高度与梁的间距、活载的大小等有关。梁高常取 0.9~1.5m。当出现建筑高度受到严格限制的情况时,主梁高度就要适当减小,但需要增加钢筋的用量,必须时尚须增加主梁的片数。当吊装能力允许时,可适当增加梁高,取得较大的抗弯力臂。通过对 T 形梁进行的经济分析表明,梁高与跨径之比(俗称高跨比)的经济范围为 $\frac{1}{18} \sim \frac{1}{11}$,跨径大的取用偏小的比值。

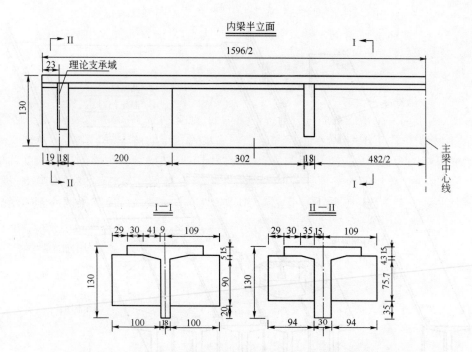

图 1-2-18 装配式 T 形梁纵、横断面(墩中心距为 16m)(尺寸单位:cm)

主梁梁肋的宽度,在满足抗剪强度需要的前提下,一般都做得较薄,以减轻构件的质量。但是,从保证梁肋的屈曲稳定条件以及不致使振捣混凝土发生困难方面考虑,梁肋也不能太薄。T 形截面梁的腹板宽度不应小于 160mm,目前常用的梁肋宽度为 160～240mm,视梁内主筋的直径和钢筋骨架的片数而定。其上下承托之间的腹板高度,当腹板内设有竖向预应力钢筋时,不应大于腹板宽度的 20 倍,当腹板内不设竖向预应力钢筋时,不应大于腹板宽度的 15 倍。

(2)主梁翼板尺寸

一般装配式主梁翼板的宽度视主梁间距而定,在实际预制时,翼板的宽度应比主梁中距小 20mm(图 1-2-18),以便在安装过程中易于调整 T 形梁的位置和制作上的误差。

翼缘板的厚度应满足强度和构造最小尺寸的要求。根据受力特点,翼板通常做成变厚度的,即端部较薄,向根部逐渐加厚。为了保证翼板与梁肋连接的整体性,翼板与梁肋衔接处的厚度应不小于主梁高的 1/10,当该处设有承托时,翼缘厚度可计入承托加厚部分厚度;当承托底坡 $\tan\alpha > 1/3$ 时,取 1/3,预制 T 形截面梁翼缘悬臂端的厚度不应小于 100mm;当预制 T 形截面梁之间采用横向整体现浇连接时,其悬臂端厚度不应小于 140mm。目前,高速公路上的桥梁及城市高架桥均设置防撞栏杆,根据防冲撞的要求,翼缘板端部厚度不小于 200mm。为使翼缘板和梁肋连接平顺,在截面转角处一般均应设置钝角或圆角式承托,以减小局部应力和便于脱模。

2. 横隔梁尺寸

跨中横隔梁的高度应保证具有足够的抗弯刚度,通常可做成主梁高度的约 3/4。梁肋下部呈马蹄形加宽时,横隔梁延伸至马蹄的加宽处[见前面图 1-2-14c)、e)、g)]。

为便于安装和检查支座,端横隔梁底部与主梁底缘之间宜留有一定的空隙,或可做成和中横隔梁同高;但从梁体在运输和安装阶段的稳定要求来看,端横隔梁又宜做成与主梁同高。如何取舍,可视工地施工的具体情况来定。

横隔梁的肋宽通常采用120~180mm,且宜做成上宽下窄和内宽外窄的楔形,以便脱模工作。

(三)主梁钢筋构造

1.一般构造

装配式T形简支梁桥的钢筋可分为纵向主钢筋、架立钢筋、斜钢筋、箍筋和分布钢筋等。

简支梁承受正弯矩作用,故抵抗拉力的主钢筋设置在梁肋的下缘。随着弯矩向支点处减小,主钢筋可在跨间适当位置处切断或弯起。为保证主筋在梁端有足够的锚固长度和加强支承部分的强度,《公路钢筋混凝土及预应力混凝土桥涵设计规范》(JTG 3362—2018)规定,至少有2根,并不少于总数1/5的下层受拉主钢筋应伸过支承截面。简支梁两外侧的受拉主钢筋,应伸出支点截面以外,并弯成直角,顺梁高延伸至顶部,与顶层纵向架立钢筋相连。两侧之间其他未弯起的钢筋,伸出支承截面以外的长度不小于10倍钢筋直径(环氧树脂涂层钢筋为12.5倍钢筋直径)。HPB300钢筋应带半圆弯钩。

由主钢筋弯起的斜向钢筋用来增强梁体的抗剪强度,当无主钢筋弯起时,尚须配置专门的焊于主筋和架立筋上的斜钢筋。斜钢筋与梁的轴线一般布置成45°角。弯起钢筋应按圆弧弯折,圆弧半径(以钢筋轴线计算)不小于$10d$(d为钢筋直径)。

当T形梁梁肋高度大于100cm时,为了防止腹板侧面因混凝土收缩等原因而导致裂缝,需要设置纵向防裂的分布钢筋,其截面面积$A_s = (0.001 \sim 0.002)bh$,式中$b$为腹板宽度,$h$为梁的高度,当梁跨较大、腹板较薄时取用较大值。这种分布钢筋的直径为6~8mm。其间距在受拉区不应大于腹板宽度,且不应大于200mm,在受压区不应大于300mm,在支点附近剪力较大区段和预应力混凝土梁锚固区段,腹板两侧纵向钢筋截面面积应予增加,纵向钢筋间距宜为100~150mm。

箍筋的主要作用也是增强主梁的抗剪强度。钢筋混凝土梁应设置直径不小于8mm且不小于1/4主筋直径的箍筋,其最小配筋百分率规定:对于HPB300钢筋不小于0.14%;HRB400钢筋不小于0.11%。每根箍筋所箍受拉钢筋每排应不多于5根;所箍受压钢筋,每排不多于3根。

箍筋间距不大于梁高的1/2且不大于400mm,当所箍为受压钢筋时,并应不大于受压钢筋直径的15倍,且不应大于400mm。薄壁受弯构件及高度小于300mm的梁,其箍筋间距不应超过200mm。梁高大于4m时,箍筋间距不大于梁高的1/10。支承截面处,支座中心向跨径方向长度相当于不小于一倍梁高范围内,箍筋间距不大于100mm。近梁端第一根箍筋应设置在距端面一个保护层的距离处。梁与梁或梁与柱的交叉范围内,靠近交接面的一根箍筋,其与交接面的距离不宜大于50mm。

受扭矩作用的梁,箍筋应制成封闭式,箍筋末端做成135°弯钩。弯钩应箍牢纵向钢筋,相邻箍筋的弯钩接头,其纵向位置应交替布置。

架立钢筋布置在梁肋的上缘,主要起固定箍筋和斜筋,并使梁内全部钢筋形成立体或平面骨架的作用。

为了防止钢筋受到大气影响而锈蚀,并保证钢筋与混凝土之间的黏着力充分发挥作用,钢筋到混凝土边缘,需要设置保护层。若保护层厚度太小,就不能起到以上作用;太大则混凝土表层因距离钢筋太远容易破坏,且减小了钢筋混凝土截面的有效高度,受力情况也不好。因此《公路钢筋混凝土及预应力混凝土桥涵设计规范》(JTG 3362—2018)做出了具体规定:普通钢筋保护层厚度取钢筋外缘至混凝土表面的距离，不应小于钢筋公称直径；当钢筋为束筋时，保护层不应小于束筋的等代直径。最外侧钢筋的混凝土保护层厚度应不小于表 1-2-2 的规定。当纵向受力钢筋的混凝土保护层厚度大于 50mm 时，宜对保护层采取有效的构造措施。当在保护层内配置防裂、防剥落的钢筋网片时，钢筋直径不小于 6mm、间距不大于 100mm，钢筋网片的混凝土保护层厚度不宜小于 25mm。

混凝土保护层最小厚度 C_{min}（mm）　　　　表 1-2-2

构件类别	梁、板、塔、拱圈、涵洞上部		墩台身、涵洞下部		承台、基础	
设计使用年限	100 年	50 年、30 年	100 年	50 年、30 年	100 年	50 年、30 年
Ⅰ类：一般环境	20	20	25	20	40	40
Ⅱ类：冻融环境	30	25	35	30	45	40
Ⅲ类：近海或海洋氯化物环境	35	30	45	40	65	60
Ⅳ类：除冰盐等其他氯化物环境	30	25	35	30	45	40
Ⅴ类：盐结晶环境	30	25	40	35	45	40
Ⅵ类：化学腐蚀环境	35	30	40	35	60	55
Ⅶ类：磨蚀环境	35	30	45	40	65	60

注：1. 表中数值是针对各环境类别的最低作用等级、按规范第 4.5.3 条要求的最低混凝土强度等级，以及钢筋和混凝土无特殊防腐措施规定的。
　　2. 对工厂预制的混凝土构件，其保护层最小厚度可将表中相应数值减小 5mm，但不得小于 20mm。
　　3. 表中承台和基础的保护层最小厚度，是针对基坑底无垫层或侧面无模板的情况规定的；对于有垫层或模板的情况，保护层最小厚度可将表中相应数值减少 20mm，但不得小于 30mm。

受弯构件的钢筋净距应考虑浇筑混凝土时，振捣器可以顺利插入，并且为了使混凝土的粗集料能填满整个梁体，以免形成灰浆层或空洞，规定各主筋间横向净距和层与层之间的竖向净距，当钢筋在 3 层及 3 层以下时，应不小于 30mm，并不小于钢筋直径。当钢筋在 3 层以上时，不应小于 40mm，并不小于钢筋直径的 1.25 倍。对于束筋，此处直径采用等代直径。

在装配式 T 形梁中，钢筋数量多，如按钢筋最小净距要求（在高度方向钢筋的净距也要满足≥30mm 或≥1.25d 的要求），排列就有困难，在此情况下可将钢筋叠置，并与斜筋、架立钢筋一起焊接成钢筋骨架（图 1-2-19）。焊接骨架的钢筋层数不应多于 6 层，单根钢筋直径不应大于 32mm。试验证明，焊接钢筋骨架整体性好，能保证钢筋与混凝土共同工作，其钢筋重心位置较低，梁肋混凝土体积也较小，此外可避免大量就地绑扎工作，入模安装很快，是装配式 T 形梁桥最常用的钢筋构造形式。然而，焊接钢筋骨架的主筋与混凝土的黏结面积较小，一般说来抗裂性能稍差，因此，在实践中采用表面呈螺纹形或竹节形的钢筋，并选用较小直径的钢筋，有条件时还可将箍筋与主筋接触处点焊固结，以增大其黏结强度，从而改善其抗裂性能。

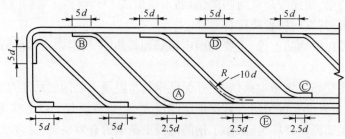

图 1-2-19　焊接钢筋骨架焊缝尺寸图

在焊接钢筋骨架时,为保证焊接质量,使焊缝处强度不低于钢筋本身强度,对焊缝的长度必须满足下述要求:

(1)对于利用主钢筋弯起的斜筋,在起弯处应与其他主筋相焊接,可采用每边各长2.5d的双面焊缝或一边长5d的单面焊缝(图1-2-19中Ⓐ)。弯起钢筋的末端与架立钢筋(或其他主筋)相焊接时,采用长5d的双面焊缝或10d的单面焊缝(图1-2-19中Ⓑ)。其中d为受力钢筋直径。

(2)对于附加的斜筋,其与主筋或架立筋的焊缝长度,采用每边各长5d的双面焊缝或一边长10d的单面焊缝(图1-2-19中Ⓒ和Ⓓ)。

(3)各层主钢筋相互焊接固定的焊缝长度,采用2.5d的双面焊缝或5d的单面焊缝(图1-2-19中Ⓔ)。

通常对于小跨径梁可采用双面焊缝,先焊好一边再把骨架翻身焊另一边,这样既可缩短接头长度,又可减小焊接变形,但当骨架较长而不便翻身时,就可用单面焊缝。

T形梁翼缘板内的受力钢筋沿横向布置在板的上缘,以承受悬臂的负弯矩,在顺主梁跨径方向还应设置少量的分布钢筋(图1-2-20)。按《公路钢筋混凝土及预应力混凝土桥涵设计规范》(JTG 3362—2018)要求,板内主筋的直径不小于10mm,板内主钢筋间距不应大于200mm。分布筋的直径不小于8mm,间距不大于200mm,截面面积不小于板的截面面积的0.1%,在主筋的弯折处,应布置分布钢筋,在有横隔梁的部位分布筋的截面面积应增至主筋的30%,以承受集中轮载作用下的局部负弯矩,所增加的分布筋每侧应从横隔梁轴线伸出$\frac{l}{4}$(l为板的跨径)的长度。

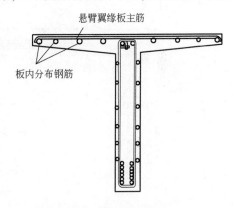

图1-2-20 T形梁的钢筋布置

T形梁在浇筑桥面铺装层以前,尚应按施工荷载验算顶部主筋的受力。如施工荷载很大,则板内配筋由施工荷载控制。

对于各种受力钢筋,如通过计算和作图允许将其在梁内切断,则被切断的钢筋应当比理论切断点再放长一个规定的锚固长度,保证该钢筋从理论切断点起能充分受力。最小锚固长度根据受力状态及钢筋种类而定,可参照《公路钢筋混凝土及预应力混凝土桥涵设计规范》(JTG 3362—2018)规定采用。

2.主梁钢筋构造实例

下面介绍一种墩中心距为16m的装配式T形梁的钢筋构造实例(图1-2-21),主梁和横隔梁的布置以及主要尺寸见图1-2-21。

此T形梁的设计荷载为公路—Ⅰ级。梁的全长为15.96m,即当多跨布置时在墩上相邻梁的梁端之间留有40mm的伸缩缝。全桥设置4道横隔板,支座中心至主梁梁端的距离为23cm。

每根梁内共配置了10根直径为32mm的纵向受力钢筋,钢筋等级HRB400,它们的编号分别为N_1、N_2、N_3、N_4,其中最下两层的4根N_1(占主筋截面面积的1/5)通过梁端支承中心,其余6根则沿跨长按梁的弯矩图形在一定位置弯起。

设于梁顶部的N_5为架立钢筋,采用$\phi 22$,它在梁端向下弯折并与伸出支承中心的主筋N_1

相焊接,箍筋 N_{10} 和 N_{11} 采用普通的光面钢筋,直径为 $\phi 8$,间距为140mm,由于靠近支点处剪力较大和支座钢板锚筋的影响,故采用了四肢式箍筋(N_{10}),在跨中部分则用双肢箍筋(N_{11})。

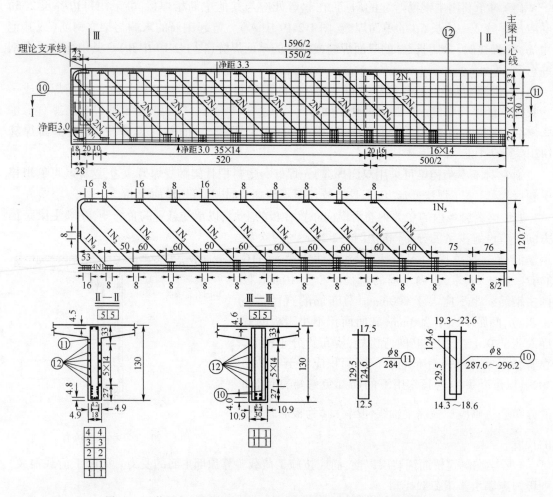

图 1-2-21 装配式 T 形梁钢筋混凝土简支梁配筋(尺寸单位:cm;钢筋直径:mm)

(四)装配式钢筋混凝土简支梁桥

装配式钢筋混凝土简支 T 形梁的配筋特点,已在《结构设计原理》有关章节中叙及,下面举一跨径16m的装配式 T 形梁标准图的钢筋构造实例进行说明(图 1-2-21)。

T 形梁的设计荷载为公路—Ⅰ级。梁长 15.96m,梁高 1.3m,设置 4 道横隔板并以钢板连接,支座中心(理论支承线)至梁端的距离为 23cm(由支座构造布置确定)。当多跨布置时,在墩上相邻的梁端之间留有 40mm 的伸缩缝。主梁间桥面板采用现浇混凝土。

每根梁内共配置 10 根 $\phi 32$ 的纵向受力钢筋,均为 HRB400 级钢,其编号为 $N_1 \sim N_4$,其中处于梁底的 4 根 N_1 筋(占主筋截面面积的 1/5)通过梁端支承中心。根据梁的弯矩图并考虑抗剪强度要求,部分主筋在一定位置弯起,并加设斜筋(如 $N_6 、 N_7 、 N_8 、 N_9$)。

设于梁顶部的 N_5 钢筋为架立钢筋($\phi 22$),在梁端向下弯折并与伸出支承中心的主筋 N_1 相焊接。

箍筋 $N_{10} 、 N_{11}$ 采用 $\phi 8$ HPB300 级钢筋,其间距为 140mm,近支点处的剪力较大,为满足剪切强度需要,通常采用缩小箍筋间距或改用强度更高的钢筋作为箍筋,本实例在支点部分采用四肢式箍筋,在跨中部分则用双肢箍筋。

为了防止混凝土收缩及桥面局部温差引起腹板开裂,设置 φ8 的防裂分布钢筋 N_{12},间距 140mm。对简支 T 形梁,在恒载作用下,腹板下部受拉,上部受压,故防裂钢筋可采用下密上疏方法布置。

每片平面钢筋骨架的质量为 0.38t,一片主梁的焊缝(焊缝厚度 $\delta=4mm$)总长度为 41.6m。每根中间主梁的安装质量为 22.58t。

(五)装配式主梁的连接构造

通常在设有端横隔梁和中横隔梁的装配式 T 形梁桥中,均借助横隔梁的接头使所有主梁连接成整体。接头要有足够的强度,以保证结构的整体性,并使在运营过程中不致因荷载反复作用和冲击作用而发生松动。

图 1-2-22 所示为常用的中主梁中横隔梁的构造形式。在横隔梁靠近下部边缘的两侧和顶部的翼板内均埋有焊接钢板 A 和 B(图 1-2-22),焊接钢板则预先与横隔梁的受力钢筋焊在一起做成安装骨架。当 T 梁安装就位后即在横隔梁的预埋钢板上再加焊盖接钢板使连成整体(图 1-2-23)。端横隔梁的焊接钢板接头构造与中横隔梁相同,但由于其外侧(近墩台一侧)不好施焊,故焊接接头只设于内侧。相邻横隔梁之间的缝隙最好用水泥砂浆填满,所有外露钢板也应用水泥灰浆封盖。这种接头强度可靠,焊接后立即就能承受荷载,但现场要有焊接设备,而且有时需要在桥下进行仰焊,施工较困难。

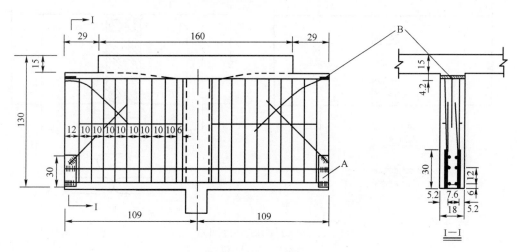

图 1-2-22　中主梁的中横隔梁构造(尺寸单位:cm)

为了简化接头的现场施工,也可采用螺栓接头[图 1-2-24a)]。这种接头方法基本上与焊接钢板接头相同,不同之处是盖接钢板不用电焊,而是用螺栓与预埋钢板连接,为此钢板上要预留螺栓孔。这种接头由于不用特殊机具而有拼装迅速的优点。缺点是在运营过程中螺栓容易松动。

还有一种强度可靠,整体性及耐久性好的接头形式就是图 1-2-24b)所示的扣环接头。这种接头的做法是:横隔梁在预制时在接缝处伸出钢筋扣环 A,安装时在相邻构件的扣环两侧再安上腰圆形的接头扣环 B,在形成的圆环内插入短分布筋,最后现浇混凝土封闭接缝,接缝宽度约为 45~60cm。这种接头在工地不需要特殊机具,但现浇灌混凝土数量较多,接头施工后也不能立即承受荷载。这种连接构造往往用于主梁间距较大而需要缩减预制构件尺寸和质量的场合。

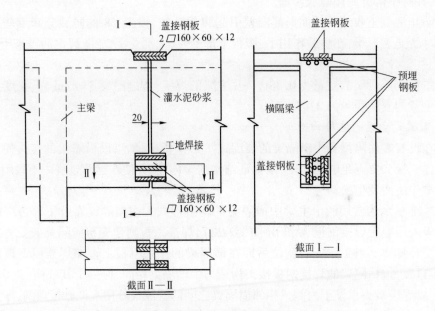

图 1-2-23 横隔梁的接头构造(尺寸单位:mm)

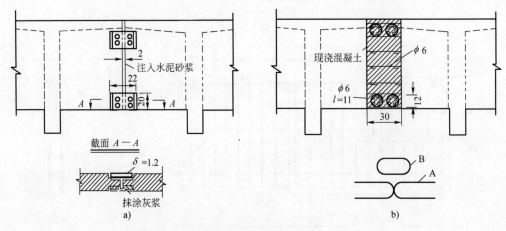

图 1-2-24 接头形式示意图(尺寸单位:cm)
a)螺栓接头;b)扣环接头

三、装配式预应力混凝土简支梁桥

对于装配式钢筋混凝土简支梁桥,当跨径超过 20m 左右时,不但钢材耗量大,而且混凝土开裂现象也往往比较严重,影响结构的耐久性。因此,当跨径大于 20m,就往往采用预应力混凝土结构。我国已为 25m、30m、35m、40m、45m 和 50m 跨径编制了后张法装配式预应力混凝土简支梁桥的设计标准图。

预应力混凝土简支梁桥的横截面类型,基本上与钢筋混凝土梁桥的相似,通常也做成 T 形、I 形。有时为了提高单梁的抗扭刚度并减小混凝土截面,也采用箱形。预应力混凝土 T 形、I 形截面简支梁标准跨径不宜大于 50m。

装配式构件的划分方式,也与钢筋混凝土梁桥相同,最常采用的是以纵向竖缝划分的 T 形梁。此外,鉴于用预应力筋施加预压力的特点,还可做成横向也分段的串连梁(图 1-2-15)。

(一)构造布置

图1-2-25是跨径30m、桥面净空为净-7.5m+2×0.75m的预应力混凝土T形梁。

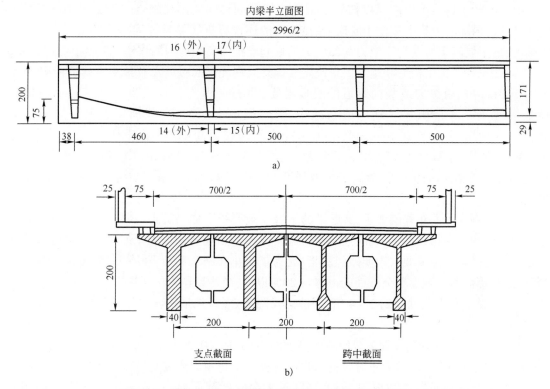

图1-2-25 跨径30m预应力混凝土T形梁的构造布置(尺寸单位:cm)

对于跨径较大的预应力混凝土简支梁桥,主梁间距大,较经济。以跨径40m、净空为净—7.5m+2×0.75m的设计进行比较:梁距为2.0m时将比1.6m的节省预应力筋束12%、普通钢筋9%和混凝土数量12%,并且,少一片主梁,可以减少预制和吊装的工作量,加快施工进度,但梁重将增大13%。因此,当吊装质量不受控制时,对于较大跨径的T形梁,宜推荐较大的主梁间距(1.8~2.5m),可以提高截面效率指标。诚然,为了防止桥面和翼缘开裂,主梁间距也不宜过大,但如桥面板施加横向预应力的话,主梁间距还可适当加大。

预应力混凝土简支T形梁的梁肋下部通常要加宽做成马蹄形,以便满足钢丝束的布置和承受很大预压力的需要。为了配合钢丝束的起弯,在梁端能布置钢丝束锚头和安放张拉千斤顶,在靠近支点处腹板也要加厚至与马蹄同宽,加宽范围最好达一倍梁高(离锚固端)左右,这样就形成了沿纵向腹板厚度发生变化、马蹄部分也逐渐加高的变截面T形梁(图1-2-25)。

沿纵向的横隔梁布置,基本上与钢筋混凝土梁桥的相同。但当主梁跨度大、梁较高时,为了减轻质量而往往将横隔梁的中部挖孔(图1-2-25)。

(二)截面尺寸

预应力混凝土简支梁桥的主梁高度,按截面形式、主梁片数及建筑高度要求,可在较大范围内变化。对于常用的等截面简支梁,其高跨比可在1/25~1/15内选取,通常随跨径增大而取较小值,随梁数减少而取较大值。

从经济观点出发,当桥梁建筑高度不受限制时,采用较大的梁高显然是有利的,因为加高腹板使混凝土量增加不多,而节省预应力筋数量较多。故一般中等跨径的预应力混凝土T形梁的高跨比可取 1/18～1/16 左右。

中小跨径T形梁翼板的厚度按钢筋混凝土梁桥同样的原则来确定。为了减小翼板和梁肋连接处的局部应力集中和便于脱模,在该处一般还设置折线形承托或圆角。在预应力混凝土梁内,由于混凝土所受预压应力和预应力筋弯起能抵消荷载剪力的作用,肋中的主拉应力较小,因而肋宽一般都由构造和施工要求决定。国外对现浇梁的腹板没有预应力管道时最小厚度为 200mm,仅有纵向或竖向管道的腹板需要 300mm,既有纵向又有竖向管道的腹板需 380mm,装配式梁的腹板厚度可适当减小,但不能小于 165mm,我国目前所采用的值偏低,腹板宽度不应小于 160mm。其上下承托之间的腹板高度:当腹板内设有竖向预应力钢筋时,不应大于腹板宽度的 20 倍;当腹板内不设竖向预应力钢筋时,不应大于腹板宽度的 15 倍。在接近梁两端的区段,为满足抗剪强度和预应力束筋布置锚具的需要,将肋厚逐渐扩展加厚。

为适应预应力筋布置的要求,T形梁的下缘一般要扩大成马蹄形。马蹄的形状不仅要视预应力筋的数量和排列而定,同时还要考虑施工方便和力筋弯起的要求。马蹄的尺寸大小要满足预加力阶段的强度要求。实践经验指出,为了防止在施工和运营中使马蹄部分产生纵向裂缝,除马蹄面积不宜少于全截面的 10%～20% 以外,尚建议具体尺寸如下:

(1)马蹄宽度约为肋宽的 2～4 倍,并注意马蹄部分(特别是斜坡区)的管道保护层不宜小于 60mm。

(2)马蹄全宽部分高度加 1/2 斜坡区高度约为 $(0.15～0.20)h$,斜坡宜陡于 $45°$。

同时也应注意,马蹄部分不宜过高、过大,这就要求将预应力束筋尽可能按两层或单层布置,将其余的束筋布置在肋板内,因下马蹄过大会降低截面形心,减小预应力筋的偏心距,并降低抵消自重的能力。马蹄内应另设直径不小于 8mm 的闭合式箍筋,间距不应大于 200mm。

(三)装配式预应力混凝土梁的配筋特点

1.纵向预应力筋布置

预应力混凝土简支梁中所用的预应力主筋布置图式如图 1-2-26 所示。所有图式的共同特点是:主筋在跨中均靠近梁的下缘布置,以对混凝土施加的压力来抵消荷载引起的拉应力。

全部主筋直线形布置[图 1-2-26a)]构造最简单,它仅适用于先张法施工的小跨度梁。其主要缺点是支点附近无法平衡的张拉负弯矩会在梁顶出现过高的拉应力,甚至导致严重开裂。

对于长度较大的后张法梁,当采用直线形预应力筋时,为了减小梁端附近的负弯矩并节省钢材,也可像普通钢筋混凝土梁内一样,将主筋在梁的中间截面处截断[图 1-2-26b)],此时应将预应力筋在横隔梁处平缓地弯出梁体,以便进行张拉和锚固。这种布置的主要优点是主筋最省、张拉摩阻力也小,但预应力筋没有充分发挥抗剪作用,且梁体在锚固处的受力和构造也较复杂。

目前预应力混凝土简支梁桥上采用最广的布筋方式是图 1-2-26c)、d)两种。当预应力筋数量不太多,能全部在梁端锚固时,为使张拉工序简便,通常都将预应力筋全部弯至梁端锚固[图 1-2-26c)]。这种布置的预应力筋弯起角 α 不大(一般在 $20°$ 以下),这对减小摩阻损失有利。然而,对于钢束根数较多的情况,或者当预应力混凝土梁的高度受到限制,以致不能全部在梁端锚固时,就必须将一部分预应力筋弯出梁顶[图 1-2-26d)]。这样的布置方式,使张拉作业的操作稍趋繁杂,使预应力筋的弯起角 α 较大(达 $25°～30°$),增大了摩阻引起的预应力损失;但能缩短预应力筋长度,节约钢材,对于提高梁的抗剪能力也更有利。

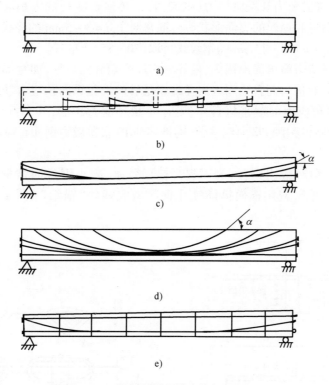

图 1-2-26 简支梁纵向预应力筋布置图式

束筋的起弯点及弯起角要考虑束筋在横截面的位置及锚固位置。束筋弯起的曲率半径,可按《公路钢筋混凝土及预应力混凝土桥涵设计规范》(JTG 3362—2018)的规定采用:

①钢丝束、钢绞线束的钢丝直径小于或等于 5mm 时,不宜小于 4m;钢丝直径大于 5mm 时,不宜小于 6m。

②预应力螺纹钢筋的直径等于或小于 25mm 时,不宜小于 12m;直径大于 25mm 时,不宜小于 15m。

图 1-2-26e)表示预应力混凝土串连梁,梁顶附近的直线形预应力筋是为防止在安装过程中梁顶出现拉应力而布置的。

2. 纵向预应力筋的锚固

预应力筋的锚固分两种情形:在先张法梁中,钢丝或钢筋主要靠混凝土的握裹力锚固在梁体内;在后张法梁中则通过各类锚具锚固在梁端或梁顶。

(1)先张法的锚固

先张法预应力混凝土构件宜采用钢绞线、螺旋肋钢丝或刻痕钢丝作预应力钢筋,采用光面钢丝作预应力钢筋时,应采取适当措施,保证钢丝在混凝土中可靠锚固。在先张法预应力混凝土构件中,预应力钢绞线之间的净距不应小于其公称直径的 1.5 倍,对于 1×7 钢绞线并不应小于 25mm,预应力钢丝间净距不应小于 15mm。

图 1-2-27 示出先张法预应力梁中钢丝端段对混凝土的应力传布特点。当拉紧的钢丝被切断时,外端钢丝恢复至原来直径而发生回缩量 δ_c,钢丝内应力就通过与混凝土之间的摩阻和

黏结作用逐渐传递至混凝土。至传递长度 l_c 处,握裹力为零,混凝土承受全部预应力。此时在传力区内会出现横向压力和横向拉力(劈裂力)。传递长度 l_c 的大小取决于梁端混凝土的强度等级、钢丝的直径和钢丝的表面形状等。通常对于 $d=3\sim5\text{mm}$ 的冷拔低碳钢丝 l_c 约可取为 $(80\sim90)d$,对于 $d=7.5\sim15\text{mm}$ 的钢绞线可取 $(70\sim85)d$ 左右。

因此,为了使预应力筋可靠地锚固,最好将构件的端截面加宽,加宽部分的长度不小于纵向预应力筋直径的20倍。而且锚固区内要配置足够的围包纵向预应力筋的封闭式箍筋或螺旋钢筋。在先张法预应力混凝土构件中,对于单根预应力钢筋,其端部应设置长度不小于150mm 的螺旋筋;对于多根预应力钢筋,在构件端部10倍预应力钢筋直径范围内,应设置3～5片钢筋网。

对于直径稍大的预应力钢丝,为了提高锚固效率,减小钢丝回缩量和传递长度,可以将钢丝端部轧成波浪形或用横向销筋锁住钢丝做成钢丝"锚结"(图1-2-28)来加强锚固作用。

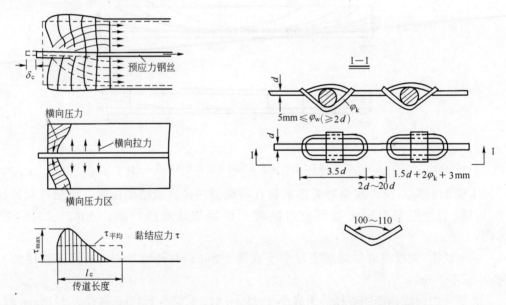

图 1-2-27　先张法梁中预应力钢丝端段的应力传布　　　　图 1-2-28　钢丝锚结

(2)后张法的锚固

在后张法锚固构造中,锚具底部对混凝土作用着很大的压力 N,而直接承压的面积不大,应力非常集中。在锚具附近不仅有很大的压应力,还有很大的拉应力[图1-2-29a)],通常将沿锚具中线截面上拉应力的合力称作促使混凝土拉裂的劈裂力,图1-2-29b)、c)示出在不同的锚具布置方式下劈裂力大小和位置的近似值。因此,为防止锚具附近混凝土裂缝,必须配置足够的钢筋予以加强。《公路钢筋混凝土及预应力混凝土桥涵设计规范》(JTG 3362—2018)中规定:后张法预应力构件的端部锚固区,锚下局部区应配置间接钢筋。当采用平板式锚垫板,应配置不少于4层的方格网钢筋或不少于4圈的螺旋筋;当采用喇叭管的锚垫板时,应配置螺旋筋,其圈数的长度不应小于喇叭管长度。锚下总体区应配置抵抗横向劈裂力的闭合箍筋,其间距不应大于120mm。

图1-2-30所示为梁端锚固区(约等于梁高的长度内)的配筋构造。加强钢筋网的网格约为 $100\text{mm}\times100\text{mm}$。锚具下设置厚度不小于16mm 的钢垫板或采用具有喇叭管的锚具垫板,锚垫板下面应设间接钢筋,以提高混凝土的抗裂性。

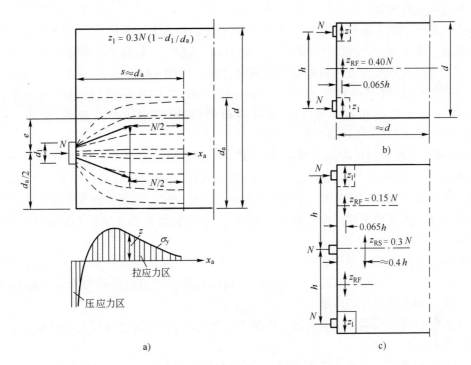

图 1-2-29 锚具底下的混凝土劈裂力

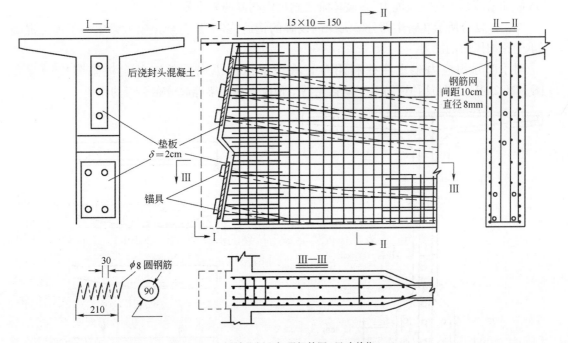

图 1-2-30 梁端垫板和加强钢筋网(尺寸单位:cm)

总的来说,锚具在梁端的布置应遵循"分散""均匀"的原则,尽量减小局部应力,集中、过大的锚具不如分散、小型的有利。此外,锚具应在梁端对称于竖轴布置,锚具之间应留有足够的净距,才能安装张拉设备,方便施工作业。

83

3. 其他钢筋的布置

预应力混凝土梁与钢筋混凝土梁一样,要按规定的构造要求布置箍筋、架立筋和纵向水平分布钢筋等。由于预应力混凝土梁肋承受的主拉应力较小,一般可不设斜筋。

预应力混凝土梁当设置竖向预应力钢筋时,其纵向间距宜为 500~1000mm。预应力混凝土 T 形截面梁腹板内应设直径不小于 10mm 的箍筋,且应采用带肋钢筋,间距不应大于 200mm,自支座中心起长度不小于一倍梁高范围内,应采用闭合式箍筋,间距不应大于 120mm。

此外,预应力筋比较集中的下翼缘(下马蹄)内必须设置(直径不小于 8mm)闭合式或螺旋形的加强箍筋,其间距不大于 200mm(图 1-2-31)。此外,马蹄内尚应设直径不小于 12mm 的定位钢筋。图中 d 为制孔管的直径,应比预应力筋直径大 10mm,采用铁皮套管时应大 20mm,管道间的最小净距主要由灌注混凝土的要求所确定,在有良好振捣工艺时(例如同时采用底振和侧振),最小净距不小于 40mm。

在预应力混凝土简支梁中,有时为了补充局部梁段内强度的不足,或为了满足极限强度的要求,或为了更好分布裂缝和提高梁的韧性等,可以将无预应力的钢筋与预应力筋协同配置,这样往往能达到经济合理的效果。

图 1-2-32a)表示当梁中预应力筋在两端不便弯起时,为了防止张拉阶段在梁端顶部可能开裂而布置的受拉钢筋。

对于自重比恒载与活载小得多的梁,在预加力阶段跨中部分的上翼缘可能会开裂而破坏,因而也可在跨中部分的顶部加设无预应力的纵向受力钢筋[图 1-2-32b)]。这种钢筋在运营阶段能加强混凝土的抗压能力,在破坏阶段则可提高梁的安全度。

图 1-2-32c)所示在跨中部分下翼缘内设置的钢筋,多半是在全预应力梁中为了加强混凝土承受预加压力的能力。

对于部分预应力梁也往往利用布置在下翼缘的纵向钢筋来补足极限强度的需要[图 1-2-32d)],并且这种钢筋对于配置无黏结预应力筋的梁能起分布裂缝的作用。

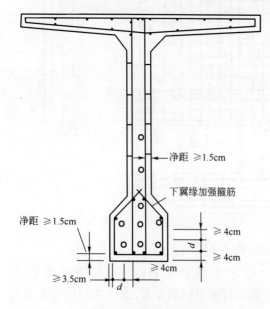

图 1-2-31 横截面内钢筋布置

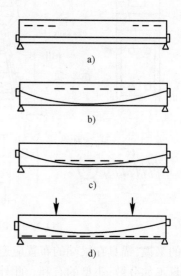

图 1-2-32 无预应力纵向受力钢筋(虚线)的布置

此外，无预应力的钢筋还能增加梁在反复荷载作用下的疲劳极限强度。

装配式预应力混凝土梁桥的横向连接构造一般与钢筋混凝土梁桥一样。但也可在横隔梁内预留孔道，采用横向预应力筋张拉集整[见前面图 1-2-16b)]。这样的连接，整体性好，但对梁的预制精度要求较高，施工稍复杂。

(四) 装配式预应力混凝土梁的构造示例

图 1-2-33 为墩中心距为 30m 的装配式预应力混凝土简支梁标准设计的构造。此梁的全长为 29.96m，计算跨径为 29.14m。设计荷载公路—Ⅱ级。梁肋中心距为 2.20m。

主梁采用 C40 混凝土带马蹄的 T 形截面，梁高为 2.00m，高跨比为 1/14.58，厚 180mm 的梁肋在梁端部分（约等于梁高的长度内）加宽至马蹄全宽 400mm，以利于预应力筋的锚固。在截面设计中将所有混凝土内角做成半径 50mm 的圆角，以利脱模。

T 形梁预应力采用了 8 根 $24\phi5$ 高强钢丝束，钢丝极限强度为 1860MPa，全部钢丝束均以圆弧起弯并锚固在梁端厚 20mm 的钢垫板上。

锚具由 45 号优质钢锻制的锚圈与经淬火及回火处理后硬度不小于 HRC55～58 的锥形锚塞所组成，锚圈的外径为 $\phi110mm\pm1mm$，高度为 $53mm\pm0.5mm$，用双作用（或三作用）千斤顶进行张拉。

梁中普通钢筋的布置基本与钢筋混凝土梁相类似，不同的是梁内不需设置斜筋，梁肋内配置网格尺寸为 $200mm\times200mm$ 的 $\phi8$ 钢筋网作为抗剪和纵向收缩钢筋之用。在梁端加宽部分（约等于梁高的长度内）的钢筋网加密，以加强锚固区。

设计中采用 7 片横隔梁，中心距为 5.00m，横隔梁高 1.71m，肋宽平均 150mm，具有足够刚度来保证良好的荷载横向分布。全部横隔梁采用挖孔形式以减轻吊装重量。横隔梁相互间采用钢板焊接，T 形梁翼板端伸出钢筋相互搭接锚固于桥面铺装层中，可起铰接作用。

装配式预应力混凝土 30m 简支梁，一片内主梁用 C40 混凝土 $28.04m^3$，吊装质量为 63.4t。用钢束总质量 923.6kg。

图 1-2-34 所示为另一构造实例，它是我国河南洛阳黄河公路大桥所采用墩中心距为 51.05m 的后张法预应力混凝土 T 形梁桥。梁的计算跨径为 50m，全长为 51m，全桥有 67 孔，桥面净空为净—9 附 $2\times1.0m$ 人行道，每孔上部结构由 5 片大梁组成，梁中心距为 2.30m。

此桥的截面特点：预制翼板宽 1.76m，厚 0.17m，翼板间留有宽 0.54m 的纵向现浇扣环式刚性接头，借以减轻起吊质量、减小预制 T 形梁的宽度和加强桥面板连接的整体性。梁体采用 C50 混凝土预制，主梁高 2.5m，高跨比达 1/20。梁肋厚 160mm，下马蹄宽 620mm。由计算分析，截面具有较大的效率指标 $\rho=0.58$，但对于自重很大的梁，重心轴位置还不够高，约为 $0.43h$，这是因为预制翼板宽度不太大。

每片梁配置 22 根 $24\phi5$ 的高强钢丝束，并用钢制锥形锚具将全部钢丝束锚于梁端。预制时梁内用钢丝网胶管制孔。

箍筋间距除梁端加宽部分为 80mm 外，余均为 200mm，箍筋直径为 $\phi10$，马蹄箍筋 $\phi8$ 的间距为 100mm。

全桥沿纵向采用 7 片挖孔式横隔梁，间距为 8.4m。每片梁的设计起吊质量为 131t，为了架设总数达 335 片的大梁，该桥专门设计制造了大型的移动式钢桁架架桥机。

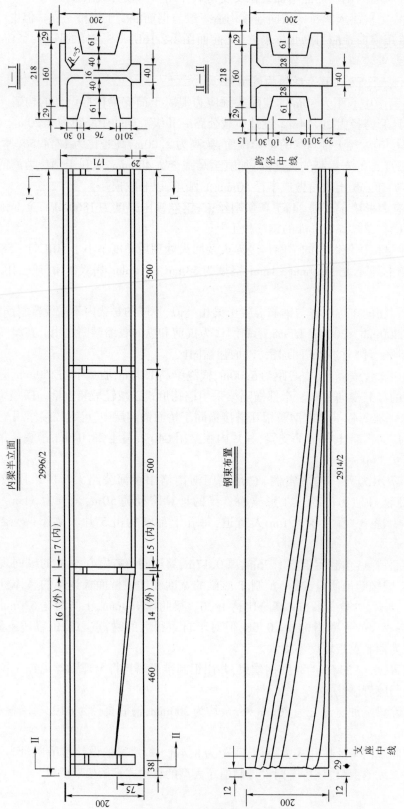

图1-2-33 墩中心距为30m装配式预应力混凝土简支梁桥构造图（尺寸单位：cm）

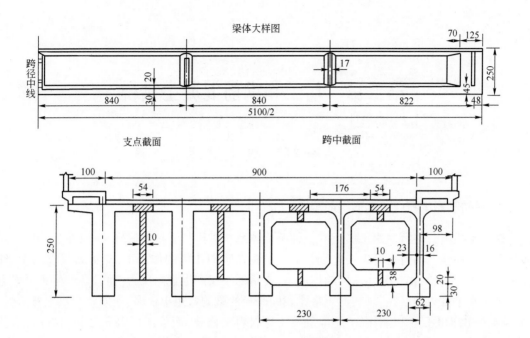

图 1-2-34　50m 跨径后张法预应力混凝土 T 形梁桥的构造(尺寸单位:cm)

第三章 圬工和钢筋混凝土拱桥

第一节 概 述

一、拱桥的基本特点及其适用范围

拱桥是我国公路上使用很广泛的一种桥梁体系。拱桥与梁桥的区别,不仅在于外形不同,而且在受力性能上两者也有本质差别。梁式结构在竖向作用的作用下,支承处仅仅产生竖向支承反力,而拱式结构在竖向作用的作用下,支承处不仅产生竖向反力,而且还产生水平推力。由于这个水平推力的存在,拱的弯矩将比相同跨径的梁的弯矩小很多,而使整个拱主要承受压力。这样,拱桥不仅可以利用钢、钢筋混凝土等材料来修建,而且还可以充分利用抗压性能较好而抗拉性能差的圬工材料(石料、混凝土、砖等)来修建。这种由圬工材料修建的拱桥又称为圬工拱桥。

拱桥的主要优点:①跨越能力较大。我国建成了目前最大跨径钢拱桥——重庆朝天门大桥(552m)(图1-3-1)和最大跨径的石拱桥——山西晋城丹河大桥(146m)(图1-3-2);②能充分做到就地取材,与钢和钢筋混凝土梁式桥相比,可以节省大量的钢材和水泥;③能耐久,养护、护维修费用少,承载潜力大;④外形美观;⑤构造较简单,尤其是圬工拱桥,技术容易被掌握,有利于广泛采用。

图1-3-1 朝天门大桥

为了减小拱的截面尺寸,减轻拱的质量,在混凝土拱中配置受力钢筋。将这样的拱桥称之为钢筋混凝土拱桥。在钢筋混凝土拱桥中,截面的拉应力主要由受拉钢筋承受。这样,无论从桥跨结构本身,还是从桥梁墩台和基础来说,工程数量都相应减少,充分利用了混凝土与钢材的受力优势,有效提高了拱桥的经济性能,扩大了拱桥的使用范围。同时,钢筋混凝土拱桥在建筑艺术上也容易处理,它可以通过选择合理的拱式体系及突出结构上的线条来达到良好的建筑艺术效果。

图 1-3-2　丹河大桥

修建大跨径钢筋混凝土拱桥的关键是施工问题,过去长期采用的是拱架施工法,随着无支架施工技术的发展,扩大了拱桥的适用范围,提高了它在大跨径桥梁中的竞争能力。钢筋混凝土拱桥与斜拉桥相比,抗风稳定性强;与钢拱桥相比,节省钢材较多,维护工作量小,维护费用低。钢管混凝土拱桥是将钢管内填充混凝土,由于钢管的径向约束而限制受压混凝土的膨胀,使混凝土处于三向受压状态,从而显著提高混凝土的抗压强度。2013 年建成的四川合江长江大桥为中承式钢管混凝土拱桥,净跨径达 518m。1997 年建成的重庆万州长江大桥,跨径达 420m,用钢管混凝土作为劲性骨架,外包混凝土形成主拱截面的劲性骨架混凝土拱桥,可使体积庞大的拱箱混凝土结构在符合拱的受力方式下逐渐形成,不需要强劲的支架和强大的吊装能力,使修建特大跨径的混凝土拱桥成为可能。

拱桥的主要缺点是:①自重大,相应的水平推力也较大,增加了下部结构的工程量,当采用无铰拱时,对地基条件要求高;②由于拱桥水平推力较大,在连续多孔的大、中桥梁中,为防止其中一孔破坏而影响全桥的安全,需要采用较复杂的措施,或设置单向推力墩,增加了造价;③与梁式桥相比,上承式拱桥的建筑高度较高,当用于城市立体交叉及平原区的桥梁时,因桥面高程提高,而使两岸接线的工程量增大,或使桥面纵坡增大,既增大造价又对行车不利;④圬工拱桥施工需要劳动力较多,建桥时间较长等。因此也使拱桥的适用范围受到一定的限制。

拱桥虽然存在这些缺点,但由于它的优点突出,只要在条件许可的情况下,修建拱桥往往仍是经济合理的,因此在我国公路桥梁建设中,拱桥仍得到了广泛的应用,而且拱桥的缺点也正在逐步得到改善和克服。如在地质条件不好的地区修建拱桥时,就可从结构体系上、构造形式上采取措施,或利用轻质材料来减轻结构物的自重,或设法提高地基承载能力等。为了节约劳动力、加快施工进度,可采用预制装配及提高机械化、工业化施工程度等方法。这些措施有效扩大了拱桥的适用范围,提高了跨越能力。

二、拱桥的组成及主要类型

(一)拱桥的主要组成

拱桥同其他桥梁一样,也是由桥跨结构(上部结构)、下部结构、基础三大部分组成。图 1-3-3 表示拱桥各主要组成部分的名称。

根据行车道的位置,拱桥的桥跨结构可以做成上承式、下承式或中承式三种类型,如图 1-3-4 所示。

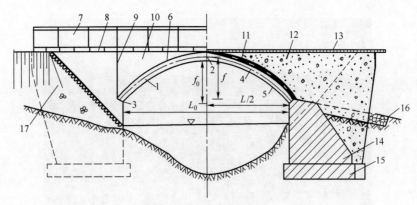

图 1-3-3 拱桥的主要组成部分

1-主拱圈;2-拱顶;3-拱脚;4-拱轴线;5-拱腹;6-拱背;7-栏杆;8-人行道块石;9-伸缩缝;10-侧墙;11-防水层;12-填料;13-桥面;14-桥台;15-基础;16-盲沟;17-锥坡

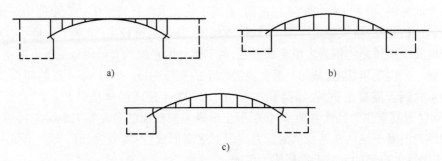

图 1-3-4 上承式、下承式及中承式拱桥图式

一般的上承式拱桥,桥跨结构是由主拱圈(简称主拱)及拱上建筑(又称为拱上结构)所构成。主拱圈(板、肋、箱)是主要承重构件,承受桥上的全部荷载,并通过它把荷载传递给墩台及基础。由于主拱圈是曲线形,一般情况下车辆无法直接在弧面上行驶,所以在桥面系与主拱圈之间需要有传递压力的构件或填充物,以使车辆能在平顺的桥道上行驶。桥面系和这些传力构件或填充物统称为拱上结构或拱上建筑。桥面系包括行车道、人行道及两侧的栏杆或砌筑的矮墙(又称为雉墙)等构造。拱桥的下部结构由桥墩、桥台及基础等组成,用以支承桥跨结构,将桥跨结构的荷载传至地基,并与两岸路堤相连接。对于拱脚处设铰的有铰拱桥,主拱圈与墩(台)帽间还设置了既能传递荷载、又允许结构变形的拱铰。

(二)拱桥的主要类型

拱桥由于发展历史很长,使用又极为广泛,因而它的形式多种多样,构造各有差异。为了便于进行研究,可以按照不同的方式将拱桥分为各种类型。例如:

按照主拱圈(板、肋、箱)所使用的建筑材料,可分为圬工拱桥、钢筋混凝土拱桥、钢管混凝土拱桥及钢拱桥等;

按照拱上建筑的形式,可分为实腹式拱桥及空腹式拱桥;

按照主拱圈所采用的各种拱轴线的形式,可分为圆弧线拱桥、抛物线拱桥或悬链线拱桥等;

按照桥面的位置可分为上承式拱桥、中承式拱桥和下承式拱桥;

按照有无水平推力,可分为有推力拱桥和无推力拱桥等。

现仅根据下面两种不同的分类方式对拱桥的主要类型做一些介绍。

1. 按结构受力图式分类

按照主拱圈与行车系结构之间相互作用的性质和影响程度，可以把拱桥分为简单体系拱桥及组合体系拱桥两大类。

(1) 简单体系拱桥

在简单体系拱桥中，行车系结构(拱上结构或拱下悬吊结构)不与主拱一起承受荷载，主拱以裸拱的形式作为主要承重结构。按照主拱的静力特点，简单体系拱桥又可以分成三铰拱、两铰拱或无铰拱(图1-3-5)。

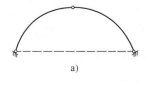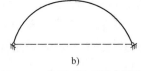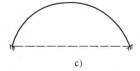

图1-3-5　拱圈(肋)的静力图式
a)三铰拱；b)两铰拱；c)无铰拱

三铰拱[图1-3-5a)]属于外部静定结构。温度变化、混凝土收缩、支座沉陷等原因引起的变形不会在拱圈内产生附加内力。当地质条件不良，又需要采用拱式桥梁时，可以采用三铰拱。但是，由于铰的存在，使其构造复杂，施工困难，维护费用高，而且减小了整体刚度，尤其是降低了抗震的能力，由于拱的挠度曲线在拱顶铰处有转折，致使拱顶铰处的桥面下沉，当车辆通过时，会发生大的冲击，对行车不利。因此，三铰拱一般较少采用。目前世界上最大跨径的三铰拱桥是德国的莫塞尔(Mosel)桥，跨径为107m。三铰拱常常用来作为空腹式拱上建筑的腹拱。

两铰拱[图1-3-5b)]属于外部一次超静定结构。由于取消了拱顶铰，使其结构整体刚度比三铰拱大。在墩台基础可能发生位移的情况下或坦拱中可采用两铰拱。它与无铰拱相比可以减小基础位移、温度变化、混凝土收缩和徐变等引起的附加内力。目前，世界上最大跨径的两铰拱桥是日本的外津桥，跨径170m。

无铰拱[图1-3-5c)]属于外部三次超静定结构。在自重及外荷载作用下，由于拱的内力分布比两铰拱均匀，其材料用量省。由于没有设铰，结构的整体刚度大，构造简单，施工方便，维护费用少，因此在实际使用中最广泛。但由于无铰拱的超静定次数高，温度变化、材料收缩、结构变形，特别是墩台位移会在拱内产生较大的附加内力，所以无铰拱一般希望修建在良好的地基上。目前，最大跨径的钢骨混凝土箱形拱是我国的万州长江大桥，主跨420m。

除以上三种拱桥外，单铰拱桥在理论上是可能的，但实际建造的很少。

(2) 组合体系拱桥

组合式体系拱桥是将行车系结构与主拱按不同的构造方式构成一个整体，以共同承受作用。根据不同的组合方式和受力特点，组合式拱桥又分为无推力的(图1-3-6)和有推力的(图1-3-7)。

无推力的组合体系拱使用较广泛，拱的推力由系杆承受，墩台不承受水平推力。根据拱肋和系杆的刚度大小及吊杆的布置形式可以分为：

具有竖直吊杆的柔性系杆刚性拱，称为系杆拱[图1-3-6a)]；

具有竖直吊杆的刚性系杆柔性拱，称为蓝格尔拱[图1-3-6b)]；

具有竖直吊杆的刚性系杆刚性拱，称为洛泽拱[图1-3-6c)]；

以上三种拱,当用斜吊杆来代替竖直吊杆时,称为尼尔森拱,见图1-3-6d)、e)、f)。

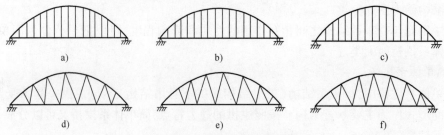

图1-3-6 无推力的组合体系拱
a)系杆拱;b)蓝格尔杆;c)洛泽拱;d)尼尔森系杆拱;e)尼尔森蓝格尔拱;f)尼尔森洛泽拱

有推力的组合体系拱没有系杆,由单独的梁和拱共同受力,拱的推力仍由墩台承受。图1-3-7a)是刚性梁柔性拱(倒蓝格尔拱);图1-3-7b)是刚性梁刚性拱(倒洛泽拱)。

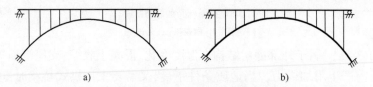

图1-3-7 有推力的组合体系拱
a)倒蓝格尔拱;b)倒洛泽拱

(3)拱片桥

上边缘与桥面纵向平行,下边缘是拱形的有推力结构,称为拱片,如图1-3-8所示。在拱片中,行车道系与拱肋刚性连成一整体,共同承受荷载。拱片的立面可以做成实体拱片,也可以挖空做成桁架的形式。根据桥梁宽度的不同,拱片桥可由两片以上的拱片组成,并用横向联结系将各拱片连成整体,行车道支承在拱片上。

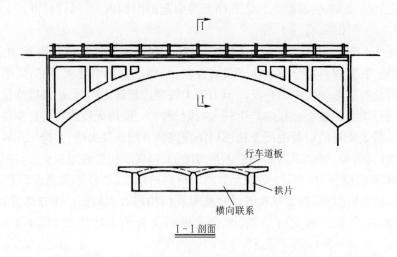

图1-3-8 拱片桥

2.按主拱圈截面形式分类

拱桥的主拱圈,沿拱轴线可以做成等截面或变截面形式。所谓等截面拱,就是在沿桥跨方向主拱圈的横截面尺寸是相同的[图1-3-9a)]。而变截面拱的主拱圈横截面,从拱顶到拱脚是逐渐变化的。如对于无铰拱,通常是采用由拱顶向拱脚逐渐增大的形式[图1-3-9b)]。而在三铰拱或两铰拱中,由于最大内力的截面位置分别约在四分之一跨径或跨中处,因此常采用图1-3-9c)或图1-3-9d)(又称为镰刀形)的截面变化形式。由于等截面拱的构造简单、施工方便,因此它是目前采用最普遍的形式。

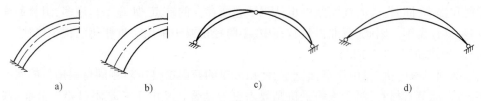

图1-3-9 主拱圈截面变化形式

主拱圈横截面形式是多种多样的,通常可分为下面几种类型(图1-3-10)。

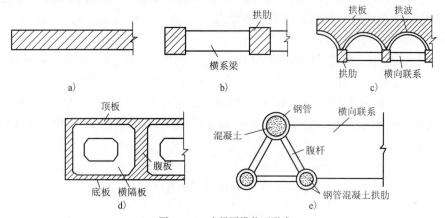

图1-3-10 主拱圈横截面形式
a)板拱;b)肋拱;c)双曲拱;d)箱形拱;e)钢管混凝土拱

(1)板拱桥[图1-3-10a)]

主拱圈采用矩形实体截面是圬工拱桥的基本形式,由于它的构造简单、施工方便,因而使用广泛。但由于在相同截面面积的条件下,实体矩形截面比其他形式截面的截面抵抗矩小,在有弯矩作用时,材料的强度没有得到充分利用。如果为了获得较大的截面抵抗矩,必须增大截面尺寸,这就相应地增加了材料用量和结构自重,从而更进一步地加重了下部结构的负担,这是不经济的,所以通常只在地基条件较好的中、小跨径圬工拱桥中采用板拱形式。

值得指出的是,国外在跨径100m以下的混凝土拱桥,也常采用板拱截面形式。这样可以减小拱圈截面高度,使桥梁显得轻巧美观,并可简化施工。

(2)肋拱桥[图1-3-10b)]

为了节省材料,减轻结构自重,必须充分利用材料的强度,以较小的截面面积获得较大的截面抵抗矩,在板拱桥的基础上,将板拱划分成两条(或多条),形成分离的、高度较大的拱肋,肋与肋之间由横系梁相连。这种由几条肋组成的拱桥,称为肋拱桥。肋拱桥材料用量一般比板拱桥经济,大大减轻了拱桥的自重,但构造比板拱桥复杂,多用于较大跨径的拱桥。

(3)双曲拱桥[图1-3-10c)]

这种拱桥的主拱圈横截面是由数个横向小拱组成的,由于主拱圈在纵向及横向均呈曲线形,故称之为双曲拱桥。

双曲拱桥是我国在继承石拱桥传统的基础上,并吸取了装配式钢筋混凝土结构的优点,经过实践,于1964年创造出的一种具有我国民族风格的新颖的圬工拱桥。由于这种截面的截面抵抗矩比相同材料用量的板拱大,因而可以节省材料。加之在施工等方面比板拱有较多的优越性,所以双曲拱桥一经出现,犹如雨后春笋,很快就在全国公路上得到推广。

随着双曲拱桥的大量修建,无论在设计计算理论、结构形式和施工方法等方面都得到了不断的发展和提高,同时,人们在实践中也认识了它所存在的缺点,如施工程序多,组合截面的整体性较差,易开裂等。因此,双曲拱只宜在中、小跨径桥梁中采用。近些年已很少修建。

(4)箱形拱桥[图1-3-10d)]

箱形截面拱圈的拱桥,由于截面挖空,使箱形拱的截面抵抗矩较相同材料用量的实心截面大很多,所以能节省材料,对于大跨径桥则效果更为显著。又由于它是闭口箱形截面,截面抗扭刚度大,横向整体性和结构稳定性均较双曲拱好,所以特别适用于无支架施工。但箱形截面施工制作较复杂,一般情况下,跨径在50m以上的拱桥采用箱形截面才是合适的。它是国内外大跨径钢筋混凝土拱桥主拱圈截面的基本形式。

(5)钢管混凝土拱桥[图1-3-10e)]

钢管混凝土拱桥由钢管混凝土拱肋、立柱或吊杆、横撑、行车道系、下部结构等组成。钢管混凝土拱肋是主要的承重结构,它承受桥上的全部荷载,并将荷载传递给墩台和基础。钢管混凝土拱桥结构轻盈,恒载集度比较均衡,因此拱轴系数比较小,一般为1.167~2.24,跨径小者取较大值,跨径大者取小值;矢跨比为1/8~1/4比较合理。拱轴线常采用悬链线或二次抛物线。

第二节　拱桥的构造

一、主拱圈的构造

(一)板拱

石砌拱桥的主拱圈通常都是做成实体的矩形截面,所以又称为石板拱。不论何种石板拱,用来砌筑拱圈的石料均应符合设计规定的类别和强度,石质应均匀,不易风化,无裂纹,其强度不低于MU50。砌筑用的砂浆强度等级,对于大、中跨径拱桥不得小于M10,小跨径拱桥不得小于M7.5。为了节省水泥,在有条件的地方,可以用小石子混凝土代替砂浆砌筑片石或块石拱圈。小石子粒径一般不宜大于20mm。采用小石子混凝土砌筑的片石板拱,其砌体强度比用相同强度等级的水泥砂浆的砌体强度高,而且一般可以节省水泥用量1/4~1/3。

拱石的规格可根据设计采用粗料石、块石或片石;拱石应立纹破料,岩层面应与拱轴垂直,各排拱石沿拱圈内弧的厚度应一致,对于粗料石拱,由岩层或大块石料开劈并经粗略修凿而成,外形方正,成六面体,厚度200~300mm,宽度应为厚度的1.0~1.5倍,长度约为厚度的2.5~4倍。对于块石拱,拱石可制成大致方正的形状,上下面大致平整,厚度200~300mm,宽度约为厚度的1~1.5倍,长度约为厚度的1.5~3.0倍(如有锋棱锐角,应敲除)。拱石上下的弧线差可用灰缝宽度调整。对于片石拱,一般指用爆破法开采的石块,其拱石的厚度不小于150mm(卵形和薄片者不得采用),将尖锐突出部分敲击即可。各类拱石,石料层面应与拱轴线垂直。由于料石加工要求较高,因此对于中小跨径的公路石拱桥,如果条件允许,应尽量采用片石拱,以便节省劳动力,降低工程造价。

根据设计的要求,石拱圈可以采用等截面圆弧拱、等截面或变截面的悬链线拱。用粗料石砌筑拱圈时,为便于拱石的加工,根据拱轴线和截面形式的不同,需将拱石分别进行编号。等截面圆弧线拱圈,因截面相等,又是单心圆弧线,拱石规格较少,编号比较简单,如图 1-3-11 所示。当采用变截面悬链线拱圈时,由于截面发生变化,拱石类型较多,编号较复杂,给施工带来很大的麻烦,如图 1-3-12a)所示。而等截面悬链线拱圈,内外弧线与拱轴线平行,拱石编号大为简化,同时,还可以采用多心圆弧线代替悬链线放样,如图 1-3-12b)所示。因此,目前修建等截面石拱桥较为普遍。

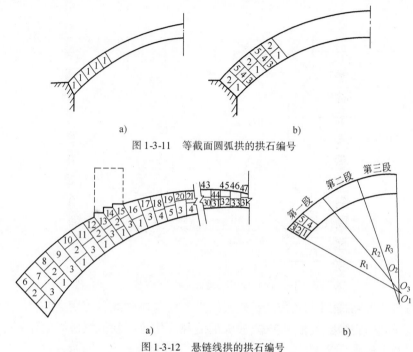

图 1-3-11　等截面圆弧拱的拱石编号

图 1-3-12　悬链线拱的拱石编号
a)变截面悬链线拱;b)等截面悬链线拱

砌筑料石拱圈,根据受力需要,构造上应满足以下几点要求:

(1)拱石受压面的砌缝应是辐射方向,即与拱轴线相垂直。这种辐向砌缝一般可做成通缝,不必错缝。

(2)当拱圈厚度不大时,可采用单层拱石砌筑[图 1-3-11a)],当拱圈厚度较大时,可采用多层拱石砌筑[图 1-3-11b)及图 1-3-12],对此要求垂直于受压面的顺桥向砌缝错开,其错缝间距不小于 100mm(图 1-3-13)。

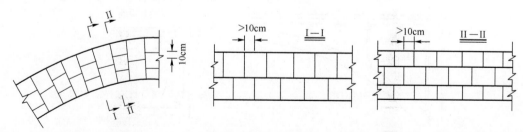

图 1-3-13　拱石的错缝要求

(3)在拱圈的横截面内,拱石的竖向砌缝应当错开,其错开宽度至少 100mm,见图 1-3-13 的Ⅰ—Ⅰ截面及Ⅱ—Ⅱ截面。这样,在纵向或横向剪力作用下,可以避免剪力单纯由砌缝内的砂浆承担,从而可以增大砌体的抗剪强度和整体性。

(4)浆砌粗料石和混凝土预制块拱圈的砌缝宽度应为 10~20mm,块石拱圈的砌缝宽度不

95

应大于30mm,片石拱圈的砌缝宽度不应大于40mm,用小石子混凝土砌块石时,不应大于50mm。

(5)拱圈与墩台、空腹式拱上建筑的腹孔墩与拱圈相连接处,应采用特制的五角石[图1-3-14a)],以改善连接处的受力状况。五角石不得带有锐角,以免施工时易破坏和被压碎。现在为了简化施工,也常采用现浇混凝土拱座及腹孔墩底梁[图1-3-14b)]来代替制作复杂的五角石。

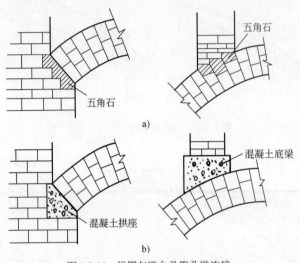

图1-3-14 拱圈与墩台及腹孔墩连接

当用块石或片石砌筑拱圈时,应选择较大的平整面与拱轴线垂直,并使石块的大头向上、小头向下。石块间的砌缝必须相互交错,较大的缝隙应用小石块嵌紧。同时还要求砌缝用砂浆或小石子混凝土灌满。

(二)肋拱

用两条或多条分离式的平行拱肋来代替拱圈,如图1-3-15所示,即为肋拱桥。在分离的肋拱之间,须于拱顶和每一拱上横向刚架处设置刚劲的横撑,以保证拱肋的横向稳定性,由于肋拱更多地减轻了拱体重力,拱肋恒载内力减小,相应活载内力的比重增大,钢筋可以较好地承受拉应力,能充分发挥建筑材料的作用,具有较好的经济性。肋拱常常用于一些矢跨比很大的高桥中。其跨越能力也较大。

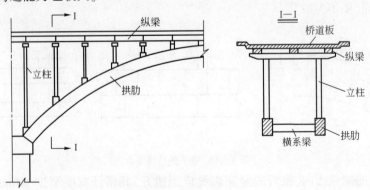

图1-3-15 肋拱桥

拱肋是肋拱桥的主要承重结构,通常是由混凝土或钢筋混凝土做成。拱肋的数目和间距以及拱肋的截面形式等,均应根据使用要求(跨径、桥宽等)、所用材料、施工方法和经济性等条件综合比较选定。为了简化构造,宜选用较少的拱肋数量。同时,与其他形式拱桥一样,为了保证肋拱桥的横向整体稳定性,肋拱桥两侧的拱肋最外缘间的距离,一般也不应小于跨径的1/15。

拱肋的截面,根据跨度的大小和载重的等级,可以选用实心矩形、工字形或箱形等。矩形截面施工简单,常用于中小跨度的肋拱桥中[图1-3-16a)],肋高约为跨径的1/60~1/40,肋宽约为肋高的0.5~2.0倍。在较大跨径中,拱肋常做成工字形[图1-3-16b)]或箱形截面,由于截面核心距比矩形的大,可以降低截面拉应力的数值,而适应拱内弯矩更大的场合。但其构造复杂,施工比较麻烦,而在材料的使用上,它比矩形截面经济合理,可以减少更多的圬工体积。肋高约为跨径1/35~1/25,肋宽约为肋高的0.4~0.5倍。工字形腹板厚度常采用0.3~0.5m。箱形截面的腹板或翼板厚度,一般不小于0.25~0.3m,以便布置钢筋和浇灌混凝土。对于箱肋,还必须在立柱支承处及按一定的间距设置内隔板,以保证拱肋截面局部稳定的需要,隔板厚度0.2~0.3m。在立柱支承处隔板的厚度还应满足立柱与箱肋固结的需要。

在分离的拱肋间,需设置横系梁,以增强肋拱桥的横向稳定性。横系梁可采用矩形或Ⅰ形截面,其梁宽或腹板厚度不宜小于100mm,高度不宜小于800mm或与拱肋同高。横系梁除在腹拱立柱下设置外,在拱脚附近及拱顶段($3l/8~l/2$,l为拱的跨径)应予加密。当拱肋为箱形截面时,箱内横隔板应与横系梁对应设置。横系梁四周应设直径不小于16mm的纵向钢筋,并设直径不小于8mm的箍筋,其间距不应大于横系梁的短边尺寸或400mm。

钢筋混凝土肋拱所用的钢筋数量较多,但除钢筋混凝土结构以外,也能因地制宜、就地取材地采用石料砌筑拱肋。常用石肋拱截面形式有两种,一种是图1-3-16c)、d)所示的板肋组合形式,俗称板肋拱,它是在石板拱的基础上稍做改进而成的,不仅能增大截面抵抗矩,减轻自重,节省圬工数量,而且保持了石板拱施工简便的优点,适用于中小跨径石拱桥采用。另一种是分离式肋拱,如我国已建成的一座净跨78m的石肋拱桥,拱肋就是由两条分离的等截面石砌拱肋所构成。拱肋为厚1.5m、宽2.0m的矩形截面,两肋中距为5m,这座桥与相同跨径的空腹式石板拱桥相比,可减轻质量1/2,节省料石50%,节省拱架60%以上,具有更好的经济性。

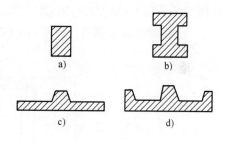

图1-3-16 拱肋截面形式

(三)双曲拱

双曲拱桥主拱圈通常是由拱肋、拱波、拱板和横向联系等部分组成(图1-3-17)。双曲拱桥的主要特点是将主拱圈以"化整为零"的方法按先后顺序进行施工,再以"集零为整"的组合式整体结构承重。

在施工时,先把分段预制的钢筋混凝土拱肋合龙,与横向联系构件组成拱形框架,然后在拱肋之间砌筑拱波,再在拱波上现浇混凝土拱板,形成主拱圈。由于主拱圈是肋、波、板组成的组合截面,截面整体性差,不少双曲拱桥在使用中出现较严重的裂缝,使其承载力受到影响,存在安全隐患,从而影响了双曲拱桥的推广应用。因此,确保主拱圈的整体性是一个重要的问题,必须在设计、施工中从各方面采取措施,以加强其整体性。

(四)箱形拱

大跨径拱桥的主拱圈,可以采用箱形截面。为了采用预制装配的施工方法,在横向将拱圈截面划分成多条箱肋,在纵向将箱肋分段,预制各箱肋段,待箱肋拼装成拱后,再用现浇混凝土把各箱肋连成整体,形成主拱圈的截面。箱形拱桥的主要特点是:①截面挖空率大。挖空率可达全截面的 50%～70%,因此可节省大量圬工体积,减轻质量。②箱形截面的中性轴大致居中,对于抵抗正负弯矩具有几乎相等的能力,能较好地适应主拱各截面正负弯矩变化的情况。③由于是闭合空心截面,抗弯抗扭刚度大,拱圈的整体性好,应力分布比较均匀。④主拱圈横截面由几个闭合箱组成,单箱的刚度较大,稳定性较好,能单箱肋成拱,便于无支架吊装。⑤预制箱肋的宽度较大,施工操作安全,易保证施工质量。⑥预制构件的精度要求较高,起吊设备较多,适用于大跨径拱桥的修建。因此,箱形截面是大跨径拱桥一种比较经济、合理的截面形式,国外修建的大跨径钢筋混凝土拱桥,绝大多数是采用的箱形截面。

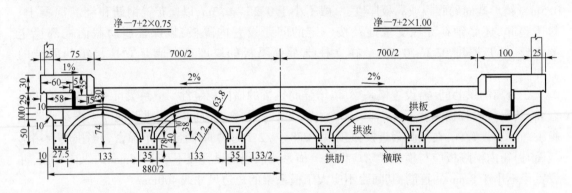

图 1-3-17 双曲拱桥主拱圈构造(尺寸单位:cm)

1. 箱形拱的组合形式

箱形拱截面由底板、箱壁、顶板、横隔板等组成。无支架施工时,为了减轻吊装质量,将主拱圈分为预制的箱肋和现浇混凝土两部分施工。其组合形式有以下几种:

(1)U 形肋多室箱组合截面(图 1-3-18)

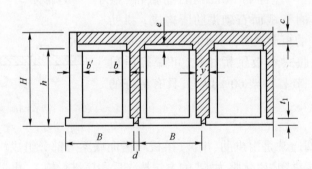

图 1-3-18 U 形肋多室箱组合截面

H-拱圈总高度;B-预制拱箱宽度;h-预制拱箱高度;b-中间箱壁厚度 8～10cm;b'-边上箱壁厚度;t_1-底板厚度 10～14cm;e-盖板厚度 6～8cm;c-拱箱上现浇混凝土厚度 10～15cm;d-相邻两箱下缘间净空,4～5cm;阴影线部分是现浇混凝土部分

将底板和箱壁(腹板)预制成 U 形拱肋(内有横隔板),纵向分段预制、吊装合龙后安装预制盖板,再现浇顶板及箱壁混凝土,组成多室箱截面。盖板可做成平板[图 1-3-19a)],也可以做成微弯板[图 1-3-19b)]。U 形肋预制时不需顶模,仅在拱胎上立侧模预制,吊装质量小,虽是开口箱,但吊装时仍有足够的纵横向稳定性。不足之处是现浇混凝土量大,盖板在参与拱圈受力时作用不大,且增加了主拱圈的质量。

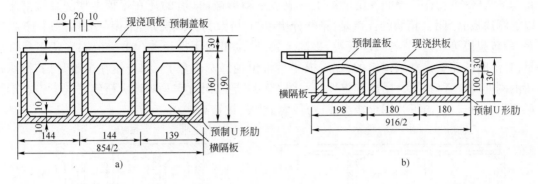

图 1-3-19 U 形肋组合箱截面形式(尺寸单位:cm)

四川省宜宾市的岷江大桥,是主跨为 2×100m 的钢筋混凝土 U 形肋组合箱拱桥。其主拱圈的矢跨比为 1/6,拱轴系数为 3.5,主跨每平方米的桥面用料:混凝土为 1.37m³,钢筋为 44kg。拱箱全高为 1.6m,由 6 个箱组成,全宽 8.0m。U 形箱为 C35 钢筋混凝土预制构件,箱肋宽 1.3m,箱壁厚 90mm,底板厚 130mm,图 1-3-20 为其拱箱构造与横向联结示意图,拱箱每隔 2.04m 设厚 80mm 的横隔板一道。

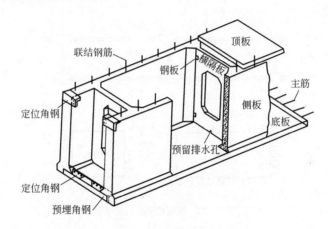

图 1-3-20 拱箱构造与横向联结示意图

(2)工字形肋多室箱组合截面

由工字形拱肋组合的箱形拱,按其翼缘板的长度分为两种:一种是短翼缘工字形肋,拱肋合龙后在其肋上安装预制的底板,再现浇底板和盖板的加厚层混凝土,形成闭合箱。云南省继红大桥就是由六片短翼缘工字肋组合成箱形截面的拱桥[图 1-3-21a)]。另一种是宽翼缘工字肋,翼缘板对接后,即组合成箱形截面,省去了现浇混凝土部分,减少了施工工序。[图 1-3-21b)]是四川东山岷江大桥的截面形式,它由八片宽翼缘工字形肋组合成箱形截面拱。工字形拱肋的缺点是横向刚度小、吊装稳定性较差,焊接下翼缘和横隔板的连接钢板时,工作条件差,质量难以保证。

(3)闭合箱组合截面

此种箱肋的特点是在预制过程中,箱壁采用了分段预制再组合拼装成箱的工艺。先将预制好的箱壁及横隔板按拱箱尺寸拼装起来(图 1-3-22),再浇筑底板混凝土及接头混凝土,组合成开口的 U 形箱,最后在 U 形箱内立支架及上模板,浇筑顶板混凝土形成闭合箱肋。为了加强块件之间的连接,在箱壁和横隔板四周预留环状剪力钢筋及连接钢筋(图 1-3-22)。闭合箱肋吊装成拱后,在箱壁间现浇混凝土形成多室箱形截面(有的还在箱顶上现浇一层混凝土以加厚顶板)。闭合箱肋的优点是:箱壁分块预制,可改为卧式浇筑,采用干硬性混凝土、振动台、翻转脱模等工艺,节省大量模板,提高工效,厚度虽然用得很薄(40~50mm),仍可保证质量(U形肋的箱壁是立式浇筑的,在脱模之后常出现蜂窝现象)。闭合箱在吊装时,其抗弯抗扭的刚度均比开口箱大,吊装稳定性好。图1-3-23是四川宜宾马鸣溪大桥钢筋混凝土箱形拱截面组合形式,它由五片闭合箱组成,跨径为150m,拱箱高2.0m。

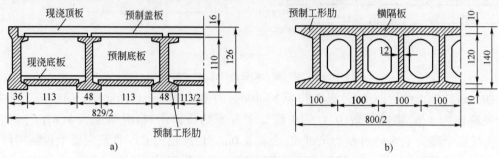

图1-3-21 工字形组合箱(尺寸单位:cm)
a)短翼缘工字形组合箱;b)宽翼缘工字形组合箱

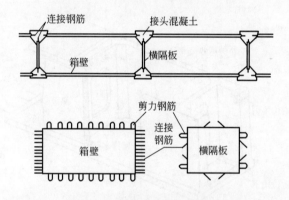

图1-3-22 箱壁横隔板连接示意

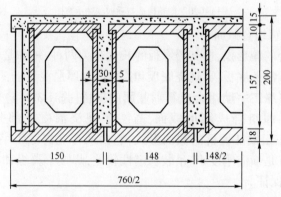

图1-3-23 闭合箱截面(尺寸单位:cm)

(4)单室箱形截面(图1-3-24)

拱圈由一个单室箱构成,它采用桁架伸臂法施工时,将箱壁、底板、顶板分开预制,将整跨的箱壁、拱上立柱作为下弦杆和竖杆,再配上临时的上弦杆和斜杆组成桁架式的拱片,然后用横系梁和临时对角斜撑将两拱片组成一个整体框构,用人字扒杆向外分段悬拼,直到箱壁合龙成拱,再安装顶板、底板及横隔板,接头处用现浇混凝土连接为整体,组成主拱单室箱形截面。顶板可用微弯板或平板,微弯板矢跨比 1/18～1/14。由于拱顶区段的顶板直接承受车辆荷载,其厚度要大一些;若采用平板,还可在板内设横向预应力钢筋,做成预应力混凝土板。

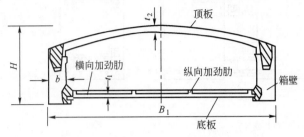

图 1-3-24 单室箱形截面

H-拱圈总高度;B_1-拱圈宽度;b-箱壁厚度 20～40cm;t_1-底板厚度 8cm(设纵、横向加劲肋),拱脚段适当加厚;t_2-顶板厚度 12～18cm;阴影线部分系现浇混凝土部分

浙江省修建的一座单室箱形拱桥,比多室箱形拱桥能节省钢材 50%～60%,混凝土节省 40%～50%。该桥为两跨 92.0m 单室箱形钢筋混凝土拱桥,主拱圈采用变截面,高度 1.563～2.064m,采用桁架悬臂施工法。

2. 拱肋的分段及其接头形式

无支架吊装拱肋(箱),其纵向分段视跨径大小及吊装能力来确定。分段多,不但施工工序多,接头工作量大,而且增加了拱肋(箱)稳定性控制和拱轴线调整的难度。在吊装能力许可时,分段宜少,一般为 3～5 段;对 100m 以上的拱桥,可分为 7～9 段,但接头必须可靠,并采取加强侧向浪风等措施,以保证拱肋的施工稳定和拱轴线的控制。

拱肋的接头应满足以下要求:①易于操作,便于就位;②有足够的刚度,保证接头点的固结;③受力均匀,避免局部受压或偏心。

接头的形式有下列几种:

(1)拱座接头。一般在墩台帽上预留凹槽,槽深 300～400mm,并将拱箱端部接头处的箱壁或顶底板局部加厚至 200～300mm,以适应局部应力的需要。凹槽内预埋钢板,待拱箱定位合龙后与拱箱壁、板内的预埋钢板焊接,然后用混凝土封填凹槽。

(2)中间接头。接头处的箱壁、板应同样加厚并预埋角钢,拼装时角钢平抵平接。角钢上钻有螺栓孔,可以定位及用螺栓临时连接,定位合龙后,再在接头角钢上加盖钢板焊接,最后用混凝土封填。图 1-3-25 是闭口箱的接头形式。图 1-3-21 是开口箱的接头形式。

3. 箱形拱的横向连接

为了加强箱壁的局部稳定性,提高拱箱抗扭能力,拱箱内每隔一定距离设置一道横隔板。除在箱肋接头处、吊扣点及拱上立柱处必须设置外,其余部分每 2.5～5m 设置一道,其厚度为 100～150mm。为了减轻重量并便于施工人员通行,横隔板中间挖空或做成桁架式横隔板。

对于多室箱组合截面,为了加强拱箱的整体性,箱与箱之间要做横向连接。横向连接的做法,一般有以下几种:

(1)在横隔板两侧的箱壁上、下预留孔洞,用短钢筋穿过,与横隔板上的预埋钢板焊接,并用现浇混凝土将箱室连成整体[图 1-3-26a]。

(2)在横隔板位置的顶板上预埋钢板,用短钢筋搭焊连接,并在底板上预留横向分布钢筋,待拱箱合龙后,将分布钢筋弯起交叉勾住,再现浇混凝土[图 1-3-26b]。

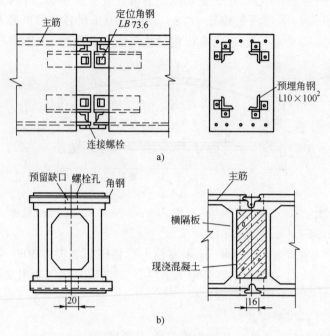

图 1-3-25 闭合箱接头形式
a) 矩形肋刚性接头；b) 箱肋接头(对接)

(3) 将拱箱之间的混凝土与顶板混凝土一起浇筑，拱箱上的竖向筋外伸，埋入顶板的现浇混凝土中，并沿全拱宽设置通长钢筋网，浇筑在顶板上的现浇混凝土层中[图 1-3-26a)]。

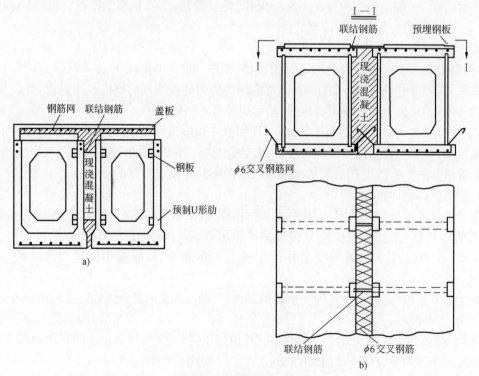

图 1-3-26 拱箱的横向连接
a) 开口箱的横向联系；b) 闭口箱的横向联系

4.钢筋的布置

目前大跨径箱形拱桥的主拱圈设计,在运营阶段一般均为压应力控制,混凝土的拉应力很小或无拉应力,因此,主拱圈一般来说按混凝土拱设计。但必须配置构造钢筋以及构件在吊装过程中的受力钢筋。对于闭合箱,此部分受力钢筋对称、通长配置在顶、底板上,对于开口箱,配置在箱壁的上缘和底板上(图1-3-26)。钢筋的数量主要由箱段在吊运和悬挂过程中的受力情况计算确定。当拱圈全截面形成后,此部分吊装钢筋如达到最低含筋率的要求,在拱的截面验算中可将此部分钢筋计入。沿箱壁的高度应布置分布钢筋,钢筋间距不大于250mm,在顶、底板及腹板上沿拱轴方向一定间距分别布置横向与径向钢筋,且横、径向钢筋必须有效连接。有时,仅按混凝土构件设计难以通过时,可按钢筋混凝土构件设计,其截面所配纵向受力筋数量首先要满足使用阶段受力要求,其次则要保证施工(即吊装)阶段受力需要。

二、拱上建筑的构造

按照拱上建筑采用的不同构造方式,可将拱桥分为实腹式和空腹式两种。由于实腹式拱上建筑的构造简单,施工方便,而填料的数量较多,恒载较重,一般情况下,小跨径拱桥多采用实腹式。大、中跨径拱桥多采用空腹式,以利于减小恒载,并使桥梁显得轻巧美观。

(一)实腹式拱上建筑

实腹式拱上建筑由侧墙、拱腹填料、护拱及变形缝、防水层、泄水管和桥面等部分组成。实腹式拱桥如图1-3-27所示。

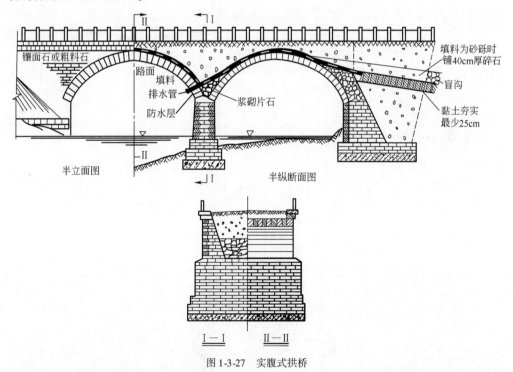

图1-3-27 实腹式拱桥

拱腹填料的做法,可分为填充和砌筑两种方式。

填充的方式是在拱圈两侧砌筑侧墙,以承受拱腹填料及车辆荷载所产生的侧压力(推力)。侧墙一般用块石或片石砌筑。为了美观需要,可用粗料石或细料石镶面。侧墙厚度一般按构造要求确定,其顶面宽约0.50~0.70m,向下逐渐增厚,墙脚厚度可以采用侧墙高度的

0.4倍。特殊情况下侧墙厚度由计算确定。填充用的材料尽量做到就地取材,通常采用砾石、碎石、粗砂或卵石夹黏土并加以夯实。这些材料的透水性较好,成本较低,而且还能减小对侧墙的推力。在地质条件较差地区,为了减轻拱上建筑的重量,可以采用其他轻质材料(如炉渣、石灰、黏土等混合料)作填料。

当填充材料不易取得时,可改用砌筑的方式,即采用干砌圬工或浇筑贫混凝土作为拱腹填料。当用贫混凝土时,往往可以不另设侧墙,而在外露混凝土表面用砂浆饰面或设置镶面。

在多孔拱桥中,为了便于敷设防水层和排出积水,在拱脚处又设置了护拱。护拱一般用现浇混凝土或砌筑块片石修筑。如图1-3-27所示中用浆砌片石做的护拱,还起着加强拱脚段拱圈的作用。

(二)空腹式拱上建筑

大、中跨径的拱桥,特别是当矢高较大时,实腹式拱上建筑的填料用量多、质量大,因而以采用空腹式拱上建筑为宜。空腹式拱上建筑除具有实腹式拱上建筑相同的构造外,还有腹孔和支承腹孔的腹孔墩(图1-3-28)。拱上腹孔的布置应结合主拱的类型、构造、几何尺寸、施工方法及桥位处的具体情况来进行。其中,应注意以下几点:

(1)腹孔可以布置成梁式或拱式。前者重量轻,但用钢量大,后者重量较重。一般钢筋混凝土拱多用梁式,圬工拱桥多用拱式。近年来已逐步向梁、板框架式拱上建筑发展。

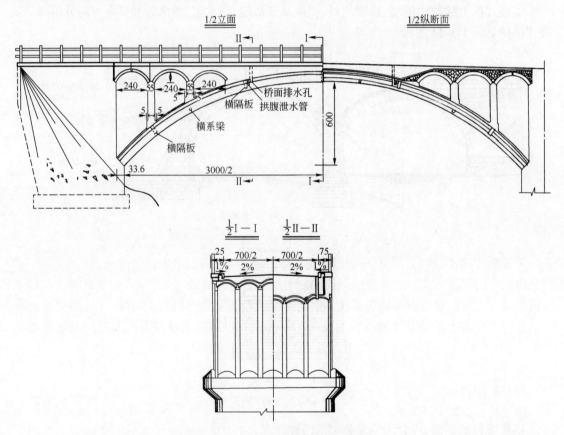

图1-3-28 空腹式拱桥构造图(尺寸单位:cm)

(2)腹孔可以对称地布置在主拱圈(肋)上建筑高度所容许的范围内。一般每半跨的腹孔总长不宜超过主拱跨径的1/4～1/3。一般情况下,主拱跨径小,腹孔数目宜少;反之,腹孔数目可多。每半跨一般以 3~6 孔为宜。有时,孔数过少会影响到桥梁立面的美观。

(3)腹孔的跨径不宜过大或过小。腹孔跨径过大,腹孔墩处的集中荷载增大,对主拱的受力不利;腹孔跨径过小,对减轻拱上建筑的重量不利。一般不大于主拱圈跨径的 1/15~1/8,腹孔的构造应统一,以便施工。

(4)无支架施工的悬链线主拱圈,宜采用轻型的拱上建筑布置;腹孔布置范围应当适当加大。

(5)在软地基上,为减少基础的承压应力,应尽量采用轻型的拱上建筑布置,可以加大腹孔的布置范围。必要时,可以采用拱顶无填料的拱上建筑。

(6)靠墩台的腹孔做法有两种:一是直接支承在墩台上[图 1-3-29a)、b)];二是跨过墩顶,使桥墩两侧的腹孔相连[图 1-3-29c)]。对拱式腹孔应做成三铰拱,对梁式腹孔应设缝分开。

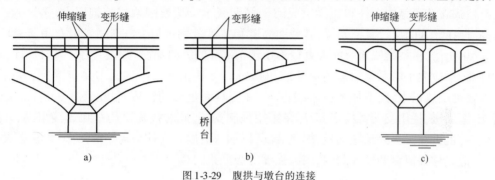

图 1-3-29 腹拱与墩台的连接

1. 腹孔

(1)梁式腹孔(图 1-3-30)

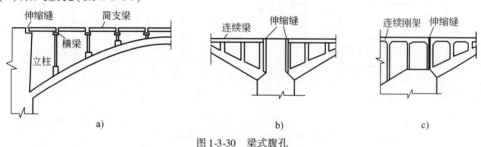

图 1-3-30 梁式腹孔

采用梁式腹孔的拱上建筑,可以使桥梁造型轻巧美观,减轻拱上重量和地基的承压力,以便获得更好的经济效果。大跨径的钢筋混凝土拱桥绝大多数采用梁式腹孔。梁式腹孔结构可以做成简支、连续、连续框架的等形式。拱上建筑的板或梁宜采用简支结构。《公路钢筋混凝土及预应力混凝土桥涵设计规范》(JTG 3362—2018)规定:在简单体系的大跨径钢筋混凝土拱桥中,由于拱内活载内力占总内力的比重较小,为了简化桥道梁及其支承立柱的设计计算,一般可不考虑拱上建筑与主拱圈的联合作用。

(2)拱式腹孔

拱式腹孔的拱上建筑,在一般的圬工拱桥上采用较多,外观美观,但较笨重,对地基的要求也高。腹拱的跨径应根据主拱受力条件确定,不宜大于主拱圈跨径的 1/15~1/8,其比值随主拱圈跨径的增大而减小。腹拱宜做成等跨,对腹拱墩的受力有利。

腹拱的拱圈,可采用板拱、微弯板和扁壳等形式。板拱的矢跨比一般为 1/5~1/2,微弯板的矢跨比 1/12~1/10。腹拱的拱轴线多用圆弧线。

腹拱圈的厚度,当跨径小于4m时,可采用厚度不小于0.3m的石板拱或厚度不小于0.15m的混凝土板拱,也可采用厚度为0.14m(其中预制厚0.06m,现浇0.08m)的微弯板。当腹拱跨径大于4m时,也可采用混凝土拱圈,腹拱圈厚度则可按板拱厚度经验公式或参考已成桥的资料确定。

2. 腹孔墩

腹孔墩常用横墙式或立柱式(又称为排架式)。横墙式通常用石料、混凝土预制块砌筑,或现浇混凝土做成实体墙。为了节省圬工,减轻重量或便于检修人员在拱上建筑内通行,横墙也可在横向挖孔[图1-3-31a)]。横墙的厚度,用浆砌片、块石时,不宜小于60cm;用混凝土浇筑时,一般应大于腹拱圈厚度的一倍。横墙施工简便,节省钢材,常采用在基础较好及河流有漂浮物的情况。

立柱式腹孔墩是由立柱和盖梁组成的钢筋混凝土排架或刚架式结构[图1-3-31b)]。立柱较高时,在立柱间应设置横系梁,其截面高度和宽度分别可取立柱长边边长的0.8～1.0倍和0.6～0.8倍,横系梁四角应配置直径不小于16mm的纵向钢筋,并设直径不小于8mm的箍筋,其间距不应大于横系梁的短边尺寸或400mm。立柱钢筋按结构受力要求配置,其向上应延伸至盖梁中线以上,向下伸入拱轴线以下,并应具有足够的锚固长度(图1-3-32)。立柱采用现浇,施工慢,耗用支架材料多,应尽量采用预制安装,此时接头钢筋必须焊接牢固,并用混凝土包住;也可在接头处预埋钢板,焊接装配,以加快进度。立柱与盖梁的接头,可在盖梁中留出空洞,把立柱预留钢筋伸入洞内,用高强度等级砂浆封口。

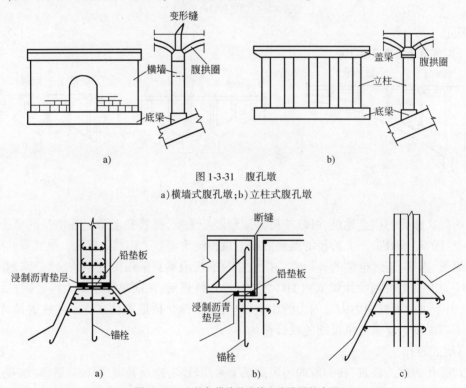

图1-3-31 腹孔墩
a)横墙式腹孔墩;b)立柱式腹孔墩

图1-3-32 立柱与拱肋的连接和腹孔梁的支承
a)立柱与拱肋的铰接;b)桥道梁在拱顶的支承;c)立柱与拱肋的刚接

立柱沿桥向的厚度,一般采用0.25～0.4m,横桥向的厚度通常大于纵桥向的厚度,一般可用0.5～0.9m。对于高度超过10m的立柱,其尺寸应按其在拱平面内的纵向挠曲计算而定。

为了施工方便,最好所有立柱采用相同的厚度,或按立柱高度分级采用。在河流有漂流物或流冰时,立柱式腹孔墩还应采取必要的防护措施。

为了使立柱或横墙传递下来的压力能较均匀地分到主拱圈(肋)上,同时,为了有一个工作平面,便于横墙砌筑或立柱的安装,在立柱或横墙下面还设置了底梁(座)。底梁(座)宽度每边比立柱或横墙放宽50mm,以便于施工放样。立柱的底梁一般仅布置构造钢筋,下与拱圈钢筋,上与立柱钢筋相连。横墙的底梁无须配筋。

盖梁一般整根预制。采用拱式腹孔时,截面用倒 T 形或削角矩形;采用梁式腹孔时用矩形。横墙上可设混凝土腹孔墩帽,不配筋,截面形式同盖梁。腹孔墩帽或盖梁的底宽略大于横墙或立柱的宽度。

三、拱桥的其他细部构造

(一)拱上填料、桥面及人行道

拱上建筑中的填料,起到扩大车辆荷载分布面积的作用,同时还能够减小车辆荷载的冲击作用。但增加了拱桥的恒载。一般情况下,无论是实腹式与空腹式拱桥,主拱圈及腹拱圈的拱顶处,填料厚度(包括路面厚度)均不宜小于30cm。根据《公路桥涵设计通用规范》(JTG D60—2015)的规定,填料厚度(包括路面厚度)大于或等于50cm 的拱桥,设计时不计汽车荷载的冲击力(图1-3-33)。

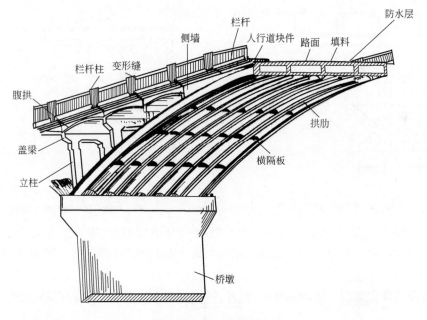

图 1-3-33 拱桥的细部构造

在地基条件很差的情况下,为了进一步减轻拱上建筑重量,可以减薄填料厚度,甚至可以不要填料,直接在拱顶上铺筑混凝土桥面。但其行车道边缘的厚度至少为80mm。为了分布轮重,拱顶部分的混凝土桥面内可设小直径的钢筋网。混凝土桥面应适当布置横向伸缩缝。计算时还应计入汽车荷载的冲击力。

拱桥行车道部分的桥面铺装,根据桥梁所在的公路等级,以及使用要求,交通量大小等条件综合考虑选择。除低等级公路上的中、小跨径实腹或拱式空腹拱桥可采用泥结碎(砾)石桥面外,其他大跨径拱桥以及高等级公路上的拱桥均采用沥青混凝土或设有钢筋网的混凝土桥面。为利于桥面排水,应根据需要设置1.5%~3.0%的横坡。

行车道两侧,根据需要可设人行道及栏杆。其构造与梁桥的相似,不再赘述。

(二)伸缩缝与变形缝

拱上建筑与主拱圈,在构造和受力上都有密切的联系。由于拱上建筑与主拱圈的共同作用,一方面拱上建筑能够提高主拱圈的承载能力,但另一方面,它对主拱圈的变形又起约束作用,在主拱圈和拱上建筑内产生附加内力,而使构造的计算复杂。为了使结构的计算图式尽量与实际的受力情况相符合,避免拱上建筑不规则地开裂,以保证结构的安全使用和耐久性,除在设计计算上应作充分的考虑外,还需在构造上采取必要的措施。故用设置伸缩缝及变形缝来使拱上建筑与墩、台分离,并使拱上建筑和主拱圈一起自由变形。

对于实腹式拱桥,在主拱圈拱脚的上方设置伸缩缝,缝宽20~30mm直线布置,纵向贯通侧墙全高,横桥向贯通全宽,从而使拱上建筑和主拱圈一起自由变形(图1-3-34)。目前多将伸缩缝做成直线形,以使构造简单、施工方便。

对于大跨径空腹式拱桥的拱式腹拱拱上建筑,一般将紧靠墩(台)的第一个腹拱圈做成三铰拱(图1-3-35),并在靠近墩(台)的拱铰上方的侧墙设置伸缩缝,在其余两铰上方的侧墙设置变形缝(断开而无缝宽)。在特大跨径的拱桥中,在靠近主拱圈拱顶的腹拱,宜设置成两铰拱或三铰拱,腹拱铰上面的侧墙、人行道、栏杆等均应设置变形缝或伸缩缝。

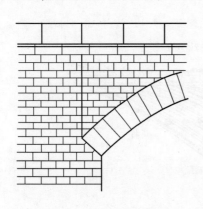 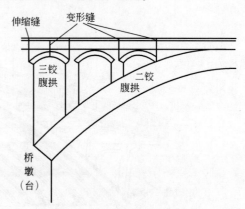

图1-3-34 实腹式拱的伸缩缝　　　　图1-3-35 拱式腹孔的伸缩缝

对于梁式腹孔,若边腹孔梁或板如支承于墩(台)身墙顶部时,应设置滚动支座或滑动支座,并设置伸缩缝[图1-3-30a)];若边腹孔梁在与墩台衔接处使用端立柱,则用细缝与墩台分开[图1-3-30b)、c)]。

在设置伸缩缝或变形缝处的人行道、栏杆、缘石和混凝土桥面,均应相应设置伸缩缝或变形缝。

在20~30mm的伸缩缝缝内填料,可用锯末、沥青,按1:1的质量比制成预制板,施工时嵌入缝内。上缘一般作成能活动而不透水的覆盖层。缝内填料也可采用沥青砂等其他材料。变形缝不留缝宽,其缝可干砌、用油毛毡隔开或用低强度等级砂浆砌筑,以适应主拱圈的变形。

(三)排水及防水层

修建在大自然中的拱桥,雨、雪水等自然因素对拱桥的耐久性、美观等均有较大影响,因此对于拱桥,不仅要求能够及时排除桥面的雨、雪水,而且要求将透过桥面铺装渗入拱腹内的雨水也能及时排除,因为这些渗水不及时排出,它会增大拱腹填料的含水率,降低承载能力,影响桥面层的强度,使桥面更易开裂破坏。并且渗水会沿着拱上结构的一些缝隙(如变形缝或裂缝等)渗透,在冬季冰冻时使结构产生冻胀损坏(图1-3-36)。

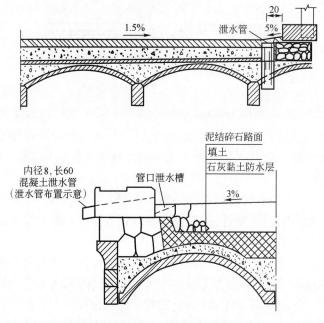

图1-3-36 桥面雨水的排除(尺寸单位:cm)

小桥的桥面雨水,可利用顺桥向的纵坡,将水引到两端桥台后面盲沟排出,但应注意防止冲刷桥头路堤。大、中桥面应设横坡,并每隔适当距离设置泄水管,将桥面雨水排出。对于混凝土和沥青桥面的横坡,一般为1.5%~2.0%;对碎石桥面不宜小于3%。人行道应设置与行车道反向的横坡,一般为1.0%~2.0%。

透过桥面铺装渗入到拱腹内的水,应通过防水层汇集于预埋在拱腹内的泄水管排出,防水层和泄水管的敷设方法,与上部结构的形式有关。

实腹式拱桥,防水层应沿拱背护拱、侧墙铺设。如果是单孔,可不设拱腹泄水管,积水沿防水层流至两个桥台后面的盲沟,然后沿盲沟排出路堤;如果是多孔拱,可在1/4跨径处设泄水管[图1-3-37a)]。对于空腹式拱桥,防水层应沿腹拱上方与主拱圈跨中实腹段的拱背设置,泄水管宜布置在1/4跨径处[图1-3-37b)]。

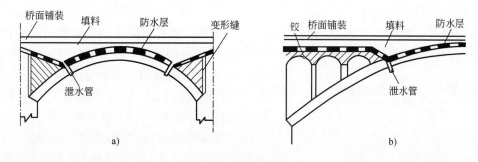

图1-3-37 渗入水的排除

防水层在全桥范围内不宜断开,当通过伸缩缝或变形缝处应妥善处理,使其既能防水又可以适应变形,其构造见图1-3-38。

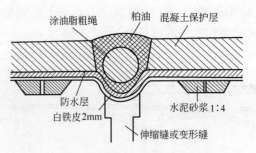

图 1-3-38　伸缩缝处的防水层

防水层有粘贴式与涂抹式两种。粘贴式是由 2～3 层油毛毡与沥青胶交替贴铺而成,效果较好,造价较高,施工麻烦。涂抹式是由沥青或柏油涂抹于砌体表面,施工简便,造价低,效果较差,适合于少雨地区。

排水管可用铸铁管、混凝土管或陶瓷(瓦)管,其内径一般为 100～150mm。为便于排水管的检查和清理,排水管应用直管、短管,并尽可能减少管节数量。泄水管应伸出结构表面,以不少于 100mm 为宜,以免雨水顺着结构物的表面流下。

排水管不宜设置在墩、台边缘附近,以免排水集中冲刷砌体。排水管在横桥向的位置,以距人行道(缘石)边缘 200mm 左右为宜(图 1-3-36)。也可在缘石侧面开孔斜向设置[图 1-3-37b)]。排水管的数目,以每平方米桥面不少于 400mm^2 的排水面积为宜。

排水管进口处周围的桥面应做成集水坡度,以利于雨水向排水管汇集。桥面上的排水管口要有保护设施,在拱腹内的进水口,需围以大块碎石做成倒滤层,以免杂物堵塞。

(四)拱桥中铰的设置

通常,拱桥中有四种情况需设铰。一是主拱圈按两铰拱或三铰拱设计时;二是空腹式拱上建筑,其腹拱圈按构造要求需要采用两铰或三铰拱,或高度较小的腹孔墩上、下端与顶梁、底梁连接处需设铰时;三是在施工过程中,为消除或减小主拱圈的部分附加内力,以及对主拱圈内力作适当调整时,往往在拱脚或拱顶设临时铰;四是主拱圈转体施工时,需要设置拱铰。前两种为永久性铰,必须满足设计要求,并能保证长期正常使用。永久性铰的要求较高,构造较复杂,需经常养护,费用较高。后两种是临时性铰,临时性铰是适应施工需要而暂时设置,待施工结束时,将其封固,故构造较简单,但必须可靠。

拱铰的形式,按照铰所处的位置、受力大小、使用材料等条件综合考虑选择。常用的有下列几种:

1. 弧形铰(图 1-3-39)

一般用钢筋混凝土、混凝土、石料等做成。它由两个具有不同半径弧形表面的块件合成。一个为凹面(半径为 R_2),一个为凸面(半径为 R_1),R_1 宜为 1.5～3.0m,R_2 与 R_1 的比值常在 1.2～1.5 范围内取用。铰的宽度应等于构件的全宽。沿拱轴线的长度,取为拱厚的 1.15～1.20 倍。铰的接触面应精加工,以保证紧密结合。

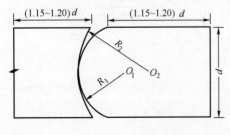

图 1-3-39　弧形铰

石拱桥的拱铰,以往都是用石料加工而成的。但由于铰石尺寸大,开采石料、加工成型、运输、安装、就位均很困难,因此目前多采用现浇混凝土铰代替石铰。当跨径较大,要求承压强度更高时,可采用钢筋混凝土拱铰。铰的混凝土强度等级不应低于

C30,在铰的接触面应垫以包有薄锌片、铜片或铝片的厚4～6mm的铅板,其周围应采用防腐措施。

弧形铰由于构造复杂,加工铰面既费工又难以保证质量,故主要用于主拱圈的拱铰。

在转体施工的拱桥中,必须设置转盘使拱体转动,而转盘是由上、下转盘、转轴及环道构成(图1-3-40)。转轴又有两种形式:一种是钢球切面铰(图1-3-41),它用铸钢加工,图示尺寸能转动 3×16^6 kg 的转体;另一种是混凝土球面铰(图1-3-42)。为了保证转动过程中的平稳、可靠,除了球铰轴心支承外,必须加以环道辅助支承,一旦出现转动过程中的偏载时,环道支承点足以保证转体的倾覆稳定性。

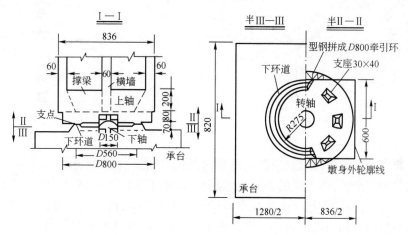

图1-3-40 转盘构造(尺寸单位:cm)

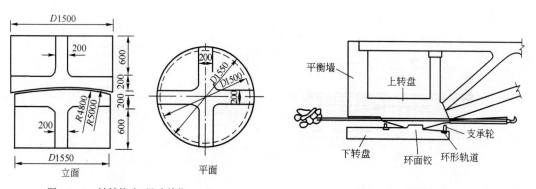

图1-3-41 转轴构造(尺寸单位:mm)　　　图1-3-42 混凝土球面铰

转体施工拱桥的球铰是一个临时性铰,待桥体合龙成拱后,最终封固转盘。转体的球铰,是拱桥旋转体系的关键,因此制作必须准确、光滑。混凝土球面铰一般用C40混凝土制作,球面精度及光滑的关键在于及时打磨球面,同时特别注意预留在球铰正中的轴,必须与弧形球面保持垂直。

2. 铅垫铰(图1-3-43)

对于中小跨径的板拱或肋拱,可以采用铅垫铰。铅垫铰用厚度15～20mm的铅垫板,外部包以锌、铜(10～20mm)薄片做成。垫板宽度为拱圈厚度的1/4～1/3,在主拱圈的全部宽度上分段设置。铅垫铰是利用铅的塑性变形达到支承面的自由转动,从而实现铰的功能。同时,为了使压力正对中心,并且能承受剪力,故设置穿过垫板中心而又不妨碍铰转动的锚杆。为承受局部压力,在墩、台帽内及邻近铰的拱段,需要用螺旋钢筋或钢筋网加强。直接贴近铅垫铰的主拱圈混凝土,其强度等级应不小于C30。在计算铅垫板时,其压力作为沿铅垫板全宽均匀分布。铅垫铰也可用作临时铰。

3. 平铰(图1-3-44)

由于弧形铰的构造较复杂,铰面的加工既费工又难以保证质量,因此,对于空腹式拱上建筑的腹拱圈,由于跨径较小,可以采用构造简单的平铰。平铰是平面相接,直接抵承。平铰的接缝间可用低强度等级的砂浆砌,也可垫衬油毛毡或直接干砌。

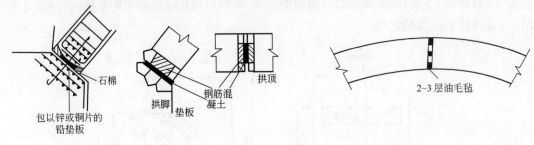

图1-3-43 铅垫铰　　　　　　　图1-3-44 平铰

4. 不完全铰(图1-3-45)

对于小跨或轻型的拱圈以及空腹式拱桥的腹孔墩柱铰,目前常用不完全铰。图1-3-45a)为小跨拱圈的不完全铰,由于拱的截面突然减小,保证了该截面的转动功能,在施工时拱圈不断开,使用时又能起铰的作用。由于减小截面内的应力很大,很可能开裂,故必须配以斜钢筋,斜钢筋应根据总的纵向力及剪力来计算。图1-3-45b)、c)为墩柱的不完全铰。由于该处截面减小(一般为全截面的1/3~2/5),因此可以保证支承截面的转动需要。支承截面应按局部承压进行设计和计算。

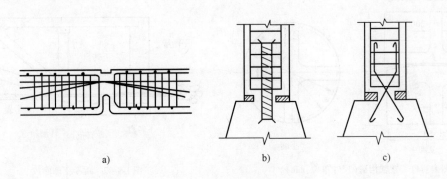

图1-3-45 不完全铰

5. 钢铰

在大跨拱桥中还可以采用钢铰。钢铰可做成有圆柱形销轴的形式或没有销轴的形式。但其用钢量多,构造复杂,一般较少采用。

第三节　拱桥的设计

公路桥涵应根据所在公路的使用任务、性质和将来的发展需要,按照安全、耐久、适用、环保、经济和美观的原则进行设计。本节主要介绍如何根据这些原则,结合实际情况,具体地、合理地进行拱桥的设计。

一、拱桥的总体布置

在通过必要的桥址方案比较,确定了桥位之后,即可根据当地水文、地质、地形等具体情况进行拱桥的总体设计。总体布置是否合理,考虑问题是否全面,不但直接影响桥梁的总造价,而且还对以后桥梁的使用、维护、管理带来直接的影响。因此,拱桥的总体布置十分重要。一个好的设计往往就体现在总体布置的优劣上。

总体设计的主要内容包括:桥梁的长度、跨径、孔数、桥面高程、主拱圈的矢跨比等。桥长确定,分孔原则等已在第一篇第一章中桥梁纵断面设计部分做了介绍。这里只进一步介绍在具体设计拱桥中如何确定设计高程和矢跨比等。

(一)确定桥梁的设计高程和矢跨比

拱桥的高程主要有四个,即桥面高程、拱顶底面高程、起拱线高程、基础底面高程(图1-3-46)。这几项高程的合理确定对拱桥的设计有直接影响。

拱桥桥面高程,是指桥面与缘石相接处的高程。一方面由两岸线路的纵断面设计来控制,另一方面还要保证桥下净空能满足泄洪及通航的要求。设计时应按规定,综合考虑有关因素,并与有关部门(如航运、防洪、水利等)商定。当桥面高程确定之后,由桥面高程减去拱顶处的建筑高度即可得到拱顶底面的高程。拱顶处的建筑高度包括拱顶填料厚度(30~50cm)及拱圈厚度。

拟定起拱线高程时,为了减小墩台基础底面的弯矩,节省墩台的圬工数量,一般宜选择低拱脚设

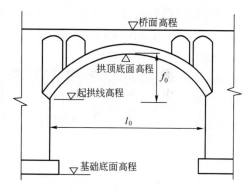

图1-3-46 拱桥的主要高程示意

计方案。但具体设计时,拱脚的位置往往又受到通航净空、排洪、流水等条件的限制。并要符合《公路桥涵设计通用规范》(JTG D60—2015)的有关规定(图1-3-47)(参见第一篇第一章的叙述)。

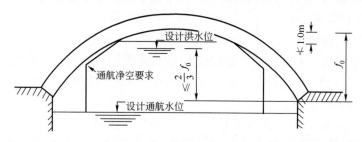

图1-3-47 拱桥桥下净空的有关规定

至于基础底面的高程,主要根据冲刷深度、地质情况及地基承载能力等因素确定。

矢跨比的确定。当拱顶、拱脚的高程确定后,根据分孔时拟定的跨径,即可确定拱的矢跨比(f/l)。拱桥主拱圈的矢跨比是拱桥设计的主要参数之一。它不仅影响拱圈内力,还影响拱桥施工方法的选择,同时,对拱桥的外形能否与周围景物相协调,也有很大关系。

拱的恒载水平推力H_g与垂直反力V_g之比值,随矢跨比的减小而增大。当矢跨比减小时,拱的推力增大,反之则推力减小。众所周知,推力大,相应地在主拱圈内产生的轴向力也大,对主拱圈自身的受力状况是有利的,但对墩台基础不利。同时,当拱圈受力后因其弹性压缩,或

因温度变化、混凝土收缩、墩台位移等原因,都会在无铰拱的拱圈内产生附加内力,而拱越坦(矢跨比越小),附加内力越大,对主拱圈就越不利。对于多孔拱桥,矢跨比小的连拱作用较矢跨比大的连拱作用显著,对主拱圈也不利。当拱的矢跨比过大时,拱脚区段过陡,给拱圈的砌筑或混凝土的浇筑都带来困难。因此,在设计时,矢跨比的大小应经过综合比较进行合理选择。

一般来说,对于石、混凝土板拱桥其矢跨比为 1/8~1/4;钢筋混凝土箱形拱桥的矢跨比为 1/10~1/5。拱桥的矢跨比不宜小于 1/12。对矢跨比大于或等于 1/5 的拱桥称为陡拱;矢跨比小于 1/5 的称为坦拱。

(二)不等跨连续拱桥的处理方法

多孔连续拱桥最好选用等跨分孔的方案。但在受到地形、地质、通航等条件的限制,或引桥很长,考虑与桥面纵坡协调一致时,或对桥梁的美观有特殊要求时,可以考虑采用不等跨的分孔。如一座跨越水库的拱桥,全长 376m,谷底至桥面最高处达 80 余米。根据地形、地质条件和技术经济比较等综合考虑后,以采用不等跨分孔为宜。于是,跨越深谷的主孔跨径采用 116m,而两边的边孔均采用 72m(图 1-3-48)。

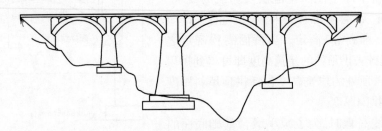

图 1-3-48　不等跨分孔

由于不等跨拱桥相邻孔的恒载推力不相等,使桥墩和基础承受由两侧拱圈传来的恒载不平衡推力。这种不平衡推力不仅使桥墩和基础的受力极为不利,而且在采用柔性墩的多孔连续拱桥中产生连拱作用,使计算和构造复杂。为了减小这个不平衡推力,改善桥墩、基础的受力状况,可采用以下措施。

1. 采用不同的矢跨比

在跨径一定时,推力的大小与矢跨比成反比。在相邻两孔中,大跨径孔采用较陡的拱(矢跨比较大),小跨径孔采用较坦的拱(矢跨比较小),使相邻孔在恒载作用下的不平衡推力尽量减小。

2. 采用不同的拱脚高程

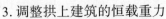

由于采用了不同的矢跨比,使两相邻孔的拱脚高程不在同一水平线上。因大跨径孔的矢跨比较大,拱脚降低,减小了拱脚水平推力对基底的力臂,这样可以使大跨与小跨的恒载水平推力对基底所产生的弯矩得到平衡(图 1-3-49)。

3. 调整拱上建筑的恒载重力

图 1-3-49　大跨与小跨的拱脚高程

在相邻两孔中,大跨径采用轻质的拱上填料或空腹式拱上建筑,小跨径采用重质拱上填料或实腹式拱上建筑,以改变恒载重力来调整拱桥的恒载水平推力。

4. 采用不同类型的拱跨结构

小跨径孔采用板拱结构,大跨径则采用分离式肋拱结构,以减小大跨径孔的恒载来减小恒载的水平推力。有时,为了进一步减小大跨径孔的恒载推力,可加大大跨径拱肋的矢高,而做成中承式肋拱桥。

在具体设计时,可采用上述措施中的任意一种或同时采用几种。如果仍不能达到完全平衡恒载推力的目的,则需设计成体型不对称的或加大尺寸的桥墩和基础来解决。

二、拱轴系数的选择和拱上建筑的布置

拱式结构受力的本质是,在竖向作用的作用下,支承处不仅产生竖向反力,而且还产生水平推力。正是由于水平推力的存在,使拱内的弯矩和剪力大大减小,主拱圈主要承受压力。拱轴线线形不仅直接影响拱圈的内力分布及截面应力的大小(拱圈的承载能力),而且它与结构的耐久性(开裂影响)、经济合理性和施工安全性等都有密切的关系。因此,选择拱轴线的原则,就是要尽可能降低由于作用产生的弯矩数值。最理想的拱轴线是使其与拱上各种作用(荷载)作用下的压力线相吻合,使拱圈截面内只受轴向压力而无弯矩作用,截面应力均匀分布,充分利用材料的强度和圬工材料的抗压性能,这样的拱轴线称为合理拱轴线。但事实上这种拱轴线是不可能获得的,这是因为,除恒载外,拱圈还要受到活载、温度变化和材料收缩等因素的作用。

一般来说,拱桥设计中所选择的拱轴线应满足以下四方面的要求,即要求尽量减小拱圈截面的弯矩,使主拱圈在计入弹性压缩、均匀温降、混凝土收缩等影响下各主要截面的应力相差不大,且最大限度减小截面拉应力,最好是不出现拉应力;对于无支架施工的拱桥,应能满足各施工阶段的要求,并尽可能少用或不用临时性施工措施;计算方法简便,易为生产人员掌握;线形美观,便于施工。

目前拱桥常用的拱轴线形有以下几种:

1. 圆弧线

圆弧拱线形简单,全拱曲率相等,施工放样方便,易于掌握。其拱轴线方程为:

$$\left.\begin{array}{l} x^2 + y_1^2 - 2Ry_1 = 0 \\ x = R\sin\varphi \\ y_1 = R(1 - \cos\varphi) \\ R = \dfrac{l}{2}\left(\dfrac{1}{4f/l} + f/l\right) \end{array}\right\}$$

但在一般情况下,圆弧拱轴线与恒载压力线有偏离,当矢跨比 f/l 较小时,两者偏离不大;随着矢跨比 f/l 的增大,偏离逐渐增大。当矢跨比 f/l 接近 1/2 时,恒载压力线的两端将位于拱脚截面中心线以上相当远(实际中,常在拱脚处设置护拱,如图1-3-50所示,以帮助拱圈受力)。在截面上产生较大的弯矩,且使各截面受力不均匀。因此圆弧拱轴线一般常用于 20m 以下的小跨径拱桥。有些大跨径钢筋混凝土拱桥,为了方便各拱节段的预制拼装,简化施工,也有采用圆弧线作为拱轴线的。

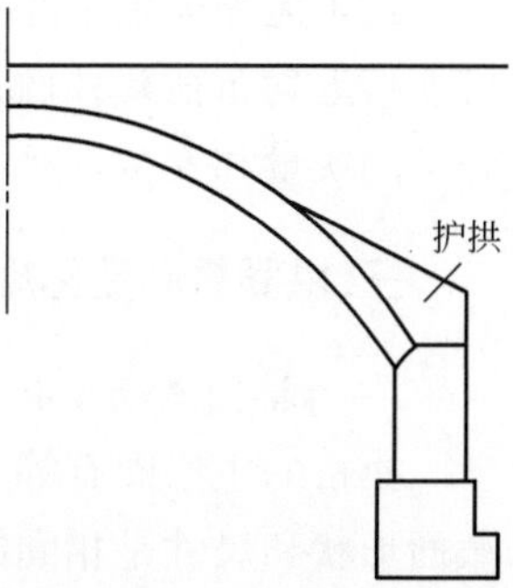

2. 抛物线

在竖向均布荷载作用下,拱的合理拱轴线是二次抛物线。故对于恒载分布比较接近均匀的拱桥,例如矢跨比较小的空腹式钢筋混凝土拱桥、钢筋混凝土桁架拱和刚架桥等,可以采用二次抛物线作为拱轴线。其拱轴线方程为: $y_1 = \dfrac{4f}{l^2}x^2$。

图1-3-50 护拱示意图

在一些大跨径拱桥中,为了使拱轴线尽量与恒载压力线相吻合,也常采用高次抛物线作为拱轴线。

3. 悬链线

实腹式拱桥,其恒载集度(单位长度上的恒载)是由拱顶向拱脚连续分布、逐渐增大的,如图1-3-51b)所示,这种荷载分布图式的拱圈的压力线是一条悬链线。因此,实腹式拱桥采用悬链线作为拱轴线,在恒载作用下,当不计拱圈由恒载弹性压缩产生的影响时,拱圈将只承受中心压力而无弯矩,即不计弹性压缩时实腹式拱的合理拱轴线为悬链线。一般情况下,实腹式拱以选择悬链线作为拱轴线为宜。其拱轴线方程为 $y_1 = \dfrac{f}{m-1}(\mathrm{ch}k\xi - 1)$。

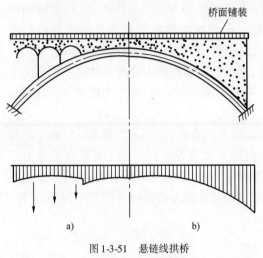

图1-3-51 悬链线拱桥
a)空腹拱;b)实腹拱

空腹式拱桥的恒载从拱顶到拱脚不再是连续分布,如图1-3-51a)所示,其空腹部分的荷载有两部分组成,即拱圈自重分布恒载和拱上立柱(或横墙)传来的集中恒载。因此,其相应的恒载压力线不再是平滑的悬链线,而是一条在腹孔墩处有转折点的多段曲线。在实际设计中一般采用与恒载压力线相近的悬链线作为拱轴线,使拱轴线与恒载压力线在拱顶、跨径四分之一点和拱脚五个截面相重合(称为"五点重合法")。这时恒载压力线与拱轴线将存在一定的偏离。理论分析证明,这种偏离对拱圈控制截面的内力是有利的,它可以减小由于弹性压缩在控制截面上产生的弯矩。同时,用悬链线作为拱轴线,对各种空腹式的拱上建筑适应性较强,并且已有现成和完备的计算图表可以简化计算。因此为了设计方便起见,空腹式拱桥也广泛采用悬链线作为拱轴线。所以悬链线是目前我国大、中跨径拱桥采用最普遍的拱轴线形。

由上可见,拱上建筑的形式及其布置,对于合理选择拱轴线形是有密切联系的。在一般情况下,小跨径拱桥可采用实腹式圆弧拱或实腹式悬链线拱;大、中跨径拱桥可采用空腹式悬链线拱;轻型拱桥或矢跨比较小的大跨径钢筋混凝土拱桥可以采用抛物线拱。

对于无支架施工的拱桥(如双曲拱、箱形拱桥),布置拱上建筑时,应使恒载强度的分布尽可能接近均布荷载,以便改善施工阶段裸拱肋与裸拱圈的受力状态,简化施工临时措施,保证施工的质量和安全。

三、拱圈截面变化规律和截面尺寸的拟定

(一)拱圈截面变化规律

拱桥的主拱圈有等截面和变截面两种形式。所谓等截面拱,就是拱圈任一法向截面的横截面形状和尺寸是相同的。而变截面拱的主拱法向截面,从拱顶到拱脚是逐渐变化的。变截面拱圈的做法通常有两种,一种是拱圈沿拱轴方向不变宽度而只变厚度;另一种是厚度不变而改变拱圈的宽度(图1-3-52)。

拱圈横截面沿跨径变化的规律,要能适应主拱圈内力变化的情况,有利于充分发挥主拱圈每个截面的材料强度。同时,截面变化的形式,还应考虑到使其构造简单,便于设计和施工。

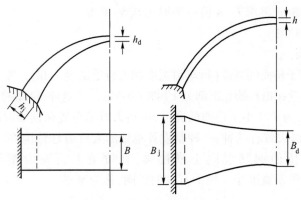

图 1-3-52 变截面拱圈的两种形式

在荷载作用下,拱圈内存在着轴向力 N 和弯矩 M 及剪力 Q,而轴向力可表示为 $N \approx \dfrac{H}{\cos\varphi}$, H 为水平推力,φ 为任意截面处的拱轴线水平倾角,由于 $\cos\varphi$ 值由拱顶向拱脚逐渐减小,轴向力 N 就由拱顶向拱脚逐渐增大,弯矩 M 及剪力 Q 沿拱轴线的变化比较复杂,但一般情况下拱脚处的弯矩常常比拱顶处要大一些。因此,为了使各截面的应力值趋于相等,拱圈的截面也应自拱顶向拱脚逐渐增大。在相同条件(跨径、矢高、荷载)下,变截面拱圈的圬工数量比等截面拱圈少,拱圈稳定性也较好,但施工较麻烦,特别是料石拱,所需料石规格繁多,给备料和砌筑带来困难,即使是混凝土拱,制模工作也较复杂。

一般情况下,为了方便施工,拱桥宜采用等截面形式。目前在无铰拱桥设计中,对于跨径小于 50m 的石板拱桥,跨径小于 100m 的双曲拱、箱形拱或钢筋混凝土肋拱桥,均可采用等截面形式。只有在更大跨径或很陡的圬工拱桥中,为了节省圬工,减轻拱圈自重,可考虑采用拱圈截面由拱顶向拱脚增厚的变截面形式。其截面变化规律最常采用的是图 1-3-53 所示形式。

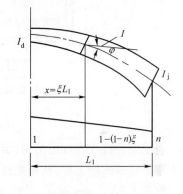

图 1-3-53 变截面悬链线拱的截面变化

截面变化规律:

$$\frac{I_d}{I\cos\varphi} = 1 - (1-n)\xi$$

或

$$I = \frac{I_d}{[1-(1-n)\xi]\cos\varphi}$$

$$n = \frac{I_d}{I_j\cos\varphi_j}$$

式中:n——拱厚变换系数;

I——拱任意截面惯性矩;

I_d——拱顶截面惯性矩;

I_j——拱脚截面惯性矩;

φ——拱任意截面处的拱轴线水平倾角;

φ_j——拱脚截面处的拱轴线水平倾角。

在设计中,可先拟定拱顶和拱脚两截面的尺寸,求出 n,再求其他截面的 I;也可先拟定拱顶截面尺寸和拱厚系数n,再求I。n值一般取为0.5~0.8。

(二)截面尺寸的拟定

1. 拱圈宽度的确定

拱圈的宽度,决定于桥面的宽度(行车道宽度和人行道宽度之和)。中、小跨拱桥的栏杆(约宽15~25cm),一般布置在帽石的悬出部分上[图1-3-54a)]。这样,拱圈的宽度就接近桥宽。

在大跨径拱桥中,为了减小主拱圈的宽度,可将人行道布置在钢筋混凝土悬臂上。钢筋混凝土人行道悬臂的做法大致有两种:一种是设置单独的人行道悬臂构件[图1-3-54b)、c)];另一种是采用横贯全桥的钢筋混凝土横挑梁,在挑梁上再安设钢筋混凝土人行道板[图1-3-54d)]。上述拱圈宽度小于桥面宽度的拱圈,称为窄拱圈。

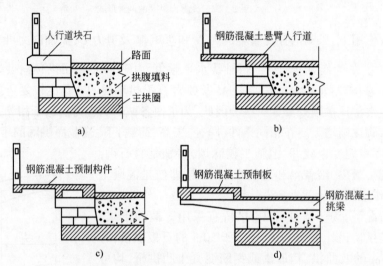

图1-3-54 拱圈宽度的确定及人行道的布置

采用悬臂式人行道结构,虽然用钢量较不设悬臂者多,但减小了主拱圈宽度及墩台尺寸,节省了较多的圬工量,从而能获得更大的经济效益,因此使用广泛。但悬出长度也不宜太大,一般以1.0~2.0m为宜,否则,将增加悬臂的钢筋用量。同时,为了确保拱的横向稳定性,拱圈宽度一般不宜小于跨径的1/20;否则,应验算拱圈的横向稳定性。

2. 主拱圈高度及主要构造的尺寸拟定

(1)实体板拱

对中小跨径的石板拱桥,其拱圈厚度可用经验公式计算:

$$d = mk\sqrt[3]{L_0}$$

式中:d——拱圈厚度(cm);

L_0——拱圈净跨径(cm);

m——系数,一般为4.5~6.0,取值随矢跨比的减小而增大;

k——荷载系数,公路—Ⅰ级为1.4,公路—Ⅱ级为1.2。

大跨径石拱桥,其拱圈厚度可参照已建成拱桥的设计资料或参照其他经验公式进行估算。

(2)箱形拱

拱圈的高度主要取决于拱的跨度、桥梁设计荷载等级,还与拱圈所用混凝土强度有很大关系,一般通过试算确定。在初拟时,可按如下经验公式估算,或取拱圈高度为跨径的1/75~1/55。

$$d = \frac{L_0}{100} + \Delta$$

式中:d——拱圈厚度;

L_0——拱圈净跨径;

Δ——系数,取 0.7~0.9。

箱形拱主拱圈截面形式有单室箱和多室箱两种。对于多室箱的截面,拱圈宽度确定之后,在横向划分成几个箱,主要取决于所采用的施工方法。箱形截面的挖空率可取 50%~70%。拱箱由底板、腹板及顶板组成,其中腹板和顶板可由预制构件和现浇混凝土层组合构成。底板厚度、预制腹板厚度及预制顶板厚度均应不小于 100mm。腹板的现浇混凝土厚度(相邻板壁间净距)及顶板的现浇混凝土厚度不应小于 100mm。预制边箱外壁宜适当加厚。

箱形拱的拱箱内宜每隔 2.5~5.0m 设置一道横隔板,横隔板厚度可为 100~150mm,在腹孔墩下面以及分段吊装接头附近均应设置横隔板,在 3/8 拱跨长度至拱顶段的横隔板应取较大厚度,并适当加密。箱形板拱的拱上建筑采用柱式墩时,立柱下面应设横向通长的垫梁,其高度不宜小于立柱净距的 1/5。

箱形拱采用预制吊装成拱时,除按现浇混凝土要求处理接合面外,尚应设置必要的连接钢筋。

箱形拱应在底板上设排水孔,大跨径拱桥应在腹板顶部设通气孔。当箱形拱可能被洪水淹没时,在设计水位下,拱箱内应设进、排水孔。

第四节 其他类型拱桥的构造

为了进一步减轻拱桥自重,增强桥梁结构整体性,充分发挥装配式结构工业化程度高、施工进度快等优点,扩大拱桥的使用范围,在修建双曲拱桥经验的基础上,又发展了桁架拱、刚架拱、钢管拱等多种形式桥梁。以下简要介绍其主要构造。

一、桁架拱桥

(一)特点

桁架拱桥的上部结构一般是由桁架拱片、横向联结系和桥面三部分组成。桁架拱片是主要承重结构,由上下弦杆、腹杆、实腹段组成,如图 1-3-55 所示。桁架拱桥是由拱和桁架两种结构体系组合而成,因此兼具桁架和拱的受力特点。即:由于有推力作用,跨间弯矩得以大幅度减少;由于把一般拱桥的传力构件(拱上建筑)与承重构件(拱肋)联成整体桁架,结构整体受力,能充分发挥各部分构件的作用。结构刚度大、自重小、用钢量省。同时,桁架拱片外部通常采用两铰结构,因此基础位移、温差等造成的附加力较小,能适用于软土地基。

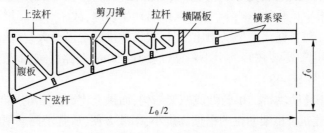

图 1-3-55 桁架拱桥的主要组成

桁架拱在施工中具有整体的钢筋骨架,整体性强,抗震性能好。桁架拱桥的大部分构件是预制安装的,上部结构以混凝土体积计算的装配率达70%~80%。同时,施工工序少,对吊装能力的适应性强,且桁架拱片构件预制可与下部结构施工平行作业,工期可相应缩短。

桁架拱桥的缺点是:模板较复杂,构件纤细,故浇筑和运输桁架拱片须仔细小心;作为有推力的超静定结构,其对软土地基的适应能力不及静定结构;由于是钢筋混凝土结构,其受弯部位及刚性节点处,仍难免出现裂缝。当然,只要设计合理,这些裂缝是可以控制在允许范围之内的。另外,施加预应力(预应力混凝土桁架拱桥)可消除裂缝,改善桥梁的受力性能,节省材料,增大桁架拱桥的跨度。

(二)桁架拱桥的主要类型

1. 斜杆式(图1-3-56)

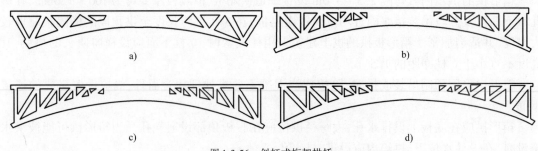

图1-3-56 斜杆式桁架拱桥
a)三角形式;b)带竖杆的三角形式;c)斜压杆式;d)斜拉杆式

斜杆式桁架拱桥又可分为三角形式、带竖杆的三角形式、斜压杆式和斜拉杆式四种。三角形式的腹杆总长度小,因而重量轻,但上弦节间较长,局部荷载下的弯矩较大。带竖杆的三角形式是在三角形式的基础上加上竖杆,这样,缩短了节间长度,但有5根杆件交汇的节点,那里钢筋布置复杂,外观上也显得杆多而乱,故较少采用。斜压杆式消除了竖杆三角形式存在的缺点,所有斜杆均为压杆,竖杆均为拉杆,当需对受拉竖杆施加预应力时,预应力筋及锚头较易布置。其缺点是受压斜杆较长。斜拉杆式则斜杆受拉,竖杆受压,受拉的斜杆处于节间的短对角线上,故减少了腹杆的总长度,且因拉杆主要由钢筋受力,斜杆截面可尽量减小,这也使桁架拱片重量减轻。

斜杆式桁架拱片,承载能力较大,是较为广泛采用的桁架拱形式,其中尤以斜拉杆式采用较多。

2. 竖杆式(图1-3-57)

竖杆式的腹杆只有竖杆,没有斜杆,竖杆与上、下弦杆组成多个四边形连续框架,这种结构也称为空腹桁架拱。这种形式腹杆少,重量轻,节点上只有3根杆件相交,钢筋布置较为简单,混凝土浇筑方便,外形也较整齐美观。其受力特点是框架杆件,以受弯为主,故需配筋较多。在弹性压缩和桥台水平位移的影响下,竖杆两端易产生裂缝,故常有采用增大竖杆两端截面的变截面竖杆的形式。与斜杆式桁架拱相比,竖杆式桁架拱的变形要大些,承载能力要小些。通常,竖杆式桁架拱适用于活载较轻的中小跨径($l \leqslant 40 \sim 50m$)公路桥梁和城市桥梁。

3. 桁架肋拱式(图1-3-58)

这种形式相当于将肋拱桥的拱肋做成桁架结构,而拱上建筑仍保留。施工时先将桁架形拱肋合龙,再安装拱上建筑。桁架肋拱的桁架高度小,吊装方便,适宜于无支架施工。由于桁架在支承处固结程度大,由基础变位、温度变化和混凝土徐变引起的内力较大,拱脚上弦杆易开裂。

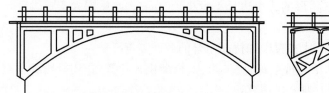

图 1-3-57　竖杆式桁架拱桥　　　　　　　　　　图 1-3-58　桁架肋拱桥

(三) 桁架拱桥的总体布置

1. 矢跨比

桁架拱桥的矢跨比,主要根据桥址的地形、地质条件及桥下净空要求等,通过技术经济比较来确定。净矢跨比一般取 1/10～1/6。矢跨比小,则水平推力大,外形比较轻巧美观,上部结构用料也较省。矢跨比大,则水平推力小,可降低对下部结构的受力要求,对地质要求也较低。

2. 桁架拱片的片数及间距

桁架拱片的片数应根据桥梁的宽度、跨径、作用、材料、施工及桥面板跨越能力等因素综合考虑确定。当桥宽一定时,桁架拱片数越多,桁架拱片的总用料量也越多,但桥面板跨径就较小,桥面用料也减少;反之,如桁架拱片片数减少,桁架拱片的总用料量也减少,桥面板跨径则相应增大,桥面用料量也增加。采用微弯板时,双车道可采用 3～4 片,采用空心板,则可采用 2～3 片。

3. 上下弦杆轴线

上弦杆轴线一般平行于桥面。单孔桁架拱在符合桥面纵坡规定的情况下可以做成直线或圆弧线。考虑桥面板参与结构共同作用,上弦杆和实腹段的轴线应该是包括参与共同受力作用的桥面板在内的截面重心的连线。竖杆式桁架拱节间的上弦杆下缘可采用矢跨比为 1/10 的圆弧线,以改善受力性能和增加美观。

下弦杆(拱肋)轴线通常采用圆弧线、二次抛物线和悬链线。桁架拱本身是一个有推力的组合体系,从受力角度出发,桁架拱的下弦杆轴线应尽可能按恒载压力线来选择。实腹段与下弦杆在全跨范围内曲线应是连续的。

4. 桁架节间及实腹段划分

一般节间长度大,节点就少,材料也省,计算和施工都较方便。但是,为了保证上弦杆在局部荷载作用下的强度、刚度,上弦杆节间长度 λ 不宜过大,一般取：

$$\lambda = \left(\frac{1}{8} \sim \frac{1}{12}\right)L$$

式中：L——计算跨径。

竖杆式桁架拱的节间可按等间距布置。

斜杆式桁架拱的斜杆内力与上弦杆夹角有关,夹角越小受力越大,桁架变形也越大,因此,斜杆与上弦杆的夹角一般控制在 30°～50°为宜。

拱顶实腹段长度 L_1 是由于上、下弦杆太靠近而形成的,这就与下弦杆(拱肋)的曲线有关。通常实腹段长为：

$$L_1 = (0.3 \sim 0.5)L$$

式中：L——计算跨径。

另外,桁架最后一个节间内挖空三角形的最小边长不宜小于50cm。此后即为实腹段。

5. 跨中截面总高度

跨中截面总高度是指跨中由桁架拱片实腹段和桥面组合的截面高度。

单孔桁架拱桥的跨中截面总高度 H 与桥梁跨径、矢跨比、桁架拱片片数、作用等级和混凝土强度等级有关,在初拟尺寸时,可按下列公式估算:

$$H = (20 + 0.015L_0)K$$

式中:L_0——桥的净跨径(cm);

K——荷载系数。公路—Ⅰ级荷载时取1.4,公路—Ⅱ级荷载时取1.2。

6. 桁架拱桥的立面布置

(1)按净跨径、净矢高及选定的下弦轴线,画出桁架拱片的下边缘线。

(2)根据跨中截面总高度,定出跨中桥面线位置,再按桥面纵坡画出桥面线。

(3)按照上、下弦杆截面画出上、下弦杆的轮廓线和轴线。

(4)根据桁架节间划分办法和选用的腹杆形式划分节间,定出节点位置,画出腹杆轴线。再根据腹杆截面画出腹杆轮廓线。

(5)桁架最后一个节间挖空三角形的最小边长小于50cm后,即作实腹段;有时为了减小实腹段重量,可在实腹段端部做成与桁架部分相同的上、下弦杆,上、下弦杆之间用腹杆连接,腹杆厚度一般取120~250mm。

(6)按节点构造要求,设置节点块。

(四)节点构造

桁架拱桥的节点是很重要的构造,其构造形式随着腹杆布置形式不同而异。对于节点构造,要注意以下几个方面:

(1)所有杆件的轴线在节点处应相交于一点,否则将产生附加弯矩。不能交于一点时,应在计算中考虑偏心的影响。

(2)相邻杆件的外缘交角应以圆弧或直线过渡,形成节点块。过渡直线与杆件边缘线之间的交角应尽量形成钝角,避免锐角,以免应力集中,见图1-3-59。

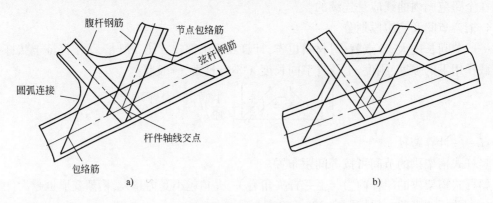

图1-3-59 节点构造

(3)沿节点块边缘应设节点包络筋(图1-3-59)或配以斜角钢筋(图1-3-60),这种钢筋深入弦杆中要有一定的锚固长度,并尽量注意靠近混凝土边缘以起应有的防裂作用。凡包络筋与弦杆主筋相交外,箍筋应加强以防止转角处开裂。节点范围内箍筋应适当加密,间距一般不大于100mm。

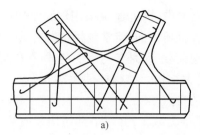 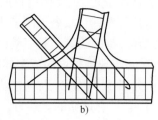

图 1-3-60 节点内的斜角筋

(4) 为保证节点有足够的强度,腹杆主筋应伸过杆件轴线交点,并有一定的锚固长度,对于拉杆应≥30d 并带弯钩,对于压杆应≥20d(d 为钢筋直径)。

(5) 如果采用腹杆与弦杆两次预制的施工办法,先预制的腹杆混凝土埋入节点块的深度应不小于 40mm。对于非矩形实心截面的杆件,当进入节点块后,应变成矩形实心截面。

对于竖杆式桁架拱节点构造,要比斜杆式桁架拱节点构造简单。只要立柱(竖杆)主筋伸过上弦杆或下弦杆轴线即可。竖杆式桁架拱由于结构特性所决定,立柱两端易出现裂缝,因此,可在立柱两端设置承托予以加强。

(五)桥面结构形式及横向联结系

桥面板直接承受活载并将其传递给桁架拱片,它本身又是上弦杆或空腹段截面的一部分,并参与桁架共同受力。桁架拱桥的桥面板常用的有微弯板和实心板。微弯板有预制拱板加填平层的,也有用上平下拱的少筋微弯板。桥面板在承载能力足够的情况下,要力求扩大跨径。这样可以减少桁架拱片片数,以减少预制和安装工作量,缩短工期,节约材料。

为了把各桁架拱片连成整体,使之共同受力,并保证其横向稳定性,需要在拱片之间设置横向连接系。横向连接系包括:拱顶实体段和上弦杆、下弦杆的每一节点处设横系梁,桥端第一根上弦杆节点的横系梁应予加强,端部设竖向剪刀撑,端节间设水平剪刀撑;跨间其他处,应视跨径大小设置竖向和水平剪刀撑;设有剪刀撑的水平或竖向平面的节点处,均应设横系梁。横系梁、K 形撑和剪刀撑的截面短边尺寸,不宜小于支承点或交点间长度的 1/15,杆件内应设置直径不小于 16mm 的纵向钢筋,并设置直径不小于 8mm 的箍筋(图 1-3-61)。

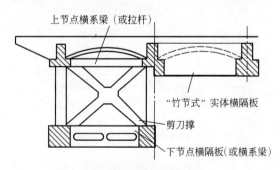

图 1-3-61 横向联结系构造

为了提高结构抗裂性,增强结构整体性,进一步简化结构构造,在大跨径桁架拱桥中常用预应力混凝土桁架拱代替普通钢筋混凝土桁架拱。

二、刚架拱桥

(一)特点

刚架拱桥是在桁架拱桥、斜腿刚构桥等基础上,发展起来的新桥型,主要特点如下:

(1)结构为多次超静定,主结构由拱肋构成主拱,拱上建筑采用斜腿刚构的形式,可以说是拱与斜腿刚构的复合结构,故名为刚架拱。在顺桥方向,将常规拱桥的主拱圈与拱上建筑部分组成整体受力结构,拱上建筑不是单纯的传递荷载,而是参与承受荷载;在横桥方向,通过肋腋板或微弯板将拱肋与现浇桥面组成整体的受力结构。结构杆件大部分为偏心受压构件,无纯拉构件,从而充分利用了混凝土抗压能力强的特点。

(2)结构轻,而且具有足够的承载力。恒载推力减少,并对下部结构和地基承载力的要求相对降低一些,便于基础的形式选择和软土地基建桥。

(3)适应性较强。刚架拱虽为拱式体系,但恒载推力较常规拱桥小,为控制桥梁建筑高度,可将矢跨比选择得小些,一般采用1/10~1/7之间。也容许桥台发生适量的位移(位移量控制不大于净跨径的1/3000)。施工方法的适用性也较强,可采用预制吊装,有支架现浇,悬臂拼装,转体施工法等。

(4)结构线条简单,造型美观、构件吊装重量小,施工方便,预制装配化程度高(如按体积比,预制装配率达80%以上),安装速度较快,工期较短。

(5)材料用量指标较低,经济效益明显。

(二)刚架拱桥的基本组成

刚架拱桥是由拱腿与实腹段合龙后组成裸肋,在裸肋的基础上弦杆及斜撑形成刚架拱片,在刚架拱片之间设置横系梁,安装预制的肋腋板(或微弯板)和悬臂板,现浇混凝土填平层和桥面铺装组合而成(图1-3-62)。

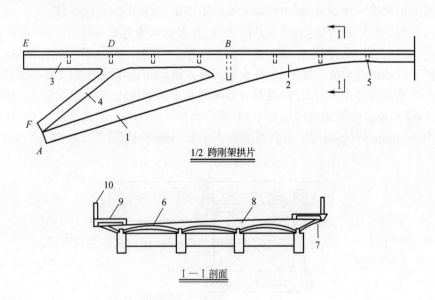

图1-3-62 刚架拱桥的构造

1-拱腿;2-实腹段;3-弦杆段;4-斜撑;5-横系梁;6-肋腋板或微弯板;7-悬臂板;8-现浇混凝土填平层和桥面铺装;9-人行道;10-栏杆;A-拱腿支座;B-大节点;D-小节点;E-弦杆支座;F-斜撑支座

弦杆、拱腿和实腹段三部分的交接处为大节点,弦杆和斜撑的交接处为小节点。拱腿斜撑一般分别固结或铰接于墩(台)内,称为拱腿支座和斜撑支座,弦杆一般支承于墩(台)的立墙上,称为弦杆支座。也有不设弦杆支座,将竖杆与弦杆固结相连。

图1-3-62中ED段称为外弦杆,DB段称为内弦杆。

(三)刚架拱桥的总体布置及尺寸拟定

1. 外形布置

刚架拱桥的合理跨径是 25~70m,外形布置多用图 1-3-63 形式。当跨径小于 25m 时,可不设斜撑[图 1-3-63a)]。当跨径较大时(70m 以上),可增加斜撑,除第一斜撑支承于桥台(墩)外,其余斜撑支承在拱腿上[图 1-3-63b)]。

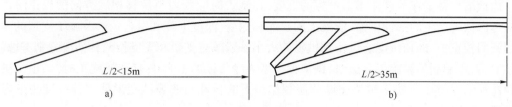

图 1-3-63　刚架拱外形

实腹段的下底缘曲线可采用二次抛物线、悬链线或圆弧线。多用二次抛物线。实腹段长度,可采用 0.4~0.5 倍计算跨径。

拱腿可根据跨径的大小设计成直杆或与实腹段下底缘相配合的微曲杆,跨径 25~40m 时,可简单设计为直杆,40m 以上时,从美观角度考虑可设计为微曲杆件。

2. 矢跨比

刚架拱桥的矢跨比选择,无须像一般拱桥那样,去追求拱轴线与拱的恒载压力线一致,但应尽量使恒载弯矩较小一些,特别是采用无支架施工的刚架拱桥,应考虑拱轴线恒载压力线尽量接近。还应结合具体情况综合考虑,一般以选用 1/10~1/7 为宜,最小不宜小于 1/12,最大不宜大于 1/6。矢跨比增大,有利于减小抗推刚度,对下部构造的刚度要求相应降低,因此在条件许可时,应选择较大矢跨比,以减少下部构造的工程数量。

由于刚架拱片横向刚度小,不能承受急流和漂流物的冲击,因此,在通航或漂流物较多的河流上建桥,应尽量提高拱脚高程。必要时,拱腿应予以加宽或加强横向联系。

3. 拱片数目及间距

刚架拱桥的横向拱片数应根据桥梁的宽度、跨径、设计作用标准、施工能力等做技术经济比较后确定。

一般情况下,跨径较大时,宜采用较少的拱片数。当然,如采用预制吊装施工方法时,拱片的起吊重量会相应大一些,并且拱片间距越大,荷载横向分布就越不均匀,甚至会影响荷载的横向传递,所以拱片净距不宜超过 3.5m。对于双车道公路桥,当跨径在 25~70m 时,可用 3~4 个拱片,拱片间距约为 2~3.5m,拱片之间纵向每 3~5m 应设置一根横系梁。

4. 节点位置的确定

节点位置应根据结构的受力及桥梁外观来确定,大节点一般在跨径的四分之一附近,小节点一般在弦杆中点附近。

5. 刚架拱各杆件的截面形式

刚架拱的杆件截面一般采用矩形、工字形、箱形等。

当跨径较大,拱腿的轴压力亦大,拱腿可采用变宽截面,一般从高拱脚第一或第二横系梁开始往拱脚逐渐加宽。采用这样的构造,对减小拱腿支承压应力的效果,比增加拱腿高度好得多,而且可以增加拱片的横向刚度。此外,也可把拱腿的混凝土强度等级提高一级。

6. 桥面系

桥面系由预制钢筋混凝土桥面板及现浇混凝土桥面组成,拱片间桥面板采用肋腋板或微弯板,边肋外侧采用悬臂板。

肋腋板是双向板,它支承在拱片及横隔板上,在结构上充分利用薄膜效应,因而混凝土用量少,重量轻,采用较广泛。但制作比微弯板麻烦。微弯板安装在两拱片间的实腹段和弦杆上缘,与大面积的现浇混凝土形成桥面系承受外荷载。

7. 预拱度

为抵消拱结构在荷载作用下产生的挠度,在施工时应预留与位移相反方向的校正量。此时应考虑构件产生的弹性压缩、混凝土的收缩和徐变、温度下降和墩台位移及施工支架的变形等因素的校正值,即预拱度。拱桥预拱度的大小一般按有支架和无支架两种情况分别考虑,根据经验,采用预制吊装施工方法时,拱顶预拱度为净跨径的 1/800;有支架施工时,拱顶预拱度为净跨径的 1/800,再加上拱架在设计荷载作用下的弹性与非弹性变形值。预拱度按下列情况设置:

(1)若拱腿与实腹段下缘为同一曲线,则按下式设置预拱度;

(2)若拱腿为直杆或微曲杆,则拱腿按直线变化设置预拱度,而实腹段按下式设置预拱度。

$$\Delta_x = \left(1 - \frac{4x^2}{L_0^2}\right)\Delta_{顶}$$

式中:x——距拱脚下缘距离;

L_0——净跨径;

$\Delta_{顶}$——拱顶预留拱度;

Δ_x——x 处预留拱度。

(四)刚架拱片各部分的构造

刚架拱片是刚架拱桥的主要组成部分,施工阶段承受上部构造自重,营运阶段与桥面系连成整体,共同承受恒载、活载和附加荷载,并把其作用力传递到墩台上。

1. 实腹段

实腹段上缘为直线、下缘为曲线,长度一般为 $(0.4 \sim 0.5)L_0$。截面形式一般为凸形,对于大跨径刚架拱,可采用工字形、箱形等截面形式。配置的下缘纵向受拉钢筋及上缘受压钢筋,应用箍筋固定。箍筋直径不小于 8mm,间距不大于受力钢筋直径的 10 倍。

2. 拱腿

拱腿一般采用直杆,但从美观考虑,可采用与实腹段下缘同一曲线的曲杆或微曲杆,但曲率不能太大。由计算可知:如果拱腿曲率增大,相应的拱腿负弯矩也会增大,对拱顶、拱腿均不利。较大跨径时,为避免直杆拱腿因自重下挠而造成全桥底弧线的不平滑,可考虑将拱腿中部向上微曲,微曲量可近似地按下式确定:

$$\Delta = \frac{M_0}{N}$$

式中:Δ——微曲量,一般不超过 100mm;

M_0——将拱脚当作简支梁时的跨中自重弯矩;

N——恒载轴力(可按三铰拱图式近似求得)。

并可按下式将拱腿设置成二次抛物线形状:

$$Y = \frac{f_{AB} + 4\Delta}{L_{AB}}x - \frac{4\Delta}{L_{AB}^2}x^2$$

式中：f_{AB}——拱腿与大节点处的垂直距离；

L_{AB}——拱腿与大节点处的水平距离。

对于跨径 30~60m 的刚架拱桥，可近似地取 $\Delta = \left(\dfrac{1}{200} \sim \dfrac{1}{100}\right)L_{AB}$，跨径小时 Δ 取较小值。

拱腿截面形式应根据跨径的大小或施工要求而选择矩形、工字形、箱形等截面形式。

3. 弦杆

弦杆是等截面直线杆件，与实腹段一样，截面形式可为凸形、工字形、箱形等。受力状况接近梁，内弦杆为压弯杆件，外弦杆以弯为主，有较小的拉力。配筋构造要求同钢筋混凝土组合梁，除按受力要求配筋外，尚应加强小节点处上、下缘和杆件侧面的构造配筋，以及大节点处上、下缘和与拱腿相交处圆弧部分的构造配筋。

4. 斜撑

斜撑是等截面直线杆件，其截面形式为矩形、工字形、箱形等。斜撑的作用是支撑弦杆，缩小弦杆段的跨度并对内弦杆提供轴力，其配筋要求同拱腿。

5. 大、小节点

大、小节点处的杆件相邻边缘应用弧线过渡，同一杆件两边过渡线的起点应接近同一截面。沿过渡线边缘应设包络钢筋，包络钢筋锚固于弦杆中应有足够锚固长度。各杆件主筋应顺杆件方向伸过节点中心截面，且应满足锚固长度要求。拉弯杆件的伸入主筋应带弯钩。

在大、小节点附近箍筋应适当加密，以承受局部应力。

(五)桥面系、横向联结系的构造

1. 桥面系构造

桥面系由预制肋腋板或微弯板、悬臂板和现浇混凝土填平层及桥面铺装等组成。

(1)肋腋板

肋腋板的中间区域为平板，边部厚度局部减薄，并用加劲肋分成若干格间形成的变截面板，借加劲肋的作用改善板中心截面的受力。肋腋板长一般为拱片间净距的 1.2~1.5 倍，顶板厚 80~120mm，板的净矢跨比不宜小于 1/14，加劲肋宽不小于 120mm，中间区域平板的长、宽分别为外形长宽尺寸的一半，板的四周要有宽度为 50mm 以上的边框。板的长宽两个方向的格间孔数量应取偶数，格间孔的尺寸以不超过车轮宽度为好，尺寸太大，则达不到用短肋加劲来减薄板厚的目的；尺寸太小，格间孔数量增加，会造成制模和浇筑混凝土的困难。肋腋板的配筋原则是中区密，边部稀。

(2)微弯板

刚架拱微弯板在横桥方向呈圆弧形，预制成等截面形式，沿桥跨横向搁置在拱片上，与双曲拱桥中的拱波基本相同，因吊装要求，需沿弯曲向(横桥向)设 60~100mm 宽加劲肋两条，微弯板跨径视拱片间距而定，板厚一般为 50~80mm，矢跨比为 1/20~1/16，长度根据施工要求而定，一般为 2~3m。配筋时，应注意加强横向钢筋配置，以避免板顶出现纵向裂缝，拱片内应伸出钢筋与微弯板伸出的钢筋连接。

(3)悬臂板

悬臂板的尺寸和配筋，可参照微弯板设置。板顶设钢筋与中间板和拱片固定，板的悬臂长度根据桥宽等情况确定。

(4)现浇混凝土填平层及桥面铺装

微弯板上首先浇筑填平层，将微弯板之间与肋的接缝处的三角形部分用小石子混凝土填平至微弯板顶放置钢筋网的平面,待达到70%强度后,再浇桥面铺装至桥面设计高程。采用肋腋板时无填平层,桥面铺装一次浇成。桥面钢筋网上净保护层为30mm,另外需设置20mm厚的混凝土磨耗层,桥面钢筋网系受力钢筋,应注意在大、小节点处加强钢筋布置。微弯板上的桥面铺装(包括20mm磨耗层)厚度不小于120mm,肋腋板上桥面铺装(包括20mm磨耗层)厚度不小于80mm,强度等级不低于板的混凝土强度等级,并形成1%～2%的横坡。

2. 横向连接系构造

为把各刚架拱片横向连成整体,使之共同受力,并保证其纵、横向稳定性,需要在刚架拱片之间设置横向连接系。横向连接系一般为横系梁,设在跨中、大、小节点、弦杆端部等处,在其间可视跨径大小或肋腋板长度而定,一般每隔3～5m设置一道横系梁,并使肋腋板的尺寸类型最少。斜撑上一般不设横向连接系。横系梁高度与拱顶凸形截面下部同高或矮10～20mm,大节点处因实腹段截面高且受力大,横系梁也需增高。横系梁宽度一般为150～200mm,截面形式可为矩形和空心截面。横系梁在实腹段和弦杆段应竖直安放,有利于活载的横向传递;拱腿段应卧式安放,有利于加强横向刚度。横系梁中的钢筋不得少于4根,直径一般为16～22mm,沿周边放置并设置箍筋。大跨径的刚架拱桥在大节点附近位置宜设置剪刀撑。

(六) 支座

刚架拱桥上部构造的支座,按所在部位和支承的构件分为:弦杆支座、拱腿支座和斜撑支座。

1. 弦杆支座

弦杆支座设于墩(台)立墙上,支承外弦杆,在作用、温度、位移等作用下,容许弦杆水平方向移动。为满足变形要求,在弦杆端部和墩台相接处设置伸缩缝,并在弦杆支承处设支座。对于30m以内跨径的,可采用油毛毡作支座,35m及以上跨径的支座应采用橡胶支座或钢板支座。

2. 拱腿支座和斜撑支座

拱腿支座在一般情况下,应采用"先铰后固"的方法,即施工阶段拱腿支座为铰接,营运阶段为固结。因为在恒载作用下(施工阶段)将拱腿支座固结,则恒载负弯矩约占拱腿截面总负弯矩的50%～60%,造成截面负弯矩过大,如果采用铰接则可部分减少这部分负弯矩。同时,有利于减少施工阶段墩(台)的位移和温度变化对拱片产生的影响。

斜撑支座铰接与固结对拱片内力影响不大,可按铰接或固结处理。

三、钢管混凝土拱桥

钢管混凝土是在薄壁圆形钢管内填充混凝土而形成的一种复合材料,它一方面借助内填混凝土增强钢管壁的稳定性;另一方面利用钢管对核心混凝土的套箍作用,使核心混凝土处于三向受压状态,从而使其具有更高的抗压强度和抗变形能力。

钢管混凝土本质上属于套箍混凝土,因此,除具有一般套箍混凝土的强度高、可塑性好、质量轻、耐疲劳、耐冲击外,尚具有以下几方面的独特优点:

(1) 钢管本身就是耐侧压的模板,因而浇注混凝土时,可省去支模、拆模等工序,并可适应先进的泵送混凝土工艺。

(2) 钢管本身就是钢筋,它兼具纵向钢筋和横向箍筋的作用,既能受压,又能受拉。

(3) 钢管本身又是劲性承重骨架,在施工阶段可起劲性钢骨架的作用,在使用阶段又是主要的承重结构,因此可以节省脚手架,缩短工期,减少施工用地,降低工程造价。

(4)在受压构件中采用钢管混凝土,可大幅度节省材料。理论分析和工程实践都表明,钢管混凝土与钢结构相比,在保持结构自重力相近和承载能力相同的条件下,可节省钢材约50%,焊接工作量显著减少;与普通钢筋混凝土相比,在保持钢材用量相当和承载能力相同的条件下,可减少构件横截面面积约50%,混凝土和水泥用量以及构件自重也相应减少一半。

(一)钢管混凝土拱桥的基本组成

钢管混凝土拱桥由钢管混凝土拱肋、立柱或吊杆、横撑、行车道系、下部构造等组成。钢管混凝土拱肋是主要的承重结构,它承受桥上的全部荷载,并将荷载传递给墩台和基础。

根据行车道的位置,钢管混凝土拱桥可以做成上承式、中承式和下承式三种类型,但无论是哪一种类型,都做成肋拱形式。

钢管混凝土拱桥结构轻盈,恒载集度比较均衡,因此拱轴系数比较小,一般在1.167~2.24之间,跨径小者取较大值,跨径大者取小值;矢跨比在1/8~1/4之间比较合理。拱轴线常采用悬链线或二次抛物线。

(二)钢管混凝土拱桥的各部构造

1. 钢管混凝土拱肋

(1)拱肋横截面形式

钢管混凝土拱肋横截面形式,按钢管的根数及布置方式,通常分为:单肋型、双肢哑铃型、四肢格构型、三角形格构型和集束型,如图1-3-64所示。

单肢型断面[图1-3-64a)]构造简单,受力明确,但跨径过大相应要求增大钢管直径和壁厚,这既不经济又不合理,适用于跨径80m以内的拱桥;双肢哑铃型断面[图1-3-64b)],由上下两个钢管通过缀板连接而成,钢管直径一般为跨径的1/150~1/110,截面高度一般为跨径的1/60~1/45。双肢哑铃型断面抗压刚度大,由于承压面距中心轴较远,因此纵向抗弯刚度大,占用桥面空间少,是一种理想的断面形式。缀板内混凝土可根据计算确定,可以填充,也可以不填充,一般应予以填充,以增大承压面积。缺点是侧向刚度相对较小,因此桥面以上必须设置风撑,以确保横向稳定,适用于跨径80~120m的拱桥;四肢格构型断面根据钢管的布置方式,又分为四肢矩形格构型和四肢梯形格构型[图1-3-64c)、d)],由钢管(又称为弦杆)、腹杆(多为空钢管)和横联组成,断面高度根据跨径大小决定,宽度视跨径和桥面宽度确定,是大跨径钢管拱桥常用的一种形式。三角形格构型断面[图1-3-64e)]纵向刚度大,横向刚度也大,适合于无风撑钢管混凝土拱桥上。集束型是将钢管桁架改成集束钢管,钢管之间采用螺栓、电焊及钢板箍(间距2~3m)连成整体形成拱肋[图1-3-64f)]。

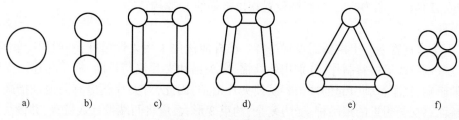

图1-3-64 拱肋横截面形式

拱桥是一个以受压为主的构件,为节省材料,多采用格构式截面,将弯矩转化为轴向力。拱肋通常做成等高、等宽截面,以方便加工制作。

当拱脚段淹没于水中,或拱脚段受力较大,或有防撞等要求,可将拱脚段做成钢管混凝土实腹结构。

(2) 钢管

选定断面形式后,钢管直径及壁厚尺寸将直接影响结构的强度。考虑到防腐等要求,壁厚不宜小于12mm,但也不能过厚,因为对厚钢板的材质要求更高,钢管卷制加工难度大,一般在12~24mm。

钢管与混凝土面积之比称为含钢率α_s,其值不宜小于5%,否则不能发挥钢管混凝土弦杆的套箍作用,但也不宜大于12%,以免耗用过多的钢材,造成浪费。《公路钢管混凝土拱桥设计规范》(JTG/T D65-06—2015)规定含钢率为4%~20%。

宜采用Q235、Q345、Q390钢或者桥钢,可采用成品无缝钢管,也可由钢板卷制加工而成。当钢管直径较大或壁厚超过常用规格时,可用钢板冷卷或热压后焊接成相应的空钢管。焊缝可以采用螺旋焊接,也可以采用直缝,但都应符合《公路钢结构桥梁设计规范》(JTG D64—2015)的有关质量检验标准。由于焊接质量直接关系到全桥的安全,对焊缝必须采用超声波或X射线检测。

(3) 混凝土

钢管内填芯混凝土宜选用高强度等级,使其与钢管钢号和含钢率匹配,以充分发挥钢管混凝土构件的套箍作用。国内已建成的钢管混凝土拱桥,绝大部分管内混凝土的强度等级在C40~C60。《公路钢管混凝土拱桥设计规范》(JTG/T D65-06—2015)建议采用C30~C80。

钢管混凝土应采用泵送。为了保证混凝土能填满钢管,应采用减水剂和膨胀剂,同时掺入适量的粉煤灰,以降低混凝土的水化热,减少水泥用量,提高混凝土的和易性和可泵性,减少收缩。

通常把$A_s f_s / A_c f_c$称为套箍指标,它是钢管混凝土结构的一个重要参数,宜控制在0.6~3之间,以确保钢管混凝土构件在使用荷载作用下处于弹性工作阶段,且在破坏前具有足够的延性。若套箍指标小于0.6,当混凝土强度等级较高时,会因钢管的套箍能力不足而引起脆性破坏;相反,若套箍指标大于3,当混凝土强度等级过低时,结构会在使用荷载下产生塑性变形。

2. 横撑

横撑主要设置在拱顶、拱脚、拱肋与桥面系交接处,横撑的主要作用是将钢管混凝土拱肋连接成整体,确保结构稳定。

钢管混凝土拱肋的横撑多采用钢管桁架,钢管可以是空心的,也可以内填混凝土,做成钢管混凝土横撑。

横撑在拱脚段多做成桁式K撑或X撑,以获得更好的稳定性;在桥面系以上则多采用直撑、K撑或H形撑。图1-3-65为某桥设置在拱脚处的K撑构造图。

3. 吊杆

中、下承式钢管混凝土拱桥需设置吊杆。吊杆应优先采用柔性吊杆,一般用冷轧粗钢筋、高强钢丝或钢绞线等材料制作,分别用轧丝锚、墩头锚和夹片锚与拱肋、横梁相连。受到桥面不平整的影响,汽车行驶引起的冲击容易使夹片退锚,因此,对夹片锚应有防退锚措施。靠近拱肋与桥面系交会附近的短吊杆,受力复杂,约束变形大,应将两端设计成铰接,并设法增大其长度,对桁架拱肋,应将短吊杆锚具布置在上缀板或上缀条上。

吊杆可布置成单吊杆形式和双吊杆形式(图1-3-66),单吊杆受力明确,它对主拱和桥道系中吊杆锚固的尺寸空间要求小,施工方便,但后期吊杆更换时需额外施加一些更换辅助器措施。双吊杆有横向双吊杆和纵向双吊杆两种布置方式:横向双吊杆是在横桥向同一吊杆布置双吊杆;纵向双吊杆则是在纵桥向同一吊杆位置成双吊杆。双吊杆存在吊杆受力不均的问题,结构构造也较单吊杆复杂,但更换吊杆时比较方便,可在不中断交通或短暂封闭交通下逐根进行,无需额外的临时措施,对桥梁运行影响较小。因此,在设计时应综合比较、权衡利弊,做出选择。

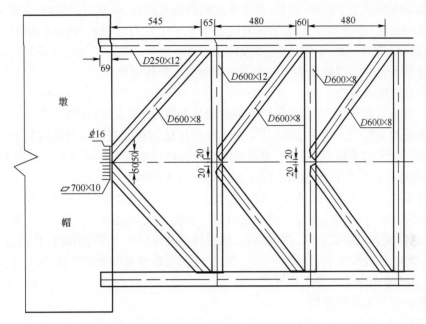

图 1-3-65 K 撑构造图(尺寸单位:mm)

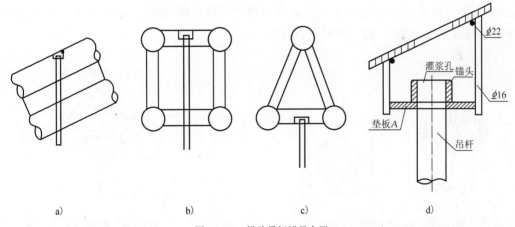

图 1-3-66 拱肋吊杆锚具布置

对单管和哑铃形拱肋,吊杆锚具只能布置在钢管顶部,桁式拱肋除短吊杆布置在上缀板或上缀条外,其余可布置在下缀条或下缀板上;吊杆下锚具布置在横梁底部,做成承压式锚具连接。这种锚固方式是以拱肋或吊杆横梁体受压为受力特点,优点在于使连接件受压,构造简单,尤其对于混凝土梁体的连接有益;缺点在于锚固连接件超出梁底界限,不利于美观,同时,梁底锚固区的运营检查也不方便。

通常将张拉端设置在拱肋,下端为固定段,以方便拆卸更换。锚头要求防护严密,不能外露在大气中,防止锈蚀。

锚固在拱肋上的吊杆锚具,为避免直接暴露在大气中,应有完善的防水、防护罩措施,防止雨水和灰尘渗入锚头,锈蚀锚具。吊杆的使用寿命一般只有20~30年,在使用期间需要更换吊杆,设计时应充分考虑到今后更换的可操作性。

(三)钢管混凝土拱肋构件的节点与连接

钢管混凝土拱肋上下弦杆、腹杆、横系梁之间的相互连接,以及与钢结构、钢筋混凝土结构等构件之间的连接,应满足强度、刚度和稳定性要求。节点与连接构件应做到构造简单、整体性好、传力明确、安全可靠、节省材料、方便施工。

钢管混凝土结构连接设计的关键在于如何确保可靠传递内力。

1. 拱肋弦杆连接构造

为减轻吊装质量,通常将钢管混凝土拱肋划分为数段(多为奇数段)。拱肋上下弦杆是钢管混凝土拱桥的主要受力构件,因此其上下弦杆连接是钢管混凝土拱杆连接的关键。为了充分发挥钢管混凝土的承载力,应尽可能将连接力直接传递到核心混凝土上。采用法兰盘连接,传力明确,能有效将作用传递给核心混凝土,如图1-3-67所示。

钢管混凝土拱肋的节段数比普通钢筋混凝土拱肋的分段数要多,采用常规的吊装方法难以控制高程,因此,常采用吊一段焊接一段的施工方法。先吊装一个拱肋节段,用螺栓将法兰盘连接,调整接头和拱肋高程后,将其焊死;然后再吊装下一个节段,用螺栓将法兰盘连接,调整高程,再焊接,如此反复,直到拱肋合龙。由于外法兰盘连接会影响外观,故对于较大管径的节段连接,目前常用内法兰盘连接形式。

2. 拱肋弦杆与拱座的连接

为加强拱肋上下弦杆与拱座的连接,应将拱肋下弦杆插入拱座内,插入长度应为钢管直径的1~2倍。弦杆端头应与预埋在拱座内的钢板或钢筋连接。为避免吊装过程中在拱脚产生附加弯矩,便于调整拱轴高程,往往在拱座处设置拱脚铰支座,如图1-3-68所示。等拱肋全部合龙并调整完拱肋高程后,再焊死封口,封铰。

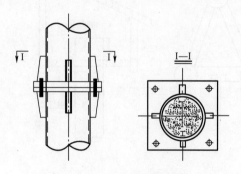

图1-3-67 拱肋弦杆连接构造

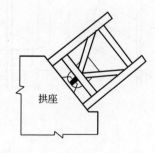

图1-3-68 拱脚铰

3. 格构式拱肋腹杆、系梁布置与构造连接

钢管混凝土拱肋是一个偏心受压构件,当拱肋为格构式时,其腹杆宜布置成图1-3-69所示的形式,腹杆分直腹杆和斜腹杆。腹杆多采用空钢管,与钢管弦杆直接焊接。相邻两根直腹杆的距离s与吊杆的布置、斜腹杆与直腹杆之间的夹角有关,一般宜在35°~55°之间。腹杆与弦杆轴线宜交于一点,或腹杆轴线交点与弦杆轴线的间距不大于$D/4$(D为钢管的外径),否则应考虑其偏心影响。

腹杆端部净间距应不小于50mm。

腹杆壁厚不宜大于弦杆管壁厚度,腹杆不穿入弦杆。在任何情况下,弦杆上不允许开孔。

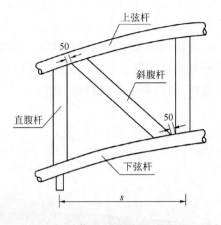

图 1-3-69　斜腹杆节点构造

腹杆与弦杆、腹杆与腹杆、腹杆与系梁之间的连接尽可能采用直接对接的方式。只有在连接管数较多,且发生冲突时,才可采用节点板连接方式,如图 1-3-70 所示。当采用节点板连接时,必须将空心的腹杆端头封死,以免潮气侵入,造成管内锈蚀。弦杆的其他构造要求、焊缝计算以及在弦杆连接处的受拉承载力计算,必须满足《公路钢结构桥梁设计规范》(JTG D64—2015)的有关规定。

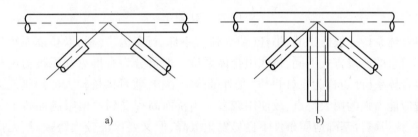

图 1-3-70　腹杆与弦(腹)杆的连接构造

4. 格构式拱肋缀条的节点构造

格构式拱肋各钢管之间用缀板和腹杆连接(图 1-3-71),缀板应用 Q235、Q345 钢板制成。腹杆可采用钢板,也可采用钢管。圆钢管工作性能好,与弦杆直接焊接,传力简捷,节点构造简单。

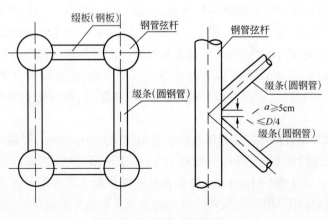

图 1-3-71　缀条节点构造

四、拱式组合体系桥

拱与其他基本结构相组合,可以形成不同形式的拱式组合体系桥,其中使用最多的是拱梁组合体系桥,它是将梁和拱两种基本结构组合起来(图1-3-72),共同承受荷载,充分发挥梁受弯、拱受压的结构特性及其组合作用,达到节省材料的目的。

图1-3-72 梁拱组合

拱式组合体系桥一般由拱肋、吊杆(或立柱)、系杆、行车道梁(板)及桥面系等组成。根据拱肋和行车道梁的连接方式不同,拱式组合体系桥一般可分为有推力和无推力两种类型。无推力拱式组合体系桥(也称为系杆拱桥)是外部静定结构,兼具拱桥较大的跨越能力和简支梁桥对地基适应能力强的两大特点,故使用较多。当桥面高程受到严格限制而桥下又要求保证较大的净空,或当墩台基础地质条件不良易发生沉降,但又要保证较大跨径时,无推力拱式组合桥梁是较优越的桥型。

根据拱肋和系杆(梁)相对刚度的大小,系杆拱可划分为柔性系杆刚性拱、刚性系杆柔性拱、刚性系杆刚性拱三种基本组合体系。

1. 柔性系杆刚性拱

在柔性系杆刚性拱组合体系中,假设系杆和吊杆均为柔性系杆,只承受轴向拉力,不承受压力和弯矩,拱肋按普通拱桥的拱肋一样考虑,为偏心受压杆件。严格地讲,该假设只有在拱肋和系杆的刚度比无穷大时才成立,即$(EI)_{拱}/(EI)_{系} \approx \infty$。实际上,结构物的系杆总有一定的刚度,根据内力按刚度分配的原则,系杆要分配到一定的弯矩。但当系杆刚度远小于拱肋的刚度,即$(EI)_{拱}/(EI)_{系} > 100$时,可以忽略系杆承受的弯矩,认为该组合体系中的弯矩均由拱肋承受,系杆平衡拱只受拉,从而发挥材料的特性,节省钢材,减轻墩台负担,使这种体系能应用于软土结构。

钢筋混凝土柔性系杆刚性拱组合体系桥梁适用跨径为20~90m。根据河床地质条件也可以布置成悬臂体系或连续体系,矢跨比一般在1/5~1/4取值,拱肋高度:对铁路桥$h = (1/40 \sim 1/25)L$,对公路桥$h = (1/50 \sim 1/30)L$。柔性系杆刚性拱是无推力组合体系中出现得较早的一种类型,曾得到广泛应用。但在向更大跨径发展和承受更重要的荷载时,就必须加大拱肋截面尺寸,柔性系杆和拱肋的连接部位更趋复杂,与其他拱式组合体系相比,它用料多,施工不便,因而在大跨重载条件下较少采用。

2. 刚性系杆柔性拱[图1-3-4b)]

在这种组合体系中,拱肋与系杆的刚度比相对小得多,即$(EI)_{拱}/(EI)_{系}<1/100$,拱肋分配到的弯矩远小于系杆,因而可以忽略拱肋中的弯矩,认为刚性系杆不仅承受拱的推力,还要承受弯矩,为拉弯组合的梁式构件,而拱肋只承受轴心力,故称为柔性拱。这种体系以梁为主要承重结构,故也称为蓝格尔拱。这种体系相当于把桁架弦杆与梁组合起来,以梁为受力主体,曲线桁架对梁加劲,形成具有刚性梁的曲线桁架。它的特点是内力分配均匀,刚性系杆与吊杆、横撑可以组成刚度较大的框架,拱肋不会发生面内"S"形变形,在适用跨度内拱的稳定性有充分保证。

刚性系杆柔性拱的适用跨径可达100m,矢跨比通常为$1/7\sim1/5$,拱肋高度常取$(1/120\sim1/100)L$,刚性系杆高度对公路桥$h=(1/35\sim1/25)L$,对铁路桥$h=(1/30\sim1/22)L$。根据地形地质条件,也可布置成短悬臂或连续刚性系杆的梁拱组合体系。

3. 刚性系杆刚性拱[图1-3-4c)]

刚性系杆刚性拱的特点,介于柔性系杆刚性拱和刚性系杆柔性拱之间,当$(EI)_{拱}/(EI)_{系}$在$1/100\sim100$时,拱肋和系杆都有一定的抗弯刚度,荷载引起的弯矩在拱肋和系杆之间按刚度分配,它们共同承受纵向力和弯矩,内力计算与实际情况较为接近。由于拱肋和系杆是刚性的,拱肋和系杆的端部是刚性连接,故这种体系刚度较大,适用于设计荷载较大的桥梁。在这种组合体系中,拱肋和系杆受力比较均匀,其尺寸可作适当比例的配合而达到外形协调,增强美学效果,同时在结构上不致使钢筋过分集中于系杆而造成布置上的困难,连接部位的布置也比较容易。

以上三种拱,当用斜吊杆来代替竖直吊杆时,称为尼尔森拱。近年来,随着技术的发展,其他类型的梁拱组合体系桥梁也得到了广泛的应用。悬臂梁-拱组合结构、连续梁-拱组合体系等组合结构应用甚广。

第四章 桥梁的支座

第一节 概 述

桥梁支座是设置在桥梁上部结构和下部结构之间的重要结构部件。它能将桥梁上部结构的各种荷载反力(包括结构自重和可变作用引起的竖向力和水平力)和变形(位移和转角)可靠地传递给桥梁下部结构,从而使结构的实际受力情况与计算的理论图式相符合。

桥梁支座应符合下列要求:

(1)支座应具有将上部结构承受的结构自重、汽车荷载等竖向作用有效传递到下部结构的能力,且保证在风荷载、地震作用等水平荷载作用下上部结构的安全。

(2)支座类型及规格应根据上下部结构形式、支座反力及水平力设计值、支座处位移量确定。

(3)支座反力设计值应按竖向荷载(汽车荷载应计入冲击系数)标准值进行组合计算。

(4)支座水平力设计值应按水平向作用的标准值进行组合计算。

桥梁支座由于受力面积小,往往承受着很高的应力。因此,首先应具有足够的承载能力,以保证安全可靠地传递支座反力;其次支座对桥梁变形(位移和转角)的约束应尽可能地小,以适应梁体自由伸缩及转动的需要,固定支座还要保证上部结构的设计位置。此外支座应便于安装,造价经济。支座作为桥梁的重要构件和易损构件,应具有相当的使用寿命,便于养护维修以及必要时进行更换。

支座分类方法较多,例如:

按支座变形可能性分类有:固定支座、单向活动支座、多向活动支座等。

按支座用材料分类有:钢支座、滑板支座、改性聚四氟乙烯滑板支座、橡胶支座、混凝土支座、铅支座等。

按支座的结构形式分类有:弧形支座、摇轴支座、辊轴支座、板式橡胶支座、四氟板式橡胶支座、盆式橡胶支座、球型支座等。

梁式桥的支座一般有固定支座和活动支座两种。固定支座既要固定主梁在墩台上的位置并传递竖向压力和水平力,又要保证主梁发生挠曲时在支承处能自由转动,如图 1-4-1 左端所示。活动支座只传递竖向压力,但它要保证主梁在支承处既能自由转动又能水平移动,图 1-4-1 右端所示。

按照静力图式,简支梁桥应在每跨的一端设置固定支座,另一端设置活动支座。悬臂梁桥的锚固跨也应在一侧设置固定支座,另一侧设置活动支座。多孔悬臂梁桥挂梁的支座布置与简支梁相同。连续梁桥应在每一联中的一个桥墩(或桥台)上设置固定支座,其余墩台上均应设活动支座。此外,悬臂梁桥和连续梁桥在某些特殊情况下支座需要传递竖向拉力时,尚应设置能承受拉力的支座。

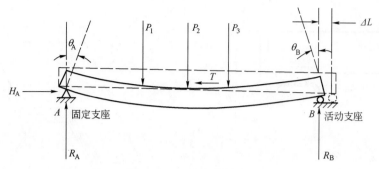

图 1-4-1 简支梁的静力图式

固定支座和活动支座的布置,应以有利于墩台传递纵向水平力为原则。对于多跨的简支梁桥,相邻两跨简支梁的固定支座,不宜集中布置在一个桥墩上;但若个别桥墩较高,为了减小水平力的作用,可在其上布置相邻两跨的活动支座。对于坡桥,宜将固定支座设置在高程低的墩台上。对于连续梁桥,为使全梁的纵向变形分散在梁的两侧,宜将固定支座设置在靠中间的支点处;但若中间支点的桥墩较高或因地基受力等原因,对承受水平力十分不利时,可根据具体情况将固定支座布置在靠边的其他墩(台)上。

此外,对于特别宽的梁桥,尚应设置沿纵向和横向均能移动的活动支座。对于弯桥则应考虑活动支座沿弧线方向移动的可能性。对于处在地震地区的梁桥,其支座构造尚应考虑桥梁防震和减震的设施。

随着桥梁技术的发展,桥梁支座的类型也不断增加,在20世纪60年代之前,几乎全部桥梁支座都是钢支座。随着化学工业的发展,出现了橡胶支座及使用聚四氟乙烯板的平面滑动支座,盆式橡胶支座与板式橡胶支座逐渐开发,并很快成为最主要的桥梁支座形式,球型支座也很快在弯桥上应用。

我国自1964年首次使用板式橡胶支座以来,相继研制成聚四氟乙烯板式橡胶支座、盆式橡胶支座和球型支座。

第二节 支座的类型和构造

一、板式橡胶支座

板式橡胶支座是一种新型桥梁支座,它具有构造简单、加工制造容易、用钢量少、成本低廉、结构高度小、安装方便等一系列优点。因此,近年来在桥梁工程中橡胶支座已获得广泛应用。

(一)板式橡胶支座的工作原理及构造特点

板式橡胶支座从外形上看它就是一块放置在上、下部结构之间的矩形黑色橡胶板,如图1-4-2所示。它的活动机理是:利用橡胶的不均匀弹性压缩实现转角θ,利用其剪切变形实现水平位移Δ,如图1-4-2c)所示。由此可见,板式橡胶支座一般无固定支座与活动支座之区别,所有纵向水平力和位移由各个支座均匀分配。必要时可采用高度不同的橡胶板来调节各支座传递的水平力和水平位移。

无加劲层的纯橡胶支座,在水平力作用下支座能满足水平位移的需要,但在竖向荷载作用下,支座的垂直压缩变形δ过大,橡胶向侧向膨胀,在四周产生较大的凸突,此处橡胶有较大的拉伸变形,而产生应力老化。这类支座其容许压力很小,约为3MPa,故只适用于小跨径桥梁。

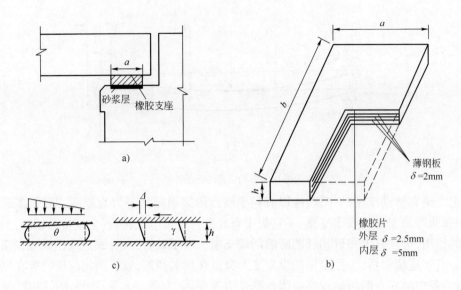

图 1-4-2 板式橡胶支座

常用的板式橡胶支座都用几层薄钢板或钢丝网作为加劲层[图 1-4-2b)]。由于橡胶片之间的加劲层能起阻止橡胶侧向膨胀的作用,从而显著提高了橡胶片的抗压强度和支座的抗压刚度。这种支座的容许压应力可达 70MPa,可用于支承反力为 0.15~10MN 的各种等级的公路桥梁。常用橡胶片厚度为 5mm、8mm、11mm、15mm 等,薄钢板厚度不应小于 2mm,与支座边缘的最小间距不应小于 5mm,上下保护胶层的厚度不应小于 2.5mm,加劲钢板之间像胶层厚度不应小于 5mm。不应使用拼接钢板。不允许在同一支座中使用不同厚度的钢板。加劲钢板应采用 Q235C 及以上等级钢板,其性能应符合《碳素结构钢和低合金结构钢热轧钢板及钢带》(GB/T 3724—2017)的规定,矩形支座橡胶层总厚度应在 $\frac{l_a}{10} \sim \frac{l_a}{5}$ 之间(l_a 为矩形支座短边尺寸,单位 mm)。

目前常用于板式橡胶支座中的橡胶种类有:氯丁橡胶、天然橡胶。橡胶支座应根据地区气温条件选用,-25°~+60℃地区(常温型)可选用氯丁橡胶支座;-40°~+60℃地区(耐寒型)可选用天然橡胶支座。

当桥梁纵坡不大于 1% 时,板式橡胶支座可直接设置于墩台上,但应考虑纵坡引起所需要的厚度。当桥梁纵坡大于 1% 时,应采取预埋钢板、混凝土垫块或其他措施将梁底调平,保证支座平置。当板桥桥面横坡不大于 2% 时,板式橡胶支座可直接设于墩台顶面横坡上;当板桥桥面横坡大于 2% 时,应采取措施予以调整。

橡胶支座的橡胶与钢材之间的摩擦系数在 0.10~0.15 之间,橡胶与混凝土之间的摩擦系数接近 0.20~0.30。

为使橡胶支座受力均匀,在安装时应使梁底面和墩台顶面清洁平整,安装位置要正确,使其与梁底及墩台密贴,传力均匀,不得出现脱空现象。必要时可在墩台顶面敷设一层 1:3 水泥砂浆。通常支座板可直接安装在梁与墩台之间,但当支座比梁肋宽时,尚应在支座与梁肋之间衬以钢垫板。在水平荷载较大的情况下,为防止支座滑动,可在支座顶面、底面上设置浅的定位孔槽,并使梁底和墩台顶预埋的伸出锚钉伸入定位孔槽加以固定。应注意锚钉不能深入支座过多,以免影响支座的活动性。

(二)板式橡胶支座的发展

1. 易转动形板式橡胶支座

板式橡胶支座的转动性能与支座的形状(长、短边尺寸,单层橡胶厚度)、剪切模量、抗压模量等因素有关。在支座设计时通常要对支座的最大容许转角 θ 进行验算。在支座设计中往往为了满足支座转角的要求,而不得不加大支座总厚度。此外由于支座转动时,对梁体与墩台必然产生转动反力矩。支座转动反力矩对梁体与墩台的作用在设计中须加以考虑,对于城市立交桥从美观角度考虑希望尽量减小桥墩截面,因此减小支座转动反力矩对桥墩的作用是必要的。

因此有必要研制一种易转动形板式橡胶支座,以便能在支座总厚不变的条件下,适应更大的转角需要。通过改变普通板式橡胶支座内部钢板结构,即将支座中部分钢板宽度减窄,从而使支座在该方向的转动性能改善。而在支座的非转动方向,支座钢板宽度不变,使支座在该方向的转动刚度不变。由此可制成易转动形板式橡胶支座,其结构示意见图1-4-3。

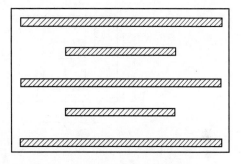

图1-4-3 易转动形板式橡胶支座图

2. 圆形板式橡胶支座

在生产矩形板式橡胶支座的同时,也生产圆形板式橡胶支座,其容许压力应达到70MPa。随着高等级公路的修建,弯桥、斜桥不断出现,因此也需要有适应该种桥梁的圆形板式橡胶支座。圆形支座橡胶层总厚度应为 $\frac{d}{10} \sim \frac{d}{5}$($d$ 为圆形支座直径,单位mm),圆形板式橡胶支座具有以下优点:

(1)圆形板式橡胶支座可以弹性吸收上部结构各方向的变形;
(2)圆形板式橡胶支座的承压面与矩形支座相比,没有应力集中现象;
(3)圆形板式橡胶支座安装方便,可以不考虑方向性;
(4)圆形板式橡胶支座与同样作用的其他类型支座相比造价低,维修养护方便。

3. 球冠圆板式橡胶支座

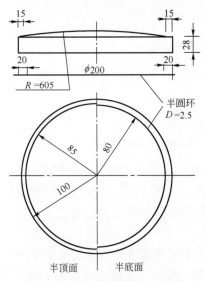

图1-4-4 球冠圆板式橡胶支座外形
(尺寸单位:mm)

普通平板式橡胶支座在安装后往往发生梁与支座、支座与墩台顶面脱空现象,在有纵横坡的桥梁下情况更为突出。其结果导致支座一部分受力很大,而另一部分不受力的现象,造成橡胶支座中应力集中,受力较大一侧橡胶外鼓,以致橡胶开裂。

球冠圆板橡胶支座是改进后的圆形板式橡胶支座。其中间层橡胶和钢板布置与圆形板式橡胶支座完全相同,而在支座顶面用纯橡胶制成球形表面,球面中心橡胶最大厚度为6~8mm,球面边缘距支座边缘15mm,以适应3%~4%纵、横坡,梁与支座接触面的中心趋于圆形板式支座的中心。梁端反力通过球面表面橡胶逐渐扩散传至下面几层钢板和橡胶层。在橡胶支座底面加一圈直径 $D=2.5$mm 的半圆形橡胶圆环,支座受力时首先由底部圆环变形压密,调节底面受力状况,以改善或避免支座底面脱空现象的产生,使支座底面受力均匀。球冠圆板式橡胶支座外形见图1-4-4。

4. 滑板橡胶支座

滑板橡胶支座是由板式橡胶支座、滑板（通过热硫化与板式橡胶支座粘接）、镜面不锈钢板、上下钢板、锚固螺栓等组成，并适应梁体位移的支座。其结构构造见图1-4-5。

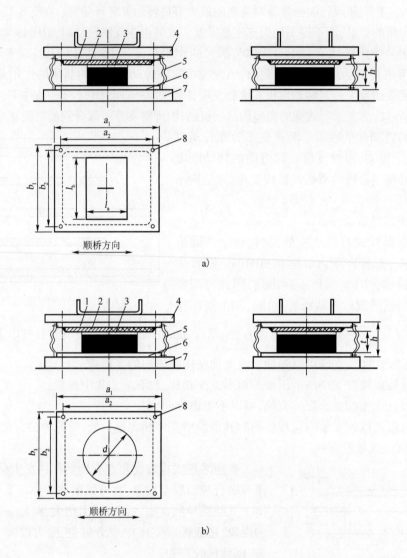

图1-4-5 滑板橡胶支座
a) 矩形滑板橡胶支座结构示意；b) 圆形滑板橡胶支座结构示意
1-上钢板；2-不锈钢板；3-滑板；4-预埋钢板；5-防尘罩；6-下钢板；7-支座垫石；8-锚固螺栓

滑板应采用聚四氟乙烯滑板或改性聚四氟乙烯滑板，其性能应符合《桥梁支座用高分子材料滑板》(JT/T 901—2014)的规定。滑板表面应光滑、平整，不应有裂纹、气泡、分层和机械损伤。不允许有划痕、碰伤、敲击痕迹，表面不平整度应不大于滑板平面最大长度的0.2%。滑板橡胶支座应设置防尘罩，构造要便于装拆。

它除具有普通橡胶支座的竖向刚度与压缩变形，且能承受垂直荷载及适应梁端转动外，还能利用聚四氟乙烯滑板与梁底不锈钢板间的低摩阻系数（摩擦系数μ小于或等于0.03），使桥梁水平位移不受限制。此外，这种支座还可以在顶推滑移等施工中作为滑板使用。

二、盆式橡胶支座

一般的板式橡胶支座处于无侧限受压状态,故其抗压强度不高,加之其位移量取决于橡胶的容许剪切变形和支座高度,要求的位移量越大,支座就要做得越厚,所以板式橡胶支座的承载力和位移值受到一定的限制。

盆式橡胶支座是国外20世纪50年代末开发的一种新型桥梁支座。它是用设置在钢盆中的橡胶板承压和转动,用聚四氟乙烯板和不锈钢板之间的平面滑动来适应桥梁的位移要求。盆式支座是1959年由联邦德国研制成功,并于1962年在联邦德国的Wiesbaden-Schierstein之间跨莱茵河的高速公路B_{42}号桥上使用,至今运营良好。

目前,盆式橡胶支座适用于承载力为1MN~80MN的桥梁,根据支座竖向承载力分为33级。通常顺桥向位移量分为5级:±50mm、±100mm、±150mm、±200mm、±250mm;横桥向位移量为±50mm。当有特殊需要时,可按实际需要调整位移量,调整位移级差为±50mm。在竖向设计承载力作用下,支座压缩变形不大于支座总高度的2%,钢盆盆环上口径向变形不大于盆环外径的0.05%。支座竖向转动角度不小于0.02rad。加5201硅脂润滑后,常温型活动支座摩擦系数不大于0.03,耐寒型活动支座摩擦系数不大于0.05。常温型支座橡胶板采用氯丁橡胶或天然橡胶。耐寒型支座橡胶板采用天然橡胶或三元乙丙橡胶。密封圈、高阻尼橡胶圈应采用三元乙丙橡胶。各种橡胶料均不应采用再生橡胶和硫化废弃物,其最小含胶量不应低于重量的55%。

(一)盆式橡胶支座的构造特点

盆式橡胶支座按其使用性能分为双向活动支座(多向)(图1-4-6)、单向活动支座(图1-4-7)、固定支座(图1-4-8)、减振型固定支座(图1-4-9)和减振型单向活动支座(图1-4-10)。按适用温度范围分为常温型支座(适用于-25~+60℃)和耐寒型支座(适用于-40~+60℃)。

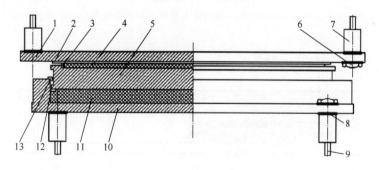

图1-4-6 双向活动支座

1-顶板;2-不锈钢冷轧钢板;3-高性能滑板密封圈;4-高性能滑板;5-中间钢板;6-锚固螺栓;7-套筒;8-垫圈;9-螺杆;10-钢盆;11-橡胶板;12-黄铜密封圈;13-橡胶密封圈

双向(多向)活动支座和单向活动支座由顶板、不锈钢冷轧钢板、高性能滑板、高性能滑板密封圈、中间钢板、黄铜密封圈、橡胶板、钢盆、锚固螺栓、套筒、螺杆、橡胶密封圈和防尘围板等组成。单向活动支座的顶板挡块上还包括侧向不锈钢冷轧钢条,对应的中间钢板两侧设有SF-1三层复合板导向滑条。

固定支座由顶板、黄铜密封圈、橡胶板、钢盆、锚固螺栓、套筒、螺杆、橡胶密封圈和防尘围板等组成。

减震型固定支座由顶板、高阻尼橡胶圈、上摩擦板、下摩擦板、下衬板、橡胶板、黄铜密封圈、钢盆、锚固螺栓、套筒、螺杆、橡胶密封圈和防尘围板等组成。

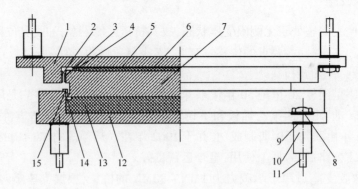

图1-4-7 单向活动支座

1-顶板;2-侧向不锈钢冷轧钢条;3-SF-1三层复合板导向滑条;4-高性能滑板密封圈;5-不锈钢冷轧钢板;6-高性能滑板;7-中间钢板;8-锚固螺栓;9-垫圈;10-套筒;11-螺杆;12-钢盆;13-橡胶板;14-黄铜密封圈;15-橡胶密封圈

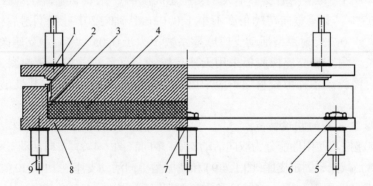

图1-4-8 固定支座

1-顶板;2-防尘圈;3-黄铜密封圈;4-橡胶板;5-套筒;6-锚固螺栓;7-垫圈;8-钢盆;9-螺杆

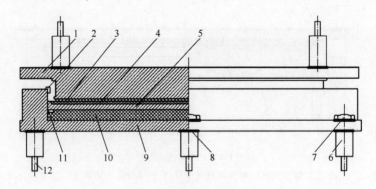

图1-4-9 减振型固定支座

1-顶板;2-高阻尼橡胶圈;3-上摩擦板;4-下摩擦板;5-下衬板;6-套筒;7-锚固螺栓;8-垫圈;9-钢盆;10-橡胶板;11-黄铜密封圈;12-螺杆

减震型活动支座由顶板、高阻尼橡胶圈、上摩擦板、下摩擦板、不锈钢冷轧钢板、高性能滑板、高性能滑板密封圈、中间钢板、橡胶板、黄铜密封圈、钢盆、锚固螺栓、下衬板、SF-1三层复合滑板导向滑条、侧向不锈钢冷轧钢条及防尘围板等组成。

盆式橡胶支座为在大、中跨桥梁上应用橡胶支座开辟了新的途径。其主要构造特点有:一是将纯氯丁橡胶块放置在钢制的凹形金属盆内,由于橡胶处于有侧限受压状态,大幅度提高了支座的承载能力;二是利用嵌放在金属盆顶面的填充聚四氟乙烯板与不锈钢板相对摩擦系数小的特性,保证了活动支座能满足梁的水平移动要求。梁的转动也通过盆内橡胶块的不均匀压缩来实现。

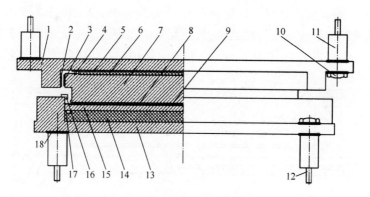

图 1-4-10 减振型单向活动支座

1-顶板;2-侧向不锈钢冷轧钢条;3-SF-1 三层复合板导向滑条;4-高性能滑板密封圈;5-不锈钢冷轧钢板;6-高性能滑板;7-中间钢板;8-上摩擦板;9-下摩擦板;10-锚固螺栓;11-套筒;12-螺杆;13-钢盆;14-橡胶块;15-下衬板;16-高阻尼橡胶圈;17-黄铜密封圈;18-垫圈

使用经验表明,这种支座构造简单、结构紧凑、滑动摩擦系数小,转动灵活,与一般铸钢辊轴支座相比,具有重量轻、建筑高度低、加工制造方便、省钢材、降低造价等优点;与板式橡胶支座相比,具有承载能力大、容许支座位移量大、转动灵活等优点,因此盆式橡胶支座特别适宜在大跨度桥梁上使用。

(二) 盆式橡胶支座的发展

1. 高度可调式盆式橡胶支座

高度可调式盆式橡胶支座是在一般盆式橡胶支座上设有梯形螺纹的高度调节器,以便调节支座高度。图 1-4-11 为高度可调式盆式橡胶支座的构造图。

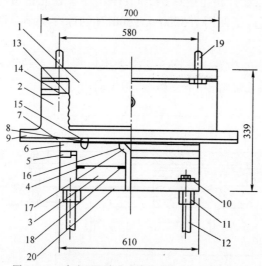

图 1-4-11 高度可调式盆式橡胶支座(尺寸单位:mm)

1-上支座板;2-可调上支座板;3-承压橡胶板;4-钢紧箍圈;5-橡胶密封圈;6-中间钢衬圈;7-不锈钢滑板;8-聚四氟乙烯板;9-沉头螺钉;10-螺栓;11-钢套筒;12-预埋螺栓;13-铜垫块;14-顶紧螺丝;15-沉头螺钉;16-聚四氟乙烯垫;17-紧固螺栓;18-钢紧箍圈;19-螺栓;20-下支座板

143

2. 盆式橡胶测力支座

盆式橡胶支座中的橡胶板在钢盆中承压时,具有各向同性的特点,橡胶中各部分的压力均匀分布,而且橡胶的正压力与橡胶对盆环的侧压力是基本相同的,因此可以想办法通过测定钢盆中橡胶的应力,求得盆式橡胶支座实际承受支反力的大小。20世纪80年代联邦德国曾在盆式橡胶支座的橡胶中形成一个特种油腔,然后利用油腔中油压变化来测定支座反力,取得了满意的效果。图1-4-12为联邦德国Bauer-bach桥上使用的盆式橡胶测力支座的构造图。

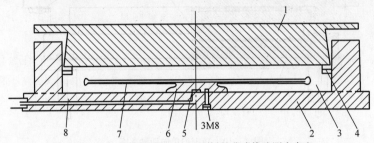

图1-4-12 联邦德国Bauer-bach桥的盆式橡胶测力支座
1-上支座板;2-下支座板;3-承压橡胶板;4-紧箍圈;5-O型密封圈套;6-钢衬板;7-油腔;8-导管

三、特殊设计的支座

1. 球形支座

球形支座是在盆式橡胶支座的基础上发展起来的一种新型桥梁支座。随着桥梁技术的发展,大量的弯桥和宽桥的出现,20世纪70年代初国外就研制成球形支座,它的设计转角可远大于盆式橡胶支座,支座的转角分为5级(rad):0.02~0.06rad。设计反力分为29级(kN):从1500~60000kN。通常顺桥向位移量分为6级:±50mm、±100mm、±150mm、±200mm、±250mm、±300mm;双向活动支座的横桥向位移量为±40mm,单向活动支座的横桥向位移量为±3mm。位移量可根据实际需要进行调整。我国也在上海南浦大桥斜拉桥主桥上采用了10000kN的球形固定支座,设计转角达0.042rad;1991年又在北京市西厢道路工程广安门、天宁寺和菜户营等立交桥上广泛使用了3000~12500kN的球形支座,目前球形支座已在国内城市立交桥及公路桥梁上广泛采用。

图1-4-13为球形支座的构造示意图。它由上支座板(含不锈钢板)、平面聚四氟乙烯滑板、球冠衬板、球面聚四氟乙烯滑板、下支座板、防尘结构等组成。

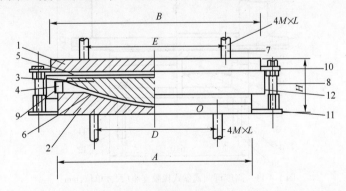

图1-4-13 球形支座构造示意
1-上支座板;2-下支座板;3-钢衬板;4-钢挡圈;5-平面聚四氟乙烯滑板;6-球面聚四氟乙烯滑板;7-锚固螺栓;8-连接螺栓;9-橡胶防尘条;10-上支座连接板;11-下支座连接板;12-防尘板

球冠衬板是球形支座的核心,它的平面部分开有镶嵌聚四氟乙烯滑板的凹槽,用以固定平面聚四氟乙烯滑板。球面部分必须保证球面半径及球面度符合设计要求,通常球面度为球面聚四氟乙烯滑板直径的万分之三。球面表面镀以工作性铬层,其厚度约为 $80\sim100\mu m$。球面的加工精度将直接影响支座的转动性能。支座的转角通过球冠衬板与球面聚四氟乙烯滑板之间的滑动来实现。球冠衬板凸球面,可采用包覆不锈钢板或电镀硬铬处理。对于处于严重腐蚀环境桥梁上的支座,宜采用球面包覆不锈钢滑板。

下支座凹板由钢板或铸件制成,主要起固定球面聚四氟乙烯滑板的作用,并将支座反力分散传递到桥墩、桥台上。

平面聚四氟乙烯滑板和球面聚四氟乙烯滑板是支座的主要滑动部件,在聚四氟乙烯滑板表面用专用模具压制成硅脂贮油坑,支座使用 5201-2 优质硅脂润滑剂,以减小聚四氟乙烯滑板的滑动摩擦及磨耗。平面聚四氟乙烯滑板与上支座板的不锈钢板之间的滑动能满足支座的位移需要,其工作原理与盆式橡胶支座完全一致。

上支座板用普通钢板或铸钢制成,上支座板与聚四氟乙烯滑板接触面处,用氩弧焊焊上一块 1Cr18Ni9Ti 精轧不锈钢板,并要求不锈钢板表面平面度不大于聚四氟乙烯滑板直径的万分之三,以保证支座的摩擦系数不超过 0.03。

橡胶密封圈及防尘罩的作用为防止灰尘侵入聚四氟乙烯滑板表面,以免影响支座的滑动性能。

球形支座具有承受额定竖向荷载并能各向转动的功能,一般按其水平向位移特性分为:双向活动支座、单向活动支座和固定支座。其构造形式见图 1-4-14。

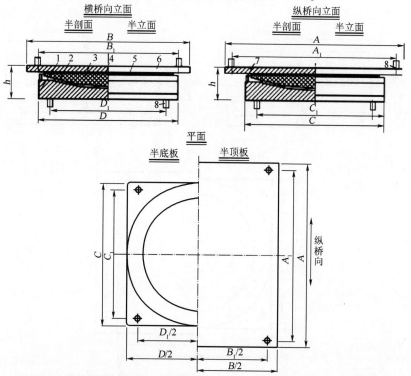

1-下底盆;2-球面聚四氟乙烯滑板;3-球型钢衬板;4-圆形平面聚四氟乙烯板;5-平面不锈钢板;
6-上顶板;7-钢挡圈;8-锚固螺栓

a)

图 1-4-14

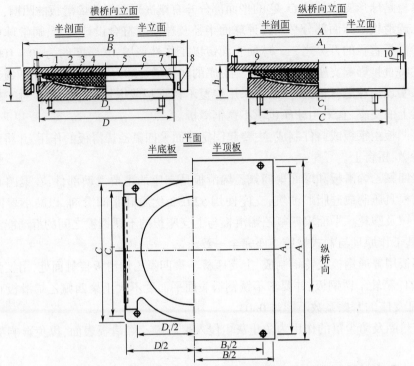

1-下底盆；2-球面聚四氟乙烯滑板；3-球型钢衬板；4-圆形平面聚四氟乙烯板；5-平面不锈钢板；6-上顶板；7-侧向滑条；8-不锈钢侧向滑条；9-钢挡侧；10-锚固螺栓

b)

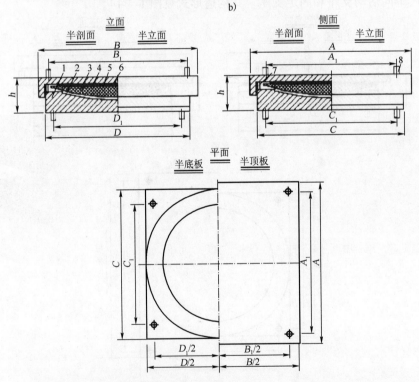

1-下底盆；2-球面聚四氟乙烯滑板；3-球面钢衬板；4-上顶板；5-平面聚四氟乙烯板；6-不锈钢板；7-防尘密封圈；8-锚固螺栓

c)

图1-4-14 球形支座的三种形式

a)双向活动支座结构示意；b)单向活动支座结构示意；c)固定支座结构示意

球型支座与盆式橡胶支座的主要区别在于:盆式橡胶支座通过钢盆中橡胶的转动来满足梁体转角的需要,由于橡胶的转动反力矩与橡胶直径、厚度和硬度有关,因此在支座转动时,随着支座转角的变化,支座的转动反力矩相应发生变化,而且支座橡胶厚度有一定限制,一般为橡胶直径的1/15~1/10,因此盆式橡胶支座的设计转角一般为0.02rad;球型支座则通过球冠衬板与球面聚四氟乙烯滑板之间的滑动来满足支座转角的需要,因此只要支座克服了球冠衬板与球面聚四氟乙烯滑板之间的滑动摩擦系数,支座就可以发生转动,此时转角的大小与转动力矩无关。因此球型支座可适应各种转角的需要。

球型支座具有以下优点:

(1)球型支座通过球面传力,不出现力的缩颈现象,因而作用到支承混凝土上的反力比较均匀。

(2)球型支座的转动力矩小。转动力矩只与支座的球面半径及聚四氟乙烯滑板的滑动摩擦系数有关、与支座转角的大小无关,因此特别适用于大转角的支座,设计转角可达0.06rad。

(3)球型支座各向转动性能一致,适用于曲线桥和宽桥。

(4)球型支座不再使用橡胶承压,不存在橡胶变硬或老化等对支座转动性能的影响,特别适用于低温地区。

目前球型支座已在国内独柱支承的连续弯板结构、独柱支承的连续弯箱梁结构、双柱支承的连续T构及大跨度斜拉桥中广泛应用。

2.拉力支座

在连续梁桥、悬臂梁桥、斜桥、宽悬臂翼缘箱梁桥以及小半径曲线桥上,因荷载的作用,在某些支点上会产生拉力,在这种情况下,必须设置能抗拉且能承受相应的转动和水平位移的支座。

球型钢支座、盆式和板式橡胶支座都能变更功能作为拉力支座,这种变更既可用于固定支座,还可用于活动支座。板式橡胶拉压支座(图1-4-15)能够用于拉力较小的桥梁,对反力较大的桥梁,则用球型抗拉钢支座或盆式拉力支座更合适。但是,支座拉力超过1000kN时,上述结构不经济。

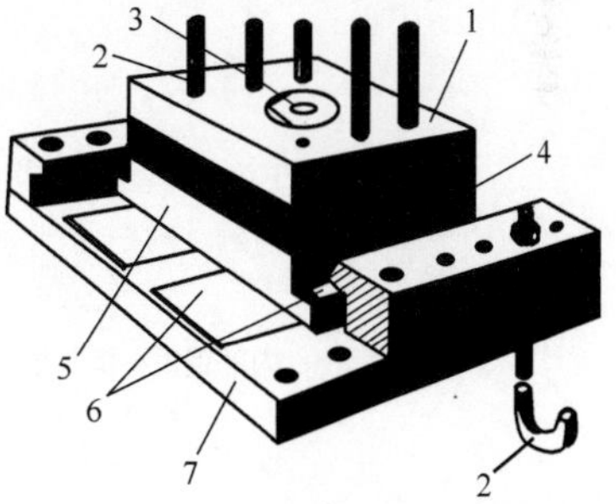

3.抗震支座

地震地区的桥梁支座不仅应满足支承要求,同时应具有减震、防震等多种功能。

按抗震要求设计的支座必须具有抵抗地震力的能力;而减、隔震支座的作用是尽可能地将结构或部件与可能引起破坏的地震地面运动分开,以大大减小传递到上部结构的地震力和能量。

图1-4-15 板式橡胶拉压支座
1-上支座板;2-锚筋;3-受拉螺栓;4-承压橡胶块;5-滑板;6-奥氏体钢;7-下支座板

目前国内主要的减、隔震支座和抗震支座的类型有抗震型球形钢支座、铅芯橡胶支座和高阻尼橡胶支座。

抗震型球形钢支座(图1-4-16)是通过变更上下支座板的构造形式,以保证满足常规支座要求外,还能承受地震时的反复荷载及满足防落梁要求。

铅芯橡胶支座(图1-4-17)是在多层橡胶支座中插入铅芯,当多层橡胶产生剪切变形时,利用铅芯的塑性变形吸收能量。

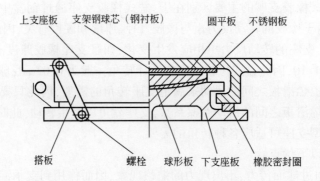

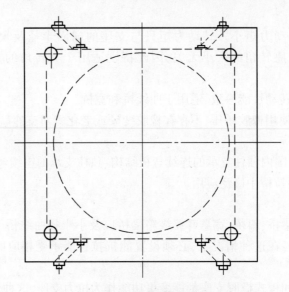

图1-4-16 KQGZ抗震型球形钢支座结构示意图

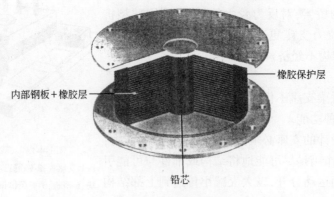

图1-4-17 铅芯橡胶支座

高阻尼橡胶支座由特殊配制的具有较高耗能能力的橡胶材料代替普通橡胶支座中的氯丁橡胶、天然橡胶等常用材料制作而成。该支座的特点是滞回环面积较大,具有较大的吸收地震能量的能力。

桥梁下部

臨江集劍

第一章 桥梁的墩台

第一节 概 述

桥梁墩(台)主要由墩(台)帽、墩(台)身和基础三部分组成(图2-1-1)。

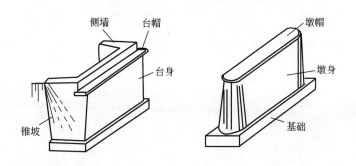

图2-1-1 梁桥重力式墩台

　　桥梁墩、台的主要作用是承受上部结构传来的作用,并通过基础又将此作用及本身自重传递到地基上。桥墩一般是指多跨桥梁的中间支承结构物,它除承受上部结构的竖向力、水平力和弯矩外,还要承受流水压力、风力以及可能出现的地震力、冰压力、船只、排筏或漂浮物的撞击力。桥台除了是支承桥跨结构的结构物之外,它又是衔接两岸线路的构筑物;它既要能挡土护岸,又要能承受台背填土及填土上车辆荷载所产生的附加侧压力。因此,桥梁墩、台不仅本身应具有足够的强度、刚度和稳定性,而且对地基的承载能力、沉降量,地基与基础之间的摩阻力等也都提出一定的要求,以避免在这些因素作用下有过大的水平位移、转动或者沉降发生。这点对超静定结构桥梁尤为重要。

　　当前,世界各国的桥梁建设都在迅速发展,这不仅反映在上部结构的造型新颖上,而且也反映在下部结构向轻型合理的方向发展上。近些年来,国内外出现了不少新颖桥梁墩台,尤其是在桥墩形式上显得更为突出,它把结构上的轻巧合理和艺术造型上的美观统一起来。例如,对于大跨径的桥墩,既要考虑墩身的轻巧,又要考虑能有利于上部结构的受力和施工,以达到节约材料和整个工程造价,于是便创造出 X 形墩、V 形墩等各种优美的立面形式(图2-1-2)。

　　其次,对于城市的立交桥,为了能在上面承托较宽的桥面,在下面能减小墩身和基础尺寸,在地面以上给人以艺术的享受和美化城市,常常将桥墩在横方向上做成独柱式或排柱式[图2-1-3a)、b)]、倾斜式[图2-1-3c)]、双叉形[图2-1-3d)]、T形、V形[图2-1-3e)、f)]等多种多样的桥墩形式。

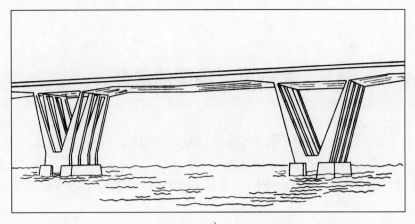

a)

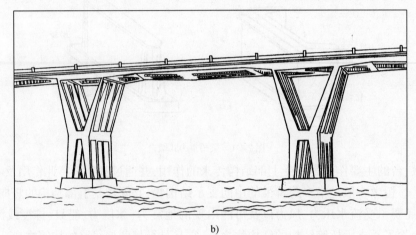

b)

图 2-1-2　X 形和 V 形桥墩

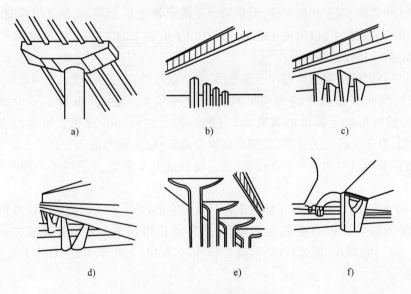

图 2-1-3　各种轻型桥墩形式

第二节 桥 墩

一、重力式桥墩

这类墩的主要特点是靠自身重量来平衡外力、保持其稳定。因此,墩身比较厚实,自身刚度大,可不用钢筋,而用天然石材或片石混凝土砌筑。它适用于作用较大的大、中型桥梁或流冰、漂浮物较多的河流中。在砂石料方便地区,小桥也往往采用它。其缺点是数量大、自重大,因而要求地基承载力高。此外,阻水面积较大。

在公路梁桥和拱桥上,重力式桥墩用得比较普通。它们除在墩帽构造上有所差别外,其他部分的构造外形大致相同。因此,有关这类桥墩的构造问题,放在梁桥桥墩里详细介绍,而对拱桥桥墩只略述它们的特点。

(一)梁桥重力式桥墩

1. 墩帽

墩帽是桥墩顶端的传力部分,它通过支座承托着上部结构,并将相邻两孔桥上的恒载和活载传到墩身上,应力较集中。因此,墩帽的强度要求较高,一般采用 C25 以上的混凝土或钢筋混凝土做成。墩帽平面尺寸的合理确定,将直接影响墩身的平面尺寸和材料的选用。例如,当顺桥向的墩帽宽度较小,而桥墩又较高时,墩身就显得很薄,因此需要采用钢筋混凝土结构。另一方面,如果墩身在横桥向的长度较小,或者做成柱子的形式,那么又会反过来影响着墩帽(或称为帽梁)的受力和尺寸及其配筋数量。因此,精心地拟定墩帽尺寸对整个桥墩设计具有重要意义。《公路圬工桥涵设计规范》(JTG D61—2005)规定,墩帽的厚度,对于大跨径的桥梁不得小于 0.50m;对于中小跨径的桥梁不得小于 0.4m。其顶面常做成 10% 的排水坡。墩帽的四周比墩身出檐 50~100mm,并在其上做成沟槽形滴水(图 2-1-4)。

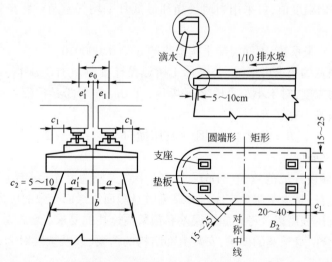

图 2-1-4　墩帽构造尺寸(尺寸单位:cm)

墩帽的平面形状应与墩身形状相配合。墩帽的平面尺寸首先应满足桥梁支座布置的需要,它可按下式确定:

顺桥向的墩帽宽度 b(图 2-1-4):

$$b \geqslant f + \frac{a}{2} + \frac{a'}{2} + 2c_1 + 2c_2$$

$$f = e_0 + e_1 + e_1' \geqslant \frac{a}{2} + \frac{a'}{2}$$

式中：f——相邻两跨支座的中心距；

e_1、e_1'——各该桥跨结构伸过支座中心线的长度；

a、a'——各该桥跨结构支座垫板顺桥向宽度；

c_1——顺桥向支座垫板至墩身边缘最小距离；见表2-1-1及图2-1-4；

支座边缘到台、墩身边缘的最小距离（m） 表2-1-1

跨径 l (m)	桥 向		
	顺桥向	横桥向	
		圆弧形端头（自支座边角量起）	矩形端头
$l \geqslant 150$	0.30	0.30	0.50
$50 \leqslant l < 150$	0.25	0.25	0.40
$20 \leqslant l < 50$	0.20	0.20	0.30
$5 \leqslant l < 20$	0.15	0.15	0.20

注：1. 采用钢筋混凝土挑臂式墩台帽时，上述最小距离为支座至墩台帽边缘的距离。
2. 跨径100m以上的桥梁，应按实际情况决定。

c_2——檐口宽度，50~100mm；

e_0——伸缩缝，中小桥为20~50mm，大跨径桥梁可按温度变化及施工放样、安装构件可能出现的误差等确定；温度变化引起的变位为：

$$e_0 = l \cdot t \cdot \alpha$$

式中：l——桥梁的计算长度；

t——温度变化幅度值，可采用当地最高和最低月平均气温及桥跨浇筑完成时的温度计算决定；

α——材料线膨胀系数，钢筋混凝土构造物的 α 为0.000010。

对墩身最小顶宽的要求可根据《公路圬工桥涵设计规范》（JTG D61—2005）有关规定，一般情况墩帽纵桥向宽度，对于小跨径桥梁不得小于1.0m；中等跨径桥梁不宜小于1.0~1.2m。

横桥向的墩帽最小宽度 B：

$$B = 两侧主梁间距 + 支座横向宽度 + 2c_1 + 2c_2$$

式中：c_1、c_2——意义同前式。

《公路圬工桥涵设计规范》（JTG D61—2005）中对支座边缘至墩（台）身边缘的最小距离所作规定的目的是：一是为了避免支座过分靠近墩身侧面边缘而导致的应力集中；二是为了提高混凝土的局部抗压强度以及考虑施工误差和预留锚栓孔的要求。墩帽宽度除了满足上式的要求以外，还应符合墩身顶宽的要求，安装上部结构的需要，以及抗震时为设防措施所需要的宽度。

对于大、中跨径的桥梁，在墩帽内应设置构造钢筋；小跨径桥梁除在严寒地区外，可以不设置构造钢筋。钢筋直径一般为8~16mm，采用间距为150~250mm的网格布置。另外在支座支承垫板的局部范围内设置1~2层钢筋网，其平面分布尺寸约为支承垫板面积的2倍，钢筋直径为8~12mm，网格间距为50~100mm，这样使支座传来很大的集中力能较均匀地分布到墩身上。

在同一座桥墩上,当支承相邻两孔桥跨结构的支座高度不相同时,就应在墩顶上设置用钢筋混凝土制成的支承垫石来调整(一般垫石用 C25~C30 以上混凝土,个别的也有用石料制成)。在钢筋混凝土梁式大中桥墩台顶帽上可设置钢筋混凝土支承垫石,其上安放支座,以更好分布压力。支承垫石的平面尺寸、配筋数量,可根据桥跨结构压力大小、支座底板尺寸大小、混凝土设计强度和标准强度等确定。一般垫石比支座底板每边大 150~200mm,垫石厚度为其长度的 1/3~1/2。图 2-1-5 为普通墩帽和具有支承垫石墩帽的钢筋构造示例。

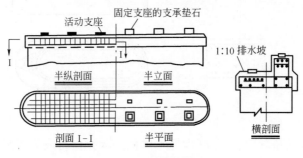

图 2-1-5 墩帽钢筋构造

当桥面较宽时,为了节省桥墩圬工,减轻结构自重,可选用挑臂式钢筋混凝土墩帽(图 2-1-6)。

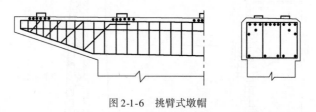

图 2-1-6 挑臂式墩帽

挑臂式墩帽采用 C25 以上混凝土。墩帽的长度和宽度视上部构造的形式和尺寸,支座的尺寸和距离及上部构造大梁的施工吊装要求等条件而定;墩帽的高度视受力大小和钢筋排列的需要而定;悬出部分高度向两端可逐渐缩小,悬臂两端的最小高度不小于 0.3~0.4m。

2. 墩身

墩身是桥墩的主体。常用 C20 或大于 C20 的片石混凝土浇筑,或用浆砌块石、料石,也可用混凝土预制块砌筑。重力式桥墩墩身的顶宽:对于小跨径桥不宜小于 0.8m(采用轻型桥台的桥梁的桥墩不宜小于 0.6m),对中等跨径桥不宜小于 1.0m,对大跨径桥的墩身顶宽,视上部构造类型而定。侧坡一般采用 20∶1~30∶1(竖∶横),小跨径桥的桥墩也可采用直坡。

为了便于水流和漂浮物通过,墩身平面形状可以做成圆端形[图 21-1-7a)]或尖端形[图 21-1-7b)];在水流与桥梁斜交或流向不稳定时,宜做成圆形[图 2-1-7c)],无水的岸墩或高架桥墩可做成矩形[图 2-1-7d)]。在有强烈流水或大量漂浮物的河道(冰厚大于 0.5m、流冰速度大于 1m/s)上,桥墩的迎水端应做成破冰棱体[图 2-1-7e)],破冰棱的设置范围,应从最低流冰水位以下 0.5m 到最高流冰水位以上 1m 处,混凝土破冰凌在迎冰表面应埋设钢板或角钢。破冰凌与桥墩应构成一体,自基地或承台至最高流冰水位以上 1.0m 处,混凝土墩台应避免设水平施工缝,当不可避免时,其结合面应用型钢或钢筋加强。破冰凌的倾斜度宜为 3∶1~10∶1(竖∶横)。

当河流属于中等流冰情况(冰厚 0.3~0.4m,流速不大于 1.2m/s)或河道上经常有大量漂浮物时,对于混凝土重力式桥墩的迎水面可以直径 10~12mm 的钢筋加强,钢筋的垂直间距为 100~200mm,水平距离约为 200mm(图 2-1-8)。

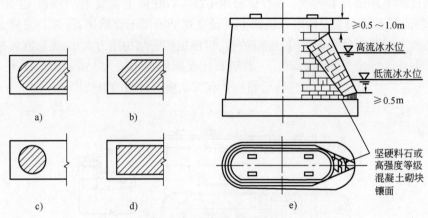

图 2-1-7 墩身平面及破冰棱

此外,在一些高大的桥墩中,为了减少圬工体积,节约材料,或为了减轻自重,降低基底的承压应力,也可将墩身内部作为空腔体,即所谓空心桥墩。这种桥墩在外形上与实体重力式桥墩无大的差别(图 2-1-9),只是自重比实体重力式的轻,介于重力式与轻型桥墩之间。

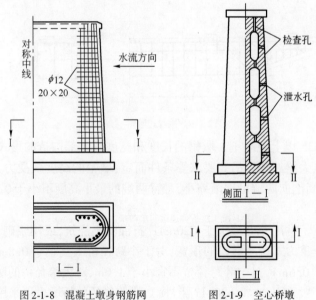

图 2-1-8 混凝土墩身钢筋网　　图 2-1-9 空心桥墩

空心桥墩在构造尺寸上应符合下列规定。

(1)墩身混凝土一般为 C20~C30,最小壁厚一般在 0.3~0.5m。

(2)墩身内应设横隔板或纵、横隔板,以加强墩壁的局部稳定。

(3)空心墩台应设置壁孔,在墩台身周围交错布置,其尺寸或直径宜为 0.2~0.3m;墩顶实体段以下应设置带门的进入洞或相应的检查设备。

空心桥墩抵抗碰撞的能力较差。因此,在通航、有流筏、流冰以及流速大并带有撞击磨损物质的河流上,不宜采用。

3. 基础

基础是介于墩身与地基之间的传力结构。基础的种类很多,在本篇第二、三、四章中予以介绍。

(二)拱桥重力式桥墩

拱桥是一种推力结构,拱圈传递给桥墩上的力,除了垂直力以外,还有较大的水平推力,这是与梁桥的最大不同之处。从抵御恒载水平力的能力来看,拱桥桥墩又可以分为普通墩和单向推力墩两种。普通墩除了承受相邻两跨结构传来的垂直反力外,一般不承受恒载水平推力,或者当相邻孔不相同时,只承受经过相互抵消后尚余的不平衡推力。单向推力墩又称为制动墩,它的主要作用是在它的一侧的桥孔因某种原因遭到毁坏时,能承受住单向的恒载水平推力,以保证其另一侧的拱桥不致遭到倾坍。另外施工时为了拱架的多次周转,或者当缆索吊装设备的工作跨径受到限制时,为了能按桥台与某墩之间或者按某两个桥墩之间作为一个施工段进行分段施工,也要设置能承受部分恒载单向推力的制动墩。由此可见,为了满足结构强度和稳定的要求,普通墩的墩身可以做得薄一些[图2-1-10a)~c)],单向推力墩则要做得厚实一些[图2-1-10d)、e)]。

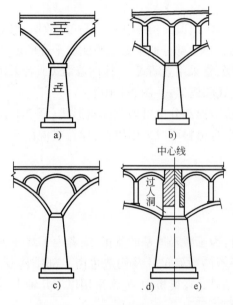

图 2-1-10 拱桥普通墩与单向推力墩

其次,拱桥与梁桥重力式桥墩相比,拱桥桥墩在构造上还有以下的特点:

1. 拱座

拱桥桥墩与梁桥桥墩的一个不同点是:梁桥桥墩的顶面要设置传力的支座,且支座距顶面边缘保持一定的距离;而无支架吊装的拱桥桥墩则在其顶面的边缘设置呈倾斜面的拱座,直接承受由拱圈传来的压力。故无铰拱的拱座总是设计成与拱轴线呈正交的斜面。由于拱座承受着较大的拱圈压力,故一般采用C20以上的整体式混凝土、混凝土预制块或40号以上的块石砌筑。肋拱桥的拱座由于压力比较集中,故应用高强度等级混凝土及数层钢筋网加固;装配式的肋拱及双曲拱桥的拱座,也可预留供插入拱肋的孔槽(图2-1-11)。就位以后再浇灌混凝土封固。为了加强肋底与拱座的联结,底部可设U形槽浇筑混凝土,混凝土强度等级应不低于C25。有时孔底或孔壁还应增加一些加固钢筋网。

2. 拱座的位置

当桥墩两侧孔径相等时,则拱座均设置在桥墩顶部的起拱线高程上,有时考虑桥面的纵坡,两侧的起拱线高程可以略有不同。当桥墩两侧的孔径不等,恒载水平推力不平衡时,将拱座设置在不同的起拱线高程上。此时,桥墩墩身可在推力小的一侧变坡或增大边坡。从外形美观上考虑,变坡点一般设在常水位以下(图 2-1-12)。墩身两侧边坡和梁桥的一样,一般也为 20∶1 ~ 30∶1。

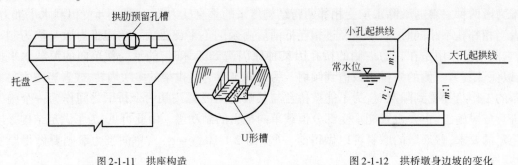

图 2-1-11　拱座构造　　　　　　　　　　图 2-1-12　拱桥墩身边坡的变化

3. 墩顶以上构造

由于上承式拱桥的桥面与墩顶顶面相距有一段高度,故墩顶以上结构常采用几种不同形式。对于实腹式石拱桥,其墩顶以上部分通常做成与侧墙平齐的形式[图 2-1-10a)]。对于空腹式石拱桥或双曲拱桥的普通墩,常采用立墙式、立柱加盖梁式或者采用跨越式[图 2-1-10b)、c)]。对于单向推力墩常采用立墙式和框架式[图 2-1-10d)、e)]。

为了缩减墩身长度,拱桥墩顶部分也可做成托盘形式(图 2-1-11)。托盘可采用 C25 素混凝土,或仅布置构造钢筋。墩身材料可以采用块石、片石或混凝土预制块砌筑,也可用片石混凝土浇筑。

二、轻型桥墩

(一)梁桥轻型桥墩

当地基土质条件较差时,为了减轻地基的负担,或者为了减轻墩身重量,节约圬工材料,常采用各种轻型桥墩。轻型桥墩的墩帽尺寸及构造也由上部结构及其支座的尺寸等要求来确定,这与重力式桥墩无多大差异。在梁桥中,通常采用以下几种类型。

1. 钢筋混凝土薄壁桥墩

图 2-1-13 所示为钢筋混凝土薄壁桥墩,其高度一般不大于 7m,墩身厚度约为高度的 1/15,即 0.30 ~ 0.50m。一般配用托盘式墩帽,其两端为半圆头。墩身材料采用 C20 以上的混凝土。根据外力作用情况,沿墩身高度配置适量钢筋。

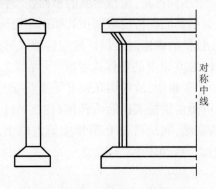

图 2-1-13　钢筋混凝土薄壁桥墩

薄壁桥墩的特点是圬工体积小,结构轻巧,比重力式桥墩可节约圬工量70%左右,且施工简便,外形美观,过水性良好,故适用于地基土软弱的地区。它的缺点是,当采用现浇混凝土时,需耗费用于立模的支架材料和一定数量的钢筋。

2. 柱式桥墩

柱式桥墩是目前公路桥梁中广泛采用的桥墩形式,其结构特点是由分离的两根或多根立柱(或桩柱)所组成。它的外形美观,线条简捷、明快,圬工体积小,自重小。柱式桥墩主要有单柱式、双柱式、哑铃式及混合双柱式等形式(图2-1-14)。在桥宽较大的城市桥和立交桥中,则常采用多柱式桥墩。

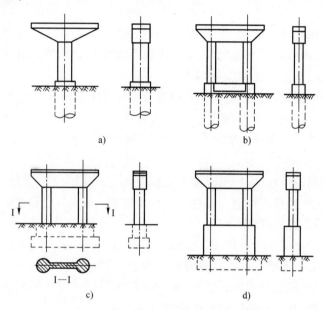

图 2-1-14 柱式桥墩
a)单柱式;b)双柱式;c)哑铃式;d)混合双柱式

单柱式桥墩[图2-1-14a)],适用于水流与桥轴线斜交角大于15°的桥梁,或河流急弯,流向不固定的桥梁,在具有抗扭刚度的上部结构中,这种单根立柱还能一起参与承受上部结构的扭力。在水流与桥轴斜交角小于15°,仅有较小的漂流物或轻微的流冰河流中,可采用双柱式或多柱式墩,配以钻孔灌柱桩基础,具有施工便利、速度快、圬工体积小、工程造价低和比较美观等优点[图2-1-14b)]。在有较多的漂流物或较严重的流冰河流上,当漂流物卡在两柱中间可能使桥梁发生危险,或有特殊要求时,双柱间加做0.4～0.6m厚的横隔墙,成为哑铃式桥墩[图2-1-14c)]。在有较严重的漂流物或流冰的河流上,当墩身较高时,可把高水位以上的墩身做成双柱式,高水位以下部分做成实体式的混合双柱式墩[图2-1-14d)],这样既减少了水上部分的圬工体积,也增加了抵抗漂流物的能力。

3. 柔性排架桩墩

柔性排架桩墩是由单排或双排的钢筋混凝土桩与钢筋混凝土盖梁连接而成(图2-1-15)。其主要特点是,可以通过一些构造措施,将上部结构传来的水平力(制动力、温度影响力等)传递到全桥的各个柔性墩台,或相邻的刚性墩台上,以减少单个柔性墩所受到的水平力,从而达到减小桩墩截面的目的。由于其材料用量省,修建简单,在我国各地特别是平原地区应用较为广泛。

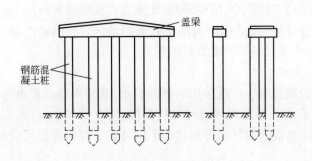

图 2-1-15 柔性排架桩墩

柔性排架桩墩多用在墩高度 5.0~7.0m,跨径一般不宜超过 13m 的中、小型桥梁上。因排架桩墩的尺寸较小,所以对于山区河流、流冰或漂流物严重的河流,墩柱易被损坏,故不宜采用。对于石质或砾石河床,沉入桩也不宜采用。

柔性排架桩墩分单排架和双排架墩。单排架墩一般适用于高度不超过 4.0~5.0m。桩墩高度大于 5.0m 时,为避免行车时可能发生的纵向晃动,宜设置双排架墩;当受桩上荷载或支座布置等条件限制不能采用单排架墩时,也可采用双排架墩。当采用钻孔灌注桩时,可采用单排架墩。

柔性排架桩墩适用的桥长,应根据温度变化幅度确定,一般为 50~80m。温差大的地区桥长应短些,温差小的地区桥长可以适当长些。桥长超过 50~80m。受温度影响很大,需要设置滑动支座或设置刚度较大的温度墩。

桩与桩之间的中距不应小于桩径的 3 倍或 1.5~2.0m。盖梁一般为矩形截面,单排桩盖梁的宽度为 0.6~0.8m。盖梁高度对各种跨径和单、双排架桩均采用 0.4~0.5m。如果采用钻孔灌注桩排架墩,其桩的直径不宜大于 0.9m,桩间距离不少于 2.5 倍的成孔直径,其盖梁的宽度一般比桩径大 0.1~0.2m,高度应根据受力情况拟定。

(二)拱桥轻型桥墩

拱桥桥墩上采用的轻型桥墩,一般是为了配合钻孔灌注桩基础的桩柱式桥墩。从外形上看,它与梁桥上的桩柱式桥墩非常相似(图 2-1-16)。其主要差别是:在梁桥墩帽上设置支座,而在拱桥墩顶部分则设置拱座。桩墩较高时,应在桩间设置横系梁以增强桩柱刚性。桩柱式桥墩一般采用单排桩,跨径在 40~50m 以上的高墩,可采用双排桩[图 2-1-16b)]。在桩顶设置承台,与墩柱联成整体。如果桩与柱直接连接,则应在接合处设置横系梁。若柱高大于 6~8m 时,还应在柱的中部设置横梁。

在采用轻型桥墩的多孔拱桥中,每隔 3~5 孔应设单向推力墩。当桥墩较矮或单向推力不大时,可以考虑一些轻型的单向推力墩,其特点是阻水面积小,并可节约圬工体积。轻型的单向推力墩形式有:

1. 带三角杆件的单向推力墩

这种桥墩的特点是在普通墩的墩柱上,从两侧对称地增设钢筋混凝土斜撑和水平拉杆,用来提高抵抗水平推力的能力[图 2-1-17a)]。为了提高构件的抗裂性,可以采用预应力混凝土结构。这种桥墩只在桥不太高的旱地上采用。

2. 悬臂式单向推力墩

悬臂式单向推力墩的工作原理是:当该墩的一侧桥孔遭到破坏以后,可以通过另一侧拱座上的竖向分力与悬臂所构成的稳定力矩来平衡由拱的水平推力所导致的倾覆力矩

[图 2-1-17b)]。这种形式适用于两铰双曲拱桥。但由于墩身较薄,在受力后悬臂端会有一定位移,因而对于无铰拱说来会有附加内力产生。

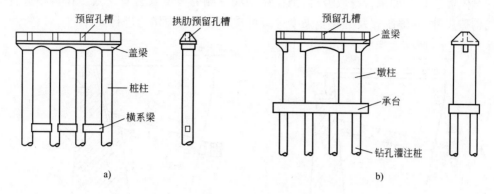

图 2-1-16 拱桥桩柱式桥墩

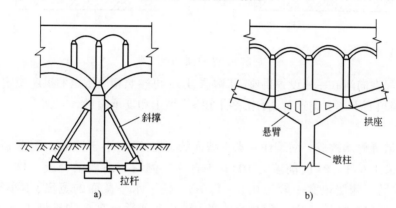

图 2-1-17 拱桥轻型单向推力墩

第三节 桥 台

一、重力式桥台

梁桥和拱桥上常用的重力式桥台为 U 形桥台,它们是由台帽、台身和基础三部分组成。由于台身是前墙和两个侧墙构成的 U 字形结构,故而得名。其构造示意图见 2-1-18a)、b)。从图中比较可以看出,二者除在台帽部分有所差别外,其余部分基本相同;从尺寸上看,拱桥桥台一般较梁桥要大。U 形桥台墙身多数为石砌圬工,适用于填土高度为 4.0~10.0m 的单孔及多孔桥。它的结构简单,基础底承压面大,应力较小。但圬工体积较大,两侧墙间的填土容易积水,除增大土压力外并易受冻胀,而使侧墙裂缝。所以桥台中间多用骨料或渗水性土填筑,并要求设置较完善的排水设备,如隔水层及台后排水盲沟等较完善的排水设备,避免填土中积水。

下面叙述 U 形桥台的各部分构造。

(一) 台帽

梁桥台帽的构造和尺寸要求与相应的桥墩墩帽有许多共同之处,不同的是台帽顶面只设单排支座,在另一侧则要砌筑挡住路堤填土的矮雉墙,或称为背墙。背墙的顶宽,对于片石砌体不得小于0.5m,对于块石、料石砌体及混凝土砌体不宜小于0.4m。背墙一般做成垂直的、并与两侧侧墙连接。如果台身放坡时,则在靠路堤一侧的坡度与台身一致。在台帽放置支座部分的构造尺寸、钢筋配置及混凝土强度等级可按相应的墩帽构造进行设计。

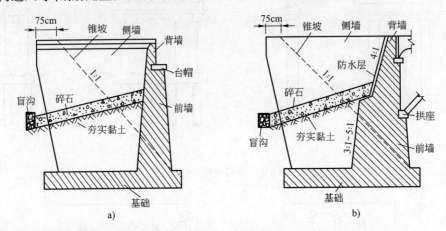

图 2-1-18 U形桥台

拱桥桥台只在向河心一侧设置拱座,其构造、尺寸可参照相应桥墩的拱座拟定。对于空腹式拱桥,在前墙顶面上还要砌筑背墙,用来挡住路堤填土和支承腹拱。

(二) 台身

台身由前墙和侧墙构成。前墙任一水平截面的宽度,不宜小于该截面至墙顶高度的0.4倍,背坡一般采用6:1~8:1,前坡为10:1或直立。侧墙与前墙结合成一体,兼有挡土墙和支撑墙的作用。侧墙顶宽一般为0.6~1.0m。任一水平截面的宽度,不小于该截面至墙顶高度的0.4倍。侧墙正面一般是直立的,其长度视桥台高度和锥坡坡度而定。前墙的下缘一般与锥坡下缘相齐。因此,桥台越高、锥坡越坦,侧墙则越长。侧墙尾端,应有不小于0.75m的长度伸入路堤内,以保证与路堤有良好的衔接。台身宽度通常与路基同宽(图2-1-19)。

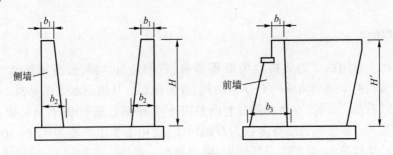

图 2-1-19 U形桥台尺寸

$b_1 \geq 40cm \sim 50cm$(防护墙);$b_1 \geq 60cm \sim 100cm$(侧墙);$b_2 \geq (0.3 \sim 0.4)H$;$b_3 \geq 0.4H$

两个侧墙之间应填以渗透性较好的土壤。为了排除桥台前墙后面的积水,应于侧墙间在略高于高水位的平面上铺一层向路堤方向设有斜坡的夯实黏土作为不透水层,并在黏土层上再铺一层碎石,将积水引向设于台后横穿路堤的盲沟内[图2-1-18a)]。

桥台两侧的锥坡坡度,一般由纵向为1:1逐渐变至横向1:1.5,以便和路堤的边坡一致。锥坡的平面形状为1/4的椭圆。锥坡用土夯实而成,其表面用片石砌筑。

二、轻型桥台

与重力式桥台不同,轻型桥台力求体积轻巧、自重要小,它借助结构物的整体刚度和材料强度承受外力,从而节省材料,降低对地基强度的要求和扩大应用范围。

(一)设有支撑梁的轻型桥台

这种桥台是:台身为直立的薄壁墙,台身两侧有翼墙。常用的形式有八字形和一字形两种(图 2-1-20)。为了节省圬工材料,也可做带耳墙的轻型桥台(图 2-1-21)。八字形的八字墙与台身是设断缝分开的,一字形的翼墙是与台身连成一整体,带耳墙的桥台是由台身、耳墙和边柱三部分组成。

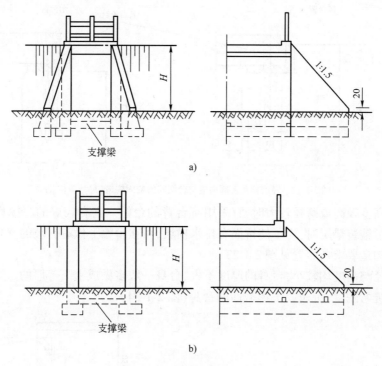

图 2-1-20 轻型桥台

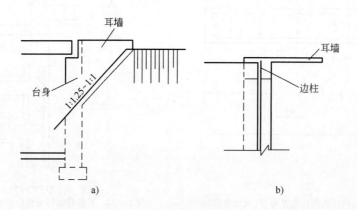

图 2-1-21 带耳墙的轻型桥台
a)立面图;b)平面图

轻型桥台的主要特点是：①利用上部构造及下部的支撑梁作为桥台的支撑，以防止桥台向跨中移动；②整个构造物成为四铰刚构系统；③除台身按上下铰接支承的简支竖梁承受水平土压力外，桥台还应作为弹性地基上的梁加以验算。

为了保持轻型桥台的稳定，除构造物牢固地埋入土中外，还必须保证铰接处有可靠的支撑，故锚固上部块件之栓钉孔、上部构造与台背间及上部构造各块件之间的连接缝均需用与上部构造相同强度等级的小石子混凝土填实。

轻型桥台上部构造与台帽间的锚固构造如图2-1-22所示。台帽上的栓钉孔应按上部构造各块件的相应位置预留，栓钉的直径不小于上部构造主筋的直径，锚固长度为台帽的厚度加上台帽上的三角垫层厚和板厚。

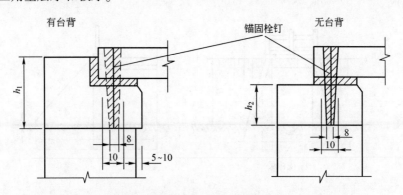

图2-1-22 轻型桥台上部构造与台帽间的锚固构造(尺寸单位：cm)

当填土高度较高或跨径较大时，宜采用有台背的台帽。它有较好的支撑作用。当上部构造不设三角形铺装垫层时，为了使桥面有排水横坡，可在台帽上做有斜坡的三角垫层。轻型桥台台帽钢筋构造要求及布置见图2-1-23。

由于跨径与高度均较小，台身的厚度不大，台身一般多做成上下等厚的。为了增加承受水平土压力的抗弯刚度，可做成T形截面的台身(图2-1-24)。

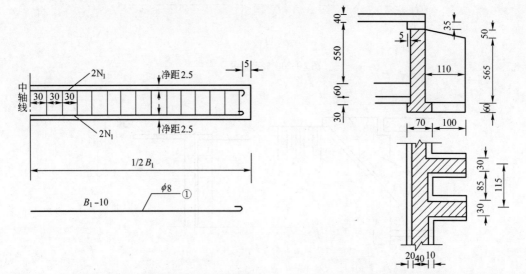

图2-1-23 轻型桥台台帽钢筋构造及布置(尺寸单位：cm)　　图2-1-24 T形截面轻型桥台台身(尺寸单位：cm)

轻型桥台沿基础长度方向应按支承于弹性地基上的梁进行验算，为使基础有较好的整体性，一般采用混凝土基础。当基础长度大于12.0m时，应按构造要求配置钢筋。

(二)埋置式桥台

埋置式桥台是将台身埋在锥形护坡中,只露出台帽在外以安置支座及上部构造(图 2-1-25)。这样,桥台所受的土压力大为减小,桥台的体积也相应减少。但是由于台前护坡是用片石作表面防护的一种永久性设施,存在有被洪水冲毁而使台身裸露的可能,故设计时必须慎重地进行强度和稳定性的验算。

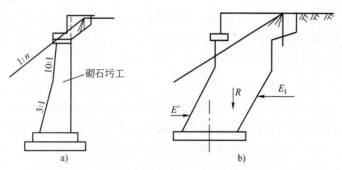

图 2-1-25 埋置式桥台

埋置式桥台不需要侧墙,仅附有短小的钢筋混凝土耳墙。台帽部分的内角到护坡表面的距离不应小于 0.50m,否则应在台帽两侧设置挡板,用以挡住护坡的填土,并防止土、雪等拥入支承平台上去。耳墙与路堤衔接,伸入路堤的长度一般不小于 0.50m。

埋置式桥台实质上属于一种实体重力式桥台。它的工作原理是靠台身后倾,使重心落在基底截面的形心之后,以平衡台后填土的倾覆力矩,减少恒载产生的偏心距,但应注意后倾斜度要适当。这种桥台稳定性好,可用于高达 10m 和 10m 以上的高桥台。

埋置式桥台的缺点是,由于护坡伸入到桥孔,压缩了河道,或者为了不压缩河道,就要适当增加桥长。

三、框架式桥台

框架式桥台是一种配合桩基础的轻型桥台,适用于地基承载力较低,台身较高,跨径较大的桥梁。其构造形式常用的有双柱式(图 2-1-26)、四柱式、墙式(图 2-1-27)、构架式及半重力式等。

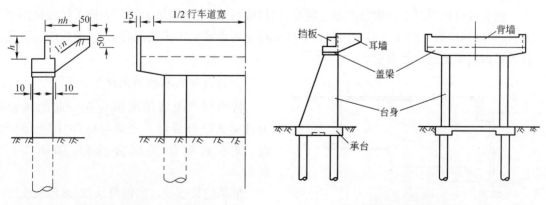

图 2-1-26 双柱框架式桥台(尺寸单位:cm)   图 2-1-27 墙式桥台

双柱式(或四柱式)桥台,为了减少桥台水平位移,也可先填土后钻孔。填土高大于 5m 时,采用墙式或构架式,墙厚一般为 0.4~0.8m,设少量钢筋。半重力式构造与墙式相同,墙较厚，不设钢筋。

框架式桥台均采用埋置式，台前设置溜坡。为满足桥台与路堤的连接，在台帽上部设置耳墙，必要时在台帽前方两侧设置挡板。

四、组合桥台

将桥台本身作为主要承受桥跨结构传来的竖向力和水平力，而台后的土压力由其他结构来承受，这种形式的桥台称为组合式桥台。

（一）锚碇（拉）板式桥台

锚碇板式桥台有分离式和结合式两种形式。分离式锚碇板式桥台台身与锚碇板、挡土结构分开，台身主要承受上部结构传来的竖向力和水平力，由锚碇板承受台后土压力。锚碇板结构由锚碇板、立柱、拉杆和挡土板组成[图2-1-28a)]。桥台与挡土板之间预留空隙（上端做伸缩缝，下端与基础分离），使桥台与挡土板互不影响，各自受力明确，但结构复杂，施工不方便。结合式锚碇板式桥台的构造[图2-1-28b)]，它的挡土板与桥台结合在一起，台身兼作立柱和挡土板，作用在台身的所有水平力假定均由锚碇板的抗拔力来平衡，台身仅承受竖向荷载。结合式结构简单、施工方便，工程量较省，但受力不很明确。若桥台顶位移量计算不准，可能会影响施工和营运。

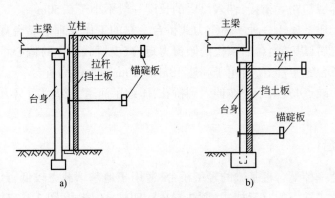

图2-1-28 锚碇（拉）板式桥台构造
a)分离式；b)结合式

锚碇板可用混凝土或钢筋混凝土制作，据试验可知，采用矩形为好。为便于机械化填土作业，锚碇板的层数一般不宜多于两层。立柱和挡土板通常采用钢筋混凝土，锚碇板的位置及拉杆等结构均要通过计算确定。

（二）过梁式和框架式组合桥台

桥台与挡土墙用梁组合在一起的桥台称为过梁式组合桥台。当梁与桥台、挡土墙刚结时，则形成框架式组合桥台，如图2-1-29所示。

框架的长度及过梁的跨径，由地形及土方工程比较确定。组合式桥台越长，梁的材料用量就越多，而桥台及挡土墙的材料数量相应的有所减少。

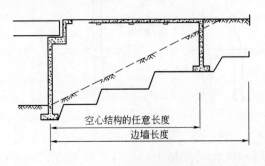

图2-1-29 框架式组合桥台

(三)桥台-挡土墙组合桥台

由轻型桥台支承上部结构,台后设挡土墙承受土压力,台身与挡土墙分离,上端作伸缩缝,使受力明确。当地基比较好时,也可将桥台与挡土墙放在同一个基础之上,如图 2-1-30 所示。这种组合式桥台可以不压缩河床,但构造较复杂,是否经济,需通过比较确定。

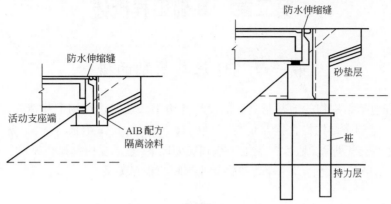

图 2-1-30 桥台-挡土墙组合桥台

(四)后座式组合桥台

图 2-1-31 所示为后座式组合桥台,它由台身和后座两部分组成,台身主要承受竖向力和部分水平力,后座主要承受水平推力。后座多采用重力式 U 形桥台。台身与后座之间必须密切贴合,其间应设置两侧既密贴又可相互自有沉降的隔离缝,以适应两者的不均匀沉降。后座的基底高程,在考虑沉降后应低于拱角截面底缘高程。构造缝必须严格按要求施工,既不能约束后座桥台的垂直位移,又不能使前面部分受力后产生较大的塑性变形;水平推力是由台后土压力和摩阻力来平衡(或者部分平衡),若推力很大不足以平衡时,则按桥台与土壤共同变形来承受水平力。这种结构形式的桥台适用于覆盖层较厚的地质情况,或单向推力较大的拱桥。它能大大减小主体台身的基础工程量,稳定可靠,不会产生很大的水平、竖直位移。

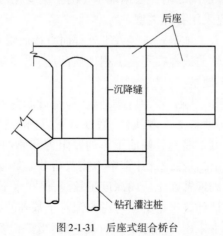

图 2-1-31 后座式组合桥台

第二章 基础工程概述

第一节 地基与基础的概念

基础工程包括结构物的地基与基础的设计与施工。任何建筑物都建造在一定的地层(岩层或土层)上,基础是结构物直接与地层接触的最下部分,其作用是将上、下部结构所传递作用及本身自重等传至地基;地基一般位于基础底面以下,是承受由基础传来的结构物作用的地层。图 2-2-1 示出了桥梁上部、下部、基础及地基间的相互关系。

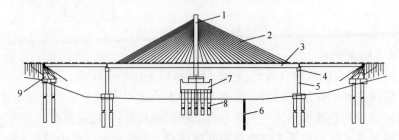

图 2-2-1 桥梁结构各部分面示意图

1-桥塔;2-斜拉索;3-主梁;4-盖梁;5-桥墩;6-地基;7-承台;8-桩;9-桥台 上部结构:2、3;下部结构:1、4、5、7;基础:6、8

地基与基础在各种作用(永久作用、可变作用、偶然作用和地震作用)的作用下,其自身将产生附加应力和变形。为了保证建筑物的正常使用和安全,地基与基础都必须具有足够的强度和稳定性,变形也应在允许范围之内。根据地基土的土层变化情况、上部结构的要求和各种作用特点,地基和基础可相应采用各种类型。

地基可分为天然地基与人工地基。未经人工处理而直接放置基础的天然土层称为天然地基。如果天然地层土质过于软弱或存在不良工程地质问题,需要经过人工加固或处理后才能修筑基础,这种地基称为人工地基。

公路工程、桥涵工程常用的基础形式有:浅基础、深基础和深水基础。浅基础与深基础是根据埋置深度确定的,通常将埋置深度较浅(一般在数米以内),且施工简单的基础称为浅基础;在浅基础的设计计算中,可忽略基础侧面土体的摩阻力和侧向抗力。若浅层土质不良,需将基础置于较深的良好土层上,且在设计计算中不能忽略基础侧面土体的摩阻力和侧向抗力的基础形式称为深基础。基础埋置在土层内深度虽较浅,但在水下部分较深,如深水中桥墩基础,称为深水基础,此时在设计和施工中必须考虑水深对于基础的影响。

桥梁及各种人工构造物常采用天然地基上的浅基础,当需设置深基础时常采用桩基础或沉井基础,在我国公路桥梁建设中,由于桩基础施工简便、适用范围广,因此是目前应用最为广泛的一种深基础形式。基础可由不同材料构筑,目前我国公路建筑物基础大多采用混凝土或钢筋混凝土结构,少部分用钢结构(钢管桩及钢沉井等),在石料丰富的地区,按照就地取材原则,常用石砌基础,只有在特殊情况下(如抢修、建临时便桥)采用木结构。

工程实践表明:建筑物地基与基础的设计和施工质量的优劣,对整个建筑物的质量和正常使用起着根本的作用。基础工程是隐蔽工程,如有缺陷,较难发现,也较难修补,而这些缺陷的存在往往直接影响整个建筑物的使用和安全;基础工程施工由于受到地质条件、水文条件等众多因素的控制,其进度经常控制着整个建筑物的施工进度;基础工程的造价,通常在整个建筑物造价中占相当大的比例,尤其是在复杂的地质条件下或深水中修建基础更是如此。因此,对基础工程必须做到精心设计、精心施工。

地基与基础类型方案的选择应考虑的因素有:
(1)上部构造条件:结构形式、规模、容许沉降等。
(2)地基条件:地基所在地形、地质、水文及地基土层的分布情况等。
(3)施工条件:现有施工机具设备、当地材料供应及运输情况、对已有建筑物及其周围环境的影响。
(4)工期要求。
(5)施工费用。

方案选择的原则是:力争做到使用上安全可靠,施工技术上简便可行,造价上经济合理。因此,基础形式的选择应结合具体情况分析选用,必要时应做出多种方案并进行比较,从中选出较为适宜与合理的设计方案与施工方案。

第二节 基础工程设计、施工所需资料及计算作用的确定

地基与基础设计方案的确定及设计计算中有关参数的选取,需要根据当地的地质条件、水文条件、上部结构形式、作用特性、材料情况及施工要求等因素全面考虑。施工方案和方法的选择也应该结合具体设计要求,根据现场地形、地貌、地质及水文条件、施工机具设备配备情况、施工季节、气候等情况来综合确定。因此,应在事前通过详细的调查研究,掌握必要的、符合实际情况的资料。

一、基础工程设计和施工需要的资料

桥梁的地基与基础在设计及施工开始之前,除了应掌握有关全桥的资料,包括上部结构形式、跨径、作用、墩台结构等及国家颁发的有关桥梁设计和施工技术规范外,还应注意地质、水文资料的搜集和分析,重视土质和建筑材料的调查与试验(表2-2-1),其中各项资料的内容范围可根据桥梁工程规模、重要性及建桥地点工程地质、水文条件的具体情况和设计阶段确定取舍。

基础工程有关设计和施工需要的地质、水文、地形及现场各种调查资料　　表2-2-1

资料种类	资料主要内容	资料用途
1.桥位平面图(或桥址地形图)	(1)桥位地形; (2)桥位附近地貌、地物; (3)不良工程地质现象的分布位置; (4)桥位与两端路线平面关系; (5)桥位与河道平面关系	(1)桥位的选择、下部结构位置的研究; (2)施工现场的布置; (3)地质概况的辅助资料; (4)河岸冲刷及水流方向改变的估计; (5)墩台、基础防护构造物的布置
2.桥位工程地质勘测报告及工程地质纵剖面图	(1)桥位地质勘测调查资料包括河床地层分层土(岩)类及岩性,层面高程,钻孔位置及钻孔柱状图; (2)地质及地史资料的说明; (3)不良工程地质现象及特殊地貌的调查勘测资料	(1)桥位、下部结构位置的选定; (2)地基持力层的选定; (3)墩台高度、结构形式的选定; (4)墩台、基础防护构造物的布置

续上表

资料种类	资料主要内容	资料用途
3.地基土质调查试验报告	(1)钻孔资料; (2)覆盖层及地基土(岩)层状生成分布情况; (3)分层土(岩)层状生成分布情况; (4)荷载试验报告; (5)地下水水位调查	(1)分析和掌握地基的层状; (2)地基持力层及基础埋置深度的研究与确定; (3)地基各土层强度及有关计算参数的选定; (4)基础类型和构造的确定; (5)基础沉降的计算
4.河流水文调查报告	(1)桥位附近河道纵横断面图; (2)有关流速、流量、水位调查资料; (3)各种冲刷深度的计算资料; (4)通航等级、漂浮物、流冰调查资料	(1)确定根据冲刷要求,确定基础的埋置深度; (2)桥墩身水平作用力计算; (3)施工季节、施工方法的研究
5.其他调查资料 (1)地震	(1)地震记录; (2)震害调查	(1)确定抗震设计强度; (2)抗震设计方法和抗震措施的确定; (3)地基土振动液化和岸坡滑移的分析研究
(2)建筑材料	(1)就地可采取、可供应的建筑材料种类、数量、规格、质量、运距等; (2)当地工业加工能力、运输条件有关资料; (3)工程用水调查	(1)下部结构采用材料种类的确定; (2)就地供应材料的计算和计划安排
(3)气象	(1)当地气象台有关气温变化、降水量、风向风力等记录资料; (2)实地调查采访记录	(1)气温变化的确定; (2)基础埋置深度的确定; (3)风压的确定; (4)施工季节和方法的确定
(4)附近桥梁的调查	(1)附近桥梁结构形式、设计书、图纸、现状; (2)地质、地基土(岩)性质; (3)河道变动、冲刷、淤泥情况; (4)营运情况及墩台变形情况	(1)掌握架桥地点地质、地基土情况; (2)基础埋置深度的参考; (3)河道冲刷和改道情况的参考
(5)施工调查资料		(1)施工方法及施工适宜季节的确定; (2)工程用地的布置; (3)工程材料、设备供应、运输方案的拟定; (4)工程动力及临时设备的规划; (5)施工临时结构的规划

(一)桥位(包括桥头引道)平面图

大中型桥梁基础在进行初步设计时,即应该掌握经过实地测绘和调查取得的桥位地形、地貌、洪水泛滥线、河道主河槽及河床位置等资料,并绘成的地形平面图,比例为1:500~1:5000;测绘范围应根据桥梁工程规模、重要性和河道情况确定。若桥址有不良工程地质现象,如滑坡、崩坍和泥石流等及河道弯曲、主支流会合、河岔、河心滩和活动沙洲等,均应在图中标出。

(二)桥位工程地质勘测报告及桥位地质纵剖面图

这是对桥位地质构造进行工程评价的主要资料,它包括河谷的地质构造、桥位及附近地层的岩性,如地质年代、成因、层序、分布规律及其工程性质(产状、构造、结构、岩层完整及破碎程度、风化程度等),以及覆盖层厚度和土层变化关系等资料,应说明建桥地点一定范围内各种不良工程地质现象或特殊地貌(如溶洞、冲沟、陡崖等)的成因、分布范围、发展规律及其对工程的影响(小型桥梁及地质条件单一的地点,勘测报告可以省略)。

桥位(河床)地质纵剖面图除应示出层序岩性外,还应标出不同的地面水位和地下水位高程。

(三)地基土质调查试验报告

在进行施工详图及施工方案设计时,应掌握地基土层的类别及相应的物理力学性质指标。它可以在工程地质勘测时,通过钻(挖)取各层地基上足够数量的原状土(岩)样,用室内试验或原位试验的方法得到。其中物理力学性质指标包括:粒径级配、塑性指数、液性指数、天然含水率、密度、孔隙比、抗剪强度指标、压缩特性、渗透性指标,以及必要时的荷载试验、渗透试验、抗压强度试验等的结果。应将这些结果编制成表,在绘制成的土(岩)柱状剖面图中予以注明。

因为需要根据土质调查试验报告评定各土层的强度和稳定性,报告中应提供各层土的颜色、结构、密实度和状态等的描述资料,对岩石还应包括有关风化、节理、裂隙和胶结质等情况的说明。地基土质调查资料还应包括地下水及其随季节升降的高程,在冰冻地区应掌握土层的冻结深度、冻融情况及有关冻土力学数据。

如地基内遇到湿陷性黄土、多年冻土、软黏土、含大量有机质土或膨胀土、盐渍土时,对这些土层的特性还应有专门的试验资料,如湿陷性指标、冻土强度、可溶盐和有机质含量等。

(四)河流水文调查资料

设计桥梁墩台的基础,要有通过计算和调查取得的比较可靠的设计冲刷深度数据,并了解设计洪水频率所相应的最高洪水位、枯水季节的低水位和常年水位,以及流量、流速、流向变化情况,河流的下蚀、侧蚀和河床的稳定性,河水及地下水的侵蚀性,架桥地点河槽、河滩、阶地淹没情况,并应注意收集河流变迁情况和水利设施及规划,在沿海地带尚应了解潮汐、潮流等对桥梁的影响。

二、计算作用的确定

桥梁的地基与基础承受着整个结构物的自重及所传递来的各种作用,每种作用均具有不同的特性,其出现的概率也不相同,因此需将作用进行分类,并将实际可能同时出现的作用组合起来,作为基础工程设计的计算作用。各种作用在前面章节中已有所介绍,此处不再赘述,现仅对浮力计算作如下说明:

对在水下的土中基础和地基土的浮力计算,至今还存在不同意见,一种观点认为:地下水或地表水能否通过土的孔隙,联通或渗入基底是产生水浮力的必要条件,因此只有土的固体颗粒间的接触面积很小,可以把它们作为点接触时,才可以认为土中结构物或土处于完全浮力作用的状态(如砂性土)。假使土的固体颗粒之间的接触面或固体颗粒与结构物基底面之间的接触面相当大,而且各固体颗粒的联结由胶结性连接而形成的(如原状、较密实的黏性土),则土和结构物不会处于完全的浮力作用状态,因为水不能充分进入土与结构物之间,计算浮力时应乘以由试验来确定的小于1的系数。另一种观点认为:可以对各种土都考虑完全的浮力作用,因为即使对黏性土,这种差别也是很小的。水的浮力按《公路桥涵设计通用规范》(JTG D60—2015)规定采用。

水对水下墩台及基础或土的固体颗粒的浮力作用,可采用墩台及基础的圬工浮重度或土的浮重度来反映。圬工的浮重度等于圬工容重减去水的重度,土的浮重度可以根据土质勘测资料得到的物理性质指标如土的天然重度、天然含水率、土粒重度或土的饱和重度来计算。

为保证地基与基础满足在强度稳定性和变形方面的要求,应根据建筑物所在地区的各种条件和结构特性,按其可能出现的最不利作用组合情况进行验算。所谓"最不利作用组合",就是指组合起来的作用,应产生相应的最大力学效能,但应注意,不同的验算内容将由不同的最不利组合控制设计。一般来说,不经过计算是较难判断哪一种组合最不利,因此必须用分析的方法,对各种可能的最不利组合进行计算后,才能得到最后的结论。

第三节 基础工程学科发展概况

一、桥梁基础工程发展历史与现状

我国是一个具有悠久历史的文明古国,古代劳动人民在基础工程方面,也早就表现出高超的技艺和创造才能,许多宏伟壮丽的中国古代建筑逾千百年仍留存至今安然无恙的事实就充分说明了这一点。如隋代李春于公元595~605年建造的河北赵州安济桥,是世界上首创的石砌敞肩平拱桥。其净跨为37.02m,宽9.00m,矢高7.23m,采用扩大基础,基础平面尺寸为5.5m×10.0m,高4.4m,建在较浅的密实粗砂地基上。反算拱的最大推力为24MN,即使按照现在的规范检算,地基承载力和基础后侧的被动土压力均能满足设计要求。再如我国于1053~1059年在福建泉州建造的万安桥(也称为洛阳桥),桥址水深流急,潮汐涨落频繁,河床变化剧烈,根据当时条件修建桥基很困难。但建筑者采用先在江底抛投大石块,再在其上移植蚝使其繁殖,将石块胶结成整体,进而形成坚实的人工地基,再在其上建桥基,这种独特的施工方法,实为世界创举。但这些仅反映了我国历史上有关桥梁基础工程方面的工艺和技术成就,因受当时社会生产力和自然科学发展水平的限制,还仅限于凭经验的感性认识阶段。

18世纪欧洲工业革命后的资本主义工业化的发展,带动交通和桥梁科技的大发展。1773年法国C. A.库仑提出土的抗剪强度和土压力理论,1925年K.太沙基出版《土力学》,为桥梁基础的设计和计算分析奠定了理论基础;1936年成立国际土力学与基础工程学会,并举行了第一次国际学术会议,开始了桥梁基础再设计、施工、试验、勘测等各方面进入国际性交流的时代,使工业发达国家在桥梁深水基础领域有了更新的开拓和发展。比如,1936年建成的美国旧金山奥克兰大桥在水深32m、覆盖层厚54.7m的条件下,采用60m×28m浮运沉井,定位后射水、吸泥下沉,基础深达73.28m;1938年建成的加拿大狮门大桥,南塔基础位于海潮急流处流速7n mile/h①,基础采用两个直径为14.63m的开口沉井、浮运就位、灌注混凝土下沉,北塔基础在低潮处,采用35.67m×20.68m开口沉井,水深12m,基础深度为12.7m。而这时的我国由于长期处于封建社会阶段,生产力发展缓慢,19世纪中叶又遭受帝国主义入侵,民族资本主义的发展受到压制,桥梁科学技术大大落后于工业发达国家。直至1937年在桥梁工程先驱茅以升的组织下,中国人才开始自己设计和修建了中国第一座现代大型桥梁——杭州钱塘江大

---

① 1n mile/h = 1.854km/h。

桥。桥址处水深有十余米，基础采用17.4m×11.1m×6m的气压沉箱，有6个墩基础直接沉至岩石上，有9个墩先打长30m的木桩，而沉箱设于桩顶上。其开创了我国桥梁深水基础的先河，并缩小了我国桥梁深水基础施工技术与西方的差距。

但自1937年以后的十余年内，由于内外战乱频繁，我国桥梁技术又一度陷于停滞状态，无论是公路还是铁路，遇江必阻，逢河必渡，但在长江、黄河上没有一座现代化的大桥。直到1957年，长江上第一座桥梁——武汉长江大桥建成通车，才实现了"天堑变通途"这一多少代中国桥梁工作者的梦想。这座桥首先采用新型基础结构管柱基础，克服水深40m的施工困难，使我国桥梁深水基础技术发生了转折性的变化，不仅可以自行设计和施工桥梁深水基础，而且到了南京长江大桥水中9个桥墩建成之后，我国在桥梁深水基础方面的技术水平达到了当时的世界先进水平。这是因为南京长江大桥桥址不仅水深，且地质条件更复杂，覆盖层更厚，除采用管柱基础外，还采用了气筒浮运沉井、沉井套管柱等一系列新型基础结构和施工新工艺。这就使我国实现了能在大江、大河、近海、海湾及任何地质条件下都能修建桥梁深水基础的宏愿。

综上所述，我国桥梁深水基础技术从20世纪50年代开始，发展至今已进入国际先进水平。将其粗略划分为三个阶段。第一阶段，大力发展管柱基础：20世纪50年代因修建武汉长江大桥的需要，首创直径1.55m管柱基础后，管柱直径发展到3.0m、3.6m、5.8m，而且由普通钢筋混凝土管柱发展到预应力钢筋混凝土管柱和钢管柱。第二阶段，大力发展沉井和钻孔桩基础：20世纪60年代后，因修建南京长江大桥的需要，由于施工水位深30.5m，覆盖层最大厚度达54.87m，发展了重型沉井、深水浮运沉井和沉井套管柱基础，这时因公路桥梁深水基础的发展和成昆铁路建设的需要，全国开始大规模发展钻孔桩基础；到20世纪70年代，由于修建九江长江大桥的需要，首创了双壁钢箱围堰钻孔桩基础，山东北镇黄河桥钻孔灌注桩桩长达100m，当时世界罕见。第三阶段，大力发展复合基础和特殊基础：如20世纪80年代后在修建肇庆西江大桥时开始采用双承台钢管柱基础，在修建广州江村南北桥时采用了钢筋混凝土沉井加冲孔灌注桩基础。随着我国近海和海湾桥梁深水基础的发展，可预计各类组合基础和特殊基础会有更多开发和应用。总之，自1978年实行改革开放政策以来，30余年，经过我国桥梁工作者呕心沥血、锐意进取，我国桥梁深水基础技术已进入世界前列，进入与世界同步发展的新阶段。

二、我国常用桥梁基础

1. 扩大基础

扩大基础是在墩台身底截面的基础上扩大而形成的基础，根据基础受力状态及采用的材料性能可分为刚性扩大基础和柔性扩大基础（图2-2-2）。刚性扩大基础通常采用片石、块石砌体或混凝土等圬工结构，不配置钢筋，刚性扩大基础结构简单，施工方便，但其自重大，对地基承载力要求高，一般适用于地基土强度较高、埋置较浅的施工环境。柔性扩大基础是钢筋混凝土结构，整体性能好，抗弯刚度较大，对地基要求较低，但施工工艺要求更高，钢筋水泥用量较大，适用于当外荷载较大，地基承载能力又较低时，刚性基础不再适用，或采用刚性基础需要大幅度加深地基而不经济的情况。

2. 桩基础

桩基础是通过承台把若干根桩的顶部联结成整体，共同承受动静荷载的一种深基础。而桩是设置于土中的竖直或倾斜的基础构件，其作用在于穿越软弱的高压缩性土层或水，将桩所承受的荷载传递到更硬、更密实或压缩性较小的地基持力层上，我们通常将桩基础中的桩称为基桩(图2-2-3)。一般按承载性状将桩基础分为摩擦桩和端承桩,按桩轴方向分为竖直桩和斜桩,按承台与地面相对位置的不同分为低承台与高承台桩基。桩基础具有承载力高、稳定性好、沉降量小而均匀的特点,在深基础中具有耗材少、施工简便、机械化程度高等特点,尤其在深水河道中,可避免水下施工,简化施工设备和技术要求,加快施工速度并改善工作条件;但当桩基础长度过长或过短时,桩基础存在稳定性差等问题。

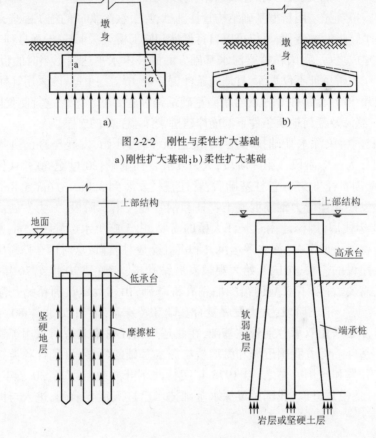

图 2-2-2　刚性与柔性扩大基础
a)刚性扩大基础;b)柔性扩大基础

图 2-2-3　桩基础一般结构形式

3. 沉井基础

沉井基础是一个井筒状的结构物,它是从井内挖土、依靠自重克服井壁摩阻力后下沉到设计高程,然后采用混凝土封底并填塞井孔,使其成为桥梁墩台或其他结构物的基础(图2-2-4)。它的埋置深度可以很大,整体性强、稳定性好;有较大的承载面积,能承受较大的垂直荷载和水平荷载;施工工艺并不复杂。但其施工工期较长;在粉、细砂类土内抽水易造成沉井倾斜;下沉过程中遇到大的障碍物或井底岩层表面倾斜过大时,施工较为困难。综上所述,沉井基础适用于下列地区:①上部荷载较大,表层地基承载力不足且在一定深度下有较好持力层;②土质较好且冲刷大的山区河流地区;③岩层表面平坦且覆盖层薄的河流地区。

4. 地下连续墙

地下连续墙(简称"地连墙")是利用各种挖槽机械,利用泥浆护壁作用,在地下挖出窄而深的沟槽,并在其内浇筑混凝土而形成一道具有防渗(水)、挡土和承重功能的连续地下墙体结构(图2-2-5)。初期主要用于高透水性地基中建造防渗墙,后来发展成要求能承受垂直和水平荷载,具有足够刚度的大型高层建筑的外墙基础。地连墙具有以下优点:结构刚度大;整体性、防渗性和耐久性好;施工时基本上无噪声、无振动、施工速度快、建造深度深,能适应较复杂的地质条件;同时可以作为地下主体结构的一部分,节省挡土结构的造价。由于地连墙强大的刚性和与地基土密着性好的特性,常用于悬索桥重力式锚碇基础。

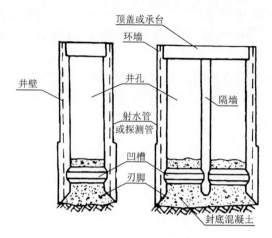

图 2-2-4 沉井构造示意图

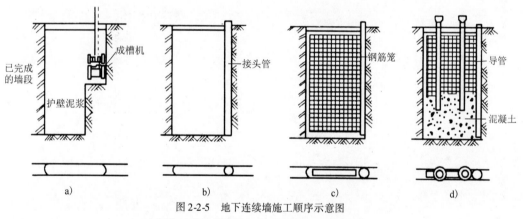

图 2-2-5 地下连续墙施工顺序示意图
a)成槽;b)放入接头管;c)放入钢筋笼 d)浇筑混凝土

三、桥梁基础工程发展前景

随着桥梁向大跨、轻型、高强整体方向发展,桥梁基础结构形式正在出现日新月异的变化。我国江河纵横,河岸线长达 1.8 万 km,海域面积大,沿海有开发价值的岛屿众多。我国 20 世纪末路网规划表明,在大江、大河和沿海修建规模更大的桥梁势在必行。如:长江口联络工程、珠江口跨线工程、钱塘江口跨线工程、琼州海峡工程、渤海湾的跨线工程、沿海诸多岛屿与大陆之间的联络工程以及香港、澳门及台湾的大型联络桥工程都需要修建许多桥梁深水基础。其中,与香港、澳门、台湾的大型联络桥,基础水深会超过 200m。另如,计划中的同三高速公路跨海工程,北起黑龙江省同江,南讫海南岛三亚,沿海跨海峡会海口的大桥就有渤海海峡大桥、长江口大桥、杭州湾大桥(已建成)、珠江口伶仃洋大桥、琼州海峡大桥等,水深一般在80m 左右,最深达 120m。这就是我国桥梁深水基础的发展规划,也是前景展望。这些工程中会遇到很多新的技术难题,需要进一步学习各国已有的深水基础的先进成果和技术,并结合我国实际情况和具体桥梁工程作进一步认真分析、研究,才能保证我国桥梁深水基础的技术水平持续发展。

另外，随着国际经济区域的建立和全球海洋资源的新开发，要求铺建跨州、跨国的大通道，也为全世界跨海桥梁的建设提供更大的发展空间。欧美近海国家，尤其是日本都有修建跨海大桥的宏伟计划。如：土耳其伊兹米特海湾桥，水深约45m；希腊科林斯海湾桥（已建成），水深约62m；意大利墨西拿海峡桥（建设中），水深约120m；直布罗陀海峡桥，A线方案水深350m、B方案水深290m；白令海峡桥，水深约54m。再如，日本21世纪跨海计划：津轻海峡桥，基础水深200~250m；东京湾桥，最大水深80m；丰子海峡桥，最大水深80m。这些水深近百米，甚至超百米的桥梁深水基础的最终建成，无疑将使桥梁深水基础的科技技术水平大大提高。

第三章 天然地基上的浅基础

天然地基上的浅基础是桥梁各类基础中较为经济、方便、最为常用的基础类型,浅基础埋入地层深度较浅,在设计计算时可以忽略基础侧面土体对基础的影响,基础结构形式和施工方法也较简单。

第一节 天然地基上浅基础的类型、构造及适用条件

一、浅基础常用类型及适用条件

天然地基浅基础,根据受力条件及构造可分为刚性基础和柔性基础两大类。基础在外力(包括基础自重)作用下,基底的地基反力为 σ[图 2-3-1a)],此时基础的悬出部分(a-a 断面左端),相当于承受强度为 σ 均布荷载的悬臂梁。在荷载作用下,a-a 断面将产生弯曲拉应力和剪应力。当基础圬工在不配筋的情况下就具有足够的截面,使得材料的容许应力大于由地基反力产生的弯曲拉应力和剪应力,这种基础称为刚性基础[图 2-3-1b)]。刚性基础是桥梁、涵洞和房屋等建筑物常用的基础类型,其形式有:刚性扩大基础[图 2-3-1b)及图 2-3-2],单独柱下刚性基础[图 2-3-3a)、d)]、条形基础(图 2-3-4)等。

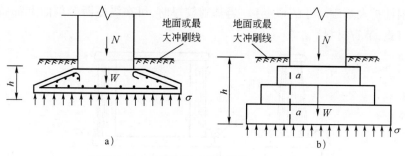

图 2-3-1 基础类型

建筑物基础在一般情况下均砌筑在土中或水下,所以要求所有材料要有良好的耐久性和较高的强度。刚性基础常用的材料有混凝土、粗料石和片石。混凝土是修筑基础最常用的材料,它的优点是强度高、耐久性好,可浇筑成任意形状的砌体,混凝土强度等级一般不宜小于 C15。对于大体积混凝土基础,为了节约水泥用量,可掺入不多于砌体体积 25% 的片石(称为片石混凝土),但片石的强度等级不应低于 MU25,也不应低于混凝土的强度等级。采用粗料石砌筑桥、涵和挡墙等基础时,要求料石外形大致方整,厚度约 20~30cm,宽度和长度分别为厚度的 1.0~1.5 倍和 2.5~4.0 倍,石料强度等级不应小于 MU25,砌筑时应错缝,一般采用 M5 水泥砂浆。片石常用于小桥涵基础,料石厚度不小于 15cm,强度不小于 MU25,一般采用 M5 或 M2.5 砂浆砌筑。

刚性基础的特点是稳定性好、施工简便、能承受较大的荷载,所以只要地基强度能满足要

求,它是桥梁和涵洞等结构物首先考虑的基础形式。它的主要缺点是自重大,并且当持力层为软弱土时,由于扩大基础面积有一定限制,需要对地基进行处理或加固后才能采用,否则会因所受的作用压力超过地基强度而影响建筑物的正常使用,所以对于作用大或上部结构对沉降差较敏感的建筑物,当持力层的土质较差又较厚时,刚性基础作为浅基础是不适宜的。

基础在基底反力作用下,在 a-a 断面产生的弯曲拉应力和剪应力若超过基础圬工的强度极限值,为了防止基础在 a-a 断面开裂甚至断裂,可将刚性基础尺寸重新设计,并在基础中配置足够数量的钢筋,这种基础称为柔性基础[图2-3-1a)]。

柔性基础主要是用钢筋混凝土浇筑,常见的形式有柱下扩展基础、条形和十字形基础(图2-3-5)、筏板及箱形基础(图2-3-6、图2-3-7),其整体性能较好,抗弯刚度较大。如筏板和箱形基础,在外力作用下只产生均匀沉降或整体倾斜,这样对上部结构产生的附加应力比较小,基本上消除了由于地基沉降不均匀引起的建筑物损坏。所以在土质较差的地基上修建高层建筑物时,采用这种基础形式是适宜的。但上述基础形式,特别是箱形基础,钢筋和水泥的用量较大,施工技术要求也较高,所以采用这种基础形式应与其他基础方案(如采用桩基础等)比较后再确定。

二、浅基础的构造

(一)刚性扩大基础(图2-3-2)

由于地基强度一般较墩台或墙柱圬工的强度低,因而需要将基础平面尺寸扩大以满足地基强度要求,这种刚性基础又称刚性扩大基础。它是桥涵及其他建筑物常用的基础形式,其平面形状常为矩形。其每边扩大的尺寸最小为 0.20~0.50m,视土质、基础厚度、埋置深度和施工方法而定。作为刚性基础,每边扩大的最大尺寸应受到材料刚性角的限制(关于刚性角的讨论见本章刚性扩大基础尺寸的拟定)。当基础较厚时,可在纵横两个剖面上都做成台阶形,以减少基础自重,节省材料。

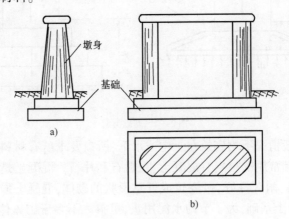

图2-3-2 刚性扩大基础

(二)单独和联合基础(图2-3-3)

单独基础是立柱式桥墩和房屋建筑常用的基础形式之一。它的纵横剖面均可砌筑成台阶式[图2-3-3a)、b)],但柱下单独基础用石或砖砌筑时,则在柱子与基础之间用混凝土墩连接。个别情况下柱下基础用钢筋混凝土浇筑时,其剖面也可浇筑成锥形[图2-3-3c)]。

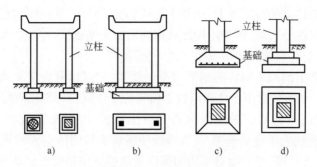

图 2-3-3 单独和联合基础

（三）条形基础（图 2-3-4、图 2-3-5）

条形基础分为墙下和柱下条形基础，墙下条形基础是挡土墙下或涵洞下常用的基础形式。其横剖面可以是矩形或将一侧筑成台阶形。如挡土墙很长，为了避免在沿墙长方向因沉降不匀而开裂，可根据土质和地形予以分段，设置沉降缝。有时为了增强桥柱下基础的承载能力，将同一排若干个柱子的基础联合起来，也就成为柱下条形基础（图 2-3-5）。其构造与倒置的 T 形截面梁相类似，在沿柱子的排列方向的剖面可以是等截面的，也可以如图 2-3-5 那样在柱位处加腋的。在桥梁基础中，一般是做成刚性基础，个别的也可做成柔性基础。

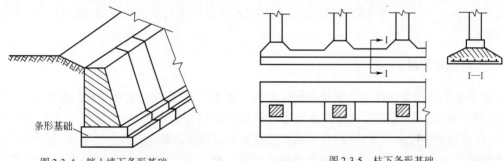

图 2-3-4 挡土墙下条形基础　　图 2-3-5 柱下条形基础

如地基土较软，基础在宽度方向需进一步扩大面积，同时又要求基础具有空间的刚度来调整不均匀沉降时，可在柱下纵、横两个方向均设置条形基础，成为十字形基础。这是房屋建筑常用的基础形式，也是一种交叉条形基础。

（四）筏板和箱形基础（图 2-3-6、图 2-3-7）

筏板基础和箱形基础都是房屋建筑常用的基础形式。

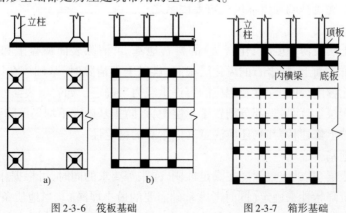

图 2-3-6 筏板基础　　图 2-3-7 箱形基础

当立柱或承重墙传来的荷载较大,地基土质软弱又不均匀,采用单独或条形基础均不能满足地基承载力或沉降的要求时,可采用筏板式钢筋混凝土基础,这样既扩大了基底面积又增加了基础的整体性,并避免建筑物局部发生不均匀沉降。

筏板基础在构造上类似于倒置的钢筋混凝土楼盖,它可以分为平板式[图2-3-6a)]和梁板式[图2-3-6b)]。平板式常用于柱作用较小而且柱子排列较均匀和间距也较小的情况。

为增大基础刚度,可将基础做成由钢筋混凝土顶板、底板及纵横隔墙组成的箱形基础(图2-3-7),它的刚度远大于筏板基础,而且基础顶板和底板间的空间常可利用作地下室。它适用于地基较软弱,土层厚,建筑物对不均匀沉降较敏感或作用较大而基础建筑面积不太大的高层建筑。

以上仅对较常见的浅基础的构造做了概括的介绍,在实践中必须因地制宜地选用。有时还必须另行设计基础的形式,如在非岩石地基上修筑拱桥桥台基础时,为了增加基底的抗滑能力,基底在顺桥方向剖面做成齿坎状或斜面等。

第二节 基础埋置深度的确定及刚性扩大基础尺寸的拟定

刚性扩大基础是公路桥涵及其他人工构造物浅基础中应用最为广泛的一种基础类型,其基础埋置深度的确定、持力层位置的选择及基础尺寸的拟定是刚性扩大基础设计中首先面临的问题。

一、基础埋置深度的确定

确定基础的埋置深度是地基基础设计中的重要步骤,它涉及建筑物建成后的牢固、稳定及正常使用问题。在选择持力层时,必须考虑将基础设置在变形较小,而强度又比较高的土层上,以保证地基强度满足要求,而且不致产生过大的沉降或沉降差。此外还要使基础有足够的埋置深度,以保证基础的稳定性,确保基础的安全。确定基础的埋置深度时,必须综合考虑地基的地质和地形条件、河流的冲刷程度、当地的冻结深度、上部结构形式,以及保证持力层稳定所需的最小埋深和施工技术条件、造价等因素。对于某一具体工程来说,往往是其中一、两种因素起决定性作用,所以在设计时,必须从实际出发,抓住主要因素进行分析研究,以确定合理的埋置深度。

(一)地基的地质条件

地质条件是确定基础埋置深度的重要因素之一。

1. 岩石地基

对于覆盖土层较薄(包括风化岩层)的岩石地基,可清除表面覆盖土和风化层后,将基础直接修建在新鲜岩面上;如岩石的风化层很厚,难以全部清除时,基础放在风化层中的埋置深度应根据其风化程度、冲刷深度及相应的容许承载力来确定。如岩层表面倾斜时,不得将基础的一部分置于岩层上,而另一部分则置于土层上,以防止基础因不均匀沉降而发生倾斜甚至断裂。在陡峭山坡上修建桥台时,还应注意岩体本身的稳定性。

2. 非岩石地基

对于均质土层,基础埋置深度在满足冲刷、冻胀等要求的同时,可根据作用大小,由地基土的承载能力和沉降特性来确定(同时考虑基础需要的最小埋深)。当地质条件较复杂(如地层为多层土组成)或结构物本身对沉降较为敏感时,则应通过较详细计算或方案比较后确定。

(二)河流的冲刷深度

在有水流的河床上修建基础时,要考虑洪水对基础下地基土的冲刷作用,洪水水流越急,流量越大,洪水的冲刷越大,整个河床面被洪水冲刷后要下降,这叫作一般冲刷,被冲下去的深度叫作一般冲刷深度;同时由于桥墩的阻水作用,使洪水在桥墩四周冲出一个深坑,如图2-3-8所示,这叫局部冲刷。

因此,在有冲刷的河流中,为了防止桥梁墩、台、基础四周和基底下土层被水流掏空冲走以致倒塌,基础必须埋置在设计洪水的最大冲刷线以下不小于1m,特别是在山区和丘陵地区的河流,更应注意考虑季节性洪水的冲刷作用。

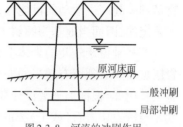

图2-3-8 河流的冲刷作用

基础在设计洪水冲刷总深度以下的最小埋置深度与河床地层的抗冲刷能力、计算设计流量的可靠性、选用计算冲刷深度的方法、桥梁的重要性和破坏后修复的难易程度等因素有关。因此,对于大、中桥基础的基底在设计洪水冲刷总深度以下的最小埋置深度,建议根据桥梁大小、技术的复杂性和重要性,参照表2-3-1采用。

桥梁墩台基础基底最小埋置深度(m)　　　　表2-3-1

桥梁类型	总冲刷深度				
	0	5	10	15	20
大桥、中桥、小桥(不铺砌)	1.5	2.0	2.5	3.0	3.5
特大桥	2.0	2.5	3.0	3.5	4.0

在计算冲刷深度时,尚应考虑其他可能产生的不利因素,如因水利规划使河道变迁,水文资料不足,或河床为变迁性和不稳定河段等时,上列数值应适当加大。修筑在覆盖土层较薄的岩石地基上,河床冲刷又较严重的大桥桥墩基础,基础应置于新鲜岩面或弱风化层中并有足够埋深,以保证其稳定性。也可采用其他锚固等措施,使基础与岩层能连成整体,以保证整个基础的稳定性。如风化层较厚,在满足冲刷深度要求下,一般桥梁的基础可设置在风化层内,此时,地基各项条件均按非岩石考虑。

(三)当地的冻结深度

在寒冷地区,应该考虑由于季节性的冰冻和融化对地基土引起的冻胀影响。

产生冻胀的原因是冬季气温下降,地面下一定深度内土的温度达到冰冻温度时,土中孔隙水分开始冻结,体积增大,使土体产生一定的隆胀。对于冻胀性土,如土温在较长时间内保持在冻结温度以下,水分能从未冻结土层不断地向冻结区迁移,引起地基的冻胀和隆起,这些都可能使基础遭受损坏。为了保证建筑物不受地基土季节性冻胀的影响,除地基为非冻胀性土外,基础底面应埋置在天然最大冻结线以下一定深度。《公路桥涵地基与基础设计规范》(JTG 3363—2019)中规定,当上部结构为超静定结构时,基底应埋置在最深冻结线以下不小于0.25m;对静定结构的基础,一般也按此要求,但在冻结较深地区,为了减少基础埋深,有些类别的冻土经计算后也可将基底置于最大冻结线以上。

我国幅员辽阔,地理气候不一,各地冻结深度应按实测资料确定。无资料时,可参照《公路桥涵地基与基础设计规范》(JTG 3363—2019)中的标准冻深线图,结合实地调查确定。

(四)上部结构形式

上部结构的形式不同,对基础产生的位移要求也不同。对中、小跨度简支梁桥来说,这项因素对确定基础的埋置深度影响不大,但超静定结构由于对基础的不均匀沉降较为敏感,因此必须考虑将基础设置在埋藏较深的坚实土层上,以减少可能产生的水平位移和沉降差值。

(五)当地的地形条件

如墩台、挡土墙等结构物位于较陡的土坡上,在确定基础埋深时,还应考虑土坡连同结构物基础一起产生滑动的可能性。由于在确定地基容许承载力时,一般是按地面为水平的情况下确定的,因而当地基为倾斜土坡时,应结合实际情况,予以适当折减并采取以下措施。

若基础位于较陡的岩体上,可将基础做成台阶形,同时要注意岩体的稳定性。基础前缘至岩层坡面间必须留有适当的安全距离,其数值与持力层岩石(或土)的类别及斜坡坡度等因素有关。例如,根据挡土墙设计要求,基础前缘至斜坡面间的安全距离 l 及基础嵌入地基中的深度 h 与持力层岩石(或土)类的关系见表 2-3-2,在设计桥梁基础时也可作为参考。但具体应用时,因桥梁基础承受作用比较大,而且受力较复杂,采用表 2-3-2 所列 l 值宜适当增大,必要时应降低地基容许承载力,以防止邻近边缘部分地基下沉过大。

斜坡上基础埋深与持力层土类关系　　　　表 2-3-2

持力层土类	h(m)	l(m)	示　意　图
较完整的坚硬岩石	0.25	0.25~0.50	
一般岩石(如砂页岩互层等)	0.60	0.60~1.50	
松软岩石(如千枚岩等)	1.00	1.00~2.00	
砂类砾石及土层	≥1.00	1.50~2.50	

(六)保证持力层稳定所需的最小埋置深度

地表土在温度和湿度的影响下,会产生一定的风化作用,其性质是不稳定的,加上人类和动物的活动以及植物的生长作用,也会破坏地表土层的结构,影响其强度和稳定,所以一般地表土不宜作为持力层。为了保证地基和基础的稳定性,基础的埋置深度(除岩石地基外)应在天然地面或无冲刷河底以下不小于 1m。

除此以外,在确定基础埋置深度时,还应考虑相邻建筑物的影响,如新建筑物基础比原有建筑物基础深,则施工挖土有可能影响原有基础的稳定。施工技术条件(施工设备、排水条件、支撑要求等)及经济分析等对基础埋深也有一定影响,这些因素也应考虑。

上述影响基础埋深的因素不仅适用于天然地基上的浅基础,有些因素也适用于其他类型的基础(如沉井基础)。

今举一简例,来说明如何较合理地确定基础埋置深度和选择持力层。

某河流的水文资料、土层分布及其容许承载力如图 2-3-9 所示。

根据上述水文地质资料,如施工技术条件有充分保证,由于基础修建在常年有水的河中(上部为静定结构),因而对上述因素(三)至(六)可以排除。从土质条件来看,土层(Ⅰ)(Ⅲ)(Ⅳ)均可作为持力层,所以第一方案采用浅基础,其埋置深度,只需根据最大冲刷线确定其最小埋置深度,即在最大冲刷线以下 $h_1=2m$,然后验算土层(Ⅰ)(Ⅱ)的承载力是否满足要求。如这一方案不能通过,就应按土质条件将基底设置在土层(Ⅲ)上,但埋深 h_2 达 8m 以上,若仍采用浅基础大开挖施工方案则要考虑技术上的可能性和经济上的合理性,这时也可考虑沉井基础(第二方案)或桩基础。如作用大,要求基础埋得更深时,则可考虑第三方案采用桩基础,将桩底设置在土层(Ⅳ)中。采用这一方案时,可以避免水下施工,给施工带来便利。

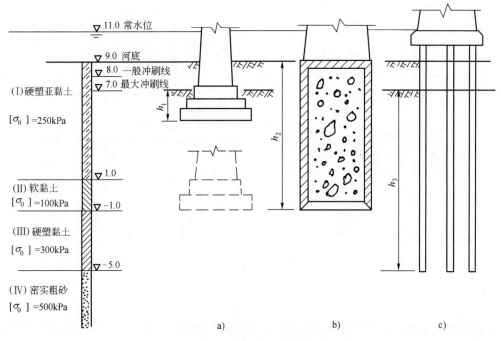

图 2-3-9 基础埋深的不同方案
a)第一方案;b)第二方案;c)第三方案

二、刚性扩大基础尺寸的拟定

拟定基础尺寸也是基础设计的重要内容之一,尺寸拟定恰当,可以减少重复设计工作。刚性扩大基础拟定尺寸时,主要根据基础埋置深度确定基础平面尺寸和基础分层厚度。

基础厚度:根据墩、台身结构形式,作用大小,选用的基础材料等因素来确定。基底高程应符合基础埋置深度的要求。水中基础顶面一般不高于最低水位,在季节性流水的河流或旱地上的桥梁墩、台基础,则不宜高出地面,以防碰损。这样,基础厚度可按上述要求所确定的基础底面和顶面高程求得。在一般情况下,大、中桥墩、台混凝土基础厚度在 1.0~2.0m。

基础平面尺寸:基础平面形式一般应考虑墩、台身底面的形状而确定,基础平面形状常采用矩形。基础底面长宽尺寸与高度有如下的关系式(图2-3-10)。

$$\left.\begin{array}{l}长度(横桥向):a = l + 2H\tan\alpha \\ 宽度(顺桥向):b = d + 2H\tan\alpha\end{array}\right\} \quad (2\text{-}3\text{-}1)$$

式中:l——墩、台身底截面长度(m);
　　　d——墩、台身底截面宽度(m);
　　　H——基础高度(m);
　　　α——墩、台身底截面边缘至基础边缘线与垂线间的夹角。

基础剖面尺寸:刚性扩大基础的剖面形式一般做成矩形或台阶形,如图2-3-10所示。自墩、台身底边缘至基顶边缘距离 c_1 称为襟边,其作用一方面是扩大基底面积增加基础承载力,同时也便于调整基础施工时在平面尺寸上可能发生的误差,也为了满足支立墩、台身模板的需要。其值应视基底面积的要求、基础厚度及施工方法而定。桥梁墩台基础襟边最小值为20~30cm。

基础较厚(超过1m以上)时,可将基础的剖面浇砌成台阶形,如图2-3-10所示。

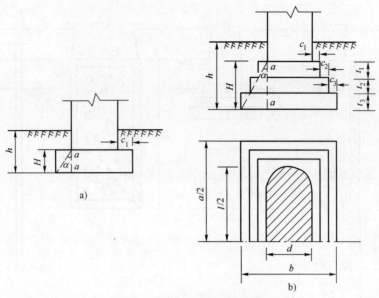

图 2-3-10　刚性扩大基础剖面、平面图

基础悬出总长度(包括襟边与台阶宽度之和)按前面刚性基础的定义,应使悬出部分在基底反力作用下,在 a-a 截面[图 2-3-10b)]所产生的弯曲拉力和剪应力不超过基础圬工的强度限值。所以满足上述要求时,就可得到自墩台身边缘处的垂线与基底边缘的连线间的最大夹角 α_{max},称为刚性角。在设计时,应使每个台阶宽度 c_i 与厚度 t_i 保持在一定比例内,使其夹角 $\alpha_i \leq \alpha_{max}$,这时可认为属刚性基础,不必对基础进行弯曲拉应力和剪应力的强度验算,在基础中也可不设置受力钢筋。刚性角 α_{max} 的数值是与基础所用的圬工材料强度有关。根据实验,常用的基础材料的刚性角 α_{max} 值可按下面提供的数值取用:

砖、片石、块石、粗料石砌体,当用 M5 以下砂浆砌筑时,$\alpha_{max} \leq 30°$;

砖、片石、块石、粗料石砌体,当用 M5 以上砂浆砌筑时,$\alpha_{max} \leq 35°$;

混凝土浇筑时,$\alpha_{max} \leq 40°$;

基础每层台阶高度 t_i,通常为 50~100cm。

所拟定的基础尺寸,应是在可能的最不利作用组合的条件下,能保证基础本身有足够的结构强度,并能使地基与基础的承载力和稳定性均能满足规定要求。

在基础埋置深度和构造尺寸确定以后,即可根据最不利原则进行各种可能情况下的作用组合,计算基底应力和基底合力偏心距、地基容许承载力,同时对基础稳定性及地基强度(包括持力层、软弱下卧层的强度)进行验算,必要时还应进行地基变形的验算。

第三节　地基容许承载力的确定

地基容许承载力的确定一般有以下三种方法:

(1)根据现场荷载试验的 p-s 曲线;

(2)按地基承载力理论公式计算;

(3)按现行规范提供的经验公式计算。

这里介绍我国目前一般工程中常用的根据土工试验资料,按规范提供的经验公式和参数确定地基容许承载力的方法。它是根据我国各部门多年来的实践经验,收集了大量荷载试验

和对已建建筑物的观测资料,通过理论和统计分析后制定的,它使确定地基土容许承载力的工作大为简化。我国幅员辽阔,土质变化较复杂,规范仅对一般土质条件做了规定,对一些特殊地基,如疏松状态的砂土、接近流动状态的软黏土、含有大量有机质土和盐渍土等,以及对于大的或较重要的工程,还应结合具体情况,综合采用荷载试验,现场标准贯入试验或静力触探试验及理论计算等方法研究分析后确定。

按照我国《公路桥涵地基与基础设计规范》(JTG 3363—2019)(以下简称《公桥基规》)提供的经验公式和数据来确定地基容许承载力,具体步骤和方法如下:

1. 确定土的分类名称

对于一般地基土,通常根据塑性指数、粒径、工程地质特性等分为六类,即黏性土、砂类土、碎卵石类土、黄土、冻土及岩石。

2. 确定土的状态

土的状态是指土层所处的天然松密和稠度状况。黏性土的天然状态按液性指数 I_L 分为坚硬、半坚硬状态、硬塑、软塑和流塑状态;砂类土根据相对密度分为稍松、中等密实、密实状态;碎卵石类土则按密实度分为密实、中等密实及松散状态(划分状态的定量指标,可参阅《公桥基规》的具体规定)。

3. 确定土的容许承载力

地基承载力容许值 $[f_a]$ 按式(2-3-2)确定。当基础位于水中不透水地层上时,$[f_a]$ 按平均常水位至一般冲刷线的水深每米再增大 10kPa。

$$[f_a] = [f_{a0}] + k_1\gamma_1(b-2) + k_2\gamma_2(h-3) \tag{2-3-2}$$

式中:$[f_{a0}]$——地基承载力容许值(kPa);

b——基础验算剖面底面最小边宽(m),当 $b<2m$ 时,取 $b=2m$ 计;当 $b>10m$ 时,按 10m 计;

h——基础底面的埋置深度(m),自天然地面算起,有水流冲刷时自一般冲刷线起算;当 $h<3m$ 时,取 $h=3m$;当 $h/b>4$ 时,取 $h=4b$;

γ_1——基底下持力层土的天然重度(kN/m³),如持力层在水面以下且为透水性土时,应取用浮重度;

γ_2——基底以上土的加权平均重度(kN/m³),换算时若持力层在水面以下且为不透水性土时,无论基底以上土的透水性质如何,应一律采用饱和重度;若持力层为透水性土时,应一律采用浮重度;

k_1、k_2——基础宽度、深度修正系数,根据基地持力层土类别,分别按表2-3-3~表2-3-5确定。

一般黏性土地基承载力基本容许值 $[f_{a0}]$(kPa) 表2-3-3

e	I_L												
	0	0.1	0.2	0.3	0.4	0.5	0.6	0.7	0.8	0.9	1.0	1.1	1.2
	$[f_{a0}]$												
0.5	450	440	430	420	400	380	350	310	270	240	220	—	—
0.6	420	410	400	380	360	340	310	280	250	220	200	180	—
0.7	400	370	350	330	310	290	270	240	220	190	170	160	150
0.8	380	330	300	280	260	240	230	210	180	160	150	140	130

续上表

e	I_L												
	0	0.1	0.2	0.3	0.4	0.5	0.6	0.7	0.8	0.9	1.0	1.1	1.2
	$[f_{a0}]$												
0.9	320	280	260	240	220	210	190	180	160	140	130	120	100
1.0	250	230	220	210	190	170	160	150	140	120	110	—	—
1.1	—	—	160	150	140	130	120	110	100	90	—	—	—

注:1. 土中含有粒径大于2mm的颗粒质量超过总质量30%以上者,$[f_{a0}]$可适当提高。

2. 当$e<0.5$时,取$e=0.5$;当$I_L<0$时,取$I_L=0$。此外,超过表列范围的一般黏性土,$[f_{a0}]=57.22E_s^{0.577}$。

砂土地基承载力基本容许值$[f_{a0}]$(kPa)   表2-3-4

土 名	湿 度	密 实 度			
		密实	中密	稍密	松散
		$[f_{a0}]$			
砾砂、粗砂	与湿度无关	550	430	370	200
中砂	与湿度无关	450	370	330	150
细砂	水上	350	270	230	100
	水下	300	210	190	—
粉砂	水上	300	210	190	—
	水下	200	110	190	—

注:在地下水位以上的地基土湿度为"水上",地下水位以下的为"水下"。对其他如碎卵石类土、岩石地基等的容许承载力可参阅《公桥基规》。

地基土承载力宽度、深度修正系数k_1、k_2   表2-3-5

系数	土 的 类 别												
	黏性土			粉土	砂土							碎石土	
	老黏性土	一般黏性土		新近沉积黏性土	—	粉砂		细砂		中砂		砾砂粗砂	碎石圆砾角砾	卵石
		$I_L≥0.5$	$I_L<0.5$			中密	密实	中密	密实	中密	密实	中密	密实	中密	密实	中密	密实
k_1	0	0	0	0	1.0	1.2	1.5	2.0	2.0	3.0	3.0	4.0	3.0	4.0	3.0	4.0
k_2	2.5	1.5	2.5	1.0	1.5	1.2	2.5	3.0	4.0	4.0	5.5	5.0	6.0	5.0	6.0	6.0	10.0

注:对于稍密和松散状态的砂、碎石土,k_1、k_2值可采用表列中值的50%;强风化和全风化的岩石,可参照所风化成的相应土类取值;其他状态下的岩石不修正。

  式(2-3-2)第二项是基础在验算剖面底面宽大于2m时地基容许承载力的修正提高值。但是若地基土为黏土(包括黄土)时,受压后其后期沉降量较大,基础越宽,沉降也越大,这对建筑物正常使用是不利的,加上在制定容许承载力$[f_{a0}]$值时,适当考虑了基础宽度的影响,故对黏性土和黄土的地基容许承载力不再考虑宽度修正,这样可以保证基础不致产生过大的沉降。对于砂土和碎石土地基,沉降在施工期间已大部分完成,所以受压后的后期沉降比较小,在基础宽度加大后,地基承载力有显著提高,故必须予以修正。由于基础过宽会增加沉降的不利因素,所以基础宽度超过10m者,仍按10m予以修正提高。

  式(2-3-2)第三项是基础埋深超过3m时地基容许承载力的提高值。这主要考虑到随着基础埋深的增加,基础底面以上土的自重也随着增大,这对阻止基底下地基土在作用下的挤出是有利的。根据国内外试验资料的分析,当 $h/b \leq 4$ 时,地基承载力随深度成直线比例增长;当 $4 < h/b < 10$ 时,地基承载力虽然随着埋深的增加有所增长,但比较缓慢;当 $h/b > 10$ 时,地基承载力几乎为一常数。因此为了安全起见,只有当 $h/b \leq 4$ 时地基容许承载力才能予以提高。

当持力层为不透水性时,基底不受水浮力作用,基底以上的水柱压力可当作超载看待,故地基容许承载力 $[f_a]$ 随平均常水位至一般冲刷线处,水深每米可增加 10kPa。

第四章 桩基础

当地基浅层土质不良,采用浅基础无法满足建筑物对地基强度、变形和稳定性方面的要求时,往往需要采用深基础。

桩基础是一种历史悠久而应用广泛的深基础形式。近年来,随着工程建设和现代科学技术的发展,桩的类型和成桩工艺、桩的承载力与桩体结构完整性的检测、桩基的设计理论和计算方法等各方面均有较大的发展或提高,使桩与桩基础的应用更为广泛,更具有生命力。它不仅可作为建筑物的基础,而且还广泛用于软弱地基的加固和地下支挡结构物。

第一节 桩基础的组成、作用及适用条件

一、桩基础的组成、作用

桩基础可以是单根桩(如一柱一桩的情况),也可以是单排桩或多排桩。对于双(多)柱式桥墩单排桩基础,当桩外露在地面上较高时,桩间以横系梁相连,以加强各桩的横向联系。多数情况下桩基础是由多根桩及其承台组成的群桩基础,基桩可全部或部分埋入地基土中,群桩顶部由承台联成整体,在承台上再修筑墩身或台身及上部结构,如图2-4-1所示。承台的作用是将外力传递给各桩并将各桩连成一整体共同承受外荷载;基桩可穿过软弱的压缩性土层或水,使桩底坐落在更密实的地基持力层上,各桩所承受的作用由桩通过桩侧土的摩阻力及桩端土的抵抗力将作用传递到桩周土及持力层中,如图2-4-1b)所示。

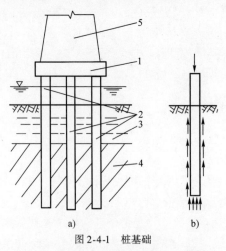

图2-4-1 桩基础
1-承台;2-基桩;3-松软土层;4-持力层;5-墩身

桩基础如设计正确、施工得当,它具有承载力高、稳定性好、沉降量小而均匀、耗用材料少、施工简便等特点。在深水河道中,可避免(或减少)水下工程,简化施工设备和技术要求,加快

施工速度并改善工作条件。近代,在桩基础的类型、沉桩机具、施工工艺及桩基础理论等方面都有了很大发展,不仅便于机械化施工和工厂化生产,而且能以不同类型的桩基础的施工方法适应不同的水文地质条件、作用性质和上部结构特征,因此,桩基础具有较好的适应性。

二、桩基础的适用条件

在下列情况下可采用桩基础:

(1)作用较大,地基上部土层软弱,适宜的地基持力层位置较深,采用浅基础或人工地基在技术上、经济上不合理;

(2)河床冲刷较大,河道不稳定或冲刷深度不易计算正确,位于基础或结构物下面的土层有可能被侵蚀、冲刷,如采用浅基础不能保证基础安全;

(3)当地基计算沉降过大或建筑物对不均匀沉降敏感时,采用桩基础穿过松软(高压缩)土层,将作用传到较坚实(低压缩性)土层,以减少建筑物沉降并使沉降较均匀;

(4)当建筑物承受较大的水平作用,需要减少建筑物的水平位移和倾斜;

(5)当施工水位或地下水水位较高,采用其他深基础施工不便或经济上不合理;

(6)地震区,在可液化地基中,采用桩基础可增加建筑物抗震能力,桩基础穿越可液化土层并伸入下部密实稳定土层,可消除或减轻地震对建筑物的危害。

以上情况也可以采用其他形式的深基础,但桩基础由于耗材少、施工快速简便,往往是优先考虑的深基础方案。

当上层软弱土层很厚,桩底不能达到坚实土层时,此时桩长较长,桩基础稳定性稍差,沉降量也较大;而当覆盖层很薄,桩的入土深度不能满足稳定性要求时,也不宜采用桩基础。设计时应综合分析上部结构特征、使用要求、场地水文地质条件、施工环境及技术力量等,经多方面比较,以确定适宜的基础方案。

第二节 桩与桩基础的类型

为满足建筑物的要求,适应地基特点,随着科学技术的发展,在工程实践中已形成了各种类型的桩基础,它们在本身构造上和桩土相互作用性能上具有各自的特点。下面按承台位置、沉入土中的施工方法、桩土相互作用特点及桩身材料等分类介绍,以了解桩和桩基础的基本特征。

一、桩基础按承台位置分类

桩基础按承台位置可分为高桩承台基础和低桩承台基础(分别简称高桩承台、低桩承台),如图2-4-2所示。

高桩承台的承台底面位于地面(或冲刷线)以上,低桩承台的承台底面位于地面(或冲刷线)以下。高桩承台的结构特点是基桩部分桩身沉入土中,部分桩身外露在地面以上(称为桩的自由长度),而低桩承台则基桩全部沉入土中(桩的自由长度为零)。

高桩承台由于承台位置较高或设在施工水位以上,可减少墩台的圬工数量,避免减少水下作业,施工较为方便。然而,在水平力的作用,由于承台及基桩露出地面的一段自由长度周围无土来共同承受水平外力,基桩的受力情况较为不利,桩身内力和位移都比同样水平外力作用下的低桩承台要大,其稳定性也比低桩承台差。

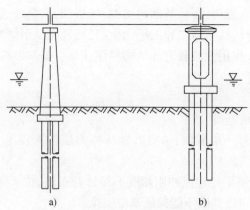

图 2-4-2 高桩承台基础和低桩承台基础
a) 低桩承台; b) 高桩承台

近年来由于大直径钻孔灌注桩的使用,桩的刚度、强度都较大,因而高桩承台在桥梁基础工程中已得到广泛采用。

二、按施工方法分类

基桩的施工方法不同,其采用的机具设备和工艺过程也不同,因而将影响桩与桩周土接触边界处的状态,也影响桩土间的共同作用性能。桩的施工方法种类较多,但基本形式为沉桩(预制桩)和灌注桩(图 2-4-3)。

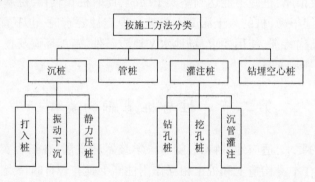

图 2-4-3 桩的分类

(一)沉桩(预制桩)

沉桩是按设计要求在地面良好条件下制作(长桩可在桩端设置钢板、法兰盘等接桩构造分节制作),桩体质量高,可大量工厂化生产,加速施工进度。

1. 打入桩(锤击桩)

打入桩是通过锤击(或以高压射水辅助)将各种预先制好的桩(主要是钢筋混凝土实心桩或管桩,也有木桩或钢桩)打入地基内达到所需要的深度。这种施工方法适应于桩径较小(一般直径在 0.60m 以下),地基土质为砂性土、塑性土、粉土、细砂,以及松散的不含大卵石或漂石的碎卵石类土的情况。

2. 振动下沉桩

振动下沉桩是将大功率的振动打桩机安装在桩顶(预制的钢筋混凝土桩或钢管桩),利用振动力以减少土对桩的阻力,使桩沉入土中。它对于较大桩径,土的抗剪强度受振动时有较大降低的砂土等地基效果更为明显。

《公桥基规》将打入桩及振动下沉桩均称为沉桩。

3. 静力压桩

在软塑黏性土中也可以用重力将桩压入土中,称之为静力压桩。这种压桩施工方法避免了锤击的振动影响,是在软土地区,特别是在不允许有强烈振动的条件下桩基础的一种有效施工方法。

预制桩有如下特点:

(1)不易穿透较厚的砂土等硬夹层(除非采用预钻孔、射水等辅助沉桩措施),只能进入砂、砾、硬黏土、强风化岩层等坚实持力层不大的深度;

(2)沉桩方法一般采用锤击,由此产生的振动、噪声污染必须加以考虑;

(3)沉桩过程产生挤土效应,特别是在饱和软黏土地区沉桩可能导致周围建筑物、道路、管线等的损失;

(4)施工质量较稳定;

(5)预制桩打入松散的粉土、砂砾层中,由于桩周和桩端土受到挤密,使桩侧表面法向应力提高,桩侧摩阻力和桩端阻力也相应提高;

(6)由于桩的贯入能力受多种因素制约,因而常常出现因桩打不到设计高程而截桩,造成浪费;

(7)钢筋混凝土预制桩由于承受运输、起吊、打击应力,需要配置较多钢筋,混凝土强度等级也要相应提高,因此其造价往往高于灌注桩。

(二)灌注桩

灌注桩是在现场地基中钻挖桩孔,然后在孔内放入钢筋骨架,再灌注桩身混凝土而成的桩。灌注桩在成孔过程中需采取相应的措施和方法,来保证孔壁稳定和提高桩体质量。针对不同类型的地基土可选择适当的钻具设备和施工方法。

1. 钻、挖孔灌注桩

钻孔灌注桩是指用钻(冲)孔机具在土中钻进,边破碎土体边出土渣而成孔,然后在孔内放入钢筋骨架,灌注混凝土而形成的桩。为了顺利成孔、成桩,须采用制备具有一定要求的泥浆护壁、提高孔内泥浆水位、灌注水下混凝土等施工工艺和方法。钻孔灌注桩的特点是施工设备简单、操作方便,适应于各种砂性土、黏性土,也适应于碎、卵石类土层和岩层。但对淤泥及可能发生流砂或承压水的地基,施工较困难,施工前应试桩以取得经验。我国已施工的钻孔灌注桩的最大入土深度已达百余米。

依靠人工(用部分机械配合)在地基中挖出桩孔,然后与钻孔桩一样灌注混凝土而成的桩称为挖孔灌注桩。它的特点是不受设备限制,施工简单;桩径较大,一般大于1.4m。适应于无水或渗水量小的地层;对可能发生流砂或含较厚的软黏土层地基施工较困难(需要加强孔壁支撑);在地形狭窄、山坡陡峻处可以代替钻孔桩或较深的刚性扩大基础。因能直接检验孔壁和孔底土质,所以能保证桩的质量。还可采用开挖办法扩大桩底,以增大桩底的支承力。

2. 沉管灌注桩

沉管灌注桩是指采用锤击或振动的方法,把带有钢筋混凝土桩尖或带有活瓣式桩尖(沉桩时桩尖闭合,拔管时活瓣张开)的钢套管沉入土层中成孔,然后在套管内放置钢筋笼,并边灌混凝土边拔套管而形成的灌注桩,也可将钢套管打入土中挤土成孔后向套管中灌注混凝土并拔出套管成桩。它适用于黏性土、砂性土、砂土地基。由于采用了套管,可以避免钻孔灌注桩施工中可能产生的流砂、坍孔的危害和由泥浆护壁所带来的排渣等弊病。但桩的直径较小,常用的尺寸在 0.6m 以下,桩长常在 20m 以内;在软黏土中由于沉管的挤压作用对邻桩有挤压影响,且挤压时产生的孔隙水压力易使拔管时出现混凝土桩缩颈现象。

各类灌注桩有如下共同优点:

(1)施工过程无大的噪声和振动(沉管灌注桩除外)。

(2)可根据土层分布情况任意变化桩长;根据同建筑物的作用分布与土层情况可采用不同桩径;对于承受侧向作用的桩,可设计成有利于提高横向承载力的异形桩,还可设计成变截面桩,即在受弯矩较大的上部采用较大的断面。

(3)可穿过各种软、硬夹层,将桩端置于坚实土层和嵌入基岩,还可扩大桩底,以充分发挥桩身强度和持力层的承载力。

(4)桩身钢筋可根据作用与性质及作用沿深度的传递特征,以及土层的变化配置。无需像预制桩那样配置起吊、运输、打击应力筋。其配筋率远低于预制桩,造价约为预制桩的 40%~70%。

(三)管柱基础

大跨径桥梁的深水基础,或在岩面起伏不平的河床上的基础,曾采用振动下沉施工方法建造管柱基础。它是将预制的大直径(直径 1~5m 左右)钢筋混凝土、预应力钢筋混凝土或钢管柱(实质上是一种巨型的管桩,每节长度根据施工条件确定,长度一般采用 4m、8m 或 10m,接头用法兰盘和螺栓连接),用大型的振动沉桩锤沿导向结构将其振动下沉到基岩(一般以高压射水和吸泥机协助下沉),然后在管柱内钻岩成孔,下放钢筋笼骨架,灌注混凝土,将管柱与岩盘牢固连接,如图 2-4-4 所示。管柱基础可以在深水及各种覆盖层条件下进行,没有水下作业和不受季节限制,但施工需要有振动沉桩锤、凿岩机、起重设备等大型机具,动力要求也高,所以在一般公路桥梁中很少采用。

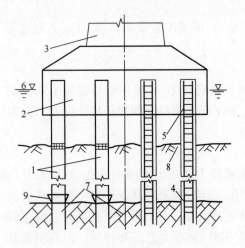

图 2-4-4 管柱基础
1-管柱;2-承台;3-墩身;4-嵌固于岩层;5-钢筋骨架;6-低水位;7-岩层;8-覆盖层;9-钢管靴

(四)钻埋空心桩

将预制桩壳预拼连接后,吊放沉入已成的桩孔内,然后进行桩侧填石压浆和桩底填石压浆而形成的预应力钢筋混凝土空心桩叫作钻埋空心桩。

它适用于大跨径桥梁大直径($D \geq 1.5m$)桩基础,通常与空心墩相配合,形成无承台大直径空心桩墩。

钻埋空心桩具有如下优点:

(1)直径可大达 4~5m,而无需振动下沉管柱那样繁重的设备,并降低施工难度;

(2)水下混凝土的用量可减少 40%,同时又可以减轻自重;

(3)通过桩周和桩底二次压注水泥浆来加固地基,使它与钻孔桩相比承载力可提高 30%~40%;

(4)工程开工后便可开始预制空心桩节,增加工程作业面,实现基础工程部分工厂化,不但保证质量,而且加快了工程进度;

(5)一般碎石压浆易于确保质量,不会有断桩的情况发生,即使个别桩节有缺陷,还可以

在桩中空心部分重新处理,省去了水下灌注桩必不可少的"质检"环节;

(6)由于质量得到保证,在设计中就可以放心地采用大直径空心桩结构,取消承台,省去小直径群桩基础所需要的昂贵的围堰,达到较大幅度降低工程造价的目的。

该施工工艺是一种全新的基桩工艺,其研究成果于1992年5月通过交通部鉴定,其技术达到当前国际基桩工艺的先进水平。

三、按桩土相互作用特点分类

建筑物所受各种作用通过桩基础传递给地基。垂直作用一般由桩底土层抵抗力和桩侧土的摩阻力来承担。由于地基土的分层和其物理力学性质不同,桩的尺寸和设置在土中方法的不同,桩的受力状态也有所差异。水平荷载一般由桩和桩侧土水平抗力来承担,而桩承受水平作用的能力与桩轴线方向及斜度有关,因此,根据桩土相互作用特点,基桩可分为以下类型:

1. 柱桩与摩擦桩

桩穿过较松软土层,桩底支承在坚实土层(砂、砾石、卵石、坚硬老黏土等)或岩层中,且桩的长径比不太大,在竖向荷载的作用下,基桩所发挥的承载力以桩底土层的抵抗力为主时,称为端承桩或柱桩,如图2-4-5a)所示。按照我国习惯,柱桩是专指桩底支承在基岩上的桩,此时因桩的沉降甚微,认为桩侧摩阻力可忽略不计,全部垂直作用由桩底岩层抵抗力承受。

桩穿过并支承在各种压缩性土层中,在竖向荷载作用下,基桩所发挥的承载力由桩侧摩阻力和桩端抗力共同组成,且以桩侧摩阻力为主,这种桩统称为摩擦桩,如图2-4-5b)所示。

柱桩承载力较大,较安全可靠,基础沉降也小,但如果岩层埋置很深,就需要采用摩擦桩。柱桩和摩擦桩由于它们在土中的工作条件不同,其与土的共同作用特点也不同,因此在设计计算时所采用的方法和有关参数也不一样。

2. 竖直桩与斜桩

按桩轴方向可分为竖直桩、单向斜桩和多向斜桩等,如图2-4-6所示。在桩基础中是否需要设置斜桩,斜度如何确定,应根据作用的具体情况而定。一般结构物基础承受的水平力常比竖直力小得多,且现已广泛采用的大直径钻、挖孔灌注桩具有一定的抗剪强度,因此,桩基础常全部采用竖直桩。拱桥墩台等结构物桩基础往往需要设置斜桩,以承受上部结构传来的较大水平推力,减小桩身弯矩、剪力和整个基础的侧向位移。

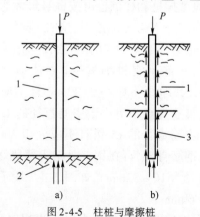

图2-4-5 柱桩与摩擦桩
1-软弱土层;2-岩层或硬土层;3-中等土层

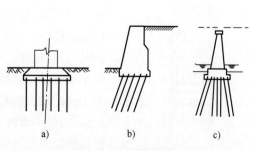

图2-4-6 竖直桩和斜桩
a)竖直桩;b)单向斜桩;c)多向斜桩

斜桩的桩轴线与竖直线所呈倾斜角的正切不宜小于1/8,否则斜桩施工斜度误差将显著影响桩的受力情况。目前为了适应拱台推力,有些拱台基础已采用倾斜角大于45°的斜桩。

四、按桩身材料分类

1. 钢桩

钢桩可根据作用特征制作成各种有利于提高承载力的断面,且其抗冲击性能好、节头易于处理、运输方便、施工质量稳定;还可根据内力沿桩身的变化情况局部加强其断面刚度和强度。钢桩的最大缺点是造价高和存在锈蚀问题。

2. 钢筋混凝土桩

钢筋混凝土桩的配筋率较低(一般为0.3%~1.0%),而混凝土取材方便、价格便宜、耐久性好。钢筋混凝土桩既可预制又可现浇(灌注桩),还可采用预制与现浇组合,适用于各种地层,成桩直径和长度可变范围大。因此,桩基工程绝大部分采用钢筋混凝土桩,桩基工程的主要研究对象和主要发展方向也是钢筋混凝土桩。

第三节 桩与桩基础的构造

不同材料、不同类型的桩基础具有不同的构造特点。为了保证桩的质量和桩基础的正常工作能力,在设计桩基础时应满足其构造的基本要求。现仅对目前国内桥梁工程中最常用的桩与桩基础的构造特点及要求简述如下。

一、各种基桩的构造

1. 钢筋混凝土灌注桩

钻(挖)孔桩及沉管桩是采用就地灌注的钢筋混凝土桩,桩身常为实心断面。桩身混凝土强度等级不低于C25,对仅承受轴向力的基桩可用C20(但水下混凝土强度等级仍不应低于C25)。钻孔桩设计直径不宜小于0.80m,挖孔桩的直径或最小边宽度不宜小于1.20m,沉管灌注桩直径一般为0.30~0.60m。

桩内钢筋应按照内力和抗裂性的要求布设,长摩擦桩应根据桩身弯矩分布情况分段配筋,短摩擦桩和柱桩也可按桩身最大弯矩通长均匀配筋。当按内力计算桩身不需要配筋时,应在桩顶3~5m内设置构造钢筋。为了保证钢筋骨架有一定的刚性,便于吊装及保证主筋受力后的纵向稳定,主筋不宜过细过少(直径不宜小于16mm,每根桩不宜少于8根,其净距不应小于80mm且不应大于350mm)。箍筋应适当加强,箍筋直径不应小于主筋直径的1/4,且不小于8mm,中距不应大于主筋直径的15倍且不应大于300mm。对于直径较大的桩或较长的钢筋骨架,可在钢筋骨架上每隔2.0~2.5m设置一道加劲箍筋(直径为16~32mm),如图2-4-7所示。主筋保护层厚度一般不应小于60mm。

钻(挖)孔桩的柱桩根据桩底受力情况如需嵌入岩层时,嵌入深度应根据计算确定,并不得小于0.5m。

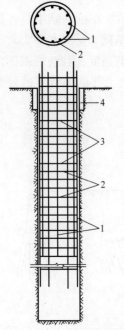

图2-4-7 钢筋混凝土灌注桩
1-主筋;2-箍筋;3-加强箍;4-护筒

钻孔灌注桩常用的含筋率为0.2%~0.6%,比一般预制钢筋混凝土实心桩、管桩与管柱均低。

也有工程采用大直径的空心钢筋混凝土就地灌注桩,是进一步发挥材料潜力、节约水泥的措施。

2. 钢筋混凝土预制桩

沉桩(打入桩和振动下沉桩)采用预制的钢筋混凝土桩,有实心的圆桩和方桩(少数为矩形桩),有空心的管桩,还有管柱(用于管柱基础)。

普通钢筋混凝土方桩可以就地灌注预制。通常当桩长在10m以内时横断面为0.30m×0.30m,桩身混凝土强度等级不低于C25,桩身配筋应按照制造、运输、施工和使用各阶段的内力要求配筋。主筋直径一般为19~25mm;箍筋直径为6~8mm,间距为0.10~0.20m;桩的两端和接桩区箍筋或螺旋筋的间距须加密,其值可取40~50mm。由于桩尖穿过土层时直接受到正面阻力,应在桩尖处把所有的主筋弯在一起并焊在一根芯棒上。桩头直接受到锤击,故在桩顶须设置3层方格网片,以加增桩头强度。钢筋保护层厚度不小于35mm。桩内需预埋直径为20~25mm的钢筋吊环,吊点位置通过计算确定。如图2-4-8所示。

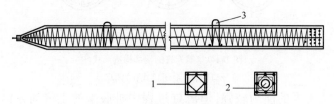

图2-4-8 预制钢筋混凝土方桩
1-实心方桩;2-空心方桩;3-吊环

管桩由工厂用离心旋转机生产,有普通钢筋混凝土或预应力钢筋混凝土两种,直径为0.4~0.8m,管壁最小厚度不宜小于80mm,桩身混凝土强度等级为C25~C40,填芯混凝土强度等级不应低于C15。每节管桩两端装有连接钢盘(法兰盘),以供接长。

管柱实质上是一种大直径薄壁钢筋混凝土圆管节,在工厂分节制成,施工时逐节用螺栓接成,它的组成部分是法兰盘、主钢筋、螺旋筋、管壁(不低于C25,厚度100~140mm),最下端的管柱具有钢刃脚,用薄钢板制成。我国常用的管柱直径为1.50~5.80m,一般采用预应力钢筋混凝土管柱。

预制钢筋混凝土桩柱的分节长度,应根据施工条件确定,并应尽量减少接头数量。接头强度不应低于桩身强度,并有一定的刚度以减少锤振能量的损失。接头法兰盘的平面尺寸不得突出管壁之外。

3. 钢桩

钢桩的形式很多,主要的有管型钢桩、H型钢桩,其材质应符合现行国家有关规范、标准规定。钢桩强度高,能承受强大的冲击力和获得较高的承载力;设计的灵活性大,壁厚、桩径的选择范围大,便于割接(钢桩焊接接头应采用等强度连接),桩长容易调节;轻便,易于搬运,沉桩时贯入能力强、速度较快,可缩短工期,且排挤土量小,对邻近建筑影响小,也便于小面积内密集的打桩施工。其主要缺点是用钢量大,成本昂贵,在大气和水土中钢材具有腐蚀性。目前,我国只在一些重要工程中使用。

钢管桩的分段长度按施工条件确定,不宜超过12~15m,常用直径为400~1000mm。钢管桩的设计厚度由有效厚度和腐蚀厚度两部分组成。有效厚度为管壁在外力作用下所需要的厚度,可按使用阶段的应力计算确定。腐蚀厚度为建筑物在使用年限内管壁腐蚀所需要的厚度,可通过钢桩的腐蚀情况实测或调查确定。

钢桩防腐处理可采用外表涂防腐层,增加腐蚀余量及阴极保护等方法。当钢管桩内壁同外界隔绝时,可不考虑内壁防腐。

钢管桩按桩端构造可分为开口桩和闭口桩两类,如图2-4-9所示。

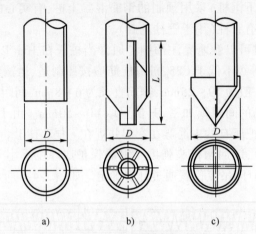

图2-4-9 钢管桩的端部构造形式
a)开口式;b)半闭口式;c)闭口式

开口钢管桩穿透土层的能力较强,但沉桩过程中桩底端的土将涌入钢管内腔形成土芯。当土芯的自重和惯性力及其与管内壁间的摩阻力之和超过底面土反力时,将阻止土进一步涌入而形成"土塞",此时开口桩就像闭口桩一样贯入土中,土芯长度也不再增长。"土塞"形成,与土芯长度、地基土性质、桩径密切有关,它对桩端承载能力和桩侧挤土程度均有影响,在确定钢管桩承载力时应考虑这种影响。开口桩进入砂层时的闭塞效应较明显,宜选择砂层作为开口桩的持力层,并使桩底端进入砂层一定深度。

分节钢管桩应采用上下节桩对焊连接。若按需要为了提高钢管桩承受桩锤冲击力和穿透能力(或进入坚硬地层的能力),可在桩顶和桩底端管壁设置加强箍。

二、承台的构造及桩与承台的连接

对于多排桩基础,桩顶由承台连接成为一个整体。承台的平面尺寸和形状应根据上部结构(墩、台身)底截面尺寸、形状及基桩的平面布置而定,一般采用矩形和圆端形。

承台厚度应保证承台具有足够的强度和刚度。公路桥梁墩台多采用钢筋混凝土或混凝土刚性承台(承台本身材料的变形远小于其位移),其厚度宜为桩径的1.0倍及以上,且不宜小于1.5m。混凝土强度等级不宜低于C25。对于空心墩台的承台,应验算承台强度并设置必要的钢筋,承台厚度也可不受上述限制。

桩和承台的连接:钻(挖)孔灌注桩桩顶主筋宜伸入承台,桩身嵌入承台内的深度可采用100mm(盖梁式承台,桩身可不伸入)。伸入承台的桩顶主筋可做成喇叭形(约与竖直线倾斜15°;若受构造限制,主筋也可不作成喇叭形),如图2-4-10a)、b)所示。伸入承台的钢筋锚固长度应符合结构规范,光圆钢筋不应小于30倍钢筋直径(设弯钩),带肋钢筋不应小于35倍钢筋直径(不设弯钩),并设置箍筋。对于不受轴向拉力的打入桩可不破桩头,将桩直接埋入承台内,如图2-4-10c)所示。桩顶直接埋入承台的长度,对于普通钢筋混凝土桩及预应力混凝土桩,当桩径(或边长)小于0.6m时,不应小于2倍桩径或边长;当桩径为0.6~1.2m时,不应小于1.2m;当桩径大于1.2m时,埋入长度不应小于桩径。

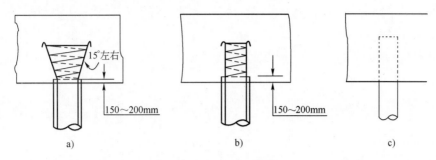

图 2-4-10　桩和承台的连接

承台的受力情况比较复杂,为了使承台受力较为均匀并防止承台因桩顶在外力的作用下发生破碎和断裂,应在承台底部桩顶平面上设置一层钢筋网,钢筋纵桥向和横桥向每1m宽度内可采用钢筋截面面积1200~1500mm^2(此项钢筋直径为12~16mm),应按规定锚固长度弯起锚固,钢筋网在越过桩顶钢筋处不应截断,并应与桩顶主筋连接。钢筋网也可根据基桩和墩台的布置,按带状布设,如图2-4-11所示。低桩承台有时也可不设置钢筋网。

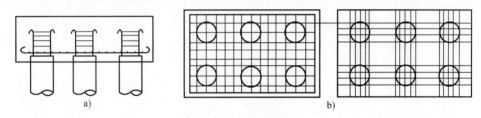

图 2-4-11　承台底钢筋网

对于双柱式或多柱式墩(台)单排桩基础,在桩之间为加强横向联系而设有横系梁时,一般认为横系梁不直接承受外力,可不做内力计算,横系梁的高度可取0.8~1.0倍的桩径,宽度可取0.6~1.0倍的桩径。混凝土强度等级不宜低于C25。纵向钢筋不应少于横系梁截面面积的0.15%;箍筋直径不应小于8mm,其间距不应大于400mm。

桥梁施工

工业聚酯

第一章 桥梁施工基本作业

钢筋混凝土普遍用于多种桥梁结构,钢筋的加工与安装、混凝土的生产与浇筑是桥梁工程乃至其他土木建筑工程最基本、最普遍的工序和工艺。

第一节 钢筋的加工与安装

一、钢筋加工的准备工作

钢筋是桥梁使用的最基本的材料之一,而且规格、型号较多,保管不当易出现锈蚀、挠曲等问题。钢筋的单价与其他材料相比也高得多,一次大量购买不但占用的生产流动资金多,并且保管费用也较高。因此,应根据施工进度安排和设计文件要求,制订所需各种规格、型号钢筋的采购计划,做到适量存储,既保证生产需要,又不大量长期存放。

购买钢筋前应检查钢筋出厂质量证明书和试验报告单,确认钢筋的化学成分、力学指标等符合设计文件和相应规范要求,并尽量选购信誉好、产品质量稳定的大厂产品。钢筋进场时除应检查其外观和标志外,还应按照《公路桥涵施工技术规范》(JTG/T 3650—2020)的要求,分不同的钢种、等级、牌号、规格及生产厂家分批验收并抽取试样进行力学性能检验,主要做屈服强度、抗拉强度、断后伸长率、最大力总伸长率、冷弯、可焊性等试验。

钢筋使用前应平直、无局部弯折,成盘的钢筋和弯曲的钢筋均应先调直再使用。可采用钢筋调直机或手摇、电动绞车冷拉调直,调直时拉力以能将钢筋调直为度,不宜过大。采用冷拉方法调直后的钢筋伸长率应满足 HPB300 钢筋的冷拉率宜不大于 2%,HRB400 钢筋的冷拉率宜不大于 1%。

钢筋的表面应洁净、无损伤,使用前应将表面的油渍、漆皮、锈蚀等清除干净,带有颗粒状或片状老锈的钢筋不能使用。少量除锈可采用电动除锈机或喷砂,局部除锈可采用人工用钢丝刷或砂轮等方法。当除锈后钢筋表面有严重的麻坑、斑点,已伤蚀截面时,应降级使用或剔除不用。

钢筋经调直、除锈后,即可按图纸要求进行画线下料。为了使成形的钢筋比较精确地符合设计要求,在下料之前应计算图纸上所标明的折线尺寸与弯折处实际弧线尺寸之差值(通常可查阅现成的计算表格),同时还应计入钢筋在冷弯过程中的伸长量。弯折伸长量可按下式计算,并结合试弯时的实际伸长量计算调整:

弯成 45°角时,伸长 $(1/2 \sim 2/3)d$;

弯成 90°角时,伸长 d;

弯成 180°角时,伸长 $3/2 d$(d 为钢筋直径)。

图 3-1-1a)中示出通常设计图纸中标明的折线尺寸。图 3-1-1b)表示考虑了实际弧线长度的展直尺寸,两端示出了 180°半圆弯钩的增长尺寸。图 3-1-1c)表示扣除了加伸长量的实际画线下料尺寸。

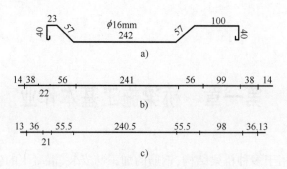

图 3-1-1 弯折前的钢筋划线（尺寸单位：mm）

二、钢筋的接长与弯制成形

钢筋出厂的长度为标准定尺，使用时需按下料长度截断或接长。施工中为了避免浪费，截下的钢筋也要搭配接长后使用，有些设计尺寸过长的钢筋构件也要分段制作，安装时再拼接。钢筋接头宜采用焊接接头或机械连接接头，仅当钢筋构造复杂、施工困难时可采用绑扎接头，两接头之间的距离应不小于1.3倍搭接长度，采用绑扎接头的钢筋直径不宜大于28mm，轴心受拉和小偏心受拉构件不应采用绑扎接头。钢筋接头的质量应按规定抽查检验。

钢筋焊接接头有电阻点焊、闪光对焊、电弧焊、电渣压力焊、气压焊及埋弧压力焊6种焊接方式，宜优先采用闪光对焊的方式进行钢筋的对接连接。闪光对焊接头的生产效率高、操作简便、节约能源、接头传力性能好、焊接质量高等。钢筋焊接骨架和焊接网宜采用电阻点焊制作。电弧焊宜采用双面焊缝，仅当双面焊缝无法施焊时，方可采用单面焊缝。采用搭接电弧焊时，两结合钢筋的轴线应保持一致，为此两钢筋搭接部应预先折向一侧；采用帮条电弧焊时，帮条应采用与主筋相同的钢筋，其总截面面积应不小于被焊钢筋的截面面积。电弧焊接头的焊缝长度，对双面焊缝不能小于$5d$，单面焊缝不能小于$10d$（d为钢筋直径）。电渣压力焊仅可用于竖向钢筋的连接。钢筋在水平位置、垂直位置、倾斜位置等位置采用气压焊。埋弧压力焊适用于各种预埋件T形接头钢筋与钢板的焊接。

钢筋的机械连接宜采用直螺纹连接或套筒挤压连接接头。直螺纹连接包括滚轧直螺纹连接和墩粗直螺纹连接。墩粗直螺纹和滚轧直螺纹接头适用于直径大于或等于25mm的HRB400、HRB500级热轧带肋钢筋；套筒挤压连接接头适用于直径16～40mm的HRB400、HRB500级热轧带肋钢筋。

受力钢筋焊接或绑扎接头在构件中的位置应符合以下规定：受力钢筋的连接接头应设在内力较小处，并应错开布置；焊接、机械连接的受力钢筋在接头长度区段（接头长度区段为$35d$长度范围，且不小于50cm范围）内配置的截面面积，在受拉区不超过受力钢筋总面积的50%，在受压区不受限制；绑扎搭接的受力钢筋，在搭接长度区段（绑扎接头区段长度是为1.3倍搭接长度）内配置的截面面积，在受拉区不超过受力钢筋总面积的25%，受压区不超过50%。

钢筋下料后可在工作平台上用电动弯筋器或手工按规定的弯曲半径弯制成形，钢筋的两端也应按设计弯制成所需的弯钩。设计未要求时，按以下要求制作：HPB300级钢筋，弯曲角度180°时弯芯直径不小于$2.5d$；《钢筋混凝土用钢 第2部分：热轧带肋钢筋》(GB/T 1499.2—2018)对HRB400、HRB500、HRB600级钢筋采用180°弯曲角度的内径按钢筋直径范围分别做了规定：公称直径为6～25mm的HRB400钢筋弯曲压头直径不小于$4d$，公称直径为28～40mm的HRB400钢筋弯曲压头直径不小于$5d$；公称直径为6～25mm的HRB500、

HRB600 钢筋弯曲压头直径不小于 $6d$，公称直径为 28～40mm 的 HRB500、HRB600 钢筋弯曲压头直径不小于 $7d$。

三、钢筋骨架的组成与安装

要使桥梁结构中的钢筋准确的处在设计位置并有效发挥作用，必须先采取适当工艺，将已加工成设计尺寸、形状的各种单根钢筋的位置固定，形成整体骨架。钢筋骨架的制作常采取焊接与绑扎相结合的方式，先焊成单片平面骨架，再将它组拼成立体骨架。组拼后的骨架须具有足够的刚度和稳定性，焊缝须具有足够的强度，以便在搬运、安装和浇筑混凝土的过程中不变形、松散。

钢筋骨架的拼装焊接应在坚固的工作台上进行，单片平面骨架应先按设计图纸放大样，放样时要考虑焊接变形的预留拱度。焊缝的填充金属及焊件金属在电弧的高温下（1500℃以上）熔化成液体，并发生急剧膨胀，由于呈液体状，其膨胀可以自由地沿焊缝而伸展。但当焊条离开焊件时，温度立即下降，填充金属凝固，由于温度下降而产生的收缩就会使钢筋产生很大的应力和变形，导致骨架翘曲。为防止或减小这种变形和应力，拼装时在焊接位置采用楔形卡卡住，在所有焊接点卡好后，先在焊缝两端点焊定位，然后进行焊缝施焊，一般采用双面焊缝为宜，即先焊好一面的焊缝，然后把骨架翻身，再焊另一面。同时，在焊接操作上应采用分层跳焊法，即从骨架中心向两端对称、错开焊接，先焊骨架下部，后焊骨架上部，见图 3-1-2a）；在同一断面处，如钢筋层较多，各焊缝也应互相交错跳焊，见图 3-1-2b）。同时，每道焊缝可分两层焊，保证焊缝厚度，即先按跳焊顺序焊好焊缝的下层，经冷却后，再按跳焊顺序焊完上层。当多层钢筋直径不同时，则可先焊两直径相同的钢筋，再焊直径不同的钢筋。直径较小的钢筋在焊接时，宜先在下面适当支垫，以保证钢筋的中心线在同一平面上。焊缝的焊渣在焊成后应全部敲掉。

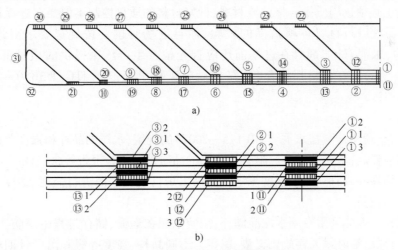

图 3-1-2 骨架焊缝焊接程序示意图
a）纵向焊接顺序（①、②、③……）；b）多层焊缝跳焊顺序（1，2，3……）

对于绑扎钢筋的安装，应事先拟定好安装顺序。一般的梁肋钢筋，先放箍筋，再安下排主筋，后装上排钢筋。在钢筋安装工作中，为保证达到设计及构造要求，应注意以下几点：

（1）钢筋的接头应按规定要求错开布置。

（2）钢筋的交叉点应用铁丝绑扎结实，必要时采取与电弧点焊相结合的方法，拐角处的钢筋交叉点要全部绑扎，中间平直部分的交叉点可交错绑扎，绑扎的交叉点占全部交叉点的比例宜在40%以上。

（3）除设计有特殊规定者外，梁中箍筋应与主筋垂直，箍筋弯钩的叠合处，在梁中应沿纵向置于上面并交错布置。

（4）为了保证混凝土保护层的必需厚度，应在钢筋与模板之间设置混凝土垫块或水泥砂浆垫块、塑料垫块，垫块应错开设置，不应贯通截面全长，垫块在构件侧面和底面布置的数量不少于4个/m^2，重要部位宜适当加密。

（5）为固定钢筋和保证相互间的横向净距，两排钢筋之间可使用混凝土分隔块，或用短钢筋焊接固定；两根紧贴着布置的钢筋应焊接。

（6）为保证钢筋骨架有足够的刚度，必要时可以增加加强钢筋。

（7）应对已安装好的钢筋及钢筋网预埋件（钢板、锚固钢筋等）进行检查。

焊接成形的钢筋骨架，用起重设备吊入模板即可；起吊时吊点的设置应能尽量减少骨架的变形，可采用扁担梁等辅助措施分散吊点，改善骨架起吊时的受力状态；有条件时也可直接在底模上绑扎成形。

第二节　混凝土的生产与浇筑

一、原材料的质量与进场检验

混凝土所用的基本原材料有水泥、砂、碎石（卵石）、水，由于外加剂、掺和料等能起到改善混凝土的性能，提高混凝土的适应性，方便混凝土的施工等作用，其越来越普遍被用于混凝土中。

生产混凝土必须选用质量合格的原材料，做好材料的质量控制不但要在选择料源或供货商时，按规范要求进行材料各项指标的检验，而且进场时也要按规范要求对进场的材料分批进行检验，水泥、外加剂等在进场前还应首先检查生产厂家提供的质量证明文件，以保证用于混凝土的所有材料都符合《公路桥涵施工技术规范》（JTG/T 3650—2020）及相关规范要求。

（一）水泥

水泥应符合《通用硅酸盐水泥》（GB 175—2007）的规定，水泥的品种和强度等级应通过混凝土配合比试验选定，水泥进场时应附有生产厂的品质试验检验报告等合格证明文件，并按批次对同一生产厂、同一品种、同一强度等级及同一出场日期的水泥进行强度、细度、稳定性、凝结时间等性能的检验。

散装水泥在工地应采用专用水泥灌储存；袋装水泥在运输、储存过程中应防止受潮，且不得长时间露天存放，临时露天存放要支垫、覆盖。不同品种、强度等级和出厂日期的水泥应分别按批存放。

（二）砂

混凝土应选用级配良好、质地坚硬、颗粒洁净且粒径小于5mm的河砂作细集料，河砂不易得到时，也可用符合规定的其他天然砂或人工砂，但不宜采用海砂。不得不采用海砂时，应冲洗处理使其氯离子含量等技术指标符合相关规范要求。选择砂时应检验其有害物质含量（云母、轻物质、有机质含量、硫化物及硫酸盐含量、氯化物）、天然砂的含泥量、泥块含量、坚固性、人工砂的石粉含量、表观密度、松散堆积密度、孔隙率、碱集料反应、级配、细度模数。进场时应规范要求分批检验外观、级配、细度模数有害物质含量、天然砂的含泥量、泥块含量、人工砂的石粉含量。必要时增加其他指标,按《公路桥涵施工技术规范》(JTG/T 3650—2020)中的表6.3.1执行。

(三)碎石、卵石

混凝土应选用质地坚硬、洁净、级配合理、粒形良好、吸水率小的碎石或卵石作粗集料。选择碎石时,应检验压碎值、坚固性、吸水率、针片状颗粒含量、含泥量、有害物质含量、岩石抗压强度、表观密度、松散堆积密度、孔隙率、碱集料反应、颗粒级配等。粗集料进场时分批检验外观、颗粒级配、针片状颗粒含量、含泥量、泥块含量、压碎值等,必要时应对坚固性、有害物质含量、氯离子含量、碱活性及放射性等指标进行检验。当混凝土结构物处于不同环境条件下,粗集料坚固性试验结果应符合《公路桥涵施工技术规范》(JTG/T 3650—2020)中的表6.4.2要求。

(四)水

符合国家标准的饮用水可直接用于混凝土的拌制和养护用水,其他水源在使用前应进行检验,严禁将未经处理的海水用于结构混凝土的拌制。水的品质应符合《公路桥涵施工技术规范》(JTG/T 3650—2020)中的表6.5.1的规定。

(五)外加剂

外加剂按所起的作用分为减水剂、早强剂、缓凝剂、促凝剂、引气剂、泵送剂、防水剂、防冻剂、膨胀剂、喷射用速凝剂等多种类型,应按照使用目的合理选用。所用的外加剂必须是经过具有相关资质的检测机构检验并附有检验合格证明的产品,其质量应符合《混凝土外加剂》(GB 8076—2008)的规定;外加剂使用前还应进行复检,复检结果满足要求后方可用于工程中。钢筋混凝土和预应力混凝土中均不得掺用氯化钙、氯化钠等氯盐。

(六)掺合料

混凝土中有时还掺用粉煤灰、磨细矿渣、硅灰等掺合料,掺入量在使用前通过试验确定。掺合料应由生产单位专门加工并进行产品检验,出具产品合格证书;其在运输与存储过程中,严禁与水泥等其他粉状材料混淆。

二、混凝土的配合比

混凝土的配合比应以质量比表示,并应通过计算和试配选定,普通混凝土按照《普通混凝土配合比设计规程》(JGJ 55—2011)、《公路桥涵施工技术规范》(JTG/T 3650—2020)的规定进行计算和试配。试配应使用施工实际采用的材料,配制的混凝土拌合物应满足和易性、凝结时间等施工技术条件。在满足工艺要求的前提下,宜采用低坍落度的混凝土。制成的混凝土应满足强度、耐久性(抗冻、抗渗、抗侵蚀)等质量要求。混凝土的总碱含量应加以控制,一般桥涵不宜大于$3.0kg/m^3$,特大桥、大桥和重要桥梁不宜大于$2.1kg/m^3$。混凝土结构处于受严重侵蚀的环境时,不得使用有碱活性反应的集料。

混凝土施工前应将理论配合比换算成施工配合比。按拌合设备的容积换算出每盘混凝土所需水泥、砂、碎石、水、外掺剂等材料的质量,并结合所用砂、碎石、外加剂中的含水率进行施工配合比的进一步调整。当采用袋装水泥时,一般按每盘采用若干整袋水泥换算其他材料的用量,以方便施工计量。

三、混凝土的施工工艺

(一) 混凝土的拌制

混凝土的配料宜采用自动计量装置,计量系统的精度应符合要求并定期进行校验,以保证计量准确可靠。拌制混凝土的各项固体原材料应按质量投料,水和液体外加剂可按体积进行计量投料,配料数量的允许质量偏差应符合表 3-1-1 规定。上料的顺序一般是先石子、次水泥、后砂,混凝土拌合物应使各种组成材料混合均匀,石子表面包满砂浆,颜色一致,不得有离析和泌水现象,混凝土的最短搅拌时间按混凝土的坍落度和使用的拌合设备产品说明书确定。

混凝土配料数量的允许质量偏差(%)　　　　表 3-1-1

材料类别	允许质量偏差	
	现场拌制	预制场或集中搅拌站拌制
水泥、干燥状态的掺合料	±2	±1
粗、细集料	±3	±2
水、外加剂	±2	±1

(二) 混凝土的运输

运输能力应与混凝土的凝结速度和浇筑速度相匹配,其运输方式宜采用搅拌运输车,条件允许时可采用泵送运输。采用吊斗或其他方式运输时,运距不宜超过 100m,且不得使混凝土产生离析。混凝土运至浇筑地点发生离析、严重泌水或坍落度不符合要求时,应进行二次搅拌,但不得任意加水,确有必要加水时,可同时加水和相应的胶凝材料及外加剂以保持其原水胶比不变,二次搅拌仍不符合要求时,不得使用。

(三) 混凝土的浇筑

浇筑混凝土之前,应根据待浇筑结构物的情况、环境条件及浇筑量等制定合理的浇筑工艺方案,对施工缝设置、浇筑顺序、浇筑工具、防裂措施、保护层的控制等作出明确规定;必须先检查钢筋、预埋件的数量、位置是否符合设计要求,垫块、模板、支架是否牢固,并查看模板的清洁、润滑和紧密程度。浇筑混凝土时应对混凝土的坍落度、均匀性进行检测。

从高处向模板内倾卸混凝土时,为防止离析,其自由下落高度不宜超过 2m,超过 2m 时,应通过串筒、溜管、溜槽等设施下落;倾落高度超过 10m 时,应设置减速装置。

混凝土应按一定厚度、顺序和方向分层浇筑,且应在下层混凝土初凝或能重塑前浇筑完成上层混凝土。上下层同时浇筑时,上层与下层前后浇筑距离应保持 1.5m 以上。在倾斜面上浇筑混凝土时,应从低处开始逐层扩展升高,并保持水平分层。混凝土分层浇筑厚度不宜超过表 3-1-2 的规定。

混凝土分层浇筑厚度(mm)　　　　表 3-1-2

捣实方法		浇筑层厚度
用插入式振动器		300
用附着式振动器		300
采用表面振动器	无筋或配筋稀疏时	250
	配筋较密时	150

(四) 混凝土的振捣

混凝土拌合料具有受振时产生暂时流动的特性,此时其中的集料靠重力向下沉落并互相滑动挤紧,集料间隙被流动性大的水泥砂浆充满,而空气则形成小气泡浮到混凝土表面被排出。这样会增加混凝土的密实度,从而大大提高混凝土的强度和耐久性,并使之达到内实外光的要求。

常用的振捣器有插入式振捣器、附着式振捣器和表面式振捣器等。插入式振捣器操作简单灵活,当构件断面有足够的空隙插入振捣器,钢筋又不太密时采用插入式振捣器,它的效果比平板式和附着式的都好。附着式振捣器可设在底模下面和侧模板上,它是预制梁的主要振捣工具。表面式振捣器用于大面积混凝土的浇筑,如桥面、基础等。

插入式振捣器要与侧模保持50~100mm的距离,振捣新浇混凝土时要深入下层混凝土50~100mm,以使上下两层形成均匀的整体。每处振捣完毕后应一边振动,一边徐徐提出振动棒,并避免振动棒碰撞模板、钢筋及其他预埋件;相邻两处插入的间距不应超过振捣器作用半径的1.5倍。表面式振捣器的移位间距,应使振捣器平板能覆盖已振实部分不小于100mm。附着式振捣器的布置距离,根据结构物的形状和振捣器的性能通过试验确定。

混凝土每次振捣时间要掌握好,振捣时间过短不能达到密实度,振捣时间过长,反而会引起混凝土的离析。每一振点的振捣延续时间为20~30s,振捣至混凝土停止下沉,无气泡上升,混凝土表面呈现平坦、泛浆。

(五)混凝土的收面

结构混凝土浇筑完成后,对混凝土裸露面应及时进行修整、抹平,待定浆后再抹第二遍并压光或拉毛。当裸露面面积较大或气候不良时,应加盖防护,但在开始养生前,覆盖物不得接触混凝土表面。

(六)施工缝接后续混凝土施工注意事项

(1)浇筑前先凿除原混凝土表层的水泥浆和松弱层。用水凿毛时,原混凝土强度须达到0.5MPa;用人工凿毛时,须达到2.5MPa;用风动机凿毛时,须达到10MPa。

(2)经凿毛处理的混凝土表面,应用洁净水冲洗干净。在浇筑新混凝土前,垂直缝应刷一层净水泥浆,水平缝应在全部接触面铺一层与混凝土相同而水灰比略小的厚为10~20mm的1∶2水泥砂浆。

(3)接缝处于重要部位或结构物在地震区,在浇筑时应加锚固钢筋,以防受力时开裂。

(4)斜面接缝应将斜面混凝土凿成台阶。

(5)施工缝处理后,须待处理层混凝土达到一定强度后才能继续浇筑混凝土,需要达到的强度,一般最低为2.5MPa。混凝土达到上述抗压强度的时间宜通过试验确定。

四、混凝土的养护及模板拆除

混凝土凝固、硬化和强度发育的过程,就是混凝土中水泥的水化作用过程。水泥的水化需要适当的温度和湿度才能实现。混凝土在低温时强度增长很慢,当气温下降到-2℃以下时,硬化基本上停止。在干燥的气候下,混凝土中的水分迅速蒸发,一方面使混凝土的表面剧烈收缩而导致裂缝;另一方面当游离水分全部蒸发后,水泥水化作用也就停止,混凝土即停止硬化。因此,混凝土浇筑后需保持水化作用形成强度所需的温度和湿度,保持适当温度和湿度的工作就是通常所说的养护。

在常温下养护混凝土的方法,主要用潮湿的土工布或麻袋、毡布等覆盖,并常洒水,以保持混凝土表面始终处于湿润状态。为减少洒水次数,工地上常采用塑料薄膜配合以上措施覆盖、包裹。混凝土洒水养护的时间不少于7d,对重要工程或有特殊要求的混凝土应酌情延长养护时间。当气温低于5℃时,应采取保温措施,不得向混凝土表面洒水。当喷洒养护剂对混凝土进行养护时,应通过试验验证其养护效果。

经过养护,当混凝土强度达到2.5MPa时,即可拆除侧模。当混凝土强度能够承受自重及其他可能的叠加荷载时,一般不低于设计标准值的75%,方可拆除承重的底模和支架。

为加速模板周转和施工进度,可采用蒸汽法养护混凝土。

五、混凝土的冬季施工要点

当昼夜平均气温连续5d低于+5℃,就必须采取冬季施工的技术措施。常用冬季施工措施如下:

(1)采用较小的水胶比,水胶比按照《公路桥涵施工技术规范》(JTG/T 3650—2020)中的表6.13.4执行。

(2)采用活性较大,早期强度较高的硅酸盐水泥或普通硅酸盐水泥,且水泥的强度等级不宜低于42.5。

(3)掺用早强剂,加速混凝土强度的发展,并降低混凝土内水溶液的冰点,防止混凝土早期结冰。常用的早强剂有含三乙醇胺的硫酸钠复合剂和亚硝酸钠复合剂两种。

(4)增加拌合时间,使水泥的水化作用加快,并使水泥的发热量增加,以加速混凝土凝固。冬季施工混凝土的拌合时间比平时增加50%~100%。

(5)将拌和设备设置在气温不低于10℃的厂房或暖棚内,集料堆放在棚房内或采用保温材料覆盖,防止出现冻块。

(6)将拌合水、集料加热,提高混凝土的初始温度,使混凝土在养护措施开始前不低于规定温度,但加热不得超过表3-1-3的规定。

拌合水及集料最高温度 表3-1-3

项 目	拌合水(℃)	集料(℃)
强度等级小于42.5的普通硅酸盐水泥、矿渣硅酸盐水泥	80	60
强度等级大于或等于42.5的普通硅酸盐水泥、矿渣硅酸盐水泥	60	40

(7)采用蒸汽加热法提高养护温度,将混凝土构件置于封闭的保温棚罩内,往内均匀送入加热的水蒸气,但养护温度不宜超过80℃。混凝土升降温速度应加以控制,当表面系数大于或等于6时升温速度不大于15℃/h,降温速度不大于10℃/h;当表面系数小于6时升温速度不大于10℃/h,降温速度不大于5℃/h;采用加热法养护时严禁使用高铝水泥;加热养护的结构模板和保温层在混凝土表面冷却到5℃以后方可拆除。拆除后当混凝土表面温度与环境温度相差大于20℃时应对混凝土表面加以覆盖保温,使其慢慢冷却。

以上各项措施各有特点和利弊,可根据施工期间的气温和预制场的具体条件来选定一种或几种。

第二章　桥梁上部施工

第一节　梁桥的施工

一、整体装配梁的制作

梁桥可分为钢筋混凝土梁桥和预应力钢筋混凝土梁桥两大类,常用的结构形式有空心板、T梁、箱梁等。一般可采取预制安装或现浇的工艺进行梁桥施工。

(一)钢筋混凝土梁预制

梁的制作步骤是先按梁体的设计尺寸、形状制作模板,再将按设计制作的钢筋骨架一次或分次放入模板内,然后浇入混凝土拌合物,经振捣、养生、拆模等工序,即可生产出所需的梁体。

1. 模板的分类

预制梁的模板按材料分类,有钢模板、木模板、竹木结合模板、钢木结合模板、充气橡胶模板等。预制数量较多的梁,常采用钢模板。钢模板由钢壳板与加劲扁钢、角钢、槽钢等焊接成模板单元,这样使模板安装、拆除方便,可多次周转使用。木模板、竹木结合模板常在没有定型设计的构件或小跨预制梁上使用,这种模板制作容易,一次性投资小,但易变形,周转次数少。为改进木模的使用,可在木模板靠混凝土的一面钉上0.3~0.5mm厚的铁皮,使用时表面涂隔离剂,可以提高周转使用次数,方便脱模,并获得光滑的混凝土表面。近年来,竹胶合板替代了传统木模板的木壳板,成为一种新的模板结构——竹木结合模板,其特点是不需要钉铁皮即可获得令人较为满意的混凝土外观效果,且竹子比木材生长速度快,更经济。钢木结合模板通常用角钢作支架,用木料作壳板,壳板和支架用平头开槽螺栓连接,性能优于木模板。充气橡胶模板则用于空心截面的内模板。

2. 模板的构造

模板有底模、侧模、端模和内模之分。

底模可支承在墩式底座上或直接将面板铺设在连续的混凝土底座上。支承式底模可在底模下设置安装振捣器的构造措施。底模一般采用3~8mm厚的钢板作面板,并辅以加劲肋、边部加强角钢等,在混凝土底座上要预埋连接钢筋,用来固定底模。预制梁时底模不必拆除,仅在第二次使用前进行整理和校准,底模在构造上应注意设置底模与侧模、底模与端模及底模接长的联系构件,如需要在底模下设置振捣器还应设安装的构造措施。预应力梁的底模两端在构造上应予以加强,因为预应力混凝土预制梁在张拉时,整个梁体重力集中支承在底模两端。

侧模沿梁长置于预制梁的两侧,小跨径梁、板可用整体侧模。通常考虑起吊重量和简化构造,模板单元长度采取4~5m,可在横隔梁处分隔。当横隔梁间距较大时,可在中间再划分。侧模由侧板、水平加劲肋、斜撑等构件组成,见图3-2-1、图3-2-2。钢侧模一般采用3~5mm钢壳板,加劲肋采用50~100mm角钢;木侧模板厚30~50mm,加劲方木取用80~100mm。侧模板在构造上应考虑悬挂振捣器的构件,要加强侧模间的连接构造,并需设置拆模板的设施。

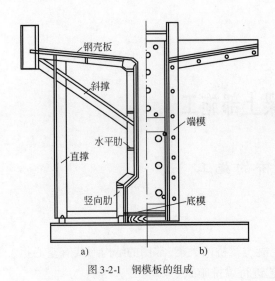

图 3-2-1 钢模板的组成

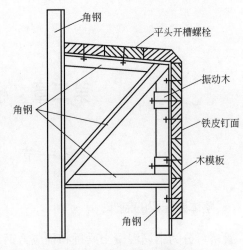

图 3-2-2 钢木结合模板的构造

端模设置在梁的两端,安装时连接在侧模上,用于形成梁端形状(控制预应力梁的孔道位置,一般用 4~8mm 钢板加工而成)。

内模是空心截面梁、板的预制关键,其结构形式直接影响制作是否简便、经济,装拆是否方便,周转率是否高。图 3-2-3 是目前常见的预制箱梁,内膜由四块壳板和内撑框组成,壳板由 3~5mm 钢板和加筋肋制成,内撑框用 50~100mm 角钢分段弯制加工,用螺栓连接而成。拼装时先拼内撑框,然后将壳板用螺栓固定在内撑框外,形成单元段,再将各单元用螺栓纵向连接起来。箱梁外膜(侧模)与 T 梁类似。

图 3-2-3 预制箱梁模板
a)箱梁内模板;b)箱梁模板端部

空心板梁常使用定型生产的充气橡胶囊芯模,在使用时将其先放入绑好的钢筋骨架内,再用空压机充入空气,达到规定的压力,即可作内膜使用。因充气橡胶囊芯模自重较轻,应采取定位防浮措施;当浇筑的混凝土达到 0.5~1.0MPa 时,释放囊内的空气,即可抽出。

3. 模板的要求

模板应具有足够的强度、刚度和稳定性,应能承受施工过程中所产生的各种荷载;模板的构造应简单、合理,安装、拆除方便;模板应能与混凝土结构或构件的特征、施工条件和浇筑方法相适应,应保证结构物各部尺寸、形状和相互位置的准确;模板的板面应平整,接缝处应严密且不漏浆。

4. 梁体钢筋

图 3-1-2 为钢筋混凝土简支 T 梁腹板处钢筋骨架的典型结构,按本篇第一章所述的方法完成。

单片肋板钢筋骨架焊接后,组拼成立体骨架,再吊装至底模上,安装侧模后再绑扎顶板钢筋。

模板与钢筋的安装有时要交叉进行,应合理确定先后顺序、步骤,以便施工。

5. 混凝土浇筑

T 梁的浇筑顺序,一般采用水平分层浇筑[图 3-2-4a)],其横隔梁的混凝土与梁肋同时浇筑。当梁高跨长,或混凝土拌制跟不上浇筑进度时,可采用分层分段法由梁一端向另一端浇筑[图 3-2-4b)]。

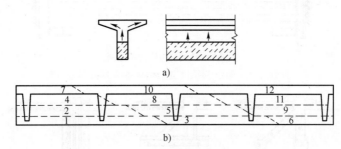

图 3-2-4 混凝土的浇筑方法
a)水平分层浇筑;b)分段、分层浇筑顺序

预制箱梁一般在芯模顶板、底板上预留混凝土入口,连续浇筑底板、腹板混凝土,横隔梁与梁腹板同时浇筑,有条件时顶板亦应连续浇筑。预制箱梁也可采取先浇筑底板混凝土,放入内模、安装顶板钢筋,然后再浇筑腹板、横隔梁、顶板混凝土的方法,这种方法要求工艺衔接紧凑,总时间应控制在规定的时限内。

施工预制梁过程中,组织好振捣是提高施工质量的关键。由于预制梁截面形状复杂,梁高、壁薄、钢筋密集,在浇筑梁肋或腹板下层混凝土时,可使用底模和侧模下排振捣器联合振捣,并依照浇筑位置调整振捣部位。当浇筑梁肋或腹板上层混凝土时,主要使用侧模振捣器辅以插入式振捣器;待浇筑翼板、顶板混凝土时,可使用侧模上层振捣器,插入式振捣器或平板振捣器联合振捣。

(二)先张法预应力混凝土梁预制

先张法制梁是在浇筑混凝土前张拉预应力筋,将其临时锚固在张拉台座上,然后绑扎普通钢筋、立模浇筑混凝土,待混凝土达到设计规定强度后逐渐将预应力筋从台座上放松,由于混凝土和预应力筋之间的黏结作用,使预应力筋的弹性回缩受到限制,混凝土同时获得了相应的预压应力。

先张法生产可采用台座法或机组流水线法。机组流水线法生产速度快,但需大量钢模和较高的机械化程度,一般只用于工厂内预制定型构件。台座法不需要复杂的机械设备,施工适用性强,应用较广。下面从台座、预应力筋的制备、张拉工艺及预应力筋放松等方面介绍先张法特有的生产过程。

1. 台座

台座是先张法生产中的主要设施之一,按构造形式不同,可分为墩式和槽式两类。台座要有足够的强度、刚度和稳定性,必须进行专门设计。

(1) 墩式台座

墩式台座由台面、承力架、横梁和定位钢板组成,如图3-2-5所示。墩式台座靠自重和土压力来平衡张拉力产生的倾覆力矩,并靠土壤的反力和摩擦力抵抗水平位移,台座的抗倾覆安全系数应不小于1.5,抗滑移系数不小于1.3。台座承力架可因地制宜采取不同的形式,如图3-2-6所示。地质条件良好,台座张拉线较长的情况下,采用墩式台座可节约大量混凝土。

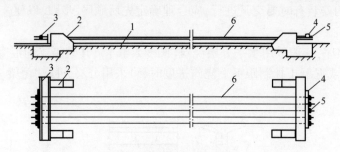

图3-2-5 墩式台座构造示意图
1-台面;2-承力架;3-横梁;4-定位钢板;5-夹具;6-预应力筋

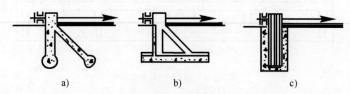

图3-2-6 台座承力架
a)爆扩桩式;b)三角架式;c)锚桩式

(2) 槽式台座

当现场地质条件较差,台座又不很长时,可采用槽式台座。槽式台座由台面、传力柱、横梁、横系梁等组成的,如图3-2-7所示。传力柱一般用钢筋混凝土制成,其他部分与墩式台座相似。

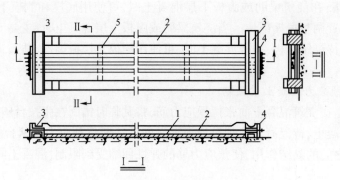

图3-2-7 槽式台座
1-台面;2-传力柱;3-横梁;4-定位板;5-横系梁

2.预应力筋的制备

预应力钢筋常采用钢绞线、高强钢丝、精轧螺纹钢筋等,精轧螺纹钢筋一般用于中、小型预应力混凝土构件或作为箱梁的横向、竖向预应力钢筋。预应力筋进场时应分批验收,除应对其质量证明书、包装、标志和规格进行检查外,还应按《公路桥涵施工技术规范》(JTG/T 3650—2020)的规定抽样检验外观和力学性能。

钢绞线一般每盘为一根,长度很长,可根据需要截取相应的长度。钢绞线的下料宜采用切断机或砂轮锯,不得采用电弧切割。切割时应将切口两侧各 30～50mm 处用铅丝绑扎,以免钢绞线松散。

钢筋下料时,应按照钢筋的计算长度、工作长度和原材料的试验数据确定下料长度,做到合理配料,尽量减少接头数目。

下料长度可按下式计算:

$$L = \frac{l}{(1+\sigma_1)(1-\sigma_2)} + nb + l_0$$

式中:L——下料长度;

l——计算长度;

σ_1——冷拉伸长率,一般为 2%～4%;

σ_2——弹性回缩率,一般为 0.45%;

n——接头数目;

b——每个接头的焊接压缩损耗量,一般为 25～35mm;

l_0——工作长度,视台座、张拉千斤顶、锚具、连接器等情况确定。

钢筋出厂时为标准长度,因此,使用时常需对焊接长。对焊质量应严格控制,钢筋的对焊一般均在对焊机上采用二次闪光对头焊接(即用闪光—预热—闪光焊工艺)。其轴线偏差不得大于 2mm 或钢筋直径的 1/10。

3. 预应力筋的张拉

预应力筋的张拉主要利用各类液压拉伸机(由千斤顶、油泵、压力表、连接油管组成)进行,张拉宜采用穿心式双作用千斤顶,整体张拉或放张宜采用具有自锚功能的千斤顶;长拉千斤顶的额定张拉力宜为所需张拉力的 1.5 倍,且不得小于 1.2 倍;与千斤顶配套使用的压力表应选用防震型产品,其最大读数应为张拉力的 1.5～2.0 倍。张拉用的千斤顶与压力表应按规定配套标定、配套使用。张拉工作,必须严格按照设计要求和张拉操作规程进行。

(1)张拉前的准备工作

张拉前应在横梁上安装孔位和孔径符合设计要求的预应力筋定位钢板。安装定位板时要保证最外侧和最下层预应力筋的混凝土保护层厚度。对于长线台座,预应力筋使用粗钢筋时,梁与梁之间的钢筋可用连接器临时串联。

千斤顶的控制张拉力 N 是张拉前需要确定的一个重要数据,从理论上可以将油泵表读数 C 乘以活塞面积 A,即 $N = CA$。但实际上油缸与活塞之间存在摩阻力,另外油压表本身也有示值误差。因此,事前要用标准压力计(如压力环或传感器等)和标准油压表按5t(折合49kN)一级来测定所用千斤顶的校正系数 K_1 和油压表的校正系数 K_2。千斤顶的实际张拉力值 N' 为:

$$N' = \frac{CA}{K_1 \cdot K_2}$$

或者,需要达到张拉力值 N 时,换算的油压表读数应为:

$$C' = K_1 \cdot K_2 \frac{N}{A}$$

式中:K_1——所用千斤顶理论计算吨位与标准压力计实测吨位之比。它随压力值的不同而变化,(可用压力环顶压检测),一般为 1.02～1.05,如大于 1.05,则应检修活塞与垫圈;

K_2——所用油压表读数与标准油压表读数之比,它不应有 ±0.5% 以上的偏差,过大时宜换新油压表。

预应力筋采用应力控制方法张拉时,应以伸长值进行校核,实际伸长值与理论伸长值的差值应符合设计规定,设计未规定时,其偏差应控制在 ±6% 以内,否则应停止张拉,查明原因。此外在张拉过程中要十分重视施工安全。在张拉前要对张拉设备、锚具作认真检查;使用千斤顶时不准超载,在两端张拉千斤顶的后方不准站人或通过行人;张拉时要统一指挥,按操作程序施工。

(2)张拉工艺

先张法拉预应力筋,可以单根张拉或多根同时张拉。单根张拉设备比较简单,吨位要求小,张拉的顺序应不使台座承受过大的偏心力。多根张拉需有大吨位张拉设备,数根预应力筋同时张拉,必须先调整每根筋的初始应力,使其一致,再整体张拉。因此可在钢筋的一端选用螺丝杆锚具,这样可以利用螺丝杆上的螺母调整各根预应力筋的初始长度和应力。先张法预应力筋张拉的程序依预应力筋的类型而异(表 3-2-1)。

先张法预应力筋张拉程序 表 3-2-1

预应力筋种类		张 拉 程 序
钢丝钢绞线	夹片式等具有自锚性能的锚具	普通松弛力筋 $0 \rightarrow$ 初应力 $\rightarrow 1.03\sigma_{con}$(锚固)
		低松弛力筋 $0 \rightarrow$ 初应力 $\rightarrow \sigma_{con}$(持荷 5min 锚固)
	其他锚具	$0 \rightarrow$ 初应力 $\rightarrow 1.05\sigma_{con}$(持荷 5min)$\rightarrow 0 \rightarrow \sigma_{con}$(锚固)
螺纹钢筋		$0 \rightarrow$ 初应力 $\rightarrow 1.05\sigma_{con}$(持荷 5min)$\rightarrow 0.9\sigma_{con} \rightarrow \sigma_{con}$(锚固)

注:1. 表中 σ_{con} 为张拉时的控制应力值,包括预应力损失值。
2. 超张拉数值超过规定的最大超张拉应力限值时,应按规定的限制张拉应力进行张拉。
3. 张拉螺纹钢筋时,应在超张拉持荷 5min 后放松至 $0.9\sigma_{con}$ 时再安装模板、普通钢筋及预埋件等。

钢筋超张拉时,其张拉值不得大于钢筋屈服强度的 95%,或矫直、回火钢丝、钢绞线抗拉强度的 80%。为施工安全,应在超张拉后放松至控制应力的 90%,进行安装预埋件、模板和钢筋等工作。

4. 预应力筋的放松

当构件混凝土强度和弹性模量达到设计要求后,可以从台座上放松受拉预应力筋(称为"放张"),对预制梁施加预应力。当设计无规定时,一般应在大于混凝土强度、弹性模量大于设计强度等级的 80% 和 28d 弹性模量的 80% 后进行。放张前应将限制位移的内、外模板拆除,放张之后,切断梁外钢筋,即可移位准备再生产。

放松预应力钢筋的方法有:用千斤顶先拉后松、砂筒放松、滑楔放松和螺杆放松等方法。采用千斤顶单根放松时,用千斤顶重新张拉钢筋,(施加的应力不应超过原有的张拉控制应力)之后将横梁定位板前的工具锚或螺母慢慢拆除,再将千斤顶回油,让钢筋慢慢放松。为使构件均匀对称受力,应从构件两侧对称向中心分阶段进行,以减小较后一根钢筋切断时对梁产生的水平弯曲冲击作用。

采用砂筒放松时,放松的装置在钢筋张拉前放置在承力架(或传力柱)与横梁之间。张拉前砂筒的活塞要全部拉出,筒内装满烘干细砂,张拉时筒内砂被压实,承担横梁的反力,如图 3-2-8 所示。放松钢筋时,打开出砂口,活塞缩回,钢筋逐渐放松。利用砂筒放松,易于控制放松的速度和时间,能较好地保证预制梁的质量。

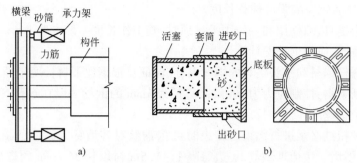

图 3-2-8 砂筒放松示意图
a)砂筒布置;b)砂筒构造

使用滑楔及螺杆放松,宜用在单根的或小直径钢筋的放松,如图 3-2-9 所示。

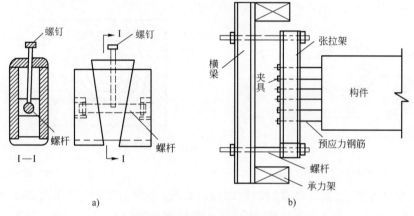

图 3-2-9 钢滑楔和螺杆、张拉架放松示意图
a)钢滑楔;b)螺杆、张拉架放松示意

(三)后张法简支梁的制造工艺

后张法制梁是先制作留有预应力筋孔道的梁体,待其混凝土达到规定强度后,再在孔道穿入预应力筋进行张拉并锚固,最后进行孔道压浆并浇灌梁端封头混凝土。

后张法工序比先张法复杂,但不需要强大的张拉台座,便于在现场施工,且适宜配置曲线形预应力筋的大型和重型构件,因此,目前在公路桥梁上得到广泛的应用。

制梁过程中的钢筋绑扎、模板制安和混凝土浇筑等工作与钢筋混凝土梁基本相同。下面仅介绍后张法特有的一些工序。

1.预应力筋的制备

(1)碳素钢丝束的制备

碳素钢丝采用盘圆包装,对于在厂内先矫直回火处理且盘径为 1.7m 的高强钢丝,一般不必整直就可下料。如在自由放置下,任意 1m 长范围内弯曲矢高大于 5mm 时,需要进行调直后使用。

钢丝的下料长度为:

锥形锚具: $L = L_0 + L_1$

镦头锚具: $L = L_0 + L_1 - \Delta L$

式中:L_0——构件混凝土预留孔道长度;

L_1——张拉所需工作长度,于张拉千斤顶、锚具等有关;

ΔL——张拉后钢丝的弹性伸长长度。

当采用锥形锚具、双作用和三作用千斤顶时,其工作长度一般可取 1.4～1.6m。采用其他锚具及张拉设备时,应根据情况计算。

对于锥形螺杆锚具和镦头锚具的钢丝束,应保证每根钢丝下料长度相等,这就要求钢丝在应力状态下切断下料,控制应力为300kPa,直径为5mm的钢丝一般在6.0kN拉力下切断。应力下料时应加上钢丝的弹性伸长。

为防止钢丝扭结必须进行编束。编束时可将钢丝对齐后穿入特制的梳丝板(图3-2-10)使之排列整齐;然后一边梳理钢丝,一边每隔1～1.5m衬以长3～4cm的螺旋钢丝弹簧衬圈,并在设衬圈处用细铁丝缠绕20～30道捆扎成束。图3-2-11为24根$\phi 5$钢丝配合锥形锚的钢丝束断面。

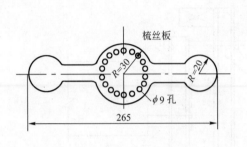

图3-2-10　梳丝板(尺寸单位:mm)　　　　图3-2-11　钢丝束断面

另一种编制方法是,先将碳素钢丝端部(1～1.5m范围)用细铁丝每隔20～30cm依次编成帘子状(图3-2-12),然后卷起捆扎,随后边往前梳理边每隔1～1.5m缠绕捆扎一处,靠近末端时采用与开始端相同的方式,将碳素钢丝依次编排成帘子状后去掉梳丝板。为防止编帘的铁丝在搬运、穿束时断掉,应采取缠裹保护措施。

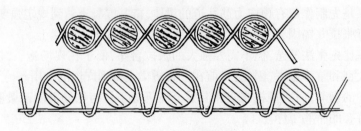

图3-2-12　钢丝编束

(2)钢绞线的制备

钢绞线的下料要求与先张法相同,为防止钢绞线扭结必须进行编束,钢绞线成束的方法与钢丝束类似。

(3)粗钢筋的制备

后张法粗钢筋的制备工序与先张法相同,下料长度应为孔道长度加上锚固及张拉工作长度(它根据构件端面上垫板的厚度与数量、锚具的类型、张拉设备类型和工作条件等而确定)。

2.预应力筋孔道成型

梁内预应力孔道是在预制梁浇筑混凝土前,预先安放金属波纹管或塑料波纹管形成的,也可采用胶管抽芯法制孔。

将波纹管或胶管按预应力筋的设计位置和形状用定位钢筋固定在钢筋骨架中,待混凝土灌注后,就形成了预应力筋的孔道。采用胶管抽芯制孔时,待混凝土抗压强度达到 0.4～0.8MPa 时将胶管拔出形成管道,抽拔制孔器的时间与预制时所处环境的气温有关,必须严格掌握,否则将会出现塌孔或拔不出的情况,抽拔时间可参考表 3-2-2 进行。为增加制管的刚度和控制位置的准确,需在管内插入芯棒(可采用高强钢丝束、细钢筋束或硬度适中的塑料管等),芯棒直径应比制孔管内径小 5～10mm,长度比制孔器长 1～2m,以便于芯棒抽出。对于曲线束的孔道,或长度大的孔道采用抽芯法制孔时宜在跨中对接,对接处套一段铁皮管(长度为被接管内径的 5～7 倍),见图 3-2-13。接头应牢固严密,以防止浇混凝土时脱节和漏浆;胶管从梁的两端抽拔,铁皮管留在梁内。抽拔胶管的顺序宜先上后下,先曲后直。穿筋前应全面检查孔道,进行清孔。

制孔器抽拔时间参照表　　　　　　　　　　　　　表 3-2-2

环境温度(℃)	抽拔时间(h)	环境温度(℃)	抽拔时间(h)
30 以上	3	20～10	5～8
30～20	3～5	10 以下	8～12

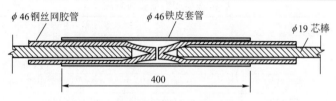

图 3-2-13　橡胶制孔器的接头(尺寸单位:mm)

金属波纹管使用时也会遇到接头问题,接头方法与上述方法类似。塑料波纹管应采用专用焊接机进行热熔焊接,或采用具有密封性的塑料结构连接器连接。

3. 预应力筋的张拉工艺

后张法预应力筋张拉前,对设备的校验、千斤顶控制张拉力的计算等与先张法相同。所用液压千斤顶按作用可分成单作用(张拉)、双作用(张拉和顶紧锚塞)和三作用(张拉、顶锚和退楔)三种形式;按构造特点可分成锥锚式、拉杆式和穿心式三种形式。图 3-2-14 为这三种形式千斤顶构造和张拉装置简图。

预应力筋的张拉顺序、张拉端的设置应符合设计规定,设计未明确要求时可采取分批、分阶段对称张拉,直线筋可一端张拉,曲线筋宜采用两端张拉。后张法梁的钢束张拉程序依锚具类型与钢束种类不同而异(表 3-2-3)。

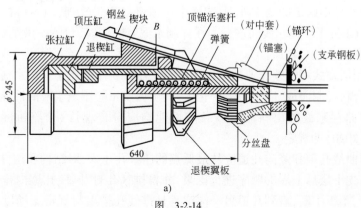

a)

图 3-2-14

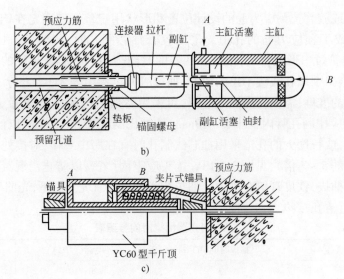

图 3-2-14 三种形式千斤顶构造和张拉装置

后张法预应力筋张拉程序　　　　　　　　　　表 3-2-3

锚具和预应力筋类别		张 拉 程 序
夹片式等具有自锚性能的锚具	钢绞线束、钢丝束	普通松弛预应力筋 0→初应力→$1.03\sigma_{con}$
		低松弛力筋 0→初应力→σ_{con}(持荷 5min 锚固)
其他锚具	钢绞线束	0→初应力→$1.05\sigma_{con}$(持荷 5min)→σ_{con}(锚固)
	钢丝束	0→初应力→$1.05\sigma_{con}$(持荷 5min)→0→σ_{con}(锚固)
螺母锚固锚具	螺纹钢筋	0→初应力→σ_{con}(持荷 5min)→0→σ_{con}(锚固)

注：1. 表中 σ_{con} 为张拉时的控制应力，包括预应力损失值；
　　2. 两端同时张拉时，两端千斤顶升降压、画线、测伸长、插垫等工作应基本一致；
　　3. 超张拉数值超过规范规定的最大超张拉应力限值时，应按规范规定的限值进行张拉。

预应力筋穿束时应注意以下问题：穿束前应检查锚垫板和孔道，锚垫板的位置应准确；孔道内应畅通，无水和其他杂物。宜将一孔道中的全部预应力筋编束后整体穿入孔道中，整体穿束时，束的前端宜设置穿束网套或特制的牵引头。

4. 孔道压浆

孔道压浆是为了保护预应力筋不致锈蚀，并使力筋与混凝土梁体黏结成整体，从而既能减轻锚具的受力，又能提高梁的耐久性。预应力孔道应在张拉后尽早压浆，且应在 48h 内完成。压浆过程中及压浆后 48h 内，结构或构件混凝土的温度及环境温度不得低于 5℃，否则应采取保温措施，并应按冬期施工的要求处理，浆液中可适量掺用引气剂，但不得掺用防冻剂。当环境温度高于 35℃时，压浆宜在夜间进行。在拌制水泥浆的同时，量测浆液的初始流动度、浆液温度及环境温度。

压浆应采用活塞式可连续作业的压浆泵进行。压浆所用的压浆料由水泥、高效减水剂、膨胀剂和矿物混合料配制而成，应采用工厂化生产，确保质量。压浆浆液的性能指标，压浆泵、浆液搅拌机、临时储存浆液的出料罐等设备的性能均应符合现行《公路桥涵施工技术规范》（JTG/T 3650—2020）的规定。

压浆时，对曲线孔道和竖向孔道应从最低点的压浆孔压入，对结构和构件中以上下层分层设置的孔道，按先下层后上层的顺序进行压浆，并将排气孔打开，使孔道内排气畅通。压浆应缓慢、均匀进行，不得中断，直到孔道另一端饱满且排气孔排出与规定流动度相同的水泥浆为止,关闭出浆孔,保持 0.5MPa 的压力,稳压 3~5min。

在压浆操作中应当注意:

(1)在冲洗孔道时如发现串孔,则应改成两孔同时压注。

(2)每个孔道的压浆作业必须一次完成,不得中途停顿。如因故停顿,时间超过 20min,则应用清水冲洗已压浆的孔道,重新压注。

(3)水泥浆从拌制到压入孔道的延续时间不宜超过 40min 内,在此时间内,应不断地搅拌水泥浆。

(4)输浆管的长度最多不得超过 40m,水平或曲线管道压浆得的压力宜为 0.5~0.7MPa,对超长管道不超过 1.0MPa。

(5)压浆工人应戴防护眼镜,以免灰浆喷出时射伤眼睛。

(6)压浆完毕后应认真写压浆记录。

5.封端

孔道压浆后应立即将梁端水泥浆冲洗干净,并将端面混凝土凿毛。在绑扎端部钢筋网和安装封端模板时,要妥善固定,以免在灌筑混凝土时因模板位移而影响梁长。封端混凝土的强度应符合设计要求。并按一般规定进行浇水养护。

二、节段预制梁的制作

预制节段(钢筋混凝土节段、钢梁节段)拼装施工法:是将桥梁的梁体纵向划分为若干节段块,在工厂里或桥位附近的预制场内预制后,运至桥位,然后通过施加预应力,将节段块组拼成为整体结构。该施工法被广泛应用于钢筋混凝土及钢桥施工中。梁体块件制作通常采用长线法或短线法制作。

1.长线法

长线法(图 3-2-15)是在预制厂(场)将整桥主梁分成若干段,按照桥梁底缘曲线设计要求制作一个固定台座,长度为半跨至整跨梁长,在预制台座上匹配浇筑梁段,使两块间形成自然匹配面,直到整个混凝土主梁浇筑完成的流水式预制施工方法。长线法节段预制混凝土浇筑完成后,应连续浇筑半跨或整垮节段梁以保证匹配面的接缝处尺寸吻合及梁段间的线形要求。

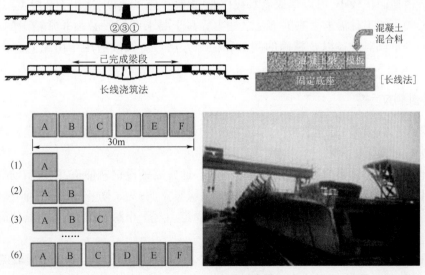

图 3-2-15 长线法预制节段梁

长线法容易控制几何形状,而且在预制过程中不积累偏差,对于已制块件的偏差可以通过下一个块件及时调整,更可多点同时匹配预制,加快施工进度,除此之外,使用该方法预制构件完成脱模后,不必立刻转运到贮放地。该方法不足之处:①占地面积大;②台座必须建筑在坚固的基础上面;③弯桥还需形成所需曲度;④浇筑、养生等设备都是移动式的。长线法适用于无水平曲线的桥梁。

2. 短线法

短线法(图3-2-16)是充分考虑预制场(厂)的生产条件、施工现场运输吊装条件、混凝土预制节段的体积和重量等因素,将预制台座固定设计为一个较短的节段长度,每次预制新的节段前根据上一预制节段的预制数据确定模板的相对位置和尺寸,一端是一个剪力键构造的固定钢模板作为端模,另一端是前一个预制节段作为当前节段的端模,以保证预制节段间密接匹配的剪力键构造尺寸质量,如此依次进行预制形成流水作业的预制施工方法。

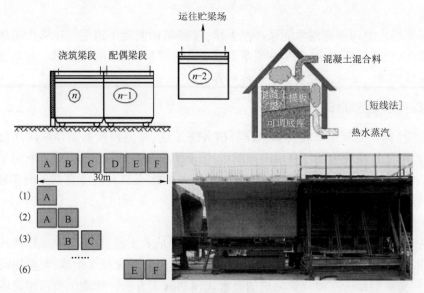

图3-2-16　长线法预制节段梁

短线法占地面积较小,可以形成流水线作业,提高了施工速度,适用于节段类型变化较多,模板倒用较频繁的工程需求。它的不足之处主要在于要求匹配段必须非常精确的放置,因而需要精密的测量仪器设备以及精确的测量和控制方法。短线法适用于由纵向和横向曲线的桥梁。

三、预制梁的运输

预制梁(整体、节段)通常在施工现场的预制场内或在桥梁厂内预制。为此要解决如何将梁运至桥头或桥孔下的问题。

从工地预制场至桥头的运输,称为场内运输。通常需铺设钢轨便道,由预制场的龙门吊车将梁装上平车后用绞车牵引运抵桥头。运输中梁应竖立放;为了防止构件发生倾倒、滑动或跳动现象,需要在构件两侧采用斜撑和木楔等临时固定。对于小跨径梁,也可用其他简易的方式运梁。

当采用水上浮吊架梁而需要使预制梁上船时,运梁便道应延伸至河边能使驳船靠拢的地方,为此需要修筑一段装船用的临时栈桥(码头)。

当预制工厂距桥工地甚远时,通常可用大型平板拖车、火车或驳船将梁运至工地存放,或直接运至桥头或桥孔下进行架设。

在场内运输时,为平稳前进以确保安全,通常在牵引绞车徐徐向前拖拉的同时,后面的制动索应跟着慢慢放松,以控制前进的速度。

梁在起吊和安放时,应按设计规定的位置布置吊点和支承点。

四、预制梁的安装

预制梁的安装是桥梁施工中的关键性工序。应结合施工现场条件、桥梁跨径大小、设备能力等具体情况,从节省造价、方便施工和充分保证施工安全等方面来合理选择架梁的方法。

简支式梁、板构件的架设,主要有起吊、纵移、横移、落梁等工序。从架梁的工艺类别来分,有陆地架设、浮吊架设和利用安装导梁或搭架、缆索高空架设等。每一类架设的工艺中,按起重、吊装等机具的不同,又可分成各种独具特色的架设方法。随着国家在建筑领域中工业化和机械化程度的不断提高,架桥新工艺、新设备不断涌现,推动了桥梁施工技术的进步。

下面简要介绍各种常用方法的工艺特点。

(一)预制装配法

1. 陆地架设法

(1)自行式吊车架梁

在桥不高、场内又可设置行车便道的情况下,用自行式吊车(汽车吊车或履带吊车)架设中、小跨径的桥梁十分方便(图3-2-17)。此法视吊装重量不同,还可采用单吊(一台吊车)或双吊(两台吊车)两种。其特点是辅助作业少、机动性好,架梁速度快。一般吊装能力为150~1000kN。

(2)跨墩门式吊车架梁

对于桥不太高、架桥孔数又多,沿桥墩两侧铺设轨道不困难的情况,可以采用一台或两台跨墩门式吊车来架梁(图3-2-18)。此时,除了吊车行车轨道外,在其内侧尚应铺设运梁轨道,或者设便道用拖车运梁。梁运到后,用门式吊车起吊、横移,并安装在预定位置。当一孔架设完后,吊车前移,再架设下一孔。

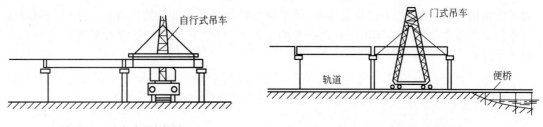

图 3-2-17 自行式吊车架梁　　　　图 3-2-18 跨墩门式吊车架梁

在水深较浅、水流平缓、不通航的中小河流上,也可以搭设便桥并铺轨后用门式吊车架梁。

2. 浮吊架设法

在海上和深水大河上修建桥梁时,用可回转的伸臂式浮吊架梁比较方便[图3-2-19a)],也可用常备式定型钢构件拼装固定的悬臂浮吊进行[图3-2-19b)]。这种架梁方法,高空作业较少,施工比较安全,工效也高,吊装能力也大,大型浮吊吊装能力已达7000t以上,如图3-2-20。浮吊架梁时需在岸边设置临时码头来移运预制梁。鉴于浮吊船来回运梁航行时间长,要增加费用,故一般采用装梁船贮梁后成批一起架设的方法。架梁时,要认真锚固浮吊。如流速不大时,则可用预先抛入河中的混凝土锚来作为锚固点。

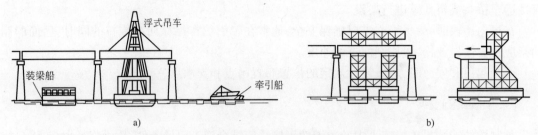

图 3-2-19 浮吊架设法

图 3-2-20 浮吊架梁

3. 高空架设法

(1) 闸门式架桥机

用闸门式架桥机架设中、小跨径的多跨简支梁桥,其特点是不受水深和墩高的影响,并且在作业过程中不阻塞通航。以下简要介绍架桥机的基本构造和架桥方法。架桥机主要由两根分离布置的安装梁、两根起重横梁和可伸缩的钢支腿三部分组成(图 3-2-21)。安装梁由钢桁架或贝雷桁架拼组而成,下设移梁平车,可沿铺在已架设梁顶面的轨道行走。两根型钢组成的起重横梁支承在能沿安装梁顶面轨道行走的平车上,横梁上设有带复式滑车的起重小车。其架梁步骤为:

①将拼装好的安装梁用绞车纵向拖拉就位,使可伸缩的钢支腿支承在架梁孔的前墩上(安装梁不够长时可在其尾部用前方起重横梁吊起预制梁作为平衡压重);

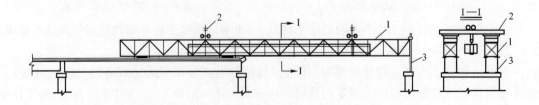

图 3-2-21 闸门式架桥机示意
1-安装梁;2-起重横梁;3-可伸缩的钢支腿

②将预制梁运至两安装梁之间的巷道内,前后起重梁分别吊起预制梁的两端,(安装梁不够长时,前方起重横梁先吊起预制梁前端运梁前进,当预制梁尾端进入安装梁巷道时,用后方起重横梁将梁吊起),运梁前进至纵向安装位置后,固定起重横梁;

③在横梁上横向移动起重小车,至预定位置,用起重小车落梁就位或安放在滑道垫板上,横移将边梁安装就位;

④用以上步骤,整孔梁架完后即铺设移动安装梁的轨道。

重复上述工序,直到全桥架梁完毕。

用此法架梁,由于有两根安装梁承载,起吊能力较大,可以架设跨度较大、较重的构件。一般可架设跨度 50m 以内、质量 160t 以内的梁体。

由于架桥机的自重很大,所以当它沿桥面横向、纵向移动时,一定要保持慢速,并须注意观察前支点的下挠度,以保证安全。

国内已有多家架桥机的专业生产厂,产品类型丰富。架桥机已由当初的单纯纵向移动,发展为可整体纵向、横向移动。架梁的工艺也由纵向就位后在墩顶设导轨横移使边梁就位,发展到边梁亦可由架桥机架设就位;架设工艺主要由架桥机的性能决定。架桥机实景如图 3-2-22 所示。

图 3-2-22 架桥机

(2)自行式吊车桥上架梁

在梁的跨径不大、重量轻、且预制梁能运抵桥头引道时,直接用自行式伸臂吊车(汽车吊或履带吊)来架梁非常方便(图 3-2-23)。对于已架桥孔的主梁,当横向尚未联成整体时,必须核算吊车通行和架梁工作时的承载能力。这种架梁方法几乎不需要任何辅助作业。

(二)支架架设法

桥梁施工有时为适应结构、构件的形式,或适应施工条件,需要采取在桥位上现浇的方法。这种方法省去了预制梁的台座和运输、安装,但需要在梁下搭设施工支架作为模板、钢筋、混凝土及施工机具、人员等施工荷载的支撑。有时装配式预制梁的安装、拼接也需要支架,作为吊装过程中的临时支承和供施工操

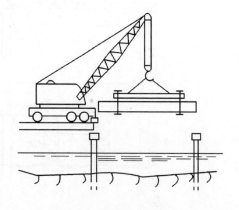

图 3-2-23 小跨径梁的架设

作之用。

1. 移动支架架设法

对于高度不大的小跨径桥梁,当桥下地基良好能设置简易轨道时,可采用木制或钢制的移动支架来架梁(图3-2-24)。随着牵引前拉,移动支架带梁沿轨道前进,到位后再用千斤顶落梁。这种方法速度慢,但不需要大型机具,在人工工资较低时,经济性好。

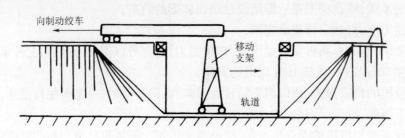

图3-2-24 移动支架架梁

2. 满堂支架架设法

满堂支架[图3-2-25a)]常用于陆地及不通航的河道上桥墩不高的中、小跨径桥梁。支架系统可采用定型扣件式钢管脚手架、碗扣式钢管脚手架或门式钢管脚手架,也可采用木支架。支架立杆底部设置可调底座或固定底座,立柱上端设置带可调螺杆的U形顶托,用来支撑模板底部的主肋。立杆间设置纵向、横向的水平和斜向支撑连接杆件,增强支架的整体刚度和稳定性。

3. 少支架架设法

少支架按其构造可分为梁式[图3-2-25b、c)]和梁柱式[图3-2-25d)、e)、f)]。

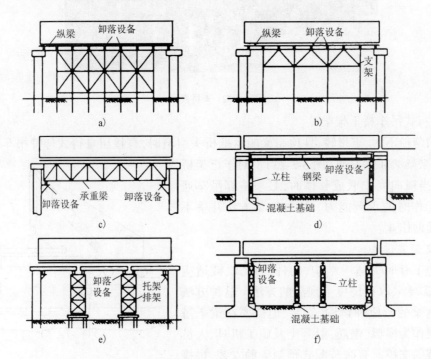

图3-2-25 少支架架设法

梁式支架用在跨度较小的情况下，依其跨径可采用工字钢、钢板梁或钢桁梁作承重梁。承重梁可支承在桥墩上预留的托架上，也可支承在墩边临时设置的支架上。

梁柱式支架可在较高、较大跨径桥上使用，梁支承在支架上或临时墩上，形成多跨连续支架。

支架搭设前应先计算支架下的地基承载力，处理地基，保证在施工期间地基不下沉、不变形。支架搭建后在浇筑构件前，一般需做预压试验，对其强度、刚度、稳定性进行验证，并量取加载卸载时的挠度等参数，供正式浇筑构件设置预拱度时参考。

（三）移动模架施工

移动模架是利用两根支撑在支架上的纵向钢桁梁或钢箱梁，提供一个可沿顺桥向纵向移动的制梁平台的设备，分为上行式和下行式。模架主梁在现浇混凝土上面的称为上行式，模架主梁在现浇混凝土下面的称为下行式，图3-2-26是下行式移动模架的施工场景。图3-2-27是下行式移动模架的构造示意图。

图3-2-26　下行式移动模架架设

移动模架施工不需支架地基处理，不受桥下地形、地质、水文条件的限制，对桥下交通干扰小，在有支架施工受到限制的情况下，是一种好的选择，但这种施工方法一次性投资大，施工成本相对较高。移动模架一般用于跨径20~50m的等跨等高连续梁桥的施工，梁段的起止点设在连续梁弯矩最小的截面。

主梁前段是平衡钢导梁，中段支撑外模框架，后段为平衡钢梁，主梁长度一般为桥跨的两倍。在两组主梁上设底模横梁，横梁由左右两部分组成，中间通过连接板和钢销连接，可以开合，如图3-2-27a）所示。支架（托架）有几种设置方式，桥墩不高时可在承台上依附桥墩设支架；桥墩较高时可在桥墩两侧预留槽孔设置"牛腿"托架，两侧的托架应连接成一体，以增加稳定性。主梁与托架间设升降千斤顶和水平千斤顶，用来升降主梁或横向、纵向移动主梁。图3-2-27b）为移动模架上的模板安装就位后浇筑混凝土的状态。当混凝土达到设计强度并张拉预应力束后，先用升降千斤顶降落主梁，使模板与梁体分离（脱模），解除横梁的中间连接后，用水平横向千斤顶将主梁向两侧移动至横梁能避开桥墩，不影响主梁纵向移动的位置[图3-2-27c）]。主梁的纵向移动依靠主梁与支架间的水平纵向千斤顶完成；千斤顶安装于支架（托架）上活塞行程可达2m以上，活塞杆顶有衔接器，可与主梁上固定齿板衔接。开动千斤顶，活塞杆伸缩推动主在纵向滑动，当活塞杆伸到行程止点后，脱开衔接器，缩回活塞杆，使衔接器连接与下一个位置。如此往复，将主梁移到下一孔桥位。向内横移主梁到横梁到可以连接的位置，连接横梁，调整模板即完成了模架转孔的全部工作。

（四）悬臂施工法

悬臂施工法不需要在桥下搭设支架，不受桥高、水深等影响，适应性强，不仅用于悬臂体系的梁桥施工，也广泛用于预应力大跨径连续梁桥、斜拉桥、钢筋混凝土拱桥的施工。

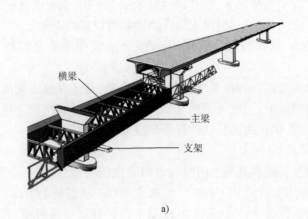

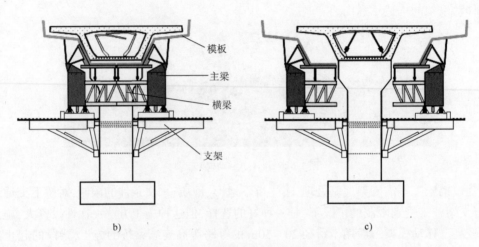

图 3-2-27 下行式移动模架构造示意

按梁体的制作方式,悬臂施工法可分为悬臂浇筑和悬臂拼装两类。但两种施工方法各有利弊。施工进度方面,悬臂拼装速度比悬臂浇筑要快得多,适用于快速施工。结构整体性方面,由于预制块段组拼间的接缝、预应力束的穿束连接张拉,使悬臂拼装相对悬臂浇筑差一些。施工变形控制方面,悬臂浇筑法施工时,可采用计算机程序对梁体逐段进行高程的控制与调整;悬臂拼装法施工时,因梁段已完成预制,能调整的余地相对较小,再加上施工中有许多不确定的荷载等因素,使施工变形控制难度增大。施工适应性方面,悬臂浇筑施工易受地域、季节、环境温度等条件的影响,但不受桥下地形、水文或建筑物影响;悬臂拼装施工采用节段预制场预制,不易受地域、季节、环境温度等条件的影响,但节段运输至桥位时,对桥下地形及水文等情况有一定要求。

1. 悬臂浇筑法

悬臂浇筑施工是利用悬吊式的活动模架(也称为挂篮)在桥墩两侧对称平衡地浇筑梁段混凝土(每段 2~5m),每浇筑完一对梁段,达到规定强度后就张拉预应力筋并锚固,然后向前移动挂篮,进行下一梁段的施工,直至浇筑完全部梁段为止。

图 3-2-28 是挂篮的结构示意图,挂篮的承重结构可用万能杆件或贝雷架拼成或采用专门设计的结构,它除了要承受梁段自重和施工荷载外,还要求自重轻、刚度大、变形小、稳定性好、行走方便等。

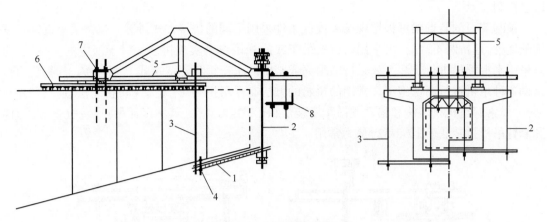

图 3-2-28 挂篮结构示意图
1-底模架；2、3、4-悬吊系统；5-承重结构；6-行走系统；7-平衡及锚固系统；8-工作平台

挂篮在浇筑好的墩顶零号块上拼装,当零号块尺寸较小,不能满足拼装挂篮时,可设置支架来浇筑靠墩侧的头对(1号)梁段,如图 3-2-29 所示。当混凝土强度符合设计规定后张拉并锚固预应力筋,使其与零号块形成整体,即可为挂篮的拼装提供必要的空间。

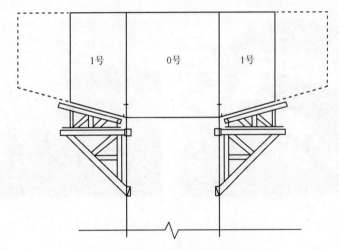

图 3-2-29 设置支架浇筑 1 号梁段

每浇一对梁段的工艺流程：移挂篮—装底、侧模—装底、肋板钢筋和预留管道—装内膜—装顶板钢筋和预留管道—浇筑混凝土—养生—穿预应力筋、张拉并锚固—管道压浆。施工梁体与墩身不固结的连续梁等结构时,为承受施工过程中可能出现的不平衡力矩,需采取措施,使 0 号块与桥墩临时固结。

2. 悬臂拼装法

悬臂拼装法是在工厂或桥位附近将梁体沿轴线划分成适当长度的块件进行预制,然后将预制块件运至架设地点,利用架桥机或悬臂吊机起吊后向墩柱两侧对称均衡拼装,以胶黏剂作为接缝材料,再通过张拉预应力筋,使各梁段连接成整体的施工方法。

悬臂拼装与悬臂浇筑施工具有类似的优点,但悬臂拼装工艺是用吊机将预制好的梁段逐段拼装,因此悬拼法还具有自己独特的优点：①施工进度快。梁体的预制可与桥梁下部结构施工同时进行,平行作业缩短了建桥周期；②混凝土收缩、徐变变形小,预制梁混凝土龄期比悬臂浇筑法的长；③制梁条件好,混凝土质量高。预制场或工厂化的梁段预制生产利于整体施工的质量控制。

预制节段的悬臂梁可根据现场和设备条件采用不同的拼接方式拼装。当桥梁靠近陆地或为陆地桥，且桥跨不高时，可采用自行式吊车或门式吊车来实现拼装。对于河中的桥孔，也可以采用水上浮吊进行拼装。如果桥墩很高或水中的水流很急不变在陆上、水上施工时，也可以借助各种吊机进行高空施工。常用的拼装的方法有浮吊拼装法、悬臂吊机拼装法、连续杆件拼装法、缆索起重机拼装法和移动式吊车拼装法（图3-2-30）等。其中以浮吊拼装法（图3-2-31）和悬臂吊机拼装法（图3-2-32）最为常用。

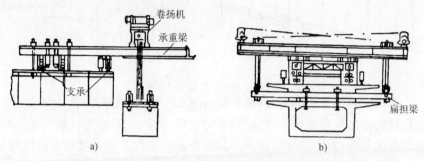

图 3-2-30　移动式吊车拼装法

图 3-2-31　浮吊拼装法

图 3-2-32　悬臂吊机拼装法

梁段拼接形式有全断面铰接、部分铰接与部分湿接以及湿接三种。梁段拼接形式有全断面铰接、部分铰接与部分湿接以及湿接三种。不同的施工阶段和不同的施工部位往往采用不同的接缝形式。两梁段全横断面靠环氧树脂黏结构成全断面铰接,按剪力铰设计。部分铰接与部分湿接时腹板为铰接,顶板与底板通过伸出钢筋连接再现浇混凝土。湿接时相邻梁段间浇注一段10~20cm的混凝土作为接头。用以随后调整基准梁段的位置,以便能够更加准确的控制后续梁段的安装精度。全段面铰接和部分铰接在工程中各有优点,全断面铰接与部分断面铰接相比具有悬拼速度快、施工工序较少、无须使用特种水泥、孔道注浆容易等优点,但是部分断面铰接具有环氧树脂用量少、施工调整容易、桥梁整体性好的优点。

悬臂拼装法的施工工序为:墩顶梁端(0号块)施工→墩梁临时固结→在制梁场预制好各梁段→对称、逐块悬拼各悬臂梁段,并张拉预应力筋→边跨合龙→解除临时固结(体系转换)→中跨合龙→施工二期荷载。

(五)转体施工法

桥梁转体施工是指将桥梁结构在非设计轴线位置制作(浇注或拼接)成形后,通过转体就位的一种施工法。它的工作原理就像挖掘机铲臂随意旋转一样,在桥台(单孔桥)或桥墩(多孔桥)上分别预制一个转动轴心,以转动轴心为界把桥梁分为上、下两部分,上部整体旋转,下部为固定墩台、基础,根据现场情况,上部结构可在路堤上或河岸上预制,旋转角度也可根据地形随意旋转。它可以将在障碍上空的作业转化为岸上或近地面的作业。

根据桥梁结构的转动方向,可分为竖向转体施工法、水平转体施工法(简称竖转法和平转法,其中平转法分为墩顶转体和墩底转体两种)以及平转与竖转相结合的方法。桥梁转体施工适用跨越深谷急流、难以吊装的特殊河道,具有节省吊装费用,安全、可靠、整体性好等特点。近来越来越多的跨铁路以及跨公路桥梁都开始使用转体施工方法,即不影响铁路或公路的正常运输又有大量节省支架木材或钢材、安全、可靠、减少施工难度的特点。

平面转体施工方法,在转体施工中应用最为广泛。平面转体方法一般分成有平衡重转体和无平衡重转体。为使重心通过转轴中心,在转盘上配一定的平衡重。利用结构本身及结构用钢组成扣锚体系,同时在转盘四周设置滑道和撑脚,确保主体结构不至于因为偏移距离而发生倾覆的现象。利用卷扬机或千斤顶完成牵引。有平衡重转体多见于单孔大跨度拱桥,一般两岸地形狭窄或悬崖陡壁等。无平衡重转体是将有平衡重转体中扣索拉力锚在两岸岩体上或者利用边跨自重构成平衡体系,节省了平衡重。对于有锚旋需求的无平衡重转体,适用于山区跨越深谷河流的大跨桥梁建设。

桥梁平转施工中最重要、最关键的构造就是转盘结构,其整体结构可分为上转盘和下转盘,根据工作分工又可分为承重系统、转动系统和平衡保险系统。承重系统主要由球铰来担当,在转体过程中球铰承担上部结构的全部重量,因此球铰的抗压能力和转动能力是转体施工中的关键,在制作安装和工作过程中要加强对于球铰质量的控制和防护。平转中的转动系统主要指千斤顶设备以及配备的钢绞线等。千斤顶通常是成对工作、对称布置的,通过两个千斤顶的协同操作,确保桥梁结构稳定匀速转动。平衡保险系统是确保承重系统和转动系统顺利工作的安全保障。为防止转体结构的倾覆设置了滑道和撑脚;为确保转体结构能够准确就位,设置保险桩,可实现对转动结构的固定。如图3-2-33和图3-2-34所示,该转体体系包括下转盘、球铰、上转盘和牵引系统4个部分。其中牵引系统由智能连续千斤顶、液压泵站和主控制台组成。

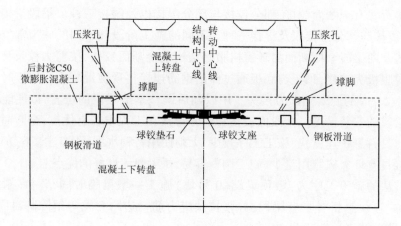

图 3-2-33 转体系统组成

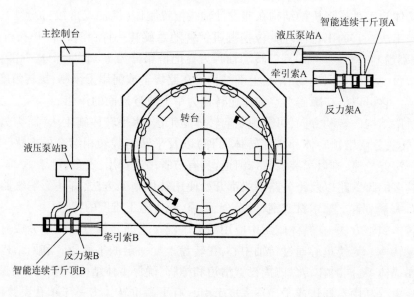

图 3-2-34 转体牵引系统

（六）顶推施工法

顶推施工法是在被顶推梁体的后部设置顶推平台,在平台上分节段预制混凝土梁体,并用预应力钢筋将梁体连成整体,经水平千斤顶施力,使梁体在各墩滑道上逐段向前滑动,直至全部梁体安装就位,如图 3-2-35 所示。其施工工序为:预制场准备→箱梁的预制和拼装→安装顶推装置和滑移装置→顶推梁体→落梁就位→施加预应力→施工完成后拆除导梁等。

顶推法是预应力混凝土连续梁桥常用的施工方法,适用于中等跨径、等截面的直线或曲线桥梁。其施工快速便捷、无噪声,在水深、桥高以及高架道路等情况下,可省去大量施工脚手架,不中断桥下现有交通,可集中管理和指挥,高空作业少,施工安全可靠,且可使用简单的设备建造多跨长桥。顶推施工方法具体分类如下：

1. 按顶推动力装置

（1）单点顶推

顶推动力装置集中设置在靠近梁场的桥台或桥墩上,支承在纵向滑道上的垂直千斤顶和支承在墩(台)背墙的水平千斤顶联动,能使梁体以垂直千斤顶为支承向前移动,如图 3-2-36

和图 3-2-37 所示。另一种单点顶推的方式是水平千斤顶通过拉杆带动梁体前移，滑道为固定的不锈钢板，滑块在滑道上支承梁体，在滑道前后设置垂直千斤顶用来起落梁体使滑块能从前向后移动，这是早期做法。后来把滑道前后作为斜坡，滑块可以手工续进，就不必用垂直千斤顶顶起梁体后移滑块了。

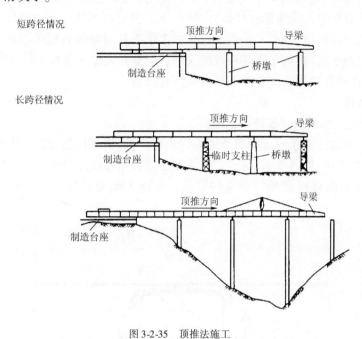

图 3-2-35 顶推法施工

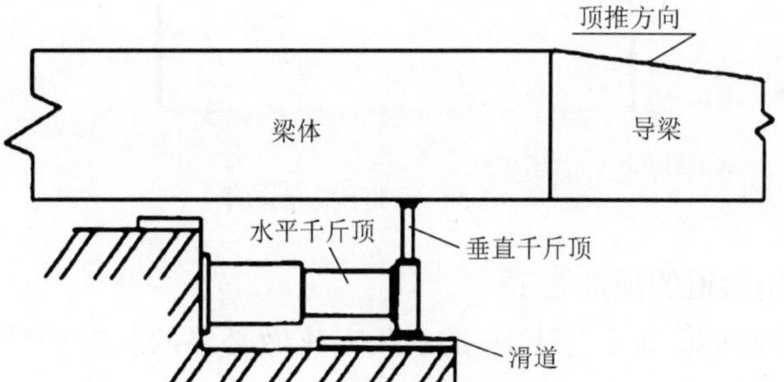

图 3-2-36 单点顶推系统

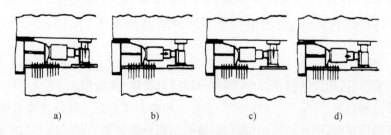

图 3-2-37 单点顶推过程
a) 竖向顶梁; b) 水平推移; c) 竖向收顶; d) 水平收顶

（2）多点顶推

由于单点顶推存在一个严重缺点，就是在顶推前期和后期，垂直千斤顶顶部同梁体之间的摩擦力不能带动梁体前移，必须依靠辅助动力才能完成顶推。此外，单点顶推施工中，没有设置水平千斤顶的高墩，尤其是柔性墩在水平力的作用下会产生较大的墩顶位移，甚至威胁到结构的安全。为了克服单点顶推的这些缺点，便产生了多点顶推法。多点顶推法的优点是在任何阶段都能提供所需的顶推动力，在顶推过程中水平千斤顶对墩台的水平推力同梁体作用在墩台上的摩擦力相平衡，有利于柔性高墩的安全。但是必须保证多台千斤顶同步工作，而且可以分级调压，使作用在墩顶的水平力不超过设计允许值。

2. 按支承系统

（1）临时滑道支承装置顶推施工

在永久墩台和临时墩顶设置临时滑道装置进行顶推，滑道构造如图3-2-38所示。待梁体就位后起梁、取掉滑道、更换支座、落梁。起梁和落梁必须有设计程序，确保梁体的安全。永久墩台的支承垫石顶面高程必须符合设计要求。我国大部分顶推施工的桥梁都是采用这种方法。

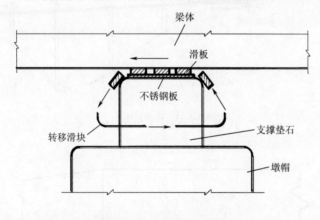

图3-2-38 滑道构造示意图

（2）永久支承兼用滑道的顶推施工

在条件适当的桥梁顶推施工设计中，把永久支座做必要的临时处理，使其成为临时滑道，当顶推结束后，起梁、拆除临时的滑道，把梁体落在永久支座上。

3. 按顶推方向

（1）单向顶推

单向顶推即只在桥的一端设置制梁台座，分段预制，逐段顶推，直到全桥就位。对于多联的连续桥梁，顶推时，必须把两联之间临时连接起来，全桥就位后，再取掉临时连接。

（2）双向（相对）顶推

在桥的两端台后，均设置制梁台座，同时分段预制梁体，逐段顶推。这种顶推方式，必须解决两联梁体即将到位时，导梁的处理问题。通常的解决方式是第一联首先按常规方法就位，第二联顶推到适当位置时，把导梁移至梁顶部，使第二联导梁在第一联梁体顶面滑移。这种方法需要的设备多，只在桥梁较长，工期很紧张的情况下才考虑采用。

4.按动力装置类别

(1)连续顶推

通过连续千斤顶的连续工作,使一段梁体的顶推作业连续进行,避免了步距式顶推时梁体的"爬行"现象及对墩台的反复冲击,同时也提高了顶推效率。目前采用串联穿心千斤顶、钢绞线束、自动工具锚、拉锚器体系来实现。

(2)步距式顶推

以水平千斤顶的工作行程为一个顶推步距,当水平千斤顶回程时,梁体便停止前移。对于墩台而言,每一个顶推步距都将经历从静摩擦到动摩擦再到停止的过程,墩台顶部的位移也随之从零→最大→较小→零这样周而复始的变化。同时,每当顶推力克服了静摩擦力时,梁体便突然前移,而由于动摩擦力比静摩擦力小,水平千斤顶的油压随之下降,梁体前移速度也随之减慢,这就是梁体爬行现象。它对柔性高墩的安全存在严重威胁,因此,出现了连续顶推新工艺。

5.按箱梁节段成形方式

(1)预制组拼,分段顶推

一种在墩(台)后设置制梁场、存梁场、拼梁线,按照设计顶推单元划分,将顶推单元分成若干个块件预制,在拼梁线上组拼,张拉预应力形成整体后的顶推施工方法。

(2)逐段预制,逐段顶推

在墩(台)后设置制梁平台,将连续梁分成若干个节段,按照设计顶推单元划分,每一个顶推单元为一个预制的基本节段,依次在制梁台座上制作,在墩顶设置顶推滑道、顶推千斤顶,通过各千斤顶出力,牵引顶推传力拉索带动梁体在滑道上向前移动,前段梁顶出台座后,在台座上接灌下一梁段,将梁逐渐向对岸顶推。

第二节　拱桥的施工

拱桥的施工从方法上大体可分为有支架施工和无支架施工两大类。前者常用于石拱桥和混凝土预制块拱桥、现浇混凝土拱桥;后者多用于肋拱、双曲拱、箱形拱、桁架拱及钢管拱桥等。也有采用两者结合的施工方法。

一、有支架施工

有支架施工主要工序包括材料准备、拱圈放样、拱架制作与安装、拱圈与拱上建筑的砌筑(浇筑)等。以下简述拱架的型式及制作与安装、拱圈的施工等。

(一)拱架

1.拱架的形式和构造

拱架的种类很多,按使用材料可分为钢拱架、木拱架、竹拱架及"土牛拱胎"等形式。

钢拱架有多种类型,目前常采用常备式构件(又称为万能杆件),在现场拼装,适应性强,运输安装方便,我国已在跨径170m的钢筋混凝土箱形拱桥施工中成功采用了钢桁拱架。木、竹拱架在材料产地,供应充足地区的中小跨径拱桥施工中应用也很普遍,它一次性投资小,制作方便。在少雨地区及施工期间可以改流的地方,也可用就地取材、简单经济的"土牛拱胎"代替拱架,即先在桥下用土或砂、卵石填筑一个"土胎"(俗称"土牛"),然后在上面砌筑拱圈,砌成之后再将填土撤除即可。

拱架按其构造类型可分为满布式拱架、拱式拱架、混合拱架等。下面重点介绍前两种类型。

（1）满布式拱架

满布式拱架的优点是施工可靠、技术简单，对木材和铁件规格要求较低；缺点是材料用量大，受洪水威胁大，在水深流急、漂流物较多及要求通航的河流上不能采用。

满布式拱架通常由拱盔（拱架上部）、卸架设备、支架（拱架下部）三部分组成。一般常用形式有：立柱式（图3-2-39）和撑架式（图3-2-40）。

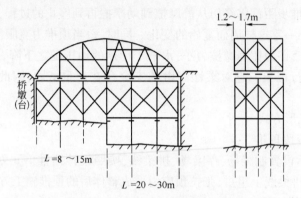

图3-2-39 立柱式拱架的形式及其组成

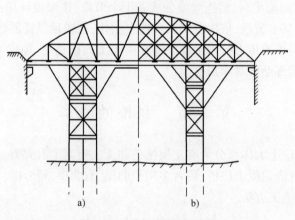

图3-2-40 撑架式拱架的形式

（2）拱式拱架

与满布式拱架相比，拱式拱架不需下部支架，因此不受洪水、漂流物的影响，在施工期间能维持通航，适应于墩高、水深、流急或要求通航的河流。

图3-2-41是一种常用的三铰桁式拱架，它材料消耗率低，但要求有较高的制作水平和架设能力。应特别注意其纵横向稳定，除在结构上须加强纵横向联系外，还需设抗风缆索，以加强拱架的整体稳定性。施工中还应注意对称均衡地砌筑，并加强施工观测。

2.拱架的设计、制作与安装

为保证拱圈的形状符合设计要求，拱架要有足够的强度和刚度，制作前要进行必要的计算。

（1）拱架的计算

设计计算时应考虑拱架自重荷载、拱圈圬工重量、施工人员及机具重量、横向风力等。

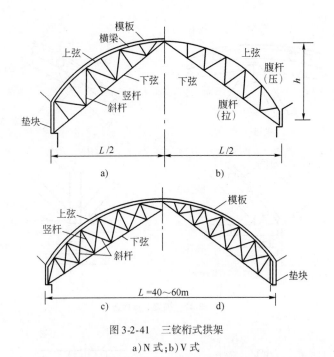

图 3-2-41 三铰桁式拱架
a) N 式；b) V 式

为避免烦琐的计算工作，一般采用图解法，并认为节点不承受拉力，拱架的斜梁除受轴向力外，还承受拱石正压力引起的弯矩，应按压弯构件计算；斜撑、立柱按压杆计算；模板按受弯构件计算；斜夹木和横夹木作为增强稳定之用，按构造设置。

除对拱架组成的构件完成以上强度验算之外，还应对拱架承受荷载后产生的弹性和非弹性变形，拱圈卸落拱架后由于自重、温度变化及墩台位移等影响因素产生的弹性下沉进行计算，确定拱架预留拱度，以便施工完成后，抵消这些可能发生的垂直变形。

(2) 拱架的制作与安装

为了使拱架具有准确的外形和各部尺寸，在制作拱架前一般在样台上按 1:1 放出拱架大样，制作杆件样板，以便按样板进行杆件的加工。为保证拱架连接处紧密、牢固、变形小，木制拱架常采用如图 3-2-42 和图 3-2-43 所示的节点构造。钢拱架一般采用桁架式，其基本节段如图 3-2-44 所示。拱顶及拱脚的构件及下弦配件、铰、落架设备则可按桥跨形式配制，使其能适应不同跨度和矢跨比的拱桥。放样时应计入拱架预拱度。

杆件加工完毕，一般须进行 1~2 片试拼，对构件做局部修改后即可在桥孔中安装。满布式拱架一般在桥孔内逐杆安装，三铰桁架拱架宜采用整片吊装的方法安装。安装时应及时测量，以保证设计尺寸的准确，同时采取加强横向整体性、设置风缆等措施，确保施工安全。

3. 拱架的卸落

拱圈砌筑（或现浇混凝土）完毕，待达到规范规定或设计要求强度后即可拆除拱架。为保证拱架能按设计要求均匀下落，一般可采用简单木楔、组合木楔、砂筒等作卸架设备如图 3-2-45 所示。木楔宜用硬木制成，剖面应刨光成 1:10~1:6 的斜面。卸架时，对于简单木楔，可用锤轻轻敲击木楔的小头；对于组合木楔，只需扭动螺栓，则木楔徐徐下降。砂筒可用铸铁或木料制成，筒内的砂应干燥、均匀、洁净，砂筒与活塞间用沥青填塞，以免砂受潮而不易流出；卸架时只需打开泄砂孔，使砂徐徐流出，并可通过控制流出砂的多少，控制下降量及速度。

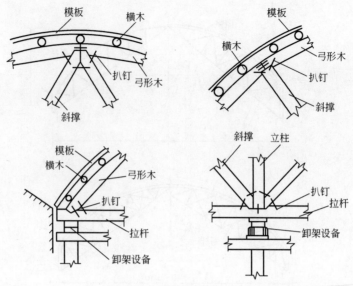

图 3-2-42 拱架节点构造

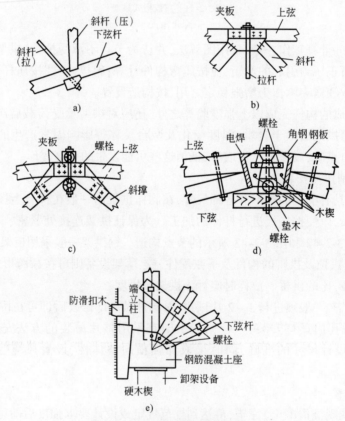

图 3-2-43 三铰桁式拱架节点构造
a)下弦节点；b)上弦节点；c)拱顶节点；d)拱顶铰连接

卸架一般按以下程序,分三个节段进行,每个节段降落量为 $\Delta h = \dfrac{h}{3}$。对于满布式拱架的中小跨拱桥,可从拱顶开始,逐次向拱脚对称卸落；对于大跨径的悬链线拱圈,为避免拱圈发生"M"形的变形,也有从两边 $l/4$ 处,逐次对称地向拱脚和拱顶均衡卸落。多孔连续拱桥施工时,还应考虑相邻孔间的影响。

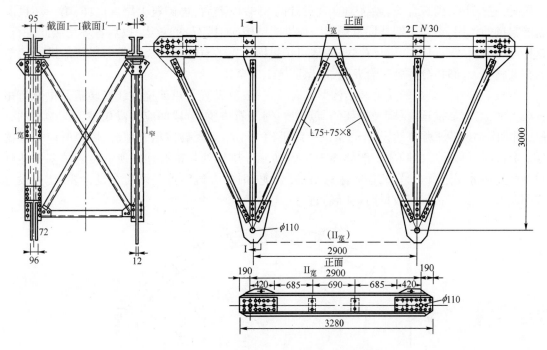

图 3-2-44 拱桁架的基本节段(尺寸单位:mm)

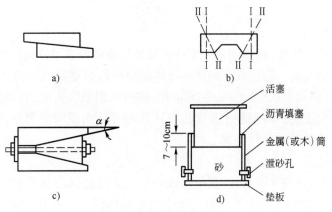

图 3-2-45 拱架卸架设备

(二)拱圈及拱上建筑的施工

修建拱圈时,为保证整个施工过程中拱架受力均匀,变形最小,使拱圈的质量达到设计要求,施工拱圈前应根据拱圈的跨径、矢高、厚度及拱架的情况,设计拱圈施工程序。根据跨径大小、构造形式等分别采用不同繁简程度的施工方法。

1. 拱圈的砌筑

通常,跨径在 10m 以下的拱圈当采用满布式拱架砌筑时,可从两边拱脚起顺序向拱顶方向对称、均衡地砌筑,最后砌拱顶石。当采用拱式拱架砌筑时,宜分段对称地先砌拱脚段和拱顶段,后砌 1/4 跨径段。

跨径 10~20m 的拱圈,无论采用何种拱架,每半跨均应分成 3 段砌筑,先砌拱脚段和拱顶段,后砌 1/4 跨径段,两半跨应同时对称的进行。

跨径大于20m的拱圈,一般采用分段施工或分环(分层)与分段相结合的施工方法。分环砌筑时,应待下层砌筑合龙,砂浆强度达设计的85%以上后,再砌筑上层。这样,第一环拱圈就能起拱的作用,参与拱架共同承受第二环拱圈结构(如拱石)的重力,以后各环均照此进行。这样可以大大减小拱架的设计荷载(一般可按拱圈总重的60%~75%计算石拱桥的拱架),节省拱架材料。同时,分环施工合龙快,能保证施工安全。

分段的位置与拱架的受力和结构形式有关,一般应设置在拱架挠曲线有转折及拱圈弯矩比较大的地方,如拱顶、拱脚及拱架的节点处。对于石拱桥,分段间应预留0.03~0.04m的空缝,待拱圈砌筑砂浆强度达设计85%以上后再用1:1半干硬砂浆填塞灌缝,填塞时应分层捣实。分段时对称施工的顺序一般如图3-2-46所示。拱顶处封拱必须在所有空缝填塞并达到设计强度后才能进行。另外,还需注意封拱(合龙)时的大气温度是否符合设计要求,如设计无明确要求时,宜在气温较低时(凌晨)进行。

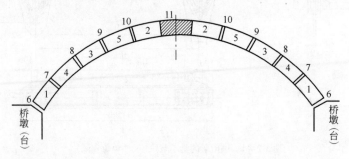

图3-2-46 分段对称施工顺序

2. 现浇混凝土拱圈

跨径较小的拱圈或拱肋,按拱圈的全宽从两边的拱脚向拱顶对称地连续浇筑混凝土,并应在拱脚混凝土初凝前完成。跨径较大的拱圈或拱肋应分段分层浇筑混凝土,分段分层的原则与砌筑拱圈相同,分段间留0.5~1.0m的间隔槽,槽内有钢筋接头时,其宽度应满足钢筋接头的需要。间隔槽混凝土待拱圈混凝土强度达设计的85%后由拱脚向拱顶对称地浇筑,拱顶和拱脚处的间隔槽应待最后封拱时浇筑。

3. 拱上建筑的施工

拱上建筑的施工,应在拱圈合龙、混凝土或砂浆达到设计强度后进行。拱上建筑的施工,应避免使主拱圈产生过大的不均匀变形。中小跨径的拱圈一般由拱脚向拱顶对称均匀砌筑(浇筑),大跨径的拱圈应按经过验算设计的加载程序进行施工。

在多孔连续拱桥中,当桥墩不是按施工单向受力墩设计时,仍应注意相邻孔间的对称均衡施工,避免桥墩承受过大的单向推力,尤其在裸拱圈上修筑拱上结构的多孔连拱时更应注意,以免影响拱圈的质量和安全。

二、无支架施工

(一)缆索吊装施工

缆索吊装施工是拱桥无支架施工方法之一。在峡谷或水深流急的河段上,或在通航河流上满足船只的通行,或在洪水季节施工并受漂流物影响等条件下修建拱桥,以及采用有支架施工将会遇到很大的困难或是很不经济时,便可以考虑采用无支架的施工方法。

目前缆索吊装设备也逐渐配套、完善,并利用现代电子遥控技术于缆索吊装的拱箱吊装施工中。但缆索吊装施工要求施工设备较多,对施工的技术水平要求较高,且要多用一部分钢材,在选择这种方案时,应与其他无支架施工进行全面比较。

缆索吊装施工大致包括:拱箱(肋)的预制、拱箱(肋)的移动和吊装、主拱圈的安砌、拱上建筑的灌砌、桥面结构的施工等主要工序。在此仅介绍最有代表性的缆索吊装设备及吊装方法和加载程序。

1. 缆索吊装设备

缆索吊装设备,按其用途和作用可以分为主索、工作索、塔架和锚固装置等四个基本组成部分;主要包括主索、起重索、牵引索、结索、扣索、缆风索、塔架(包括索鞍)、地锚、滑车(轮)、电动卷扬机或手摇绞车等设备和机具。其布置方式见图3-2-47。

(1) 主索

主索也称为承重索或运输天线。它跨越墩台,支承在两侧塔架的索鞍上,两端锚固于地锚。吊运拱箱(肋)或其他构件的行车支承于主索上。主索的断面根据吊运的构件重量、垂度、计算跨度等因素进行计算。一般根据桥面宽度(两外侧拱箱的距离)及设备供应情况可设 1~2 组主索,每组主缆可由若干根平行钢丝绳组成。如我国四川宜宾金沙江大桥净跨径 $l_0 = 150m$ 的箱形拱就是采用缆索吊装施工的,主拱采用五段吊装,2 组主索,每组主索由 8 根 $\phi 47.5mm$ 的钢丝绳组成。一般中、小跨径可由 2~4 根平行钢丝绳组成。

(2) 起重索

它主要用于控制吊物的升降(即垂直运输),一端与卷扬机滚筒相连,另一端固定于对岸的地锚上。这样,当行车在主索上沿桥跨往复运行时,可保持行车与吊钩间的起重索长度不随行车的移动而改变(图 3-2-48)。

(3) 牵引索

用于拉动行车沿桥跨方向在主索上移动(即水平运输),故需一对牵引索,既可分别连接在两台卷扬机上,也可合拴在一台双滚筒卷扬机上,便于操作,如图 3-2-47 所示。

(4) 结索

结索用于悬挂分索器,使主索、起重索、牵引索不致相互干扰。它仅承受分索器重量及自重。

(5) 扣索

当拱箱(肋)分段吊装时,需用扣索悬挂端段箱(肋)及中段箱(肋),并可利用扣索调整端、中段箱(肋)接头处高程。扣索的一端系在拱箱(肋)接头附近的扣环上,另一端通过扣索排架或塔架固定于地锚上。为了便于调整扣索的长度,可设置手摇绞车及张紧索(图 3-2-49)。

(6) 缆风索

缆风索也称为浪风索,用来保证塔架的纵横向稳定及拱肋安装就位后的横向稳定(图 3-2-47)。

(7) 塔架及索鞍

塔架是用来提高主索的临空高度及支承各种受力钢索的结构物。塔架的形式多种多样,可采用门架式、独脚扒杆式等形式,宜用常备式定型钢构件拼装。图 3-2-50 为高度 40m 的拼装钢塔架示意图。

塔架顶上设置索鞍(图 3-2-51)。为放置主索、起重索、扣索等用;可以减小钢丝绳与塔架的摩阻力,使塔架承受较小的水平力,并减小钢丝绳的磨损。

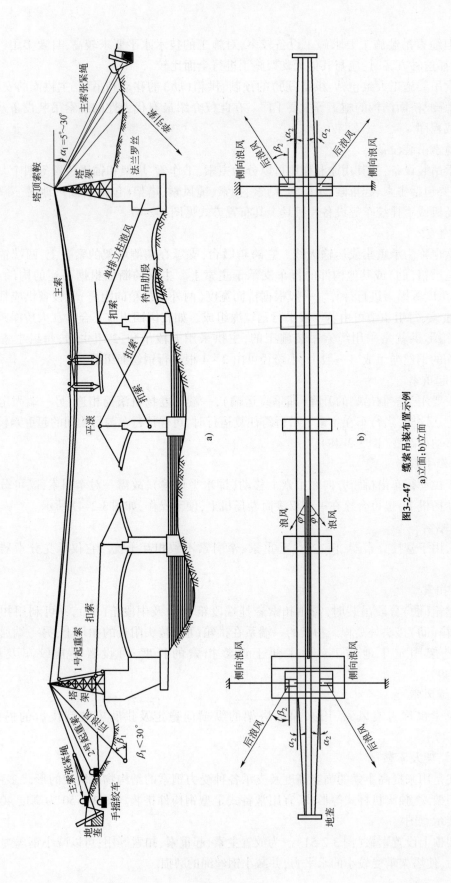

图3-2-47 缆索吊装布置示例
a)立面；b)立面

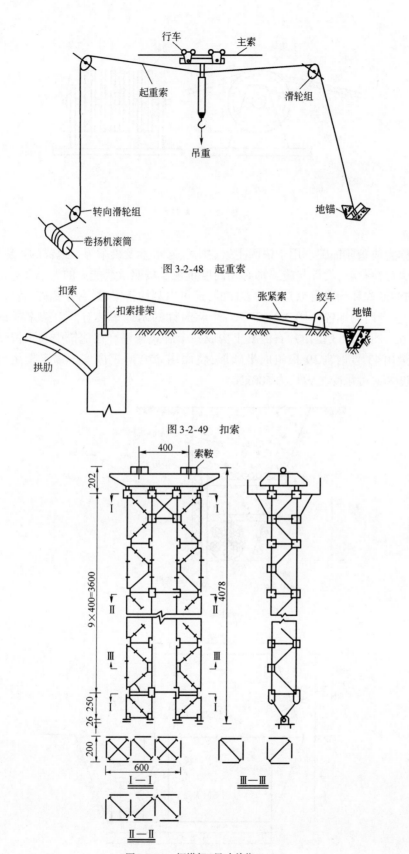

图 3-2-48 起重索

图 3-2-49 扣索

图 3-2-50 钢塔架(尺寸单位:cm)

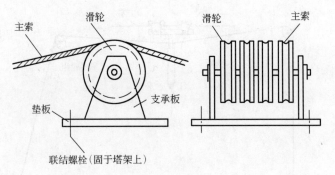

图 3-2-51　索鞍

(8) 地锚

地锚也称为地垄或锚碇。用于锚固主索、扣索、起重索及绞车等。地锚的可靠性对缆索吊装的安全有决定性影响,设计与施工都必须高度重视。按照承载能力的大小及地形、地质条件的不同,地锚的形式和构造可以是多种多样的,还可以利用桥梁墩、台作锚碇,这样就能节约材料,否则须设置专门的地锚。图 3-2-52 是一个临时性的木地垄装置。由杂木或钢轨捆扎,埋入地下而构成。图 3-2-53 是由片石混凝土构成一个卧式地锚。在地锚中间预留索槽,其尾部锚定板后锚梁用 43 号钢轨 19 根组成半圆形,轨面用 $\phi 20$ 圆钢嵌实。锚定板用钢筋网加强。地锚横向宽度 8m,可承受主索拉力 500kN。

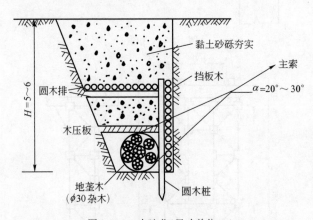

图 3-2-52　木地垄(尺寸单位:m)

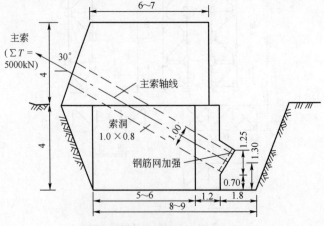

图 3-2-53　卧式地锚(尺寸单位:m)

(9)电动卷扬机及手摇绞车

这些设备主要用作牵引、起吊等的动力装置。电动卷扬机速度快,但不易控制,一般多用于起重索和牵引索。对于要求精细调整钢束的部位,多采用手摇绞车,以便于操纵。

(10)其他附属设备

其他附属设备有在主索上行驶的行车(俗称跑马滑车)、起重滑车组、各种倒链葫芦、法兰螺栓、钢丝卡子(钢丝轧头)、千斤绳、横移索等。

缆索吊装设备的形式及规格非常多,必须按照因地制宜的原则,结合各工程的具体情况合理地选用,才能取得良好的效果。

2.吊装方法和加载程序

(1)吊装方法

采用缆索另装施工的拱桥,其吊装方法应根据桥的跨径大小、桥的总长及桥的宽度等具体情况而定。

拱桥的构件一般在河滩上或桥头岸边预制和预拼后,送至缆索下面,由起重行车起吊牵引至指定位置安装。为了使端段基肋在合龙前保持在一定位置,在其上用扣索临时系住,然后才能松开吊索。吊装应自一孔桥的两端向中间对称进行。在最后一节构件吊装就位,并将各接头位置调整到规定高程以后,才能放松吊索并将各接头接整合龙。最后才能将所有扣索撤去。

基肋(是指拱箱、拱肋或桁架拱片)吊装合龙要拟定正确的施工程序和施工细则,并坚决按其执行。

拱桥跨径较大时,最好采用双基肋或多基肋合龙。基肋和基肋之间必须紧随拱段的拼装及时焊接(或临时连接)。端段拱箱(肋)就位后,除上端用扣索拉住外,并应在左右两侧用一对称缆风索牵住,以免左右摇摆。中段拱箱(肋)就位时,宜缓慢放松吊索,务必使各接头顶紧,应避免简支搁置和冲击作用。

例:某桥按5段吊装合龙成拱。每条拱箱的吊装程序为:

①吊装一端的端段就位,将拱座处于墩、台帽直接抵接牢靠。上部用扣索扣好,下面将缆风索拉好,然后松去吊索。

②吊运次段拱箱与端段就位。将接头处用螺栓固结,上部用扣索扣好,下面用缆风索拉好,然后松去吊索。

③再按上面的程序吊运另一端的端段和中段就位固定。

④最后吊运合龙段拱箱至所吊孔的上空,徐徐降落至两中段的上头,徐徐松扣(因中段在就位时一般要比设计高程抬高约0.20m),慢慢合龙成拱。

⑤当符合设计标高后,在接头处用钢板楔牢,便可松吊、扣索。但不必取掉。待全部电焊所有接头,完成固结后,方可全部取掉扣、吊索。

⑥按同样的程序,进行下根拱箱的吊装合龙。

(2)加载程序

①考虑施工加载程序的目的和意义

当拱箱(肋)吊装合龙成拱后,如何合理安排后续各工序的施工,如拱箱之间的纵缝混凝土和拱上建筑等,对保证工程质量和施工安全都有重大影响。如果采用的施工步骤不当(例如工序安排不合理,拱顶或拱脚的压重不恰当,左右半拱施工进行不平衡,加载不对称等),就会导致拱轴线变形不均匀,而使拱圈开裂,严重的甚至造成倒塌事故。因此,对施工程序必须做出合理的设计。

施工加载程序设计的目的,就是要在裸拱上加载时,使拱肋各截面在整个施工过程中,都能满足强度和稳定的要求。并在保证施工安全和工程质量的前提下,尽量减少施工工序,便于操作,以加快桥梁建设速度。

②施工加载程序设计的一般原则

对于中、小跨径拱桥,当拱肋的截面尺寸满足一定要求时,可不做施工加载程序设计,按有支架施工方法对拱上结构作对称、均衡施工。

对于大、中跨径的箱形拱桥或双曲拱桥,一般多按分环、分段、均衡对称加载的总原则进行设计。即在拱的两个半跨上,按需要分成若干段,并在相应部位同时进行相等数量的施工加载。但对于坡拱桥,必须注意其特点,一般应使低拱脚半跨的加载量稍大于高拱脚半跨的加载量。

在多孔拱桥的两个邻孔之间,也须均衡加载。两孔的施工进度不能相差太远,以免桥墩承受过大的单向推力而产生过大的位移,造成施工进度快的一孔拱顶下沉,邻孔的拱顶上冒,而导致拱圈开裂。

图 3-2-54 表示一座连续多孔等跨径 85m 的箱形拱桥施工加载程序(拱箱吊装为闭口箱)。其程序如下:

(1)先将各片拱箱逐一吊装合龙,形成一孔裸拱圈;然后将全部纵、横接头处理完毕,即浇筑接头混凝土,完成第一阶段加载。

(2)浇筑拱箱间的纵缝混凝土。纵缝应分为两层浇筑,先只浇到大约箱高一半处,等其初凝后再浇满全高与箱顶齐平,横桥向各缝齐头并进。注意,下层纵缝应分段浇筑。图 3-2-54 中②、③、④、⑤各步骤为纵缝浇筑。

(3)拱上各横墙加载。先砌筑 1 号、2 号横墙至 3 号横墙底面高度;再砌筑 1 号、2 号、3 号横墙至 4 号横墙底面高度;最后全部横墙(包括小拱拱座)同时砌筑完毕(左、右两半拱对称、均衡、同时进行)。见图 3-2-54 中⑥、⑦、⑧、各步骤。

(4)安砌腹拱圈及主拱圈拱顶实腹段侧墙。由于拱上横墙断面单薄,只能承受一片预制腹拱圈块件的单向推力,因此,安砌腹拱圈时,应沿纵向逐条对应安砌,直至完毕。见图 3-2-54 中⑨。

(5)以后各步骤(包括拱顶填料、腹拱顶填料、桥面系等)按常规工艺要求进行,可不做加载验算。

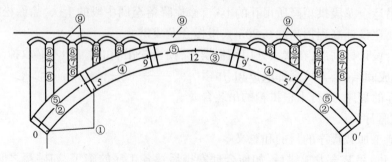

图 3-2-54 施工加载程序

(二)劲性(钢筋)骨架法施工

劲性(钢筋)骨架法施工,是先将拱圈的劲性(或全部钢筋)骨架按设计形状和尺寸制成并安装在拱圈内应有的位置,然后用系吊在劲性骨架上面的吊篮逐段(外包)灌筑混凝土。其施工工序为:按设计形状和尺寸制作劲性(钢筋)骨架→在桥墩(台)上将劲性(钢筋)骨架组拼成骨架拱→在劲性(钢筋)骨架拱上逐段立模、浇筑混凝土直至全部拱圈→拱上结构施工→桥面系施工等。

当劲性(钢筋)骨架全部由混凝土包裹后,即形成劲性(钢筋)混凝土拱圈或拱肋。用此种方法施工的劲性(钢筋)骨架,不但满足拱圈的需要,而且起到临时拱架的作用,因此须有一定的刚性。施工时最好按设计拱圈的混凝土重量对劲性(钢筋)骨架进行预压,以防灌注混凝土后变形,破坏已灌注混凝土与钢筋的结合。灌注混凝土时,应在拱圈两侧对称地进行。为减少混凝土的收缩应力,灌注应逐段进行(图3-2-55)。

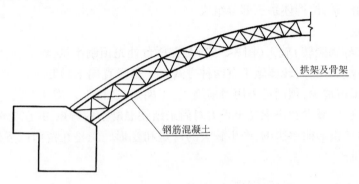

图 3-2-55 劲性(钢筋)骨架法浇筑拱圈

(三)转体法施工

拱桥转体施工是将拱圈或整个上部结构分成两个半跨分别在两岸施工,再利用动力装置将两个半跨拱体转动至桥轴线位置合龙成拱。施工工序为:施工转体基坑、转盘。利用两岸地形简单支架现浇或预制装配半拱。利用动力装置将两个半跨拱体转动至桥轴线位置合龙成拱上建筑施工。桥面系施工等。转体施工法一般适用于各类单孔拱桥的施工,根据其转动方位的不同分为平面转体、竖向转体和平竖结合转体三种。

1. 平面转体施工

平面转体(又称为平转)施工就是按照拱桥设计高程在岸边预制半拱,当混凝土结构达到设计强度后,借助设置于桥台底部的转动设备和动力装置在水平面内将其转动至桥位中线处合龙成拱。由于是平面转动,半拱的预制高程要准确。平面转体可分为有平衡重转体[图3-2-56a)]和无平衡重转体[图3-2-56b)]两种。

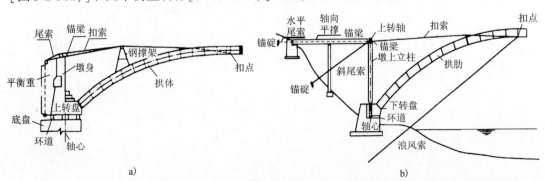

图 3-2-56 平面转体施工转动系统示意图
a)有平衡重系统;b)无平衡重系统

(1) 有平衡重转体

有平衡重转体以台背墙作为平衡重,并作为桥体上部结构转体用拉杆(或拉索)的锚碇反力墙,通过平衡重稳定转动体系调整其重心位置。平衡重大小由转动体的质量大小决定。由于平衡重过大不经济,也增加转体困难,因此,采用本法施工的拱桥跨径不宜过大,一般适用于跨径100m以内的整体转体。

(2) 无平衡重转体

无平衡重转体是将有平衡重转体施工中的拉索锚在两岸的岩体中,从而节省了庞大的平衡重。本方法适用于地质条件好的V形河床上的大跨径拱桥转体施工。无平衡重转动体系由锚固体系、转动体系、位控体系三部分组成。

2. 竖向转体施工

竖向转体(又称为竖转)施工(图3-2-57)是在桥台处先预制半拱,然后在桥位平面内绕拱脚将其转动合龙成拱。竖向转体施工有两种方式。一是竖直向上预制半拱,然后向下转动成拱。其特点是施工占地少,预制可采用滑模施工,工期短,造价低。需注意的是在预制过程中尽量保持位置垂直,以减少新浇混凝土重力对尚未结硬混凝土的弯矩,并在浇筑一定高度后加设水平拉杆,以避免拱形曲率影响,产生较大的弯矩和变形。二是在桥面以下俯卧预制半拱,然后向上转动成拱。

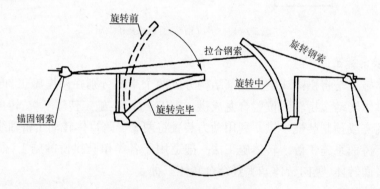

图3-2-57 竖向转体施工示意图

3. 平竖结合转体施工

由于受到河岸地形条件的限制,拱桥采用转体施工时,可能遇到既不能按设计高程预制半拱也不能在桥位竖平面内预制半拱的情况。此时,拱体只能在适当位置预制后即需平转又需竖转才能就位。这种平竖结合转体的基本方式与前述相似。

第三章 桥梁下部施工

第一节 浅基础施工

浅基础的施工通常采用明挖的方法进行。根据地质、水文条件,结合现场情况选用垂直开挖、放坡开挖或护壁加固的开挖方法。其施工内容主要包括基础定位放样、基坑开挖与支护、基坑排水、基坑检验、基底处理、基础砌筑及基坑回填等。基坑开挖工作尽量选择枯水和少雨季节进行,施工前应做好计划和准备工作,开挖后应快速连续施工,且不易间断。

在基坑开挖过程中有渗水时,则需要在基坑四周挖边沟和集水井,以便排除基坑积水。在水中开挖基坑时,一般要在基坑四周预先修筑一道临时性的挡水结构物,称作围堰,先将围堰中的水排干,再挖基坑。基坑开挖至设计高程后,应及时进行坑底土质鉴定。基底检验满足设计要求时应抓紧进行坑底的清理和整平工作,然后砌筑基础。否则,应采取措施补救或变更基础设计。

一、基础定位放样

在基坑开挖前,先根据设计图纸进行基础位置、形状和尺寸的定位放样工作,并结合桥梁中心线与墩台的纵横轴线,计算基础边线的定位点,最后放线定位出基坑开挖范围。

基坑底部尺寸应根据排水要求(包括排水沟、集水井、排水管网等)和基础模板设计所需基坑大小确定。一般基底应比基础底面尺寸增宽 0.5~1.0m,以便设置基础模板和砌筑基础。当不设模板时,可按基底尺寸开挖基坑。基坑底面尺寸确定后,再根据土质确定放坡率,得到基坑顶的尺寸,如图 3-3-1 所示,当基础尺寸为 a、b 时,则基坑顶的尺寸为

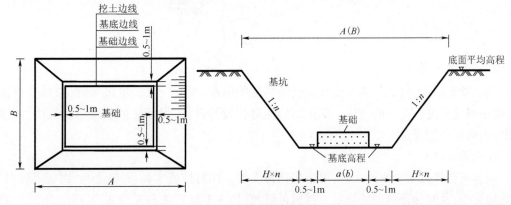

图 3-3-1 基坑放坡示意图

$$A = a + 2 \times (0.5 \sim 1) + 2 \times H \times n \tag{3-3-1a}$$
$$B = b + 2 \times (0.5 \sim 1) + 2 \times H \times n \tag{3-3-1b}$$

式中:A、B——基坑顶的长、宽(m);

a、b——基底的长、宽(m);

H——基坑开挖深度;

n——基坑放坡率。

二、旱地基坑的开挖和支护

旱地上开挖基坑通常采用机械与人工开挖相结合的施工方法。机械挖土时,挖至距设计高程0.3m时,应采用人工挖除并修整,以保证基底土的结构不受破坏。基坑的坑壁分无支护和支护两大类,常用的方法有:

(一)无支护基坑

当基坑深度较小且坑壁土层稳定时,可直接开挖。在一般土质条件下开挖基坑时,应采用放坡开挖的方法,基坑深度在5m以内,地下水位低于基底,土质构造较均匀,湿度正常,且基坑敞露时间不长时,基坑的坑壁坡度可参考表3-3-1。

无支护基坑坑壁坡度 表3-3-1

坑壁土类别	坑壁坡度		
	基坑顶缘无载重	基坑顶缘有静载	基坑顶缘有动荷载
砂类土	1:1	1:1.25	1:1.5
卵石、砾类土	1:0.75	1:1	1:1.25
粉质土、黏质土	1:0.33	1:0.5	1:0.75
极软岩	1:0.25	1::0.33	1:0.67
软质岩	1:0	1:0.1	1:0.25
硬质岩	1:0	1:0	1:0

基坑深度大于5m时,可将坑壁坡度适当放缓或加设平台,如图3-3-2所示。

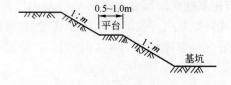

图3-3-2 无支护基坑

(二)有支护基坑

当坑壁土层不易稳定,或放坡开挖受到场地的限制,或开挖土方量过大时,应结合具体情况,确定对坑壁进行支护的方法。支护结构应进行设计计算,保证支护和支撑的强度、刚度及稳定性,确保施工安全。

1. 挡板支撑

当基坑较浅且渗水量不大时,可采用挡板支护。用竹排或木板、混凝土板、钢板等材料,边开挖边支撑,及时保证坑壁的稳定。挡板可横放[图3-3-3a)]或直立设置[图3-3-3b)]。挡板支撑由挡板和立木或横枋、顶撑加木楔组成,挡板的厚度为4~6cm,为便于挖基运土,支撑应设在同一垂直面内。

当基坑深度大于3m,可用钢木结合支撑(图3-3-4),即施工时在基坑周围每隔1.5m左右打入一根工字钢或钢轨到坑基以下1m左右,随着基坑的开挖在工字钢上端设立支撑或拉锚

(拉杆和锚碇桩或锚定板),并将挡板横放在翼缘内直至坑底。

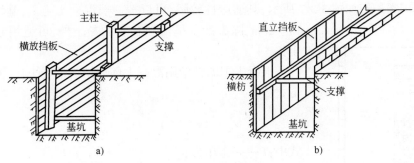

图 3-3-3 挡板的设置

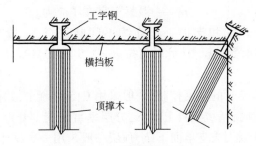

图 3-3-4 钢木结合支撑

2. 板桩支撑

当基坑的平面尺寸较大,地下水位较高,深度大于 4m,又不能放坡开挖时,可采用锁口钢板桩或锁口钢管桩支护。条件允许时也可采取桩板墙或水泥墙。

钢板桩的强度大,能穿过各类土和风化岩层,其锁口能承受拉力,且不易漏水,并可焊接接长,能多次使用。它的断面形式较多(图 3-3-5),可适应不同的基坑形状需要。

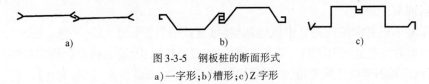

图 3-3-5 钢板桩的断面形式
a)一字形;b)槽形;c)Z 字形

钢筋混凝土板桩优点是耐久性好;缺点是制造较复杂,质量大,运输和施工不便。所以除大桥的深基础使用钢筋混凝土板桩以外,一般中、小桥梁工程不用。

木板桩容易加工制造,但强度较低,故不适用于含卵石和坚硬的土层。同时受木材长度的限制,基坑深度在 3～5m 时采用。为了减少渗水,木板桩的接缝应密合。在断面形式上,板厚大于 8cm 时应采用凸凹形榫口缝;小于 8cm 时,可采用人字形榫口缝(图 3-3-6)。

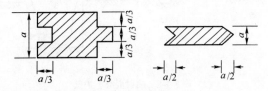

图 3-3-6 木板桩榫口

木板桩的上端应锯平,使之与桩轴线垂直并安装铁桩箍,下端应安装铁桩靴,以防开裂和折断。

3. 混凝土围圈护壁

混凝土围圈护壁如图 3-3-7 所示,其适应性较强,可以按一般混凝土施工,基坑深度可达 15~20m,除流沙及呈流塑状态的黏土外,可适用于其他各种土类。

混凝土围圈护壁用混凝土环形结构承受土压力,壁厚可按下式计算。

$$t = \frac{PD}{2\sigma} \quad (3\text{-}3\text{-}2)$$

式中:P——土压力;
D——基坑直径;
σ——混凝土容许压应力。

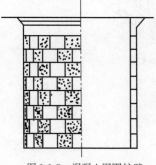

图 3-3-7 混凝土围圈护壁

施工时,为使基坑的开挖和支护工作连续不间断进行,一般在围圈混凝土强度达到 2.5MPa 时即可拆模,使其承受土压力(此时可按 $\sigma = 2.5 \times 0.7$ MPa,再除以安全系数 1.2~1.5 计算)。

由于圈围混凝土由拆模时的强度控制,一般采用 C15 混凝土,并掺入早强剂。

采用混凝土围圈护壁时,基坑当自上而下,分层垂直开挖。开挖一层,随即灌筑一层混凝土壁。为防止围圈混凝土因失去支承而下坠,顶层一般采用一次整体灌筑,以下各层均间隔开挖灌筑,并将上、下层混凝土纵向接缝相互错开。开挖面应均匀分布,对称施工,并及时灌筑混凝土壁支护。混凝土壁的无支承总长度应不大于二分之一周长。分层高度以垂直开挖面不坍塌为原则,一般顶层高 2m 左右,以下每层高 1~1.5m。

围圈混凝土应紧贴坑壁土灌筑,不用外模。内模可制作成圆形或内接多边形。施工中注意使层、段间各接缝密贴,防止其间夹有泥土、浮浆等而影响围圈的整体性。还要防止地面水流入基坑,要避免坑顶周围土的破坏棱体范围内有不均匀附加荷载。

4. 喷射混凝土护壁

基坑深度小于 10m 的较完整中风化基层,可直接喷射混凝土加固坑壁。情况较差时,可采用锚杆挂网喷射混凝土加固坑壁。其基本原理是:以高压风为动力,将搅拌均匀的砂、石、水泥干料,由喷射机经输料管吹送到喷枪,在通过喷枪的瞬间,加入高压水、速凝剂进行混合,自喷嘴射出,压射在坑壁,形成环形混凝土结构,以承受土压力。其喷射混凝土护壁示意如图 3-3-8 所示。

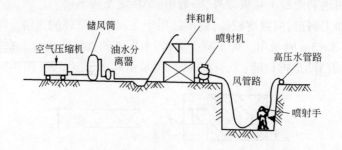

图 3-3-8 喷射混凝土护壁

采用喷射混凝土护壁时,坑壁坡度可根据土质和渗水情况采用 1:0.1~1:0.07。每开挖一层,应喷护一层。为便利喷射手作业,每层高度 1m 左右。土层不稳定时,应将此高度酌减;有较大渗水时,层高不宜超过 0.5m。

混凝土喷射顺序,一般应自下而上一环一环地进行。但对渗水的坑壁,则应由上向下施工,以免新喷混凝土流淌;对于集中的股水,可从无水或水小处开始,逐步向水大处喷护,最后用竹管将集中的股水引出。每次喷护厚度,取决于土层和混凝土的黏结力与渗水量的大小,一般为50~80mm。如一次达不到要求厚度,可在前层混凝土终凝后补喷,直至达到规定的厚度为止。

混凝土拌合料的级配根据喷射机输料管直径而不同,集料最大料径为16~25mm,配合比为水泥:砂石:水 = 1:4:(0.4~0.5)。速凝剂的掺加量为水泥用量的3%~4%。经过对喷射混凝土试件进行抗压检查,7d后抗压强度一般达到13MPa,最高达到26MPa。

三、基坑排水

基坑顶面应设置防止地面水流入基坑的设施。基坑挖至地下水位以下,渗水将不断涌集基坑,因此消除积水,保持基坑干燥成为施工中的一项重要工作。目前,常用的基坑排水方法有集水坑排水法和井点法降低地下水两种。

(一)集水坑排水法

它是在基坑整个开挖过程及基础砌筑和养护期间,在基坑四周开挖集水沟汇集坑壁及基底的渗水,并引向一个或数个比集水沟挖得更深一些的集水坑。集水沟和集水坑应设在基础范围以外,在基坑每次下挖以前,必须先开挖沟和坑,集水坑深度应大于抽水机吸水龙头的高度,在吸水龙头上套以竹篦支护,以防土堵塞龙头。

这种排水方法设备简单、费用低,一般土质条件下均可采用。但当地基为饱和粉砂,细砂土等黏聚力较小的细粒土层时,由于抽水会引起流砂现象,造成基坑的破坏和坍塌,应避免采用集水坑排水法。

(二)井点法降低地下水

井点法排水是沿基坑设置若干井管,从连接井管的集水管抽水,使地下水位降低到基底以下。基坑开挖前应预先在基坑四周打入(或沉入)若干根针井管,井管下端1.5m左右为滤管(图3-3-9),上面钻有若干直径约2.0mm的滤水孔,各井管用集水管连接并抽水。由于抽水使井管两侧一定范围内的水位逐渐下降,各井相互影响形成了一个连续的疏干区(图3-3-10)。在整个施工过程中仍不断抽水,保证在基坑开挖和基础砌筑过程中基坑始终保持无水状态。

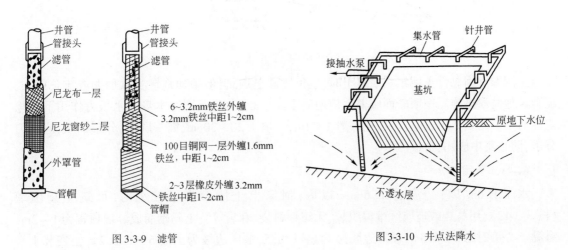

图3-3-9 滤管　　　　　　　　　　图3-3-10 井点法降水

四、水中基坑的开挖和支护

桥梁墩台基础常常位于地表水位以下及水中,有时流速还比较大,施工时常希望在无水或静水条件下进行。因此,基坑开挖前,需在基坑外围修筑临时挡水结构物即围堰,把围堰内的水排干后,再开挖基坑修筑基础。

围堰的结构形式和材料应根据水深、流速、地质情况、基础埋置深度及通航要求等条件而定。但无论何种形式和材料的围堰,均须满足下列要求:

(1)围堰顶面应高出施工期间可能出现的最高水位 $0.5\sim0.7m$。有风浪时,应酌加浪高。对仅用于防御地下水的板柱围堰则可以酌减。

(2)堰内尺寸应满足基础施工要求,留有适当的工作面积,由基坑边缘至堰脚的距离一般不少于 $1m$。

(3)在通航河道内的围堰应不妨碍航道要求。如需改移或压缩航道,应取得航运部门同意,并采取保证航运安全的措施。

(4)应考虑河床断面被围堰压缩引起的冲刷。河床断面压缩一般不得超过 30%;对两岸河堤和下游建筑物有可能造成危害的,必须征得有关单位同意。

(5)围堰结构应能承受水和土的压力,满足强度和稳定性要求。

(6)应防止水流冲刷,必要时可抛石防护或设置防浪排。修筑围堰时,应自上游开始至下游合龙。

(7)围堰接缝应严密,减少渗漏。置于河床上的土、石围堰应先清除河床表面的树根、杂草等,填土应从已出水的堰头顺坡送入水中,以免离析,水面以上则应分层夯实。

下面介绍几种常用的围堰形式及要求。

(一)土围堰

土围堰(图 3-3-11)适用于水深 $1.5m$ 以内,流速 $0.5m/s$ 以内,河床渗水性较小的情况。外侧用土袋或片石防护时,水流速可达 $1.5m/s$。

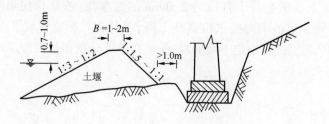

图 3-3-11 土围堰

土围堰宜用黏性土填筑。缺黏土时,也可用砂土填筑,但须加宽堰身以加大渗流长度,或配合其他防渗措施。围堰断面应根据使用的土质、渗水程度及围堰本身在水压力作用下的稳定性而定。用黏土填筑时,堰顶宽一般 $1\sim2m$,每填土 $20\sim30cm$,铺一层草,分层铺填,应均匀分散,防止集中成团,造成渗漏。

(二)土袋围堰

水深 $3.0m$ 以内,流速 $1.5m/s$ 以内,河床上土质渗水性较小时,可筑土袋围堰(图 3-3-12),用草袋或玻璃纤维编织袋、无纺塑料袋、麻袋等装土码砌而成。堰顶宽为 $1\sim2m$,有黏土心墙时为 $2\sim2.5m$,堰外边坡为 $1:1\sim1:0.5$,堰内边坡为 $1:0.5\sim1:0.2$。土袋装土量为袋容量的1/2~2/3,袋口缝合。堆码在水中的土袋,其上、下层和内、外层应相互错缝,尽量堆码密实整齐,可能时,由潜水工配合堆码并整理坡脚。

围堰在施工完毕后必须拆除。

(三)钢板桩围堰

钢板桩的适用范围广,其断面形状在板柱支护中已介绍(图3-3-5)。在水中插打钢板桩时必须有可靠的定位导向设备,常用围图(即以钢或钢木构成的框架)作为桩的定位和支撑(图3-3-13),以保证在预定的位置垂直沉入。一般先将全部钢板桩逐根或逐组插打到稳定的深度,然后依次打入至设计深度,插打的顺序按施工组织设计进行,一般自上游分两头插向下游合龙。插打前在锁口内涂上黄油、锯末等混合物,组拼桩时用油灰和棉花捻缝,以防漏水。插打前应在两岸设置观测点控制插打定位。在插打过程中,应随时检查其平面是否正确,桩身是否垂直,发现倾斜应立即纠正或拔起重插。

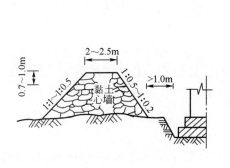

图3-3-12 土袋围堰　　　图3-3-13 钢板桩围堰

在水中为保证围堰不渗水,或尽可能少渗水,可采用双层钢板桩围堰(图3-3-14),或采用构体式钢板桩围堰(图3-3-15)。

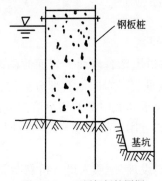
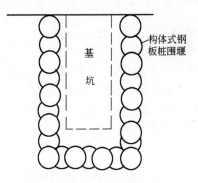

图3-3-14 双层钢板桩围堰　　　图3-3-15 构体式钢板桩围堰

施工完毕后,可采用千斤顶、浮式起重机或双动汽锤倒打等方法将钢板拔除。拔除前应向堰内灌水,使堰内外水位持平。拔桩时从下游附近易于拔除的一根或一组钢板桩开始,宜采取射水、锤击等松动措施,并尽可能采用震动拔桩法。

(四)钢套箱围堰

钢套箱围堰适用于流速较小、覆盖层较薄、透水性较强的砂砾或岩石深水河床,埋置不深的水中基础,也可用作修建桩基承台。

1.基本构造

钢套箱是利用角钢、工字钢或槽钢等刚性杆件与钢板连接而成的整体无底钢围堰,可制成整体式或装配式,并采取相应措施,防止套箱接缝渗漏。

2. 就位下沉

钢套箱可在墩台位置处以脚手架或浮船搭设的平台上起吊下沉就位。下沉钢套箱前,应清除河床表面障碍物。随着钢套箱下沉,逐步清除河床土层,直至设计高程。当钢套箱位于岩层上时,应整平基层。若岩层倾斜,则应根据潜水员探测的资料,将钢套箱底部做成与岩面相同的倾斜度,以增加钢套箱的稳定性,并减少渗漏。

3. 清基封底

钢套箱下沉就位后,先由潜水工将钢套箱与颜面间空隙部分的泥沙软层清除干净,然后在钢套箱脚堆码一圈沙袋,作为封堵砂浆的内膜,由潜水工将1:1水泥砂浆轻轻倒入套箱壁脚底与沙袋之间,防止清基时砂砾涌入套箱内。清基可采用吹砂吸泥或静水挖抓泥沙的方法进行水下挖基。经过检验即可灌注水下混凝土封底,最后抽干钢套箱内存水,浇筑墩台。

五、基底的检验和处理

(一)基底检验

基底质量是墩台稳定的关键,必须慎重处理,认真检验。基底在基础圬工修建后即被掩盖,属于隐蔽工程,应经验收后,方可砌筑基础圬工。

(1)基地平面位置要符合设计要求。

(2)基底平面尺寸要按设计尺寸进行施工。

(3)基底高程要符合设计要求。全基坑测 5~8 点,土质允许偏差 ±50mm,石质允许偏差 [+5mm,-200mm]。基底承重面与墩台压力线垂直,不致发生墩台滑动。

(4)基底地质情况和承载力,要满足设计要求。基底各部位土质不同时,不致发生墩台不均匀沉降。

(5)基坑防排水措施恰当,需保证基础圬工施工质量。

(二)基底处理

1. 未风化岩石基底

清除干净岩面上的淤泥、苔藓及松碎石块,并凿出新鲜岩面。岩面倾斜时,应予凿平或凿成宽度大于 30cm 的台阶,使承重面与墩台压力线垂直。岩面如有部分溶沟、溶洞或破碎等难以清理到新鲜岩面,应会同设计人员研究处理。位于基底中部的狭窄溶沟,可在基底高程以下设置混凝土拱将力传递到两侧岩石上,小面积溶洞可用混凝土或浆砌片石回填。

2. 风化岩基底

岩石的风化程度对其承载力影响很大,应会同设计、地质人员分析判断能否满足设计承载力要求,并注意基底各部位的风化程度是否相同。如基底承载力不够,可适当降低基底高程;如风化层不厚,宜清理到新鲜岩面。

3. 粗粒土和巨粒土基底

将基底修理平整夯实,如浇筑混凝土基础,可先铺一层塑料膜或油毡等,防止新浇混凝土中的水分被地基吸收;也可先铺一层 3~5cm 厚混凝土封底,待形成一定强度后再浇筑混凝土。

4. 细粒土基底

基坑分两阶段开挖,先挖到距设计高程 20~30cm 处,大致整平,做好排水和砌筑圬工准备工作后,再开挖到基底并铲平。铲平时,要注意不能扰动基底原状土结构,超挖处不得用土回填。基底铲平后,应在最短时间内砌筑基础圬工,以免原状土暴露过久浸水变质。如基底原状土含水率较大或在施工中浸水泡软,可向基底夯入10cm以上厚度的碎石,但碎石顶面应不高于基底设计高程。基底土质应符合设计要求。如基底土质不匀、部分软土层厚度不大时,可挖除后分层夯填砂砾或碎石予以更换。

5. 泉眼

泉眼应用堵塞或导流的方法处理。可先用水玻璃和水泥以1∶1比例调匀捻团,塞紧压实予以堵塞。由于地下水的压力,泉眼往往不能全部堵塞。如经堵塞无效,或这里堵住那里冒,应改用导流方法处理。可将钢管插入泉眼,封闭水管四周,使水沿钢管上升,或在泉眼处设置小井,将井中水引出基础圬工之外抽排,以后再用水下混凝土填井;若泉眼位置不明确,可在基底以下设置暗沟或盲沟,将水引至基础圬工以外的汇水井中抽排。

基坑有渗漏水时,基坑抽水应待基础圬工水泥浆终凝后才能停止,以免圬工早期浸水,影响质量。

6. 基底大面积透水

地下水位较高的砂土或碎石土基底必将大面积透水,大量抽水会将土中细小颗粒随水抽走,从而又加大渗水量,形成恶性循环。一般按水中施工设计,在基底以下设置水下混凝土予以封底。敞坑明挖基础遇到基底大面积渗水时,如渗水量不大,可沿基础周边打木板桩,靠加大渗流长度来减少渗流量,也有在基础之外打一圈黏土桩的成功经验。如渗透量较大,则须在基底以下设置水下混凝土封底。

第二节 桩基础的施工

当地基浅层土质较差、持力层埋藏较深时,需采用深基础,以满足结构对地基强度、变形和稳定性要求。桩基础因适应性强、施工方便等特点而成为应用最普遍的一种深基础形式。以下介绍目前公路桥梁中最常采用的钻孔灌注桩、挖孔灌柱桩两种深基础及水中桩基础的施工。

一、钻孔灌注桩的施工

钻孔灌注桩施工工艺主要分为:准备工作、钻孔、护壁、清孔、下钢筋笼和灌注桩身混凝土。任何一个工艺处理不当,都影响钻孔桩的成败。

(一) 准备工作

1. 放样定位

定出墩台纵横中心轴线及各基桩的位置,设置固定护桩及临时水准点,以便随时校核。

2. 准备场地

钻孔场地应平整坚实,能承受钻机重量,保证钻机的稳定性。应排水通畅,不为循环泥浆所污染。钻渣应有适当弃置地点。

当墩台位于无水岸滩时,钻机位置应清除杂物,整平并填土压实形成工作平台;场地有浅水时,宜采用土或草袋围堰筑岛,筑岛面积按钻孔方法、钻机尺寸、泥浆处理方法等要求确定,岛面应高出水面(浪高度须计入)1.0m;若场地为深水或陡坡,宜搭设钢制工作平台,经设计计算的平台能牢固、稳定承受施工期间的全部静载和动载。深水中当水流较平稳时,也可将工作平台架设在浮船上,就位锚固稳定后在水上钻孔。

3. 埋置护筒

护筒是用来固定桩位;作钻孔导向;隔离孔内孔外表层水,保护孔口,防止孔口土层坍塌,并保持钻孔内水位高出施工水位以稳固孔壁。因此护筒必须埋置稳固、准确。

护筒要坚固、不易变形、不漏水、一般用3~5mm的钢板制成,有时也用木板或钢筋混凝土制作,如图3-3-16所示。护筒直径应比桩径稍大,旋转钻应增加0.2~0.3m,冲击钻增加0.3~0.4m。

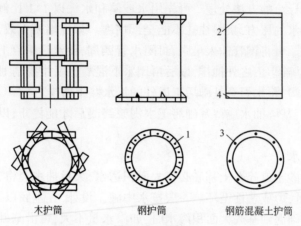

图3-3-16 护筒
1-连接螺栓孔;2-连接钢板;3-纵向钢肋;4-连接钢板或刃脚

护筒埋设可采用下埋式[适用于旱地埋置如图3-3-17a)所示]、上埋式[适用于旱地或浅水筑岛埋置,如图3-3-17b、c)所示]和下沉埋设[适用于深水埋置,如图3-3-17d)]。埋置护筒时应注意下列几点:

(1)护筒平面位置应埋设正确,偏差不宜大于5cm。

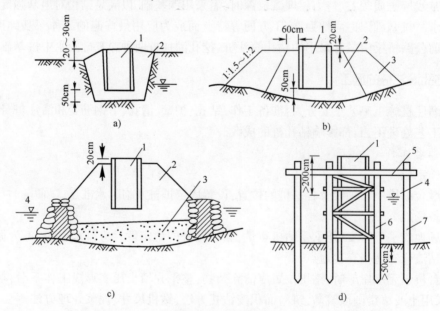

图3-3-17 护筒埋设
1-护筒;2-夯实黏土;3-砂土;4-施工水位;5-工作平台;6-导向架;7-脚手桩

(2)筒顶宜高出地面0.3m或水面1.0~2.0m,有潮汐影响的要高于施工期最高潮水位1.5~2.0m。

(3)护筒底面的埋置深度一般情况为2~4m;对砂性土应将护筒周围0.5~1.0m范围内

挖除,换填黏土至护筒底0.5m以下并夯实;在深水及河床软土、淤泥层较厚处,应尽可能沉入到不透水黏土内1~1.5m;无黏土时应沉入软土、淤泥、砂土内3.0m以下或大砾石、卵石层0.5~1.0m以下。

(4)上埋式和下埋式护筒周围应以黏土分层回填夯实。

4. 制备泥浆

泥浆在钻孔中的作用是在孔内产生较大的静水压力,可防止坍孔;泥浆向孔外渗漏,在孔壁表面形成一层胶泥,同时将孔内外水流切断,起到稳定孔内水位的效果;泥浆比重大,具有挟带钻渣作用,有利于钻渣排出,因此在钻孔过程中应使用适宜的泥浆。泥浆由黏土(塑性指数大于15)或膨润土和添加剂组成,一般比重为1.1~1.3,在钻进到卵石、漂石及碎石土层时相对密度可用1.4以上。在较好的黏土层中钻孔也可灌入清水,在钻孔过程中自造浆。

5. 安装钻机或钻架。

为保证钻孔过程中成孔中心对准桩位中心,钻机必须保持平稳,不发生位移、倾斜和沉陷。钻机(架)就位时,应测量准确,底座应用枕木垫实塞紧,顶部用缆风索固定,并在钻进过程中经常校验。

(二)钻孔

1. 钻孔的方法和钻具

钻孔的方法主要有冲击、冲抓、旋转钻孔等,根据桩径、桩长和桩位处的地质、水文条件选用。

(1)冲击钻孔

冲击成孔是将重型钻头提升一定高度后落下,反复冲击孔底,将孔底的泥沙、石块挤向四周壁或打成碎渣,用泥浆将碎渣浮起,掏渣筒取出,重复以上过程,直至设计深度。钻具采用摇臂式钻机,或用带离合器的双滚筒卷扬机直接起落钻头。摇臂式钻机如图3-3-18所示,冲程一般小于1m,频率在30~50次/min;使用带双滚筒卷扬机时,则自配钻架,由工人启合离合器控制钻头的起落,其冲程可任意调整,如图3-3-19所示。

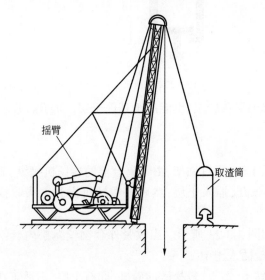

图3-3-18 摇臂式钻机

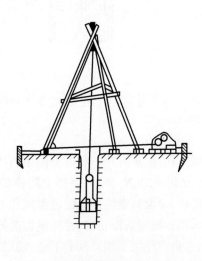

图3-3-19 卷扬机施工

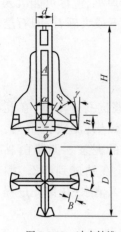

图 3-3-20 冲击钻锥

钻头一般是整体铸钢做成的实体钻锥,钻刃为十字形采用高强耐磨钢材做成,底刃不完全平直,以加大单位长度上的压重,如图 3-3-20 所示十字钻刃冲击角 α,弧形钻刃冲击角 β,钻头外壁的倾角 γ 和钻头底部的倾角 φ,则根据土层的不同按表 3-3-2 选用。

冲锥每冲击一次旋转一个角度,才能得到圆形的钻孔,因此,须在锥顶设转向装置。钻进时,吊起冲锥在悬重作用下,顺钢丝捻扭的相反方向转动,带动冲锥转动一个角度;当冲锥下落置于孔底,钢丝绳松弛不受力后,又因钢丝绳的弹性,带动转向装置扭转过来。当再次提起冲锥时,又沿上方转动一个角度,这样就能冲成圆形的孔。常用的转向装置有:合金套、转向套、转向环、转向杆(图 3-3-21)。

十字钻头刃部各种角度 表3-3-2

土层	α	β	γ	φ	土层	α	β	γ	φ
黏土、细砂	70°	40°	12°	160°	坚硬漂卵石	90°	60°	15°	170°
堆积层砂卵石	80°	50°	15°	170°	岩层	90°	60°	15°	195°

掏渣筒是用以掏取孔内钻渣的工具,如图 3-3-22 所示,用 5～10mm 的钢板卷制而成,掏渣筒下端为能与渣筒密合的碗形阀门。

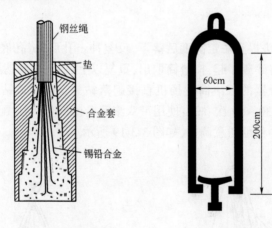

图 3-3-21 转向装置　　图 3-3-22 掏渣筒

冲击钻孔适用于含有漂卵石、大块石的土层及岩层,也能用于其他土层。成孔深度一般不宜大于 50m。

(2)冲抓钻孔

冲抓钻孔:用兼有冲击和抓土作用的抓土瓣,通过钻架,由带离合器的卷扬机操纵,靠冲锥自重(重为 10～20kN)冲下,使抓土瓣锥尖张开,插入土层;然后由卷扬机提升锥头收拢抓土瓣将土抓出,弃土后继续冲抓钻进而成孔。

常采用四瓣或六瓣钻锥,冲抓锤构造如图 3-3-23 所示。当收紧外套钢丝绳松内套钢丝绳时,内套在自重作用下相对外套下坠,使锥瓣插入土中。

冲抓成孔适用于砂质黏土、黏质砂土、黏土、黄土、较松散的砂砾、卵石土层,不适于在大漂石和基岩钻孔。成孔深度宜小于 30m。

(3) 旋转钻孔

利用钻具的旋转,切削土体钻进,并在钻进的同时采用循环泥浆的方法护壁排渣,钻进成孔。常用的旋转钻机按泥浆循环的程序不同分为正循环与反循环两种。正循环是指在钻进时。用泥浆泵将泥浆压进泥浆笼头,通过钻干中心从钻头喷入钻孔内,泥浆夹带钻渣沿钻孔上升,从护筒顶部排浆孔排出至沉淀池。反循环是钻进时,将泥浆用泥浆泵送至钻孔内,然后从钻头的钻干下口吸进,通过钻干中心,由上口排出到沉淀池,泥浆的流动方向与正循环相反。

正循环的出渣效率比反循环低,但浓泥浆有利于钻孔护壁,不易塌孔,用于流沙等容易塌孔的土层是适当的。反循环应注意补充钻孔内泥浆,保持液面高度,以利孔壁稳定;当土层含有直径大于2/3钻杆内径的卵石时,不宜使用,以防堵塞管道。

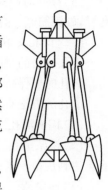

图3-3-23 冲抓锤

我国定型生产的旋转钻机在转盘、钻架、动力设备等均配套成型,钻头可根据土质采用各种形式。正循环钻机有鱼尾锥、圆柱形钻头和刺猬钻头(图3-3-24)等。常用的反循环钻头为三翼空心钻(图3-3-25)。鱼尾锥钻头宜用于砂卵石层,也可用于风化岩,但在黏土层中容易包钻。这种钻头的导向性能差,钻孔容易发生梯级倾斜,使用时须注意检查纠正。圆柱形钻头适用黏土、亚黏土、轻亚黏土和砂土,不宜用于砂卵石层。其上下有两层导圈,导向性能好,钻进平稳,扩孔率较小。刺猬钻头适用于黏性土和砂性土,土中夹有粒径小于25mm的砾石也可使用,其钻进速度较快,但阻力较大,只适用于孔深50m以内。

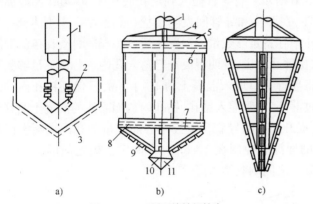

图3-3-24 正循环旋转机钻头
1-钻杆;2-出浆口;3-刀刃;4-斜撑;5-斜挡板;6-上腰围;7-下腰围;8-耐磨合金钢;9-刮板;10-超前钻;11-出浆口

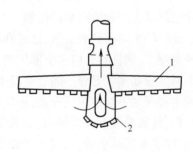

图3-3-25 反循环旋转钻头
1-三翼刀板;2-剑尖

2.钻孔注意事项

在钻孔过程中应防止坍孔、孔形扭歪或孔斜,甚至把钻头埋住或掉进孔内等事故,因此钻孔时注意事项如下:

(1)在钻孔过程中,要始终保持孔内外既定的水位差和泥浆浓度,以起到护壁固壁作用,防止坍孔。

(2)在钻进过程中,应根据土质等情况控制钻进速度,调整泥浆稠度,以防止坍孔及钻孔偏斜、卡钻和旋转钻机负荷超载等情况发生。

(3)钻孔宜一气呵成,不宜中途停钻。

(4)钻孔过程应加强对桩位、成孔情况的检查工作,以防钻孔偏斜。

(5)终孔时应对桩位、孔径、形状、深度、倾斜度及孔底土质情况进行检验,合格后立即清孔、吊放钢筋笼,灌注混凝土。

(三)清孔及吊装钢筋骨架

清孔的目的是除去孔底沉淀的钻渣和泥浆,以保证灌注的钢筋混凝土质量,保证桩的承载力。清孔时要保持孔内的水头高度,以防坍孔。

清孔的方法有:

(1)掏渣清孔。用掏渣筒、抓头等掏清孔内的钻渣,适用于冲击、冲抓成孔的摩擦桩;

(2)换浆清孔。正、反循环旋转钻机可在钻孔完成后不停钻、不进尺,继续循环换浆清渣,直至达到规范要求的存渣厚度为止,适用于各类土层的摩擦桩。

(3)抽浆清孔。用吸泥机吸出含钻渣的泥浆而达到清孔,适用于孔壁不易坍塌,各种钻孔方法的柱桩和摩擦桩。

钻孔桩的钢筋应按设计要求预先焊成钢筋骨架,整体或分段就位。吊装前应用探孔器检查孔壁有无妨碍骨架放入的情况。为保证钢筋骨架能满足设计的保护层厚度,应在骨架上焊朵筋或绑扎特制的混凝土垫块,垫块的竖向间距应不大于 2m,横向圆周不少于 4 个。钢筋笼吊放入孔,应对准中心徐徐轻放,防止碰撞孔壁引起坍孔。下放时应注意观察孔内水位情况,如发现异样,应立即停止下放,检查是否坍孔。钢筋笼就位后,应采取措施牢固定位,以免在灌注水下混凝土过程中发生掉笼或浮笼现象。

(四)灌注水下混凝土

1.灌注方法

灌注水下混凝土施工过程如图 3-3-26 所示。将导管插入到离孔底 0.3~0.4m(不能插入孔底沉淀的泥浆中),在导管上口接漏斗,在漏斗和导管间设隔水栓(或活动门、铁抽板等)以隔绝混凝土与导管内水的接触。在漏斗中存备足够数量的混凝土后,放开隔水栓,存备的混凝土连同隔水栓向孔底猛落,这时孔内水位骤涨外溢,说明混凝土已落入孔内。若落下足够数量的混凝土,则将导管内水全部压出,并将导管下口埋入混凝土内 1~1.5m,且保证钻孔内的水不可能重新流入导管。随着混凝土通过漏斗、导管灌入钻孔,钻孔内初期灌注的混凝土及其上的水和泥浆不断被顶托升高,相应不断提升和拆除导管。上拔导管前应量测孔内混凝土面的高程,计算导管下口的埋深,导管下口的埋深宜控制在 2~6m。在两次上拔之间的一段时间内,应经常扭动套管,以减少套管与混凝土之间的黏结力。

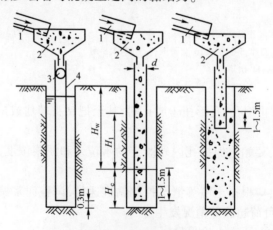

图 3-3-26 灌注水下混凝土
1-通过混凝土储料槽;2-漏斗;3-隔水栓;4-导管

导管一般用壁厚 3～5mm,直径 200～350cm 的钢管,每节长度 1～2m,节端用法兰盘或特制卡口连接,并垫以橡皮圈,以保证接头不漏水,导管内壁应光滑,内径一致。漏斗和储料槽最小容量 V 应满足导管初次埋入深度的需要,可按下计算:

$$V = h_1 \times \frac{\pi d^2}{4} + H_c \times \frac{\pi D^2}{4} \tag{3-3-3}$$

式中:H_c——导管初次埋深加开始时导管底离孔底的间距;

d、D——导管、桩孔直径(m);

h_1——孔内混凝土高度达 H_c 时,导管内混凝土柱为与导管外水压平衡所需要高度(m),即

$$h_1 = H_w \cdot \frac{\gamma_w}{\gamma_c} \tag{3-3-4}$$

H_w——孔内水面到混凝土水柱高(m);

γ_w、γ_c——孔内水或泥浆、混凝土重度。

2. 灌注水下混凝土注意事项

(1)混凝土拌和必须均匀,并具有必要的流动性;应防止运输造成的离析。

(2)灌注混凝土必须连续作业,一气呵气,避免任何原因的中断,因此混凝土的搅拌和运输设备应满足连续作业的要求。

(3)灌注过程中,要随时测量和记录孔内混凝土灌注标高和导管入孔长度,以控制和保证导管埋入混凝土有适当的深度,防止导管提升过猛,管底提离混凝土面或埋入过浅,而使导管内进水造成断桩夹泥;也要防止导管埋入过深,而造成导管内混凝土压不出或导管被混凝土埋住,不能提升,导致中止浇灌而断桩。

(4)灌注的桩顶高程应比设计值高出 0.5～1m,此范围内的浮浆和混凝土应凿除。

二、挖孔灌注桩

挖孔灌注桩分为人工挖孔、机械旋挖钻孔。

(一)人工挖孔灌注桩

人工挖孔灌注桩适用于无地下水或少量地下水且较密实的土层或风化岩层,桩径宜在 1.2m 以上,以便于施工。

挖孔桩施工,开挖前应清除现场四周及山坡上的危石、浮土,排除一切不安全的因素。要在孔口设置高出地面 30cm 的护圈,并设置临时排水沟防止地表水流入孔中。相邻的两桩不要同时开挖,防止互相影响。若桩位呈梅花形布置,则宜先挖中孔,灌注混凝土后再挖其他孔。挖出的弃土应及时转运,不要堆放在孔口四周。

挖孔施工在保证安全情况下应不间断快速进行。挖孔过程中,开挖和护壁两个工序必须连续交替进行,以免塌坍孔。一般采用就地浇筑混凝土围圈支护,也可在土质较好、渗水量不大时采用易于拆装的钢、木支撑。混凝土围圈支护如同明挖基础的混凝土围圈支护。开挖一层,支护一层。由于桩径一般不大,无需分段间隔开挖灌注;可以整圈同时开挖,一次灌注。为避免混凝土圈在下层开挖时失去支承而下沉开裂,每节的下端宜扩挖 0.2～0.3m,形成喇叭形耳台,每节的深度为 1～2m。护壁厚一般采用 0.15～0.20m,混凝土强度等级为 C15～C20,必要时可配置少量钢筋。

挖孔过程中,要经常检查桩孔的平面位置和尺寸。孔的倾斜度偏差不得大于孔深的

0.5%,截面尺寸必须满足设计要求,孔口平面位置与设计桩位的偏差不得大于5cm。挖孔过程中,由于地层含有二氧化碳或其他有害气体,以及人的呼吸产生的二氧化碳,孔深越大,对工人的健康危害越大。为保障工人健康,当孔深超过10m,或二氧化碳浓度达到0.3%、或其他有害气体超过卫生标准允许浓度时,必须采取机械强制通风。

挖孔遇漂石或基岩需要爆破时,必须采用浅眼少药,以松动岩石为目的的方法,以防坍孔。孔深大于5m时,应采用电引爆,爆破后应通风排烟,经检查无有害气体,施工人员方可下井继续作业。

挖孔达到设计深度后,检查和处理孔底、孔壁是否符合设计要求。清除浮土,整平孔底,以保证桩身混凝土和孔壁密贴。然后吊装钢筋骨架。当孔底、孔壁渗入的地下水速度小于6mm/min时,可采用空气中灌注混凝土桩的方法;若速度大于6mm/min视为有水桩,按前述钻孔灌注桩水下混凝土的方法进行施工。

(二) 旋挖钻孔灌注桩

旋挖钻孔是用旋挖钻机(图3-3-27)进行旋转挖孔的成孔方式。旋挖钻机具有装机功率大,输出扭矩大,轴向压力大,机动灵活,施工效率高及多功能等特点。钻孔速度可为其他钻机的数倍,在有些土层可达10倍以上。

图3-3-27 旋挖钻机

根据钻机的类型和所配的钻头,成孔直径一般为0.5~2.0m,钻孔深度为40~60m,大型旋挖钻机成孔直径可达3.0m,深度达80m。旋挖钻机可在砂(砾)土、黏土、粉质土等土层施工,且在成孔过程中无泥浆排放,为原始土挖掘状态,大大降低施工成本,避免环境污染,是一种环保型钻机。

旋挖钻机的价格昂贵,是其未能普遍使用的主要原因。

挖孔达到设计深度后,检查孔底、孔壁是否符合设计要求,然后吊装钢筋骨架。其他要求与人工挖孔灌注桩类似。

三、水中桩基础

水中桩基础的施工比旱地要复杂困难得多,尤其是在深水急流的江河湖海中。为了能够在水中进行桩基础施工,必然要采用特殊设备和方法。根据不同施工条件和施工设备,水中桩基础施工的基本方法分浅水和深水施工。根据其施工方法的不同,水中桩基础的施工场地分为两种类型:一类是用围堰筑岛法修筑的水域岛或长堤,称为围堰筑岛施工场地;另一类是用船或支架拼装建造的工作平台,称为水域工作平台。

(一)浅水桩基础

对位于浅水或临近河岸的桩基,其施工方法类同于浅水浅基础常采用的围堰修筑法,即先修筑围堰施工场地,修筑好后便可抽水挖基坑或水中吸泥挖坑再抽水,然后进行基桩施工。

在浅水中建桥,常在桥位旁设置施工临时便桥。在这种情况下,可利用便桥和相应的脚手架搭设水域工作平台,在整个桩基础施工中可不必动用浮运打桩设备,同时也是解决料具、人员运输的好办法,应在整个建桥施工方案中考虑。一般在水深不大(3~4m)、流速不快、无通航(或保留部分河道通航)及便桥临时桩施工不困难的河道上,可考虑采用建横跨全河的便桥或靠两岸段的便桥方案。

(二)深水桩基础

在宽大的江河深水中施工桩基础时,常采用钢板桩围堰、钢围堰、搭设水域工作平台及沉井结合法施工。

1. 钢板桩围堰

钢板桩围堰,其支撑(一般为万能杆件构架,也采用浮箱拼装)和导向(由槽钢组成内外导环)系统的框架结构称为"围图"或"围笼"。钢板桩围堰一般适用于河床为砂土、碎石土和半干硬性黏土的情况,并可嵌入风化岩层。在深水中的低桩承台桩基础或有相当长度的承台墩身需在水下施工时,常采用围笼(围图)修筑钢板桩围堰进行桩基础施工,其施工方法及步骤如下:

(1)在导向船上拼制围笼,拖运至墩位,将围笼下沉、接高、沉至设计高程,用锚船(定位船)或抛锚定位(图3-3-28)。

(2)在围笼内插打定位桩(基础的基桩、临时桩或护筒),并将围笼固定在定位桩上,退出导向船。

(3)在围笼上搭设工作平台,安置钻机或打桩设备。

(4)沿围笼插打钢板桩,组成防水围堰。

(5)完成全部基桩的施工(钻孔灌注桩或打入桩)。

(6)用吸泥机吸泥,开挖基坑。

(7)基坑经检验后,灌注水下混凝土封底。

(8)待封底混凝土达到规定强度后,抽水,施工承台和墩身直至出水面到达设计高程。

(9)拆除围笼,拔除钢板桩。

在施工中也有采用先完成全部基桩施工后,再进行钢板桩围堰的施工步骤。对于先施工围堰还是基桩,应根据现场水文、地质条件、施工条件、航运情况和所选择的基桩类型等确定。

2. 双壁钢围堰

双壁钢围堰是在钢板桩围堰、浮式钢沉井和管柱基础等多种深水基础施工技术上发展起来的。其一般为圆形结构,其堰壁钢壳是由具有加劲肋的内外壁板和若干层水平桁架组成。堰壁底端设刃脚,以利下沉入土。在堰壁内腔,用隔舱板等分为若干个密封的隔舱,利用不等高灌水来控制其下沉时的倾斜。如图3-3-29所示,双壁钢围堰内径为17m,上节壁厚1.2m,下节壁厚1.4m,为适应岩面高差3.6m,围堰做成高低刃脚,内、外壁板均为6mm钢板。

根据工地起重运输条件,围堰可以分层、分块制造。一般高6m,每层分8或16块,各块边缘壁板悬出,拼接时易调整。块件在胎具上组拼焊接,壁板用夹具夹紧,以防电焊时变形。制成后,按设计要求对结构尺寸和焊缝进行检验,并对壁板对接焊缝进行煤油渗透水密试验(即在焊缝正面涂刷煤油,反面不允许出现渗油痕迹)。

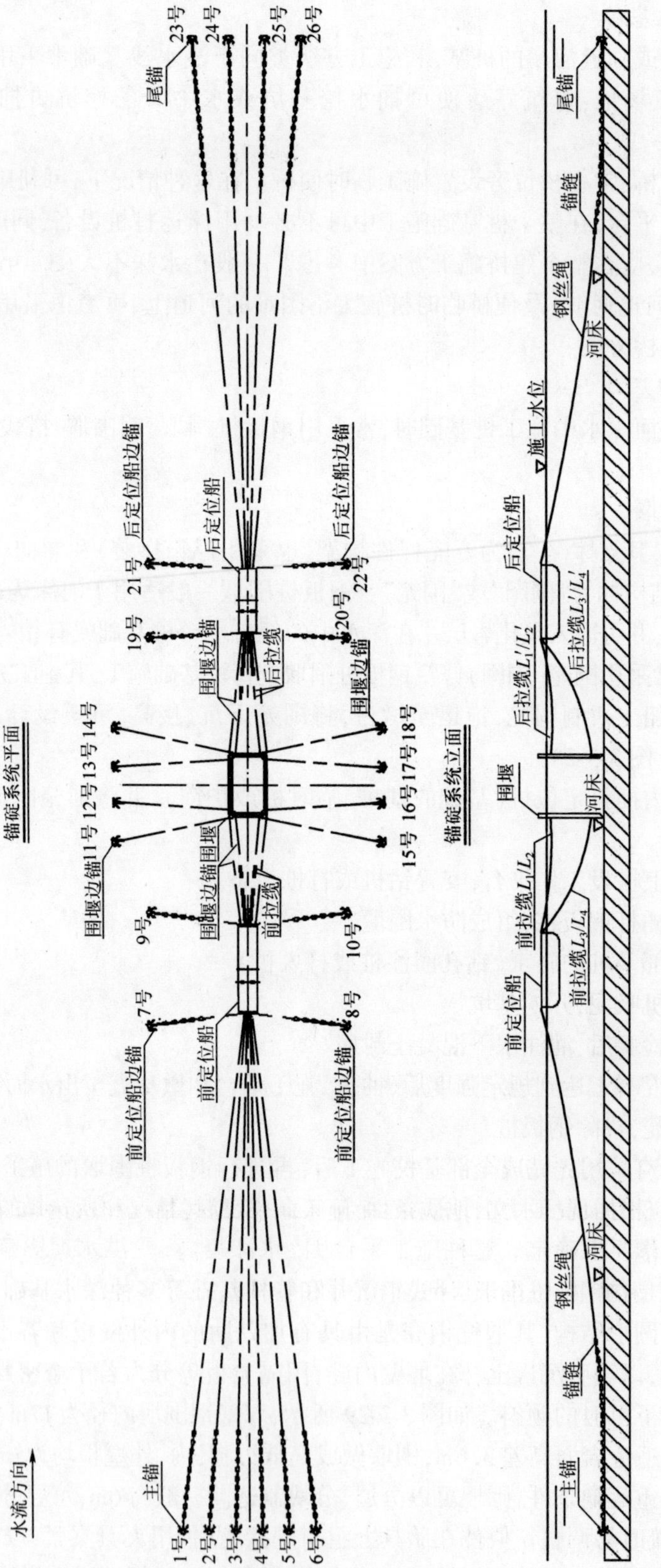

图3-3-28 围笼定位示意图

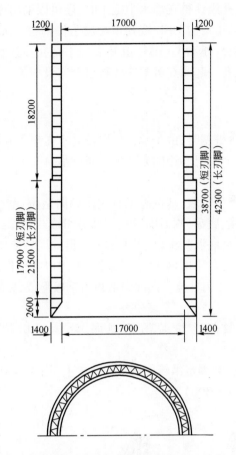

图 3-3-29 双壁钢围堰(尺寸单位:cm)

围堰在岸边拼装 12m 高左右,浮运到位,锚碇稳定后,逐层灌水下沉并接高。落河床后,则在围堰内吸泥下沉。围堰重量不足时,双壁间填充水下混凝土加重。围堰沉到设计高程后,在堰内灌注封底混凝土,而后抽水。

3. 水域工作平台

(1)浮动施工平台

浮动施工平台,用船只拼成,常在流速不快、风浪较小的河流中使用。一般是在间隔一定距离的两只平行船上横置工字钢,用钢丝绳将其捆扎连成整体。两船间距大小及船舶载重,按钻架和钻孔的操作要求确定。这种施工平台因"水涨船高"受洪水期影响较小,而且打设方便;其缺点是固定困难,桩位难于保证,必须做好船只定位工作。

(2)支架施工平台

支架施工平台为梁柱组合结构,由下部钢管桩、上部钢管桩平联(剪刀撑)、钢管桩顶部纵横梁以及平台面板组成。按组成平台梁系的构造可分为型钢平台、桁架平台和型钢与桁架组合平台。

对水中特大型群桩基础施工,可采用钢管桩和基桩钢护筒共同承受施工荷载的施工平台。平台施工完毕,就可安装钻孔设备,下沉钢护筒,进行钻孔灌注桩施工。

4. 沉井结合法

在深水中施工桩基础,当水底河床基岩裸露或卵石、漂石土层钢板围堰无法插打时,或在水深流急的河道上,为使钻孔灌注桩在静水中施工时,还可以采用浮运钢筋混凝土沉井或薄壁沉井作桩基施工时的挡水挡土结构,并在沉井顶端设工作平台。沉井可作为桩基础的施工设施,又可作为桩基础的一部分(承台)。薄壁沉井多用于钻孔灌注桩的施工,除能保证在静水状态施工外,还可将几个桩孔一起圈在沉井内代替单个安设护筒,可周转重复使用。

四、深水承台

在深水中修筑高桩承台桩基时,由于承台位置较高不需坐落到河底,一般采用吊箱法施工桩基础,或在已完成的基桩上安里套箱的方法施工高桩承台。

1. 吊箱法

吊箱是悬吊在水中的箱型围堰,基桩施工时用作导向定位,基桩完成后封底抽水,灌注混凝土承台。吊箱一般由围笼、底盘、侧面围堰板等部分组成。吊箱围笼平面尺寸与承台相应,分成拼装,最下一节将买入封底混凝土内,以上部分可拆除周转使用。顶部设有起吊的横梁和工作平台,并留有导向孔。底盘用槽钢作纵、横梁,梁上铺以木板作封底混凝土的底板,并留有导向孔(大于桩径50mm)以控制桩位。侧面围堰板由钢板形成,整块吊装,其施工方法及步骤如下:

(1)在岸上或岸边驳船上拼装吊箱围堰,浮运至墩位,吊箱下沉至设计高程[图3-3-30a)]。

(2)插打围堰外定位桩,并固定吊箱围堰于定位桩上[图3-3-30b)]。

(3)基桩进行施工[图3-3-30b)、c)]。

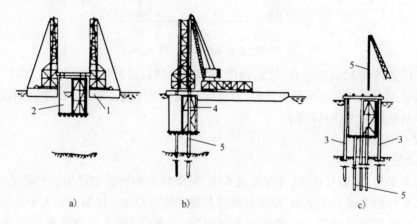

图 3-3-30 吊箱围堰修建水中桩基
1-驳船;2-吊箱;3-定位桩;4-送桩;5-基桩

(4)填塞底板缝隙,灌注水下混凝土。

(5)抽水,将桩顶钢筋伸入承台,铺设承台钢筋,灌注承台及墩身混凝土。

(6)拆除吊箱围堰连接螺栓外框,吊出围笼。

2. 套箱法

套箱法是针对先用打桩船(或其他方法)完成全部基桩施工后,修建高桩承台基础的水中承台的一种方法。

套箱可预制成与承台尺寸相应的钢套箱或钢筋混凝土套箱,箱底板按基桩平面位置留有桩孔。基桩施工完成后,吊放套箱围堰,将基桩顶端套入套箱围堰内(基桩顶端伸入套箱的长度按基桩与承台的构造要求确定),并将套箱固定在定位桩(可直接用基础的基桩)上,然后浇筑水下混凝土封底。待达到规定强度后即可抽水,继而施工承台和墩身结构。

施工中应注意:水中直接打桩及浮运箱型围堰吊装的正确定位,一般采用交会法控制,在大河中有时还需要搭设临时观测平台。在吊箱中插打基桩,由于桩的自由长度大,应细心把握吊沉方位。在灌注水下混凝土前应将桩底缝隙堵塞好。

参 考 文 献

[1] 交通运输部.公路工程技术标准:JTG B01—2014[S].北京:人民交通出版社,2014.
[2] 交通运输部.公路桥涵设计通用规范:JTG D60—2015[S].北京:人民交通出版社股份有限公司,2015.
[3] 交通运输部.公路钢筋混凝土及预应力混凝土桥涵设计规范:JTG 3362—2018[S].北京:人民交通出版社股份有限公司,2018.
[4] 交通部.公路圬工桥涵设计规范:JTG D61—2005[S].北京:人民交通出版社,2005.
[5] 交通运输部.公路桥涵地基与基础设计规范:JTG 3363—2019[S].北京:人民交通出版社股份有限公司,2019.
[6] 交通运输部.公路桥涵施工技术规范:JTG/T 3650—2020[S].北京:人民交通出版社股份有限公司,2020.
[7] 全国交通工程设施(公路)标准化技术委员会(SAC/TC 223).公路桥梁板式橡胶支座:JT/T 4—2019[S].北京:人民交通出版社股份有限公司,2019.
[8] 全国交通工程设施(公路)标准化技术委员会(SAC/TC 223).公路桥梁盆式支座:JT 391—2019[S].北京:人民交通出版社股份有限公司,2019.
[9] 毛瑞祥,程翔云.公路桥涵设计手册.基本资料[M].北京:人民交通出版社,1993.
[10] 姚玲森.桥梁工程[M].北京:人民交通出版社,2008.
[11] 范立础.桥梁工程[M].北京:人民交通出版社,2012.
[12] 王晓谋.基础工程[M].4版,北京:人民交通出版社,2010.
[13] 胡安邦.桥梁施工及组织管理[M].北京:人民交通出版社,1992.
[14] 庄军生.桥梁支座[M].北京:中国铁道出版社,1994.
[15] 钱冬生,陈仁福.大跨度悬索桥的设计与施工[M].成都:西南交通大学出版社,1992.
[16] 盛洪飞.桥梁墩台与基础工程[M].北京:人民交通出版社,2014.
[17] 王荣霞,彭大文.墩台与基础[M].北京:人民交通出版社,2011.